Eckhard Pawlowski

Beziehungsgeschichten

Dieses Buch widme ich meinen Kindern

Katrin, Tim und Mathis

Impressum:

© 2017 Eckhard Pawlowski

Umschlagfoto: Tim Abing
Lektorat, Layout u. Umschlaggestaltung: Angelika Fleckenstein; Spotsrock

Verlag: 26TWENTYSIX

Printed in Germany

ISBN 978-3-7407-1368-3 (Paperback)
978-3-7407-9349-4 (e-Book)

Das Werk, einschließlich seiner Teile, ist urheberrechtlich geschützt. Jede Verwertung ist ohne Zustimmung des Verlages und des Autors unzulässig. Dies gilt insbesondere für die elektronische oder sonstige Vervielfältigung, Übersetzung, Verbreitung und öffentliche Zugänglichmachung.

Bibliografische Information der Deutschen Nationalbibliothek: Die Deutsche Nationalbibliothek verzeichnet diese Publikation in der Deutschen Nationalbibliografie; detaillierte bibliografische Daten sind im Internet über http://dnb.d-nb.de abrufbar.

Kontakt zum Autor:
www.beziehungsgeschichten.de
epa@eckhard-pawlowski.de

Eckhard Pawlowski

Beziehungsgeschichten

Wie das Leben tatsächlich ist,
haben wir alle nicht gelernt

Lutz Dieter Schwede

Wer meint, alles von den Menschen zu wissen,

wird auch den Stein wiederfinden,

den er gestern am Strand verloren hat.

Eckhard Pawlowski

Inhaltsverzeichnis

Vorwort 7

Einleitung 10

Unter jedem Dach wohnt ein Ach 11

Mit dem Bauch fühlt man besser 36

Halt den Mund 45

Die kleinen Dinge bewegen die Welt 68

Art und Weise von Beziehungen 120

Nähe und Distanz – das Problem in jeder Beziehung 154

Von der Depression ganz leise zur Demenz 183

Umgang mit einem, in eine demenzielle Lebenswelt „verrückten" Menschen 203

Wir ändern uns auch im Alter nicht – Sexualität im Alter 237

Unsere Biografie ist eine Art Gebrauchsanleitung für Beziehungen 289

Ach ja, und noch was 321

Ein Dankeschön als Nachtrag 325

Interessantes und Anmerkungen 332

Vorwort

Eigentlich erzählt Eckhard Pawlowski („Ecki") in diesem „verrückten" Buch tatsächlich nur Geschichten vom Leben der Menschen, wobei dieses Leben ihre Beziehungen sind, die es zu pflegen gilt, damit das Leben einigermaßen gelingt.

Egal, ob es sich dabei um die Beziehung der Kinder zu den Eltern handelt, um die Beziehung zwischen Geschwistern, Freunden, Arbeitskollegen, Nachbarn oder – zum Schluss – um die Beziehung des erwachsen Gewordenen zu den eigenen Kindern oder zu den eigenen, pflegebedürftig, vielleicht auch „verrückt" gewordenen Eltern.

Und pflegebedürftig sind all diese Beziehungen immer körperlich, seelisch – gefühlsmäßig und sozial. Kommt hinzu, dass in jeder Generation die Beziehungen inhaltlich anders gefüllt sind.

Werden solche Inhalte umgangen, verdrängt oder in ihrer Versprachlichung pädagogisch verboten (mit der „Halt den Mund" – Erziehung in der Kindheit), werden die Beziehungen verlogener, sinnleerer und einengender, entstehen Störungen und das Leben versiegt.

Das gilt nicht nur für die letzten Kriegs- und Nachkriegsgenerationen, denn der Wert des Menschen schrumpft schon mit dem Beginn der industriellen Epoche ab 1800 in all seinen zwischenmenschlichen Beziehungen, pädagogisch auf einen überangepassten Leistungs- und Gehorsamswert.

In Partnerbeziehungen werden ab dem Zeitpunkt der einmalig-romantisch verklärten Liebe alle bisherigen Jugendfreunde desselben Geschlechts bedeutungslos. Wenn aber nun der Ehe-Alltag zu den ersten Krisen führt, fehlen die alten Jugend-Busenfreunde, mit denen man auch mal vertrauensvoll über den Ehepartner herziehen dürfte. Als Folge erleben wir alle das Heer der Depressionen und Alkoholsüchte im mittleren Lebensalter, die Pawlowski in diesem Buch lebensnah beschreibt.

Dies als letzter Beweis, dass die Menschen zunächst Beziehungswesen sind, bevor wir auch mal Individuen sein können. Leider geht vielen Menschen ein Großteil ihrer individuellen Einzigartigkeit durch ihr übermäßiges Anpassungsverhalten verloren… in jeder Beziehung.

Er beschreibt wunderbar offen unausweichliche Inkontinenzprobleme, die nicht nur im höheren Alter, durch „Über sowas spricht man nicht" zu beschämenden Situationen führen können, weil wir nicht gelernt haben, über „sowas" zu reden.

Natürlich beginnt Pawlowski schon in der Einleitung mit der Suche bei sich selbst, beschreibt die Folgen der „Halt den Mund" – Pädagogik des Vaters für ihn und begründet den Übergang von der Industrie – Lehre zur Pflegeausbildung bis zum Fachpfleger für Psychiatrie an der LWL – Klinik für Psychiatrie in Gütersloh, wo ich ihn kennen lernen durfte.

Je mehr es ihm gelang, vom stationären Arbeiten in die Ambulanz zu wechseln, also dorthin, wo die Menschen mit und ohne Störung leben - und dies auch noch in der Alterspsychiatrie, wo heute die aufregendsten Veränderungen stattfinden -, desto mehr festigte sich sein Bild vom Menschen als Beziehungswesen und von sich als Beziehungspfleger, vor allem, seit er in der Ambulanz die Aufgabe der Angehörigenberatung übernommen hatte und zudem als Dozent tätig wurde.

Ihm dämmerte nämlich, dass auch die Psychiatrie, seit ihrer Erfindung um 1800, die Geschichte ihrer Beziehungen ist: Anfangs wurde sie zur Philosophie gerechnet, weshalb z. B. Immanuel Kant seine Psychiatrie noch in seiner Menschenkunde („Anthropologie") darstellte.

Dann aber wurde – wegen ihrer besonderen Erfolge – die Medizin zur Leitwissenschaft der Industrie – Epoche.

Psychische Störungen waren nur noch wie körperliche Krankheiten – Defekte eines Individuums – der Beziehungsaspekt des Menschen war vergessen.

Seither hatten nur noch die Mediziner das Sagen, hatten das Monopol der Versprachlichung.

Und Pflege war (fast) nur noch Körperpflege.

Später kamen noch andere Wissenschaften hinzu, wie Psychologie, Pädagogik und Soziologie/Sozialpädagogik, bis die Pflegenden, die unterste Schicht in der Hierarchie, die einzig Sprachlosen, ohne eine eigene Fachsprache war, was Pawlowski, als Opfer der „Halt den Mund" – Pädagogik im familiären Bereich an Anpassung an die je Anderen gewöhnt, zunächst ganz normal fand.

Es ist nun wirklich aufregend zu sehen, dass und wie Pawlowski zu den ersten Pflegenden gehört, die sich aus der ihm zugewiesenen Sprachlosigkeit befreien. Vielmehr gelingt es ihm, aus einer vermeintlichen Schwäche eine Stärke zu machen.

Denn während die Medizin und die anderen Fachwissenschaften in ihrer Spezialisten Falle stecken, jeweils auf ein Individuum bezogen, ist der Mensch als Beziehungswesen das einzige Konzept, das alle körperlichen, seelischen und sozialen Aspekte ganzheitlich und alltagsbezogen umfasst und das als Beziehungspflege mehr umfasst als jede spezielle Therapie; und dies wieder besonders bedeutsam bei dem heute praktisch größten Problem der Alterspflegebedürftigen und Dementen, von denen heute selbst manche Spezialisten bereits behaupten, man könne nicht mehr beweisen, dass es sich dabei um Krankheiten im medizinischen Sinne handele, sondern lediglich um einige der Wege, über die wir diese Welt wieder verlassen können.

Die folgenden Kapitel dieses bunten Buches beschreiben die vielen Perspektiven, unter denen alltagstaugliche Beziehungspflege geschehen kann, von den „kleinen Dingen", über die anthropologische Grundambivalenz von Nähe und Distanz in allen Beziehungen bis zur mit Recht am Ende stehenden Biografie als Gebrauchsanleitung – mit vielen praktischen Beispielen.

Bleibt zum Schluss noch ein Lob und Dank für die überaus farbige und saftige Sprache, mit der sowohl die privaten als auch die professionellen Felder der Beziehungspflege unter Berücksichtigung aller sinnlicher (berührender, optischer und akustischer) Sprachbilder dieser Beziehungslandschaften geschildert werden.

Dies beweist nicht nur ein weiteres Mal, dass Beziehungsgeschichten erzählt werden können, sondern macht auch die Lektüre zu einem reinen Lesevergnügen.

Prof. Dr. Dr. Klaus Dörner

Einleitung

Wenn Sie dieses Buch durchblättern, werden Sie feststellen, dass einige Kapitel Ihr Interesse mehr wecken als andere. Ich verstehe, wenn die vor Ihnen liegenden vielen Seiten Sie zunächst etwas erschrecken. Wann soll ich das alles lesen?", fragen Sie sich vielleicht, und dann eventuell schwindet mit dem Interesse, auch die Lust. Und da die Lust etwas mit unterschiedlichsten Empfindungen und Gefühlen zu tun hat, macht es Sinn, diese in jeglicher Form mit einzubeziehen, sonst geht die Lust, in Form von „Luschtverluscht" wie die Schweizer sagen, schnell verloren.

Wenn Sie jedoch durch das Lesen des ersten Kapitels „Unter jedem Dach, wohnt ein Ach" einen roten Faden gefunden haben, können Sie sich problemlos „häppchenweise" einzelne Kapitel auswählen, da sie inhaltlich nicht voneinander abhängig und nicht miteinander verzahnt sind.

Warum „Beziehungsgeschichten"? In diesem Buch geht es darum, was wir in Beziehungen wirklich fühlen und dass wir uns nicht auf Sachen einlassen sollten, zu denen unser Gefühl eher nein, als ja sagt. Da ich, wie es Prof. Dr. Dr. Klaus Dörner in seinem Vorwort beschreibt, eigentlich nur Geschichten, von und über Beziehungen erzähle, lag der Titel „Beziehungsgeschichten" einfach nahe.

Ein Freund fragte mich kritisch, ob ich denn meine, dass Menschen tatsächlich etwas über das mit dem Nicht-Wahrhaben-Wollen und Verdrängen der Wahrheit lesen wollen. Mit dieser kritischen Anmerkung hat er es auf den Punkt gebracht. Und darüber hinaus hat er meine Gründe noch verstärkt, warum ich das unbändige Bedürfnis hatte, vieles von dem aufzuschreiben, was ich erst nach vielen Jahren unbewussten Verdrängens als Realität in meiner eigenen Lebensgeschichte fand, nachdem ich den Mut hatte, mal richtig hinzuschauen.

Ich weiß schon, dass man nur ungern etwas von dem Verdrängen der Wahrheit und dem dazugehörenden Selbstbetrug hören mag. Alle sind ja irgendwie betroffen. Es ist unangenehm, wenn wir uns wegen der vielen kleinen und großen Lügen in unseren Leben an die eigene Nase fassen müssen. Für diese Klarheit in der Kritik meines Freundes kann ich mich nur bedanken.

Unter jedem Dach wohnt ein Ach

Dieses Buch zeigt, basierend auf gelebter Erfahrung, wie nahe wir alle am Rande gestörter Beziehungen leben und wie schnell diese heile, schöngeschunkelte Musikantenstadl-Welt wie ein Kartenhaus zusammenfallen kann, wenn ein Schlaganfall durch die notwendige anschließende Pflege uns wieder zurückführt zu jener intimen Nähe, die den meisten Menschen u. a. nach vielen Ehejahren verlorengegangen ist.

Es zeigt die oft banal scheinenden, unbewussten und verdrängten Hintergründe für Beziehungsstörungen auf, die den meisten Menschen tatsächlich nicht bewusst sind und liefert eine Erklärung für die daraus resultierenden, vermeintlich unerklärlichen, Alltagsprobleme, die uns Menschen begleiten und die dafür sorgen, dass wir körperliche und seelische Unruhe sowie Einschlafstörungen durch Baldrianpräparate und sonstige Beruhigungsmittel meinen, behandeln zu müssen. Die meisten Menschen haben nie gelernt, dass Unruhe, Einschlaf- und Durchschlafstörungen seit Urzeiten natürliche Schutzfunktionen unseres Körpers sind, die uns darauf aufmerksam machen, dass irgendwas nicht in Ordnung ist. Aber statt nach der Ursache und den Auslösern, wie z. B. Konflikte in unserem sozialen Umfeld zu suchen, halten sie sich diesbezüglich nach der Drei-Affen-Methode Augen, Mund und Ohren zu. Es kann ja nicht sein, was nicht sein darf! Und das so lange, bis unsere Seele die Faxen dicke hat und über den Umweg von körperlichen Schmerzen Alarm schlägt, weil wir nur darauf hören.

Aber die wenigsten Ärzte haben heute die Zeit, mal genauer zu schauen, wo es wirklich drückt und behandeln nur das Offensichtliche, das tatsächlich weh tut, was wiederum den meisten Patienten nur recht ist. Die vernünftigerweise verordnete Ruhe hilft erstmal auch der Seele und ihrem unbewussten Kummer. Aber eine Seele vergisst keine ungelösten Konflikte und wird wieder unruhig, wenn der Mensch in das tägliche Hamsterrad zurückkehrt.

Mein Name ist Eckhard Pawlowski. Ich bin 1954 geboren und habe als Fachkrankenpfleger für Psychiatrie das Glück gehabt, 33 Jahre hauptsächlich soziotherapeutisch und auch ein wenig ganzheitlich arbeiten zu können – auf meine Art und Weise.

Bei meiner Arbeit in der Gerontopsychiatrischen Ambulanz ist mir besonders das Schweigen der alten Männer aufgefallen, die durch das Grauen ihrer traumatischen Erlebnisse während des 2. Weltkriegs und der anschließenden Gefangenschaft regelrecht „gestillt" worden waren. Sie haben als Kind gelernt, dass ein Mann stark sein muss und keine Gefühle zeigen darf, auch nicht, wenn es ihn fast zerreißt. Deshalb konnten sie nicht über das Erlebte reden, weil sie Angst davor hatten, von ihren Gefühlen überwältigt zu werden.

Ehefrauen, wie auch Kinder litten unendlich unter dem Schweigen und den oft gewalttätigen Wutausbrüchen der zurückgekehrten Familienväter, wenn sie mit hilflosen Fragen versuchten herauszufinden, warum er nicht über das reden konnte, was ihn so zu bedrücken schien. Besonders viele Jungen wurden von diesen „männlichen" Verhaltensweisen ihrer Väter geprägt und verhalten sich heute genauso negativ gegenüber ihren eigenen Gefühlen, obwohl sie alles anders machen wollten, als der „Alte". Sie reden heute auch nur, wenn sie gefragt werden oder wenn sie noch frisch verliebt sind und ihre Flugzeuge im Bauch den Flugverkehr, trotz Alltagsstress in jeder Beziehung, noch nicht eingestellt haben.

Diese erlernte Sprachlosigkeit, das Verschweigen der Wahrheit, der heimliche Rückzug aus vermeintlich intakten Beziehungen und das Leugnen der Realität, prägt viele Menschen bis heute und macht sie in Bezug auf das, was sie wirklich fühlen, ebenso sprachlos und still, wie damals ihre Väter und Mütter.

Dieses nach außen hin, hilflose Aufrechterhalten einer vermeintlichen intakten und heilen Welt wurde durch den Konsum in den 50/60iger Wirtschaftswunderjahren kaschiert und prägt bis heute das Verhalten aller „Nachkriegskinder", die nicht gelernt haben, über ihre Gefühle zu reden. Es scheint einfacher zu sein, die eigene Unzufriedenheit kurzfristig über den Weg in ein Schuhgeschäft oder den Kauf eines neuen Smartphones zu verdrängen, als mit dem Partner darüber zu reden, was die Beziehung zurzeit eigentlich belastet oder sogar unerträglich macht.

Halten Sie beim Einkaufen im Supermarkt oder beim Einkaufsbummel in der Stadt mal kurz inne und beobachten Sie einfach mal, was in den Gesichtern der Menschen zu sehen ist. Die wenigsten wirken fröhlich, locker und entspannt, viele schauen sogar verbittert, traurig oder gleichgültig. Wenn sie das fühlen, was sie ausstrahlen, dann möchte man mit ihnen nicht tauschen.

Nach außen hin geben sich viele Familien sehr taff, und ihre Beziehungsstrukturen wirken entsprechend unerschütterlich. Wenn man aber mit den

Familienmitgliedern einzeln „ohne Aufpasser" spricht, sieht das Geflecht der Beziehungen und den dazugehörenden Gefühlen nicht selten ganz anders aus.

Aus einem Sammelsurium von privaten und beruflich erlebten und gelebten Beziehungen, Geschichten und Fallbeispielen habe ich dieses Buch geschrieben, das ich unter anderem, nicht nur den Millionen Pflegenden und Pflegebedürftigen widme, obwohl es phasenweise etwas „Pflegelastig" wirkt, sondern allen Menschen, die den Mut haben, ehrlich über ihre Beziehungen nachzudenken. Denn gestörte Beziehungen fallen oft erst auf, wenn man sich bei Begegnungen emotional so nahekommt, dass man ausweichen möchte, obwohl man sein Gegenüber mag. Das erleben viele Menschen erst, wenn ihr ritualisierter Alltag dadurch gestört wird, dass sie selbst, ihr Partner, ihr Kind oder ein Elternteil plötzlich ins Krankenhaus müssen.

Von Ruth Charlotte Cohn, der Begründerin der Themenzentrierten Interaktion stammt der Satz:

„Sage nie Ja, wenn du Nein meinst."

Da wir schon in der Kindheit die Erfahrung machen, dass wir mehr Zuwendung bekommen, wenn wir Ja sagen, obwohl wir Nein meinen, scheinen wir im Laufe des Lebens das Nein-Sagen gegenüber Menschen, die uns ganz wichtig sind, komplett zu verlernen. Denn auch als Erwachsener haben wir noch Angst, dass uns „dann keiner mehr liebhat."

Die bei vielen Menschen nach Jahrzehnten gerne als Midlife-Crisis belächelte, oft in Depressionen übergehende Nachdenklichkeit bezüglich ihres bisherigen Lebens, wird stark unterschätzt, obwohl sie oft ganz tief aus unserer Seele kommt. Unverarbeitete Traumata, physischer wie auch psychischer Natur, erlebte Gewalt, Missbrauch im Kindesalter und von den Erwachsenen nicht ernstgenommene Ängste in der Kindheit können durch einen Geruch, ein Geräusch, Gesehenes oder einem vergleichbaren Ereignis aus der Vergangenheit, ein bisher verdrängtes und verschwiegenes Beben der Seele auslösen. Wie ein terroristischer Schläfer mit einem posthypnotischen Auftrag, der nur auf den Code wartet, um das bisher durch Schweigen in Schach gehaltene Beben in unserem Bewusstsein ausbrechen zu lassen. Auch die ganz kleinen, durch unseren lebenslangen Selbstbetrug und Alltagsstress verdrängten traumatischen Erlebnisse und Erschütterungen, werden plötzlich freigesetzt und können ganz leise einen Tsunami in uns auslösen, den wir erst wahrnehmen und erleben, wenn er uns überrollt hat.

Unser anerzogenes schlechtes Gewissen, begleitet uns wie ein Marionettenspieler, der durch die Fäden dafür sorgt, dass wir seinen Standpunkt und seine Sichtweise nicht verlassen können. Wir scheinen durch das ewige laute Ja-Sagen, obwohl wir Nein meinen, den Klang und die Wertigkeit unserer eigenen Stimme beim Nein-Sagen zu vergessen. Damit vergessen wir uns selbst, unser eigenes Leben und leben gezwungenermaßen das Leben der anderen. Aber das begreifen wir erst nach dem Tsunami.

Wenn Sie beim Lesen dieses Kapitels denken, „was habe ich mit Beziehungen und diesem Psychokram zu tun, das betrifft mich nicht, oder warum soll ich mir über „Pflege" Gedanken machen? Es gibt niemanden in meiner Familie, der pflegebedürftig ist, da kann ich nur sagen: vermeintlich noch nicht. Denn das mit dem Psychokram und den dadurch gestörten Beziehungen fängt doch schon an, wenn „wir" ungewollt schwanger werden. Und in Anbetracht dessen, das laut Wikipedia jede 2. Schwangerschaft ungeplant und sich bei den unter 18-20-Jährigen sogar zu 90 % aus „Versehen" ergibt, sind die „Ungewollten" in der Menschheitsgeschichte wohl in der Mehrzahl. Das ist bis heute ein Tabuthema und eine Art nicht enden wollende Arbeitsbeschaffungsmaßnahme für viele Psychotherapeuten. Aber darüber redet keiner in der Öffentlichkeit.

„Früher, als die Welt noch in Ordnung war" und es offiziell keine unehelichen Kinder geben durfte oder gab, musste dann ganz schnell geheiratet werden, wenn das heimliche Treppenspringen, die heißen Bäder, die Pflanzengifte und Tinkturen, samt den Stricknadeln von dubiosen Kräuterkundigen das „Ungewollte" nicht austreiben konnten. Aus Gründen der „Schicklichkeit" und des Anstands kamen und kommen heute immer noch, wenn man genau nachrechnen würde, viele Säuglinge schon nach sieben Monaten mit normalem Gewicht und Größe auf die Welt, da sie ja tatsächlich neun Monate im Bauch der Mutter verbracht haben und deshalb keinen Brutkasten benötigen.

Genauso wie wir als Ungeborene jede Gefühlsregung unserer Mutter, durch Freude, Kummer und Unwohlsein im wahrsten Sinne des Wortes in ihr miterleben, fühlen wir auch ihren Stress, wenn sie, aus welchen Gründen auch immer, ungewollt schwanger geworden ist. Wir sind mit der ersten, engsten und wichtigsten Beziehung unseres Lebens durch eine Nabelschnur verbunden und deshalb eins, mit unserer Mutter und all ihren Empfindungen. Darum möchte ich behaupten, dass viele der so ausdrücklich betonten „Wunschkinder", wie auch die, die nur durch aufwändige ärztliche Hilfe entstanden sind, während der Schwangerschaft und Geburt eine Art Aura von verstörten Gefühlen wahrnehmen und erleben, von denen sie ihr Leben lang, ebenso ungewollt, begleitet und vielleicht sogar gestört werden – in jeder Beziehung.

„Beziehungsgeschichten" ist ein Buch über uns Kriegs- und Nachkriegskinder, die nie richtig gelernt haben, über das zu reden, was uns unangenehm ist. Viele von uns wurden mit „Halt den Mund" zum Schweigen gebracht, wenn wir durch unsere kindlichen Fragen Tabuthemen ansprachen und lernen mussten, was man sagen darf und was nicht, obwohl wir ebenso gelernt haben, dass man nicht lügen darf oder soll.

Besonders die Jungen wurden und werden immer noch durch das männliche Schweigen geprägt, wenn es um Gefühle in Beziehungen geht. Man(n) muss eben cool sein, in jeder Beziehung.

Die uns durch die Werbeindustrie vorgegaukelte und weichgespülte Realität mit all ihren Verlogenheiten, Heimlichkeiten und Hoffnungen auf ein glückliches Leben sorgen in Wirklichkeit nur dafür, dass die Beziehungen vieler Menschen nur durch den Konsum dieser Artikel erträglich zu sein scheinen. Das morgendliche Ritual, besser aussehen und riechen zu müssen als alle anderen, wird durch die Heile-Welt-Atmosphäre mit Schatzi hier und Küsschen da, zwischen Tür und Angel auf dem Weg zur Arbeit zurechtgebogen, obwohl man eventuell wegen unausgesprochener Probleme eine Stinklaune hat. Dieses gewünschte „Piep-piep, wir haben uns alle lieb" ist allerdings allzeit bedroht.

Ganz schnell kann durch einen Schicksalsschlag, wie einen plötzlichen Schlaganfall oder Unfall im familiären Umfeld die schöne Heile-Welt-Seifenblase platzen, weil die gewohnte und Sicherheit gebende Ordnung gestört ist. Ein Gefühl von Unsicherheit, Angst und eine gewisse Verstörtheit überfällt die meisten Angehörigen und ihre Beziehungen miteinander wie eine nicht enden wollende Lähmung, wenn sich der Rhythmus des Lebens durch eine familiäre Pflegesituation ändert. Tagesabläufe sind plötzlich gestört, das vermeintlich lebensnotwendige Lieblingsdeo ist aufgebraucht und die Drogeriemarktkette hat nach dem Krankenhausbesuch schon geschlossen. Und zu allem Unglück hat die geliebte Doku-Soap-Serie im Vorabendprogramm schon angefangen. Das ist Stress pur für das eine oder andere Familienmitglied. Besonders für die, die sich darüber richtig aufregen können, um sich unbewusst aus der Lähmung der Störung zu lösen. Diese tausend kleinen Unwichtigkeiten haben einen großen Einfluss auf unsere Gefühle und lassen uns ganz schnell durch eine unbedachte Redewendung des anderen verbal entgleisen.

Ganz unabhängig davon, wie gern man sich mag, stören die täglichen Krankenhausbesuche den gewohnten Tagesablauf, und je länger sich das hinzieht, umso stärker schwanken die Gefühle. Wie intensiv die Situation als Störung empfunden wird, hängt davon ab, wie wichtig uns die Beziehung zu dem Pflegebedürftigen ist. Ist es der/die Geliebte, der langjährige Partner, Mutter, Vater – oder eine Tante, bei der es eventuell etwas zu erben gibt? Das emotionale und gedankliche Pendeln zwischen Liebe, Anstand und Moral sorgt für das entsprechende Empfinden während solcher Ausnahmezustände unseres Alltags. Wenn dann die pflegebedürftige Person mit all ihren Problemen nach Hause entlassen wird, klärt sich im Laufe der nächsten Wochen das bisher weichgekuschelte Beziehungsgeflecht aller Familienmitglieder durch das Erleben der Realität ihrer Beziehungen.

Anders ist es, wenn Kinder aus dem Krankenhaus entlassen werden. Dann geht bei ihnen und den Eltern meistens die Sonne wieder auf. Es sei denn, irgendetwas stört in irgendeiner Art und Weise die Beziehungen. Leider merken die Kinder das zuerst und sind immer die Haupt-<u>Leid</u>tragenden, wie es das Wort schon sagt – und vielleicht ein Leben lang. Eine für uns Erwachsene banale Situation, kann für Kinder ein ganz anderes Gewicht haben und bei ihnen nach Jahrzehnten der Auslöser z. B. für eine depressive Episode sein. Die Erinnerung ist plötzlich da, und sie erkennen oft ganz erstaunt, dass sie dieses Gefühl schon mal erlebt haben mit allen Farben, Geräuschen und Gerüchen der Kränkung, die sie damals unbewusst gespeichert haben.

Das ist der Alltag mit den Gefühlen, über die man nicht redet, darüber wird der Mund gehalten.

Den meisten Familienangehörigen und Pflegenden fällt es sehr schwer, das offen auszusprechen, was sie wirklich fühlen. Wenn sie wüssten, dass es fast allen Menschen in vergleichbaren Situationen genauso geht wie ihnen, würde es sie und ihr schlechtes Gewissen unendlich entlasten. Es tut richtig gut, wenn man durch offene Gespräche mit anderen Menschen erlebt, dass auch sie im tiefsten Innern ihrer Seele so „eigennützig" denken, es aber ebenso nach außen hin verheimlichen.

Nur in fairen ehrlichen Beziehungen lassen sich die unangenehmen Störungen des Alltags gemeinsam meistern, wenn alle in einem Boot sitzen und durch Einigkeit dafür sorgen können, besser durch die Stromschnellen des Lebensflusses zu steuern, ohne zu kentern. Es verstärkt die Erkenntnis, dass ein rücksichtsvoller Umgang miteinander auch ein Stück Lebensqualität ist, der einem selbst zugutekommt, wenn man den Mut hat, mit sich und anderen ehrlich zu sein, egal wie alt man ist.

Wir waren alle mal Kinder, und die meisten von uns bekommen selbst irgendwann eigene. So werden aus Kindern wiederum Eltern, die noch Beziehungen zu ihren Eltern haben, wie auch zu ihren eigenen Kindern, die dann irgendwann auch wieder Kinder bekommen. Daraus entstehen logischerweise manchmal sehr eng miteinander verflochtene Beziehungen, die angenehm sein können, weil sie Sicherheit und Geborgenheit vermitteln. Andererseits birgt die damit verbundene Enge durch die oft sehr verstrickten sozialen Bindungen und Abhängigkeiten mit allen anderen auch die Gefahr, dass der einzelne sich wie in einer Zwangsjacke fühlt.

Denken Sie nur mal an die besagten Familientreffen zu Weihnachten, auf die sich alle irgendwie freuen und trotzdem froh sind, wenn sie anschließend wieder fahren können.

Wenn wir es nicht schaffen, mit denen darüber zu reden, die unser eigenes Leben in selbst wunderbaren Beziehungen, für uns manchmal viel zu eng werden lassen, sorgen wir selber dafür, dass wir zwangsläufig das Leben der anderen leben müssen. Und dann ganz sicher so, wie wir das als Kind gelernt haben, also möglichst ohne Widerspruch, damit immer die anderen zufrieden sind.

Eltern bleiben für die Kinder immer die Eltern, Kinder bleiben für die Eltern immer die Kinder, auch wenn sich daraus in der Öffentlichkeit manchmal ganz schön peinliche Situationen für alle Betroffenen entwickeln können, weil sich einer der Beteiligten traut, zu irgendeinem Thema laut „Nein" zu sagen. Das sind dann die Standardsituationen für das gefühlte „Fremdschämen" in Beziehungen, das manchmal dafür sorgen kann, dass man sich im wahrsten Sinne des Wortes in jeglicher Beziehung schämt, die man mit und zu dem anderen hat.

Unbesprochene Beziehungsprobleme der letzten Jahrzehnte zwischen Alt und Jung lassen sich nicht Wegkuscheln und Schönreden. Deshalb sollten wir alle unsere Beziehungen, die uns – aus welchen Gründen auch immer – wichtig sind, pflegen, auch wenn wir meinen, mit Pflege nichts am Hut zu haben.

Es ist ganz interessant, mal über seine Beziehungen nachzudenken, auch wenn man sich nicht auf einem „Selbstfindungstrip" befindet.

- Wie gehe ich mit meinen Beziehungen um, ohne sie zu umgehen oder heimlich zu hintergehen?

- Wie gehe ich mit meinen Beziehungen um, wenn sie, aus welchen Gründen auch immer, mal schwierig und unangenehm werden?
- Was mache ich, wenn meine Beziehung zu jemandem, den ich gerne mag, durch notwendige Ehrlichkeit ins Wanken gerät?
- Warum bin ich entrüstet, wenn mein Partner vor mir Geheimnisse hat, obwohl ich mich genauso verhalte?
- Worauf beziehen sich meine Beziehungen wirklich? Wie viel Ehrlichkeit und Offenheit kann und will ich selber einbringen? Wie viel und was erwarte ich diesbezüglich von anderen?

Das wahre Ausmaß unserer vielfältigen und teilweise sehr verlogenen Beziehungswelt wird den meisten von uns erst bewusst, wenn sie aus gesundheitlichen Gründen die Hilfe anderer benötigen und durch ihre Abhängigkeit nicht mehr in der Lage sind, den unangenehmen Dingen und Beziehungen in ihrem Leben auszuweichen.

Ich habe viele Jahre mit Gruppen von Familienangehörigen und professionell Pflegenden gearbeitet und diese moderiert. Die waren und sind immer dankbar für jegliche Motivation, endlich über Dinge reden zu können, über die man eigentlich nicht redet.

„Nein, das kann unsere Mutti nicht mehr beißen", sagte die Tochter lauthals zu dem Kellner, als sich ihre Mutter im Restaurant ein Steak bestellen wollte.

Gut, dass das die alte Dame nicht richtig mitbekommen hatte, denn sie wirkte auf mich nicht dement und schien nur durch ihre Schwerhörigkeit etwas gehandicapt und verlangsamt zu sein, was die Wahrnehmung ihres Umfeldes anging. Das war ein Glück für die auf schrecklich glamouröse Familie machende Tochter, denn ihre im Rollstuhl sitzende Mutter war durch diese trampeltierartige Takt- und Distanzlosigkeit ihrer Tochter sowieso schon die ganze Zeit auf Krawall gebürstet. Selbst der Kellner bekam einen hochroten Kopf und schaute sich vorsichtig um, als wenn er sich dafür schämen müsste, solche Gäste zu haben. Geschickt rettete er die ganze Situation und empfahl zartes Hähnchengeschnetzeltes in Sahnesoße mit Champignons und hausgemachten Bandnudeln.

„Ja, das geht...", sagte die Tochter

„Was geht?", fragte „Mutti".

„Ach nichts, ist schon gut, Mutti", sagte die Tochter und merkte gar nicht, wie ihre Mutter immer mehr unter Dampf geriet.

Als dann die ersten, von Mutter geschlürften Bandnudeln, die Sahnesoße nicht nur auf dem ganzen Tisch, sondern auch auf dem dunkelblauen Kostüm der Tochter verteilten, fühlte ich mich am Tisch gegenüber, wie in einer Filmszene von Loriot, zumal mir „Mutti" kurz vorher schmunzelnd zugezwinkert hatte. Da war mir klar: „Mutti" hat mit ihrer Tochter nicht nur eine Rechnung offen. Was für mich ein schöner warmer Septembertag in der Freiburger Altstadt war, schien sich für die Tochter von „Mutti" zu einem Desaster zu entwickeln.

Leider musste ich die „Freilichtbühne" des Restaurants verlassen, um meinen ICE nach Gütersloh noch zu kriegen. Während der Fahrt im Zug malte ich mir gedanklich noch Stunden später in schillernden Farben aus, was da zu Hause bei der glamourösen Familie abgehen musste, wenn „Mutti" ihrer Tochter über den Weg von richtig „vollen" Attends zeigen würde, dass es noch viele unbeglichene Rechnungen zwischen ihnen gibt und wie gestört ihre Beziehung tatsächlich ist.

Wenn dann noch durch die jahrelange Pflege oder einen eventuell hinzukommenden Heimaufenthalt „Muttis" Häuschen aus finanziellen Gründen draufgeht, dann geht in dieser Beziehung noch richtig die Post ab. Immerhin hat sich die Tochter als vermeintliche Alleinerbin schon seit Jahren mit ihrer ganzen Familie im Häuschen breitgemacht und glaubt, sich das alles durch ihre „Aufopferung" für „Mutti" verdient zu haben.

In so einem hochexplosiven Beziehungsgeflecht kann tatsächlich schon mal eine Hand ausrutschen, oder es wird im Internet recherchiert, was es außer Arsen noch gibt. Oder es wird „vergessen", dass die Treppensicherung nicht richtig eingehakt ist, die eigentlich verhindern soll, dass „Mutti" nicht samt Rollstuhl die ganze Treppe hinunterstürzt.

Ich will mit den eben geschilderten drehbuchartigen Zeilen nur aufzeigen, wie sich im Laufe von Jahren und Jahrzehnten das in der Beziehungsmüllkippe gebildete Gas ganz plötzlich durch eine Redewendung, ein Schreiben vom Finanzamt oder die im Hintergrund lauernden vermeintlichen Erbberechtigten in ein hochexplosives Gemisch verwandeln kann, das nur noch einen Funken unserer alltäglichen Verlogenheit braucht, um es zu zünden und zu einer Story für die Bildzeitung zu machen. Es ist unvorstellbar, was da für Deckel hochgehen, wenn Menschen die Chance bekommen, ohne Gesichtsverlust mit sich ehrlich zu sein und dann noch den Mut aufbringen, darüber zu reden.

Offenheit und Ehrlichkeit sollten eigentlich in allen guten Beziehungen selbstverständlich sein, aber die Realität ist eine andere.

Wir Menschen belügen uns tagtäglich, in allen Lebenslagen, ob privat oder beruflich, mal mit kleinen Notlügen, die manchmal ganz niedlich sein können, bis hin zu strategischen Lügengeschichten wie sie durchaus auch in der Politik vorkommen. Zur Ehrlichkeit gehört aber auch, über die unangenehmen Dinge des Lebens zu reden, selbst wenn das den unendlichen Wunsch nach perfekter Harmonie ganz schön stören kann.

Nach der realitätsblinden, romantisch verklärten Anfangsphase unserer ersten Verliebtheit, scheint die Liebe in vielen Paarbeziehungen durch die Realität des Alltags nach einiger Zeit zu verblassen, auch wenn man sich das in den ersten Monaten und Jahren der Zweisamkeit überhaupt nicht vorstellen kann, dass es mal soweit kommen könnte. Meinungsverschiedenheiten werden vermieden, viele passen sich einander so an, bis nichts mehr von einem selbst da ist und aus zwei selbstständigen, lebensfrohen Individuen, ein total voneinander abhängiges „Wir" geworden ist. In der Öffentlichkeit wirkt es wie ein hilfloser Versuch, durch übermäßiges „Schatzi" hier und „Mäuschen" da Gehabe, die längst vergangenen glücklichen, schönen und lebenswerten Augenblicke krampfhaft bis in alle Ewigkeit festhalten zu wollen.

Durch romantische Verklärungen scheitern kuschelig gehauchte Beziehungen ganz oft daran, dass einer (oder beide) allzu oft die eigenen Bedürfnisse und Wünsche zurückstellt, nur damit der andere zufrieden ist und Streit vermieden wird. In Partnerbeziehungen werden ab dem Zeitpunkt der einmalig-romantisch verklärten Liebe alle bisherigen Jugendfreunde desselben Geschlechts bedeutungslos. Wenn aber nun der Ehe-Alltag zu den ersten Krisen führt, fehlen die alten Jugend-Busenfreunde, mit denen man auch mal vertrauensvoll über den Ehepartner herziehen dürfte.

„Als Folge erleben wir alle das Heer der Depressionen und Alkoholsüchte im mittleren Lebensalter, die Pawlowski in diesem Buch mit allen Facetten lebensnah beschreibt. Dies als letzter Beweis, dass die Menschen zunächst Beziehungswesen sind, bevor wir auch mal Individuen sein können."

(Zitat aus dem Vorwort von Prof. Dörner)

Leider geht deshalb vielen Menschen ein Großteil ihrer individuellen Einzigartigkeit durch übermäßiges Anpassungsverhalten verloren – in jeder Beziehung.

Dieses gemeinsame Harmoniebedürfnis zieht sich von Sylt über Dortmund bis Kitzbühel und ist nur so lange einigermaßen ehrlich, wie „Schatzi", „Haserl" und „Mäuschen" noch ab und zu Schmetterlinge und Flugzeuge im Bauch spüren.

„Wir gehören zusammen wie der Wind und das Meer", hieß es mal in einem Schlager. Das sorgt dann dafür, dass viele Lebenspartner jahrzehntelang an der Nordsee immer in der gleichen Pension wohnen, die gleichen Regenjacken und Gummistiefel tragen, im Restaurant immer das Gleiche bestellen, nur gemeinsam ausgehen und nur gemeinsame Freunde mit den gleichen Hobbys haben. Wenn das beide so wollen und es trotzdem kein Problem ist, wenn einer von beiden auch mal alleine ein paar Tage wegfahren möchte, ohne dass es Stress in der Beziehung gibt, dann kann ich nur sagen: Glückwunsch, denn das gibt es selten.

„Leider unterscheiden sich die Menschen sehr in ihrer Fähigkeit, in der Abwesenheit des Geliebten die guten Gefühle zu behalten. Wer als Kind nicht erlebt hat, dass sich Eltern über seine Selbstständigkeit freuen, tut sich oft schwer damit, Trennung zu ertragen."

Zitat aus „Die Zeit"-Kolumne: DIE GROSSEN FRAGEN DER LIEBE von Wolfgang Schmidbauer

Spätestens jedoch, wenn sie sich im Restaurant gegenübersitzen und nicht mehr viel, oder gar nichts mehr, zu sagen haben, merken beide, dass nicht nur ihre Schmetterlinge und Flugzeuge im Bauch den Flugverkehr eingestellt haben, sondern dass bis auf ein paar holprige Notlandungen, jeglicher Verkehr nachgelassen hat. Nach und nach verblasst ganz allmählich die notwendige Nähe und Geborgenheit in vielen Beziehungen durch die grelle Realität des Alltags, mit all seinen Entschuldigungen, warum man jetzt gerade keine Zeit hat, wenn der andere auf irgendwas Lust hat, was bisher eigentlich allen beiden Freude bereitete.

Das Kuschel-Bedürfnis aus den ersten Jahren der Verliebtheit blitzt manchmal am Samstagabend durch Musiksendungen im Fernseher wieder auf, aber irgendwie kann man sich nicht so verhalten wie man sich fühlt, wenn die Kinder dabeisitzen. So bleibt einem nichts anderes übrig, als sich in Gedanken wegzuträumen, um den Alltagsstress zu vergessen.

Wenn man sich schon jahrelang nicht mehr viel zu sagen hatte, kann einem die äußerliche „Schatzi"- und „Mäuschen"-Fassade auch nicht mehr wirklich helfen. Das scheint bei manchen Paaren nur eine mehr oder weniger unbewusste Maskerade zu sein, um dem Partner eine weiterhin sichere Partie vorzugaukeln, wie ein buntes Trostpflaster auf einer nicht mehr zu heilenden Wunde.

Eine Zeit lang kann man den manchmal fast menschenunwürdigen Umgang miteinander, verdrängen und unter den Teppich fegen. Bis es durch die unbesprochenen Dinge unter diesem so voll wird, dass man mitsamt der eigenen Wut und traurigen Hilflosigkeit diese zunehmende Enge nicht mehr aushalten kann. Diese permanenten Kränkungen und Störungen unserer Gefühlswelt sorgen für Schlafstörungen, Unruhe, psychische sowie körperliche Probleme und dafür, dass die Apothekenzeitung stets die passenden Mittelchen dafür parat hat. Die lösen allerdings die Probleme nicht auf, sondern unterstützen unser hilfloses Herumdoktern an einzelnen Symptomen, bis wir irgendwann wirklich ernsthaft krank werden können.

Der hierdurch entstehende Druck kann dafür sorgen, dass Beziehungen irgendwann regelrecht auseinanderfliegen, wenn einer von beiden den Druck nicht mehr aushalten kann, oder will. Das eigene Bedürfnis nach Nähe, Wärme und Geborgenheit sorgt andererseits oft über das natürlichste Ventil der Welt, für einen Druckausgleich im wahrsten Sinne des Wortes. Dieses Ventil heißt Sexualität und wird häufig durch eine anfangs harmlose Affäre ausgelöst.

Auf ihrem gemeinsamen Lebensweg führen viele Menschen ihre Beziehungen heimlich zwei- oder gar mehrgleisig, was den Druck auf Dauer nicht wirklich reduziert, sondern zu Hause eine neue zusätzliche Deponie mit unbesprochenen Heimlichkeiten entstehen lässt. Das ist wie der stete Tropfen, der den Stein höhlt, der das Perpetuum mobile der Entzweiung antreibt und den Druck erhöht, bis alles auseinanderfliegt. Oder der durch Verzweiflung Gekränkte wird tatsächlich schwerkrank, sodass er sich über diesen Umweg unbewusst mehr Nähe vom anderen erpresst.

Das ist wie bei zwei gleich starken Magneten, die sich so lange gegenseitig anziehen, bis sich ein Pol durch von außen einwirkende Kräfte umdreht und somit zwangsläufig abwendet bzw. sich regelrecht abstößt. In vielen Beziehungen sind dann die Heimlichkeiten und der daraus endstehende, unter den Tisch und Teppich gekehrte Beziehungsmüll, der (abstoßende) Grund der Trennung.

Solange unbehandelter Seelenmüll nicht entsorgt, oder wenigstens durch entlastende Gespräche etwas recycelt und somit reduziert wird, können sich beide nicht näherkommen und wieder anziehend finden. Manchmal ist die dauerhafte Trennung auch eine Lösung, wenn man sich mit dem Recyceln nicht beschäftigen möchte. Hält man aber Abstand zum Seelenmüll, spricht nicht darüber, was einen bedrückt, stört der Grund und das, was dahintersteckt, erst mal nicht. So umgehen wir nicht nur unsere Probleme, sondern auch unseren Partner, uns selbst und freuen uns trotz zeitweilig gemeinsamer Sprachlosigkeit auf die Musiksendungen am Samstagabend im Fernseher.

Da Müll sich im wahren Leben nur ganz langsam über viele Jahre oder Jahrzehnte von selbst etwas reduziert, bleibt immer einer lange auf ihm sitzen und hat bis an sein Lebensende irgendwie damit zu tun. Damit kennen sich nicht nur Gemeinden und Landkreise aus. Eine alte Deponie zu recyceln ist viel aufwändiger, als von vornherein Müll zu vermeiden. Das gilt auch für Paarbeziehungen: Wenn sie von Anfang an über unangenehme Dinge reden und diese *verbal recyceln*, reduzieren sie über den einfachen Katalysator der Ehrlichkeit, den Beziehungsmüll und haben eine große Chance, gemeinsam alt zu werden. Dadurch, dass man sich mit ihm beschäftigt, ist er dann auch beiden präsent und muss nicht weiter heimlich unter den Teppich gekehrt werden.

Durch Dasein und Zuhören wird das Leben aber trotzdem nicht einfacher, und nicht alle Probleme lassen sich lösen oder ausdiskutieren. Aber wenn wir wissen, dass sie da sind, kann man besser mit ihnen umgehen und sie manchmal auch im wahrsten Sinne des Wortes bewusst so *umgehen*, dass ihre negativen Auswirkungen auf Dauer überschaubar bleiben.

Das Bedürfnis, aus dem Leben der anderen auszubrechen, um sich selbst und sein eigenes Leben wieder spüren und leben zu können, kommt viel häufiger vor, als wir alle denken. Die Gedanken aller Menschen sind frei, unser persönliches Leben dagegen selten. Beziehungen sind manchmal wie ein Anker, sie können uns viel Halt geben, hindern uns aber andererseits auch oft am „Auslaufen", um mal auf „Freie Fahrt" gehen zu können.

Dann kann es vorkommen, dass die unter den Tisch gekehrten Probleme durch das vermeintliche Problemlösungsmittel Alkohol zum Sprengstoff in der bedrückenden Enge jeder Beziehung werden. Im Nachhinein weiß man dann nicht, worüber man gestolpert ist. Lag es an den unter den Teppich gekehrten Problemen, die schon große Beulen machen oder lag es an dem unter dem Tisch aufgestauten unbesprochenen Beziehungsmüll – oder einfach nur an den Auswirkungen des Alkohols? Ein verkehrtes Wort mit nur einem Funken Wahrheit reicht dann aus, um das Gas der Beziehungsmüllkippe zu zünden und ein Beben anschließendem Tsunami auszulösen, dem auch der beste Anker nicht standhält. Was soll er auch halten, wenn die gefühlsmäßige Bindung zwischen zwei Menschen, die ihren Halt und Bezug mit- und zueinander verloren haben, gestört ist oder sogar nicht mehr existiert?

Die vielen Ausreißer/innen, Schürzenjäger und Vernachlässigten kennen wir alle aus unserm Alltag, aber solange kein Tsunami kommt... Der trifft sowieso immer nur die anderen, da wir meinen, diesbezüglich unsere eigenen Gefühle und heimlichen Bedürfnisse dauerhaft verdrängen zu können. Die meisten Anker lösen sich, weil sie ihren ursprünglichen Bezug zum Grund (ihrer Beziehung) und somit jegliches Halt verloren haben, um bei der bildhaften Beschreibung zu bleiben. Ein mitreißendes Volks-, Vereins- oder Schützenfest, ein Kuraufenthalt, ein schöner Abend am Urlaubsstrand sowie der Flirt in der Kantine genügen dann als Check-up, um herauszufinden, „was noch geht".

In Anbetracht dessen, dass inzwischen fast jede 2. Ehe geschieden wird, kann man sich glücklich schätzen, wenn man es von Anfang an schafft, miteinander fair und ehrlich umzugehen, ohne sich irgendwann umgehen zu müssen. Andererseits besteht nur so die Chance sich einzugestehen, wir mögen uns immer noch gerne, haben aber im Laufe der Jahre doch festgestellt, dass wir uns gegenseitig nicht die Freiräume geben oder zugestehen können, die wir brauchen, um zufrieden zu sein. Das ist dann die Gelegenheit, einmal das, was sich in der Zwischenzeit unterm Teppich staut, *anzusprechen*. Und wenn es dann noch ohne Vorwürfe gelingt, dem anderen zu erklären, was einem das Leben zu engmacht, dann haben wir es geschafft, selbst auch ein bisschen „Pilcher" zu leben.

Das ist dann die Chance, zu einer gemeinsamen Korrektur des gemeinsamen Lebens oder mit den dazugehörenden Tränen und ein paar verbalen Streitblessuren auseinanderzugehen. Diese Art der Trennung gewährleistet eine Art Recycling für den gemeinsamen Seelenfrieden und ist viel erträglicher als eine Scheidung mit Hauen, Stechen und oft unfairen Schuldzuweisungen. Sie bietet beiden Partnern die Möglichkeit, freundschaftlich verbunden zu bleiben, auch wenn es so etwas eigentlich nur in Romanen gibt.

Die meisten Paare bleiben nur deshalb zusammen, weil sie mal „ja, bis dass der Tod uns scheidet" gesagt haben, weil es keinen Ehevertrag gibt und bei einer Scheidung alles geteilt werden muss. Und dann sind da noch die Kinder, die Verwandten und die Nachbarn. Was sollen die denken?

Unter dem Deckmantel der Verlogenheit, die wir so gut tarnen, dass wir sie selbst kaum wahrnehmen, neigen wir immer wieder zum schmerzhaften Selbstbetrug. Wir versuchen auf Kosten unserer körperlichen Gesundheit alles zu verdrängen und merken nicht, dass sich die seelischen Kränkungen und der daraus entstehende Druck in unserem Kopf unaufhaltsam in unseren Rücken verlagern, der uns dann auch die passenden Signale gibt.

Wenn jemand im Ruhrpott zum „Dr. Stratmann" geht... „mit oder wegen Rücken", sollte der Dr. eigentlich fragen: „Was tut dich drücken?" Entschuldigung, aber solche flach wirkenden „gutbürgerlichen" Redensarten und der ein oder andere platte Witz haben mir die Tür und die Herzen von vielen verbitterten Menschen geöffnet.

Ich habe als Fachkrankenpfleger für Psychiatrie bei meinen Hausbesuchen in vielen Heimen und ganz „normalen" Familien erschreckende Beziehungsdramen erlebt, die anfangs ganz heimlich und leise im Hintergrund des Lebens lauerten und dann durch eine unverhoffte Pflegesituation für viele Familienmitglieder einen ganz dramatischen, unheilvollen Verlauf nahmen.

Das Bild der „heilen Familie" kommt bei vielen jüngeren Menschen schon ins Wanken, wenn sich die ganze Familie zu Weihnachten trifft. Spätestens in der Pubertät erleben sie, dass das Leben nicht so ist, wie die Eltern es gerne hätten und selbst nicht mal vorleben können. Diese Kinder wiederum erkennen meistens erst dann, was die Eltern meinten, wenn sie selbst Eltern geworden sind. Dann versuchen sie häufig einen Mittelweg zu finden, zwischen ihrer eigenen Prägung durch die Eltern, ihrem ursprünglichen Freiheitsdrang während der Pubertät und ihrem heutigen, irgendwie doch gesellschaftlich angepassten Verhalten.

Die wenigsten Kriegs- und Nachkriegskinder, die heute zwischen 60 und 90 Jahre alt sind, haben gelernt, über zwischenmenschliche Beziehungen und Probleme zu reden. Ihre nachfolgenden Generationen scheinen diese Hemmungen geerbt zu haben, über gewisse Dinge nicht reden zu können oder nicht zu wollen.

Da muss ich mir auch an die eigene Nase fassen... meine Kinder mussten auch erst erwachsen und ich sehr krank werden, bis wir gemerkt haben, dass bei uns auch viel zu wenig über Gefühle geredet wurde. Und selbst dieses Wissen alleine reicht nicht aus, dass man von nun an automatisch mehr miteinander spricht.

Wenn man schon seit vielen Jahren, nicht nur wegen des Schnarchens, getrennt schläft oder eigentlich nur noch wegen den Kindern, Enkelkindern, dem gemeinsame Vermögen, den Nachbarn und der heilen Welt nach außen zusammenlebt, dann ist das mit der durch eine plötzliche Pflegesituation aufgezwungenen Intimpflege des Partners, schon etwas heikel und unangenehm. Ähnliche Probleme bekommen auch die Paare, die sich nie streiten, die immer alles gemeinsam gemacht haben und einfach über bestimmte Dinge nicht reden, weil man über „gewisse" Dinge eben nicht spricht. Dann wird aus der jahrelangen gegenseitigen Zwangsbeglückung beider Partner eine gefühlte Zwangsjacke, die sich mit jedem Moment der Überforderung in einer Pflegesituation immer enger zieht.

Wenn nur noch einer von beiden mobil ist, fühlt sich der Pflegebedürftige als Hemmschuh und erlebt in sich eine grausame Mischung aus hilfloser Traurigkeit, Angst und Wut. Hinzu kommt die Not, dem anderen so nicht mehr zu genügen, mit all den Verlustängsten, die dazu gehören. Der noch mobile Partner fühlt sich nach Jahren und manchmal auch schon nach Monaten der Pflege ebenso am Leben behindert, traut sich aber nicht, mit jemanden darüber zu reden, weil sich das ja nicht gehört und man sich mal vor langer Zeit das Ja-Wort gegeben hat… „in guten, sowie in schlechten Zeiten". Dann ist bei beiden die gemeinsame Talsperre der Tränen bis zum Rand voll, und es bedarf nur einer kleinen Erschütterung durch den ersten richtigen Streit in ihrer Beziehung. Dann bricht nach Jahrzehnten scheinheiler Welt eine Flutwelle, über das bisherige Leben hinweg und spült alle versäumten Träume und Freiräume frei, mit allen unbewussten offenen Rechnungen, die durch das „wir machen alles zusammen" entstanden sind.

Jeder von uns war schon mal im Krankenhaus und erinnert sich ungern an die kalten Hände von Schwester Inge und an das Trampeltier Schwester Olga mit dem Mundgeruch. In positiver Erinnerung bleiben dagegen die Pflegemitarbeiter, die erst anklopfen, leise grüßen und fragen, ob man einen Wunsch hat und genauso leise wieder gehen, obwohl sie den gleichen Stress haben, wie alle anderen Kollegen auch. Aufgrund der kurzen „Liegezeiten" im Krankenhaus sind diese Phasen der eigenen Hilfsbedürftigkeit gut auszuhalten. Aber wenn man über Monate oder Jahre von schlecht gelaunten Drachen abhängig ist, die sich selbst und ihr eigenes, unter der allgemeinen Verlogenheit leidende Leben kaum noch ertragen können, dann möchte ich weder Pflegebedürftiger noch der Drache sein.

Wir haben alle Eltern, die uns im Rahmen ihrer Möglichkeiten alles mitgegeben haben, um in dieser Welt zu bestehen, aber dass sie selbst mal hilfs-

oder sogar pflegebedürftig werden, darüber wird in den meisten Familien nicht geredet. Im Gegenteil, wer redet denn offen über die beginnende Inkontinenz in bestimmten Situationen, zum Beispiel beim Husten und darüber, dass man vieles nicht mehr versteht oder einfach nicht mehr will, weil man sich mit unserer schnelllebigen Zeit überfordert fühlt?

Meistens sind es die Ehefrauen, Töchter oder Schwiegertöchter, die dann die stetig steigenden Stückzahlen der Schlüpfer, trotz Sonnenschein, nicht mehr draußen auf die Leine hängen, sondern im Trockner verbergen und die Kontakte in ihrem Umfeld reduzieren, weil sie den neugierigen Fragen ausweichen wollen.

Viele von uns bemerken ihre gestörten Beziehungen zu anderen Menschen erst durch eine von heute auf morgen entstehende Pflegesituation. Nach einigen Wochen oder Monaten wird ihnen ganz langsam klar, dass man mit dem, worauf man sich eingelassen hat, absolut überfordert ist. Das gilt für alle, die in irgendeiner Weise in den Pflegeprozess involviert sind, auch für den Pflegebedürftigen selbst. Wenn ein Schlaganfall dafür sorgt, dass sich der Partner oder die Kinder aus Anstand oder sonstigen „moralischen" Gründen verpflichtet fühlen, diese schon längst gestorbenen Beziehungen wiederzubeleben, werden sie feststellen, wie viele Jahre oder Jahrzehnte sie sich selbst und die anderen belogen haben.

Trotz aller von Herzen kommender Fürsorglichkeit, kann sich die durch die Situation entstandene unausweichliche Nähe, z. B. zu den Eltern, nach dem ersten Schreck ganz langsam und heimlich in eine unangenehme und lästige Notwendigkeit verwandeln, die dann das Leben aller Betroffenen irgendwie tangiert, stört und behindert..., wenn sie ehrlich wären.

Das gilt ebenso für Ehen und Partnerschaften, wenn nach vielen Jahren die körperliche Nähe abgeflaut und in eine Art gute Kameradschaft übergegangen ist, die man ebenso wenig missen möchte, wie den Partner. Viele Ehepartner, die sich schon seit Jahrzehnten nicht mehr viel zu sagen haben, die durch ihre Lebensgeschichte miteinander oder jeder für sich aus den unterschiedlichsten Gründen still geworden sind, sind dann mit der durch eine Pflegesituation zwangsläufig entstandenen „Reanimation" ihrer Beziehung und der daraus resultierenden Nähe oft total überfordert. Das sorgt für Unruhe, Angst und schlaflose Nächte bei den Pflegebedürftigen wie bei den Familienangehörigen und sind die Gründe, warum alte pflegebedürftige Menschen so viel beruhigende Medikamente verordnet bekommen, die sie noch mehr „stillen" und ihre Beziehungen zu den Pflegenden noch mehr stören.

Die Pflegenden wiederum sind oft ebenfalls wegen ihrer gesundheitlichen Störungen (s. o.) in ärztlicher Behandlung.

„Gestörte Beziehungen fallen oft erst auf, wenn man sich bei Begegnungen über den Weg von Gefühlen so nahekommt, dass man ausweichen möchte, obwohl man sein Gegenüber mag", habe ich am Anfang dieses Kapitels geschrieben. Dann fühlt man sich, wie vom Leben geblitzt und daran erinnert, dass man in den letzten Jahren zu schnell, zu oberflächlich und irgendwie nur mit sich selbst unterwegs war, obwohl man nicht alleine lebt. Ach ja, da gibt's ja noch eine Familie.

Dann können die durch Körperpflege zwangsläufig notwendigen intimen Berührungen für alle Beteiligten zur Hölle auf Erden werden, wie eine Ehefrau in einer Angehörigengruppe hinter vorgehaltener Hand ganz schamvoll berichtete.

Aus vielen ursprünglichen Liebesbeziehungen ist nach vielen Jahren nur noch eine füreinander sorgende Zweckgemeinschaft übriggeblieben, man mag sich immer noch irgendwie gerne und leidet gemeinsam darunter, dass alles so gekommen ist. Trotzdem können beide in den seltensten Fällen offen und ehrlich mit ihren dann entstandenen Gefühlen darüber reden. Dann ist bei beiden oder zumindest einem von beiden die vorhin erwähnte gemeinsame Talsperre der Tränen tatsächlich bis zum Rand voll, und es bedarf nicht nur einer kleinen Erschütterung in ihrer Beziehung, um sie zum Überlaufen zu bringen. Die Wahrscheinlichkeit ist sehr groß, dass gleich der ganze Damm bricht.

Die erlernten Schutzwälle und Mauern gegen Unangenehmes und die Wahrheit können nie so stark sein, dass sie alles aufhalten können, was auf uns zukommt.

„Das haben wir alle nicht gelernt...", würde jetzt mein Freund Lutz Dieter Schwede (Diplom-Psychologe und ehemaliger Leiter einer psychiatrischen Tagesklinik) zu solchen Situationen sagen… habe ich im Kapitel „Die kleinen Dinge bewegen die Welt" geschrieben.

Es gibt Lebenssituationen, auf die uns keiner vorbereitet hat, obwohl wir wissen, dass es sie gibt. Aber es kann ja nicht sein, was nicht sein darf.

Wir haben alle nicht gelernt, dass Beziehungen enden können, aus welchen Gründen auch immer und ebenso haben wir alle nicht gelernt, dass die Liebe in einer Paar-Beziehung nur weiter funktionieren kann, wenn die Beziehung ihren Bezug zur Ehrlichkeit und Wahrheit nicht verliert. Dem werden alle Frischverliebten kopfnickend zustimmen, denn durch die Sehnsucht nach Vertrauen, Nähe, Wärme und Geborgenheit ist unser Blick auf das Leben und das Miteinander der Menschen in den ersten Monaten oder, wenn wir Glück haben, in den ersten Jahren, romantisch verklärt und das wird durch die schönen Augenblicke der Sexualität noch verstärkt. Doch trotz aller Liebesbekundungen verändern sich Paarbeziehungen nach einigen Jahren durch den Alltag und nach einigen Weihnachtsfeiern in der Firma gibt es doch das ein oder andere Geheimnis bei dem einen oder der anderen…?

Die tausend kleinen Verlogenheiten und Heimlichkeiten, die wir meinen alle mit uns herumtragen zu können, ohne dass es einer merkt, kosten auf Dauer viel Energie und Kraft. Wenn wir dann ganz unvorbereitet, von heute auf morgen den Damm des Schweigens gegen die Wahrheit und die damit verbundenen Tränen verteidigen müssen, dann sind wir in der Realität angekommen und werden von unseren eigenen Verhaltensweisen auf sehr unangenehme Art und Weise an den Pranger gestellt. So ein Dammbruch der Gefühle mit aller Scham und Hilflosigkeit, die wir dann empfinden, zeigt auf, was man sich und der Familie jahrelang vorgemacht hat und was sich hinter der Mauer des Schweigens durch die Sprachlosigkeit aufgestaut hat.

Da wir alle mal Kinder waren und Eltern haben, die irgendwann im Alter Begleitung, Versorgung oder gar Pflege benötigen, beziehen sich die Themen dieses Buchs nicht nur auf den Lebenspartner. Es bezieht sich auch nicht nur auf die zwei bis drei Millionen Pflegebedürftigen und ihre Angehörigen in Deutschland, sondern auch auf viele Millionen Menschen, die in irgendeiner Weise von gestörten Beziehungen durch das Mundhalten betroffen sind. Störungen, die sie bisher nicht bewusst wahrgenommen haben, es nicht wollten, oder für die unter dem Teppich noch genug Platz ist, bevor sie und ihre Beziehung darüber stolpern.

Wie oft und worüber wir schon gestolpert sind, nichts daraus gelernt und trotzdem genauso weitergemacht haben, wird uns meistens erst bewusst, wenn sich unser Alltag nach einem Unfall oder einer schweren Erkrankung durch eine intensive Pflege- und Versorgungssituation mit einer plötzlich notwendigen Nähe über uns stülpt, die uns erstmal überrascht, wie ein Überfall. Andererseits beherrschen viele von uns den heimlichen Selbstbetrug (auch dann noch) genauso perfekt wie Millionen andere Menschen und kuscheln sich die Realität durch Helene Fischer, die Musikantenstadl-Sendungen oder eine heimliche Affäre gedanklich weg.

Mehr als zwei Drittel der Pflegebedürftigen werden zu Hause gepflegt und besonders dort habe ich, in nach außen hin geltenden „Bilderbuchfamilien", eine erschreckende kalte Sprachlosigkeit erlebt, was die zwischenmenschlichen Beziehungen und Gefühle angeht.

Auf der einen Seite möchte ich mit diesem Buch auch den Kollegen aus den pflegenden Berufen Mut machen, bei sich, den Kollegen und ihren Klienten mal richtig hinzuschauen, was in ihrem beruflichen Beziehungsalltag so abgeht. Ich bin mir aber ziemlich sicher, dass ich ihnen nichts Neues erzähle, und die meisten von ihnen sich damit genauso gut auskennen, wie mit dem Mundhalten. Andererseits würde ich viel lieber „Käthchen Krause" von nebenan und ihre Nachbarinnen erreichen, für die der Alltag nur noch durch Pilcher- und Courths-Mahler-Romane sowie ihre geliebte Soap-Opera erträglich ist.

Viele von ihnen müssen ihren alten Vater versorgen, der ihnen früher als Kind immer beim Baden zugeguckt und sie damals so „komisch" bedrängt und „fummelnd" abgetrocknet hat. Oder die eigene Mutter, die davon wusste, aber nie was gesagt hat, weil man darüber nicht redet und die bis heute nicht versteht, warum ihre Tochter immer schon so „schwierig" war.

Ich möchte ebenso die Töchter und Söhne erreichen, deren Väter lange in Kriegsgefangenschaft waren und die gemeinsam mit der Mutter nach seiner Rückkehr unendlich viel körperliche und verbale Gewalt von ihm aushalten mussten, da er nicht mit den seelischen Folgen des Krieges zurechtkam. Ebenso die Söhne, die ihre Väter im Krieg „verloren" haben und deshalb für ihre Mütter der Vater- oder Partnerersatz in vielen Lebensbereichen waren. Als Kinder waren die meisten von ihnen damit total überfordert und wissen heute als Erwachsener immer noch nicht, warum ihnen diese unverarbeiteten Lebenssituationen nachts über die Bettdecke kriechen. Wenn dann die eigene Mutter von heute auf morgen pflegebedürftig wird und der Sohn die Pflege nicht selbst übernehmen kann, weil er im eigenen Geschäft einen 12-14-Std.-Tag hat, kann er überhaupt nicht mehr schlafen. Die bei ihm im Kopf eingebrannte DIN-Norm des artigen Jungen kann er nicht mehr erfüllen und das hält ihn tagsüber von seiner eigentlichen Leistungsfähigkeit fern und nachts wach, obwohl er immer todmüde ist.

Ich möchte mit meinen Zeilen ebenso den Schwiegertöchtern helfen, die ihre heimlich gehasste Schwiegermutter pflegen müssen, obwohl die ihnen Jahrzehnte lang nur Schlechtigkeiten angedichtet hat. Und den dazu gehörenden Männern erklären, dass sie ihren Frauen durch zeitweiliges Zuhören und für sie da sein unendlich helfen können, auch wenn sie selten zu Hause sind.

Für eine anstehende Erbschaft ist manchmal das Aushalten von gestörten Beziehungen anscheinend eine Art Vorfälligkeitszins, den man zu zahlen hat.

Ich bin mir ganz sicher, dass die Inhalte meiner Erfahrungen nicht nur viele tausend Pflegende anspricht, sondern jeden, der ein Kriegs- oder Nachkriegs-Kind/Enkel ist. Und das sind wir in gewisser Weise doch alle.

Es geht um die oft nicht änderbaren Dinge des Alltags, die uns erdrücken, wenn wir sie nicht vorher rauslassen. Ohne die Möglichkeit darüber reden zu können, wird die Last irgendwann unerträglich und kann dazu führen, dass die Bildzeitung neue Schlagzeilen bekommt.

Ich habe über 30 Jahre als Fachkrankenpfleger für Psychiatrie gearbeitet und erst 2006, ein Jahr nach dem Suizid meines Vaters durch Erhängen, erfahren, dass er als junger SS-Angehöriger in Ostpreußen an Kriegsverbrechen beteiligt gewesen sein soll. Durch die dauernde Angst vor dem Vater, entwickelte ich als Kind unbewusst eine regelrechte Überlebensstrategie, da er mir immer wieder androhte: „Wenn du so wirst wie deine Mutter, schlage ich dich irgendwann tot." Durch absolut kontrolliertes, vorsichtiges Verhalten, leise Bewegungsabläufe zu Hause, häufiges Verstecken, artig sein, voreilenden Gehorsam usw. versuchte ich, seine Brüll- und Prügelattacken auszuhalten, um zu überleben. Deshalb hat es mich anfangs gar nicht erschreckt, von seinen Kriegsverbrechen zu erfahren.

Ich musste sofort an Textpassagen des Songs „Leben" der Gruppe „Pur" von ihrem Album „Abenteuerland" *) (1995) denken:

„Wie nur konntest du das tun?
Hast du nichts dabei gefühlt?
Was nahm dir all die Skrupel, all die Scham

Du hast gewissenlos gehorcht
Mord befohlen, ausgeführt
Das Gas war leise, nur die Schreie laut

> Die Bilder machen fassungslos
> Gruben voller Leichen
> Voller nicht erfüllter Hoffnungen
>
> Du hast als Richter, Henker
> ihre Zukunft geraubt
> Wie kann ein Mensch zum Unmensch werden?
> Das höchste Gut mit Füßen treten Leben –
> mehr als nur zu überleben
>
> Leben – das ist Ursprung und Ziel
> Leben – als kleiner Teil des großen Ganzen
> Lebenswert zu sein…"

*) s. Abschn. Interessantes und Anmerkungen S. 332 ff.

Endlich hatte ich eine schlüssige Erklärung für die Art und Weise, wie mein Vater gelebt, gedacht, mich erzogen und gepeinigt hat. Trotzdem tut das nicht mehr Änderbare unendlich weh.

Seit dieser Zeit versuche ich, das Unfassbare zu verarbeiten, die erlernten Verhaltensmuster von Anstand, Ehre und Moral im Kontext zur Realität und unseren oft verlogenen Familienbeziehungen zu sehen. Aber es gelingt mir immer noch nicht richtig, weil die Wahrheit manchmal schlechter auszuhalten ist, als die Lüge.

Da die Erinnerung an meine ersten 12 Lebensjahre durch traumatische Erlebnisse, wie auch ein Teil der Zeit bis zum 18. Lebensjahr, meine Kindheit für mich nur wie in wabernden Nebelschwaden erscheinen lässt, ist es umso wichtiger, mir die Anteile, die in mir immer wieder eine unendliche Traurigkeit und Wut auslösen, genau anzusehen, um die oft in Träumen aufgeschäumten Emotionen mit der Realität und Wahrheit abzugleichen.

Meine inzwischen 86-jährige Mutter lebt noch. Mit ihr lebte ich nach ihrer Scheidung von meinem Vater drei Jahre lang in Solingen. Dann musste ich wieder zu meinem Vater ziehen, nachdem sie einen Mann mit drei Kindern kennengelernt hatte. Da war ich dann einer zu viel; so jedenfalls habe ich es in Erinnerung. – Nachdem sie die Erstausgabe dieses Buches gelesen hatte, schrieb sie mir eine „Glückwunschkarte". Bis dahin wusste ich nicht einmal, ob sie noch lebt. Diese Karte löste in mir eine hilflose Wut aus, weil sie mich im Alter von 11 Jahren dem Mann überließ, von dem sie sich wegen seinen unmenschlichen Gewaltausbrüchen hat scheiden lassen. Das habe ich ihr dann auch in einem Brief geschrieben; ebenso, dass meine Kinder und Enkelkinder sich gefreut hätten, dass es da noch eine Oma und Uroma gibt.

Da hatte ich wohl in ein Wespennest gestochen, denn anstatt mir ihre damalige Entscheidung zu erklären und mir ein versöhnendes Gespräch ohne gegenseitige Vorwürfe anzubieten, kamen bitterböse Briefe zurück. Sie regte sich furchtbar auf, dass ich davon erzählte, wie sie ihren – aus meiner heutigen Sicht völlig verständlichen – Nachholbedarf in puncto soziale Kontakte nach der Ehe mit meinem tyrannischen Vater mit Lebensfreude vor allem bei Tanz- und sonstigen Veranstaltungen stillte.

Die Frauen der damaligen Generationen hatten es leider diesbezüglich noch sehr schwer, den Spagat zwischen ihren eigenen Bedürfnissen und der verlogenen Doppelmoral der Gesellschaft auszuleben. Obwohl ich als Kind diese Zusammenhänge noch nicht begreifen konnte, war ich damals schon mit dem Aushalten und Verhalten von Erwachsenen beim Karneval und sonstigen Feiern total überfordert. Aus meiner heutigen Sicht hat sich bezüglich der verlogenen Doppelmoral nicht viel geändert. Die Mädchen wachsen heute, ihren durch die Alice Schwarzer-Zeit geprägten Müttern sei Dank, zwar freier und ungezwungener auf, aber wenn sie sich bezüglich der Lust und Lebensfreude die gleichen Freiheiten herausnehmen wie die Jungs, gerät ihr gesellschaftliches Ansehen nicht nur bei den Männern in Schieflage.

Meine Mutter musste mich als Alleinerziehende manchmal mitnehmen, wenn sie für mich keinen Babysitter hatte. Das kam zwar nicht oft vor, aber 3-4 Situationen sind in mein Gedächtnis wie eingebrannt. Als Kind kann man gar nicht verstehen, wie die Mutter mit solchen, durch Alkoholeinfluss veränderten Menschen Spaß haben kann, die auf jeder Karnevalsfeier und jedem Schützenfest sich so verhalten, dass man als Kind ein riesiges Fragezeichen im Kopf hat.

Sie schrieb mir, dass es meine Entscheidung gewesen sei, zum Vater zurückzukehren, da er mich während meiner Ferien bei ihm mit viel Taschengeld, einem neuen Fahrrad und anderen Annehmlichkeiten geködert hätte.

Da kommt natürlich die Frage auf, wie kann man einem 11-jährigen Kind so eine Entscheidung überlassen? Das Jugendamt entscheidet in diesem Alter, ob eine Mutter das Sorgerecht behält oder verliert. Andererseits erinnere ich mich schemenhaft daran, dass meine Mutter mich zu einer mit mir nicht verwandten Tante geben wollte, die ich ganz gerne mochte. Da hätte ihr doch klar sein müssen, dass mein Vater wie aus heiterem Himmel eine Blitz-Ehe und alle Voraussetzungen aus dem Hut zaubern würde, nur um das Sorgerecht für seinen Jungen zurückzubekommen.

Wie gesagt, viele Erinnerungen erscheinen wie in Nebelschwaden nur schemenhaft: An das Fahrrad kann ich mich erinnern, aber dass ich das von meinem Vater bekommen haben soll, daran erinnere ich mich nicht. Ebenso wenig, dass ich in den Ferien immer bei ihm gewesen sein soll. Und an ihren schmerzhaften Abschied von mir 1963, wie sie ihn heute vorwurfsvoll beteuert, kann ich mich beim besten Willen auch nicht erinnern. Denn das Zeugnis der Böckerhof-Schule in Solingen vom Frühjahr 1964 hat meine Mutter noch unterschrieben!?

Ich weiß nicht mehr, wie und wann ich „Umgezogen worden bin", es muss aber in den Herbstferien 1964 gewesen sein, und zwar erinnere ich mich deswegen, weil der Zeitpunkt dieser Erinnerung mit einem tiefgreifenden emotionalen Zustand gekoppelt ist. So etwas vergisst man einfach nicht. Da stand ich also ein paar Tage zuvor heimlich auf der Müngstner Brücke in 107 m Höhe..., ich bin nur deshalb nicht gesprungen, weil ich Angst vor ihm hatte, was er mit mir machen würde, wenn ich nicht tot wäre und „nur" im Krankenhaus lande. Die Angst davor, nicht tot zu sein, hat mir das Leben gerettet.

Auch weiß ich nichts davon, dass sie mir mal 400 DM geschickt hat und ich mich bei ihr mit einem Brief bedankt habe. Obwohl sie mir eine Kopie des Briefes mit meiner Handschrift beigelegt hatte, kann ich mich nicht daran erinnern. Auch ihre Entrüstung, dass ich, bis auf das eine Mal nie geantwortet hätte, findet für mich nur die Erklärung, dass mein Vater und meine Stiefmutter die Post meiner Mutter haben verschwinden lassen.

Wahrscheinlich habe ich mich aufgrund der damaligen seelischen Überforderung als Kind schon in einer Art depressivem Stupor befunden, der bei traumatisierten Kindern mit Depressionen häufig zum Schutz vor weiteren seelischen Verletzungen vorkommen kann. Das würde auch die, wie in Nebelschwaden verschwommenen Erinnerungen, erklären und nicht nur, mit den Worten meiner Mutter, meine „lebhafte Fantasie" sein.

Aus einem Sammelsurium von solchen erlebten Gefühlen, Begegnungen und Beziehungen aus meinem privaten, wie auch beruflichen Alltag, habe ich in den letzten Jahren versucht, einigermaßen strukturiert und verständlich lesbar dieses Buch zu schreiben.

Dabei ist mir jetzt erst richtig klargeworden, dass alle Konflikte von Alt und Jung, in Partnerschaften, Freundeskreisen und sonstigen Bekanntschaften ihren Ursprung in der Lebensgeschichte jedes Einzelnen haben.

Wir haben alle nicht gelernt, dass man die Wertigkeit der Wahrheit nur begreifen kann, wenn man sich mit ihr im wahrsten Sinne des Wortes auch befasst. Ebenso haben wir alle nicht gelernt, mit der Wahrheit so umzugehen, dass wir sie nicht immer umgehen müssen.

Da wir in gewisser Weise alle Nachkriegskinder sind, geprägt durch die Auswirkungen, die auch unsere Eltern und Urgroßeltern so haben werden lassen wie sie sind, hoffe ich, durch meine Zeilen ein wenig dazu beizutragen, dass wir alle etwas mehr nachdenken, warum wir über viele Dinge nicht reden können, oder wollen. Wir vergeben damit die Chance, etwas zu ändern, was uns stört, etwas zu erreichen, was wir uns wünschen, aber auch die Chance, einfach nur unserem Ärger Luft zu machen, damit er uns nicht die schönen Dinge des Lebens verdirbt, in jeder Beziehung.

Die Erklärung dafür, warum vieles in unserem Leben so ist, wie es ist, finden wir in unserer Familiengeschichte. Nur wenn wir uns mit ihr befassen, indem wir uns mit ihr erst zusammen- und dann auseinandersetzen und vor allen Dingen darüber reden, können wir gedanklich begreifen, was uns so gemacht hat, wie wir sind.

Ehrlichkeit und Fairness

sollten einen höheren Stellenwert

in unserem Leben bekommen,

denn es ist (nur) einmalig und endlich.

Mit dem Bauch fühlt man besser

Es war im Herbst 1972, als mir klar wurde, dass ich in meinem erlernten Beruf als Buchbinder in der Industrie nicht glücklich werden würde.

Während der reinen handwerklichen Ausbildungsphase zum Buchbinder weckte mein Meister in mir etwas, das ich zuletzt in meiner Kinderzeit bei Tagträumereien erlebt hatte. Aus diesen wurde ich sehr oft unsanft durch meinen Vater geweckt, mit den Worten: „Träum nicht, es gibt was zu tun!" Diese von Farben, aus „1000 und einer Nacht" durchfluteten Träumereien der Kindheit wurden durch das Handwerk real und endlich auch greif- und fassbar. Mir war bis dahin nicht klar, dass der Beruf des Buchbinders nicht nur das Herstellen von Büchern beinhaltet, sondern auch das Gestalten anderer Gegenstände aus Papier, Pappe, Leder und weiteren Stoffen, die sich auf vielerlei Art vergolden und verzieren lassen. Leider wurde aus dem neuen, inzwischen erwachsenen Traum, einen Beruf mit einer künstlerischen und kreativen Aura ausüben zu können, wieder ein: „Träum nicht!"

Mit den ausschließlich handwerklichen Tätigkeiten der Buchbinderei ist es auch heute kaum möglich, seinen Lebensunterhalt zu verdienen. Denn das Ziel der Ausbildung in einem Großbetrieb war und ist heute noch ein anderes. Es geht um das Bedienen von Maschinen zur industriellen Fertigung von gedruckten Informationen auf Papier in Form von Büchern und Zeitschriften und nicht um ein schönes Gefühl bei der täglichen Arbeit. Meine filigranen handwerklichen Fähigkeiten verkümmerten schon nach kurzer Zeit, da mir immer mehr jegliches Gefühl für Schönes und kreatives Denken im Alltag durch die damaligen 12-Std.-Schichten verlorenging.

Gespräche mit den Arbeitskollegen waren nur in den Pausen und beim Schichtwechsel möglich und beschränkten sich auf die wirklich „wichtigen Dinge im Leben"... Fußball, Autos und Frauen. Da wurde mir klar, warum die Bildzeitung eine so hohe Auflage hat und der Maßstab für das zu sein scheint, wie unser Volk denkt. Zumal dieses Blatt mit seinem Slogan „Bild dir deine Meinung" einen gewissen Bildungsauftrag (?) zu haben scheint, denn in Diskussionen und Streitgesprächen wurde immer wieder argumentiert: „Doch das stimmt, das stand in der Bild."

Nach einigen Monaten ging es mir gesundheitlich immer schlechter. Es graute mir jeden Tag vor meiner Arbeit und ihrem Umfeld, mein Magenproblem verstärkte sich, und als ich auch noch immer mehr abnahm, ging ich zum Arzt. Ein nervöses Magenleiden wurde diagnostiziert, und da meine Stiefmutter vor ein paar Monaten nach kurzer Vorlaufzeit mit gleicher Diagnose an Magenkrebs starb, war mir klar, ich muss etwas ändern.

Damals hat mir mein Bauchgefühl gezeigt, dass Menschen nicht nur miteinander gestörte Beziehungen haben können, sondern auch jeder Einzelne mit sich selbst. Durch die eigene Unzufriedenheit wurde es immer schwerer, die täglichen 12 Stunden im Hamsterrad der Firma auszuhalten, denn in meiner Freizeit zu Hause war keine Entspannung möglich. Ich lebte damals noch bei meinem Vater, der mich durch seine Angst verbreitende, herrische Art immer schon davon abgehalten hat, anderen Menschen gegenüber Gefühle zu zeigen. Gefühle jeglicher Art waren für ihn ein Zeichen von Schwäche.

In der Hoffnung, trotz meiner, durch die Eltern „anerzogene Beziehungsstörung", mit Menschen besser klar zu kommen als mit Maschinen, fand ich von einem Tag zum anderen eine Stelle als Krankenpflegehelfer und begann schon ein halbes Jahr später meine Ausbildung zum Krankenpfleger. Ich ahnte schon zu diesem Zeitpunkt, dass diese Arbeit ganz neue Ansprüche an mich stellen würde, insbesondere wegen des herrschenden Personalmangels, an dem sich bis heute nichts geändert hat.

Die ersten 12 Monate arbeitete ich auf einer geriatrischen Station. Die nannte man zu jener Zeit noch Siechenstation. Das Thema Mobilisation der alten Patienten stand da nicht unbedingt auf der Tagesordnung, d. h. von den 30 Patienten waren ca. 20 immer bettlägerig. Wir arbeiteten (1972) in zwei Schichten á 12 Std. mit einer 2½-stündigen Pause. Zum normalen Arbeitsalltag gehörte auch das Reinigen und Wischen der ganzen Station, an 7 Tagen in der Woche.

Neben der anstrengenden körperlichen Arbeit war die tägliche Konfrontation mit dem zunehmenden körperlichen Verfall und nicht zu verhindernden geistigen Abbau der alten Menschen manchmal ganz schwer auszuhalten. Und trotzdem war ich zufriedener. Meine gesundheitlichen Probleme hatten sich beruhigt, und ich war froh, auf mein Bauchgefühl vertraut zu haben. Meine Empathie lag eindeutig bei den Menschen und nicht bei den Maschinen, obwohl ich damals von diesem „Psychokram" noch nichts verstand. Aus heutiger Sicht war das für mich, ohne es damals schon zu ahnen, der Grundstein für mein Jahrzehnte späteres Interesse in der Gerontopsychiatrie zu arbeiten.

Während meiner Ausbildung von 1973 bis 1976 zum Krankenpfleger arbeitete ich auch auf einer so genannten Übergangsstation, in der ehemalige Patienten einer psychiatrischen Klinik im Rahmen der Wiedereingliederung langsam auf den Alltag des Lebens vorbereitet wurden. Diese Einrichtung lag mitten in der Stadt etwa 5 km von der Klinik entfernt. Nach meinem Examen habe ich dort bis 1995 gearbeitet und mir die Grundlagen für ein anderes Denken in Bezug auf Pflege angeeignet. Das selbstständige Sehen, Beurteilen und Handeln durch die von der Klinik abgenabelte Situation, hat meinen beruflichen Erfahrungsschatz von stationärer Pflege, auf ambulante Pflege und Betreuung in der Form erweitert, dass psychische Erkrankungen „draußen" von allen Betroffenen und dem gesamten Umfeld ganz anders erlebt und wahrgenommen werden, als bei einem stationären Aufenthalt in der Klinik.

Nach langjähriger soziotherapeutischer Tätigkeit im Bereich der Psychiatrischen Pflege arbeitete ich während einer 2-jährigen Weiterbildung zum Fachkrankenpfleger für Psychiatrie im Sommer 1995 in einer gerontopsychiatrischen Ambulanz. Dort kristallisierte sich langsam heraus, dass die Inhalte der reinen ambulanten Arbeit meinem Bedürfnis nach freiem und individuellem, der Situation angepassten eigenverantwortlichen und selbstständigen Arbeiten sehr entgegen kamen. Durch meine 20-jährige Erfahrung außerhalb der Klinik, fiel es mir nicht ganz so schwer, die zunehmende Vereinsamung, Isolierung und die damit verbundenen Schwierigkeiten, „altes Leben", mit seinen durch die Vergangenheit geprägten und teilweise sehr skurrilen, knorrigen Menschen auszuhalten und mit ihnen umzugehen, ohne sie zu umgehen.

Obwohl es sich für jüngere, noch relativ unerfahrene Menschen schrecklich anhören mag, wenn ich davon spreche, dass „altes Leben" und die damit verbundenen Veränderungen manchmal schwer auszuhalten sind, sollten wir uns alle an unser eigenes „junges Leben" während der Pubertät und die Konflikte mit den Eltern erinnern. Dieses sich nicht einschränken und bevormunden lassen wollen ist im Alter mit einem mal wieder da und führt durch zusätzliche Kommunikationsstörungen unterschiedlicher Ursache, zu vergleichbaren Konflikten zwischen Alt und Jung – wie während der Pubertät, nur umgekehrt. Als junger Mensch habe ich es nicht für möglich gehalten, wie viel Kraft das beide Seiten kosten kann, denn in jungen Jahren meint man, die Alten verstehen einen nur nicht und man fühlt sich im Recht, zu rebellieren. Im Alter scheint sich das alles zu wiederholen, nur andersrum.

Wir haben den Umgang mit der jugendlichen Pubertät genauso wenig gelernt, wie das Aushalten und Verstehen des, der Pubertät ähnelnden Verhaltens, von manchen alten Menschen. Einige von ihnen reagieren genauso impulsiv und überschäumend vor Ärger, wenn sie merken, dass sie sich ebenso wenig verstanden fühlen, wie damals, als sie noch jung waren. Es sei denn, sie gehören zu den Menschen, die durch ihren Glauben und den gesellschaftlichen Kodex der Verlogenheit so eingenordet sind, dass ihnen vor lauter Unterwürfigkeit nichts anderes übrigbleibt, als sich unterzuordnen und anzupassen.

In den vergangenen Berufsjahren war für mich am interessantesten, dass man mit einer gewissen Ausgewogenheit zwischen Nähe und Distanz auf alle Menschen zu- und eingehen kann. Dass man die unsichtbaren Grenzen zwischen den Tretminen der Distanzlosigkeit und einer ganz individuell der Situation angepassten notwendigen Nähe aufspüren kann, ohne ihnen dabei zu nahe zu treten. Ich muss allerdings zugeben, dass ich während meiner letzten 10 Berufsjahre aus meiner beruflichen Sicht nur aus einem Grund das Verständnis und die Toleranz aufbringen und manchmal unvorstellbare Zustände bei meinen Hausbesuchen aushalten konnte: Ich durfte wieder gehen – den Angehörigen war das nicht möglich.

Ich war nicht mehr selbst in der Pflege tätig, sondern im Rahmen von Pflegeberatung und Pflegebegleitung in Altenheimen und betroffenen Familien unterwegs. Deshalb kann ich vor allen in der Pflege tätigen Kollegen und Kolleginnen nur sinnbildlich den Hut ziehen, denn die Öffentlichkeit weiß eigentlich gar nicht, was diese Berufsgruppen für sehr wenig Geld über sich ergehen lassen und aushalten müssen. Und pflegende Familienangehörige bekommen sogar nur „Gottes Lohn", wie es so unschön heißt. Sie müssen jeden Tag 24 Std. bereitstehen und werden teilweise von nicht im Haus wohnenden Verwandten auch noch kritisiert. Die sind zwar nicht persönlich betroffen und wohnen oft weit weg, dennoch wissen sie alles besser.

Für professionelle Pflegekräfte ist die Belastung manchmal etwas einfacher, da sie nach der Verrichtung ihrer Arbeit den Pflegebedürftigen und sein Umfeld wieder verlassen können. Das ging mir ebenso. Sie gehen dann zwar wieder zum nächsten Klienten – in der Klinik, im Altenheim oder im ambulanten Bereich –, aber eine gewisse Abwechslung mit häufig auch angenehmen Begegnungen kann den einen oder anderen Arbeitstag etwas auflockern. Wie eben schon beschrieben ist das bei den pflegenden Familienangehörigen, die mit dem Pflegebedürftigen unter einem Dach wohnen, alles etwas anders.

Es geht dabei nicht nur um die Pflege und Versorgung, sondern um die Begegnung mit manchmal seit Jahrzehnten gestörten Beziehungen, die durch

Abhängigkeiten und Verlogenheiten auf beiden Seiten für alle Betroffenen unerträglich werden können. Bei dieser gedanklichen Gratwanderung zwischen Anstand, Liebe, Moral, Verpflichtung und dem Gefühl, das alles nicht mehr aushalten zu können, möchte ich Ihnen Mut machen, unbedingt ehrlich und fair mit sich zu sein und vor allen Dingen auf Ihr Bauchgefühl zu hören.

Manch einer wird jetzt sicher denken, „der hat gut reden und schreiben, meine erlebte Realität ist eine andere." – Da gebe ich Ihnen Recht. Sie erleben sicher jeden Tag, dass man die Realität *nicht* umgehen kann, obwohl man das Bedürfnis hat, um bei dem Wortspiel zu bleiben, mit ihr besser umgehen zu können. Deshalb macht es mich manchmal richtig wütend, wenn irgendwelche „großkopferten" Politiker und Lobbyisten, die an sozialpolitischen Richtlinien arbeiten, sich gerne durch das Blitzlichtgewitter der Presse ihren sozialhysterischen Heiligenschein noch vergrößern lassen, aber nicht mal im Ansatz wissen, wovon sie reden. Auch wenn diese Realität ein unlösbares Problem zu sein scheint, gibt es die Möglichkeit, sie kurzfristig, zumindest gedanklich, zu verlassen und das Problem, bildlich gesehen, beiseite zu legen, um zu schauen, ob es andere Lösungsmöglichkeiten gibt.

Wenn Sie von einem Berg aus in ein Tal schauen, sieht das Tal ganz anders aus, als wenn Sie vom Tal aus auf den Berg schauen. Ich will damit sagen, **ich kann nur eine andere Sichtweise bekommen, wenn ich meinen Standpunkt ändere.** Und wenn ich mich dann auch noch traue, mich vom Standpunkt meiner augenblicklichen Lebenssituation zu lösen und dadurch eine andere und neue Sichtweise bekomme, kann das für mich entlastend und angenehm sein. Es kann aber auch erschrecken, weil hinter jeder Eigennützigkeit unser anerzogenes schlechtes Gewissen aufblitzt, um uns mahnend vor eventuellen Irrwegen zu warnen.

Wie schon in der Einleitung beschrieben: *„Unser anerzogenes schlechtes Gewissen, begleitet uns wie ein Marionettenspieler, der durch die Fäden dafür sorgt, dass wir seinen Standpunkt und seine Sichtweise nicht verlassen können. Wir scheinen durch das ewige laute Ja-Sagen, obwohl wir Nein meinen, den Klang und die Wertigkeit unserer eigenen Stimme beim Nein-Sagen zu vergessen."*

Denn für mein Umfeld und alle, für die mein bisheriger Standpunkt, aus welchen Gründen auch immer, wichtig war, kann meine neue Position und Sichtweise dann sehr beunruhigend, vielleicht sogar beängstigend sein.

Wenn Sie sich seit Jahren in dem gefühlten Tal befinden und durch die tägliche, Ihnen im Nacken sitzende Überlastung nicht mal mehr in der Lage sind, sich aufzurichten, um sich ihren eigenen Kummer mal richtig anzuschauen, dann nutzen Sie meine Zeilen wie eine Seilbahn oder einen Bergführer auf den Berg.

Sollten Sie noch nie mit einer Seilbahn gefahren oder zu Fuß auf einen Berg gestiegen sein und dann noch Höhenangst bekommen, dann überlegen Sie sich mehr als einmal, ob Sie nicht doch lieber unten im Tal bleiben. In Anbetracht dessen, dass Sie schon lange genug in dem Tal wie in einer Sackgasse verharren, es Ihnen irgendwie zu eng geworden ist und Sie das Gefühl haben, ich muss hier raus, ich kann und will das so nicht mehr aushalten, dann gibt es da nicht viel zu überlegen, ob ein Ortswechsel Sinn macht. Schlechter kann es nicht mehr werden, höchstens anders und das kann angenehmer sein, als das, was man nicht mehr will.

Es gibt Tage, da fühlt man sich nicht nur seit Wochen und Monaten überlastet. Es gibt sogar spontane Augenblicke, in denen man gedanklich so überreagiert, dass es Sinn macht, mal kurz an die frische Luft zu gehen. Damit meine ich die Momente, in denen man vor Verzweiflung, Wut und eigener Hilflosigkeit die gedankliche Kontrolle verlieren kann und es unendlich viel Kraft kostet, diese Gedanken nicht auch auszuführen, die man im Kopfkino tagtäglich als Endlosschleife auch noch aushalten muss. Es gibt nur zwei Lösungen dafür: „Das Problem" muss irgendwie weg, oder Sie entfernen sich zumindest erst mal gedanklich von „dem Problem", indem Sie mal innehalten und an die Luft gehen anstatt, *„in* die Luft zu gehen."

„Das Problem muss weg", hört sich ganz schrecklich an, aber ich habe schon viele Pflegende, meistens Ehefrauen und Töchter erlebt, die sich für einen kurzen Augenblick in ihrer hilflosen Wut von der ganzen Welt verlassen fühlten. In Einzelgesprächen habe ich sie ganz vorsichtig und leise gefragt, ob sie schon einmal daran gedacht hätten, dem Ganzen ein Ende zu setzen. Die meisten reagierten erschrocken, als wenn sie sich ertappt fühlten, und weinten ebenso leise und beschämt, während sie dabei nickten, denn das „gedachte" Kissen über dem Gesicht des nicht mehr „Auszuhaltenden" scheinen viele pflegende Familienangehörige in ihrem Kopfkino zumindest im Vorspann, schon gesehen zu haben.

Selbst in Angehörigengruppen gab es von dem einen oder anderen ein zustimmendes Nicken, auch wenn sie sich nicht trauten, darüber zu reden. Und da kann ich nur sagen „Respekt und Hochachtung" vor so viel Mut, trotz hilfloser Verzweiflung und Scham darüber zu reden oder zumindest betroffen zu nicken, weil sie diese Momente kennen.

Genauso wie wir manchmal im Straßenverkehr geblitzt und wachgerüttelt werden, macht es meiner Meinung nach Sinn, durch erschreckende Gedanken geblitzt zu werden, die uns auch erst mal spontan auf die Bremse unseres Verhaltens treten lassen. Da es für diese gedankliche Blitzaktion kein Bußgeld und keine Punkte in Flensburg gibt, sollten wir unserem Gehirn für diese erschreckenden Gedanken regelrecht dankbar sein. Und zwar in der Form, dass wir endlich von den anderen ebenso betroffenen Familienmitgliedern ganz massiv mehr Hilfe und Entlastung einfordern.

Außerdem wird es Zeit für entlastende Gespräche, die jenseits von gesellschaftlichen und konfessionellen Einschränkungen den Blick durch die verweinten Augen wieder für das Wesentliche klären können.

„Du musst erst mal an dich denken,

nur so kannst du lange gut zu anderen Menschen sein.

Wenn du dich selbst vergisst, vergessen dich andere auch ganz schnell,

wenn du nicht mehr so funktionierst, wie sie dich brauchen."

Wenn Sie das Gefühl haben, Sie kennen das, und Ihnen ist das auch alles zu eng in diesem Tal, Sie müssen hier raus, denn Sie leben nicht Ihr Leben, sondern das Leben der anderen, Sie leben, wie die anderen Sie haben wollen und brauchen – dann biete ich Ihnen an, während Sie lesen, mal gedanklich mit auf den Berg zu gehen... – Wenn Sie ihr Problem im Tal sinnbildlich los- und zurückgelassen haben, sieht es von oben viel kleiner aus, als es in Wirklichkeit ist. Es ist noch da, doch Sie haben einen gewissen Abstand, es sieht deshalb nicht mehr so schlimm aus und kann Sie deshalb im Augenblick nicht mehr so be- und erdrücken.

Der Weg aus dem Tal kann sehr anstrengend sein, denn er ist wegen des Loslassens weiterer gedanklicher Probleme sehr holprig. Hinzu kommen die Steine und die Ächtung, die Ihnen unser gesellschaftliches Denksystem in den Weg legt. Auch wenn Sie sich jetzt fragen, warum Sie sich auf diese blödsinnige, gedankliche Gratwanderung eingelassen haben, hoffe ich, dass Sie sich in einigen meiner Textpassagen wiederfinden und dann verstehen, warum ein anderer Standpunkt mit einer ganz neuen Sichtweise helfen kann.

Es kann natürlich auch sein, dass Sie sich einen neuen Standpunkt „anlesen" und so verinnerlichen, dass Sie den gar nicht mehr verlassen möchten.

Wenn Ihnen die eine oder andere neue Sichtweise und der dadurch gewonnene Abstand zu den bisherigen Problemen im Tal gut gefällt und Ihr Bauchgefühl Ihnen voll und ganz zustimmt, sollten Sie ihm und vor allen Dingen sich selbst vertrauen.

Erst durch einen gewissen räumlichen und dadurch auch gedanklichen Abstand, sind Sie in der Lage, das große Ganze zu sehen, was Sie bisher geleistet haben. Darauf können Sie richtig stolz sein.

Andererseits hoffe ich, dass Sie durch meine Zeilen ein wenig mehr Wahrnehmung dafür bekommen, was Sie bisher geleistet haben und was Sie abgeben, oder vielleicht sogar für immer sein lassen sollten. Wenn Sie bisher im Rahmen der Familienpflege tätig waren, können Ihr neuer Standpunkt und Ihre neue Sichtweise für die anderen Familienmitglieder ein Riesenproblem sein. Probleme werden oft als Störung wahrgenommen und deshalb gern unter den Tisch gekehrt. Irgendwann wird es auch unter dem Tisch zu eng und dann wird es Zeit, den verdrängten Störungen Raum zu geben, damit sich endlich auch mal andere, mit dem befassen, was Sie nicht mehr alleine bewältigen können und wollen.

Durch Ihre veränderte Sichtweise, haben alle an der Familiensituation Beteiligten ebenfalls die Chance, das Ganze auch mal aus einer anderen, für sie neuen Perspektive zu sehen und bemerken endlich, was bisher von Ihnen geleistet worden ist. Die Probleme sitzen Ihnen dann nicht mehr alleine im Nacken, Sie haben sich von ihnen gelöst und somit die Chance, Ihre bisher alleinige Belastung auf die Schultern mehrer zu verteilen, oder eine ganz andere Lösung dafür zu finden.

Ähnlich geht es den professionellen Pflegekräften, wenn sie immer nur „Ja und Amen" sagen und ebenfalls tagtäglich versuchen, dem pflegebedürftigen Menschen das zukommen zu lassen, was sie sich selbst in vergleichbarer Situation auch wünschen. Auch wenn der Arbeitsalltag von Pflegekräften in der ambulanten Pflege, im Altenheim oder Krankenhaus sicher etwas abwechslungsreicher ist, als der 24 Std. Job in der Familienpflege, so kommen sie doch alle irgendwann an einen Grenzbereich, der ihre Arbeit für sie selbst und die Menschen, die sie versorgen, unmenschlich werden lässt.

Es ist eine Schande für alle Menschen, dass viele Pflegende im Laufe der Jahre durch unser Gesundheitssystem in eine Situation gebracht werden, Pflegebedürftige so versorgen zu müssen, wie sie selbst nie behandelt werden möchten. Und wenn dann noch die Vergütung von Pflegekräften der Maßstab für die Würdigung ihrer schweren Arbeit ist, müssen wir uns alle bezüglich unserer Gesetzgebung und seiner sozialpolitischen Vertreter, die wir gewählt haben, in Grund und Boden schämen.

Unsere Politiker und vermeintlichen Volksvertreter wissen nicht mal im Ansatz, was Pflegende, egal ob Familienangehörige oder professionelle Pflegekräfte, überhaupt leisten und auszuhalten haben.

In Anbetracht dessen, dass Facharbeiter in der Autoindustrie am Band den doppelten bis dreifachen Lohn von Pflegekräften erhalten, muss die Frage erlaubt sein, warum die Produktion von Autos gesellschaftlich einen größeren Stellenwert hat, als die Versorgung von hilfsbedürftigen Menschen und wir alle nicht unserem Bauchgefühl entsprechend dagegen rebellieren.

Es heißt zwar im Grundgesetz:

„Die Würde des Menschen ist unantastbar."

Das scheint aber nicht für Pflegende
und Pflegebedürftige zu gelten.

Halt den Mund

Seit Jahren beschäftigen mich Gedanken mit verschiedensten Inhalten, kommen und gehen wie Ebbe und Flut und haben trotzdem alle etwas gemeinsam: Beziehungen jeglicher Art prägen auf ihre Art und Weise unser Leben und beeinflussen es, ob wir das wollen oder nicht. Ganz unabhängig von unserer Erziehung, Bildung und unserem Umfeld.

Jede Erfahrung hinterlässt einen Abdruck, der unbewusst unsere Gefühle unkontrollierbar beeindruckt und je intensivere Gefühle mit der Erfahrung verbunden sind, umso stärker sind wir beeindruckt, durch die Intensität des Abdrucks. Jede Erfahrung ist so prägend wie das Ereignis und den damit verbundenen Gefühlen, sodass sich bei ähnlichen Ereignissen unbewusste Schaltkreise in unserem Gehirn schon längst für eine Reaktion entschieden haben, bevor wir bewusst darüber nachdenken können.

Das sorgt unter anderem dafür, dass viele von uns durch überangepasstes Verhalten zu konditionierten Marionetten erzogen werden. Das habe ich am eigenen Leib durch die „Erziehungsmaßnahmen" meines Vaters erlebt, der wiederum durch die Hitlerjugend und die Napola-Schulen zu dem gemacht wurde, wie er war. In der Umkehr bedeutet das, dass bewusstes Andersdenken und Handeln und nicht den Mund halten wollen, eine Art innere Rebellion zu sein scheint, die sich bei dem einen oder anderen von uns auch durch seine außergewöhnliche Kreativität bemerkbar macht.

Kreativität ist eine Art Perpetuum Mobile und sorgt für Bewegung, Veränderung, unangepasstes Denken und Handeln in jeder Beziehung. Die daraus entstehende „Unordnung" ist für die verfestigten Denkstrukturen der „Bewahrer" von traditioneller und konservativer Lebensart manchmal ganz schön schwer auszuhalten – in jeder Beziehung.

Wann, wo und wie soll ich anfangen, wie strukturiere ich die vielen tausend unterschiedlichen Gedankengänge und wie fing alles an, was mich zum Schreiben drängte.

> „Wer meint, alles von den Menschen zu wissen,
> der wird auch den Stein wiederfinden,
> den er gestern am Strand verloren hat..."

...dachte ich 2005 in der schweren Zeit nach dem Suizid meines Vaters, als ich das Foto von einem Kieselstrand der Insel Wangerooge sah, das mein Sohn Tim fotografiert hatte. Da kam mir der Gedanke, alles aufzuschreiben, was mir im Laufe meines Lebens an Widersprüchen und verdrängten Bedürfnissen aufgefallen ist.

Wir haben alle Hoffnungen, Vorstellungen und Träume von dem, wie die Welt sein müsste und wie wir alle miteinander umgehen sollten, damit wir uns wohl fühlen. Die Realität und der Alltag lehren uns was anderes. Beides lässt sich nur selten mit unseren Wunschvorstellungen so synchronisieren, dass die Hoffnungen und Träume vom harmonischen Zusammenleben nicht auf der Strecke bleiben. Das Bedürfnis nach einem weichgespülten und kuscheligen Umgang miteinander, steht im krassen Gegensatz zum morgendlichen Erwachen und dem Gefühl an manchen Tagen.

Diese Sammlung von Erinnerungen, selbst Erfahrenem und Erlebtem, beruflicher wie auch privater Art, kam aus dem Kopf, aber das damit verbundene Unwohlsein aus dem Bauch, der die Auswirkungen meines bisherigen Lebens zwar geschluckt, aber nicht richtig verdaut hat. So habe ich in gewisser Weise wirklich irgendwie aus dem Bauch heraus angefangen zu schreiben, wie ein Kind das noch nicht so „vernünftig" denken und handeln kann, wie ein vermeintlich vernünftig denkender Erwachsener.

Wo und wann fangen Veränderungen an? Wer oder was setzt sie in Gang? Wer oder was hält sie auf? Anleitung, Erziehung oder Prägung in eine positive oder negative Richtung durch beeindruckende oder eventuell sogar erdrückende Persönlichkeiten, alles ist möglich, alles lässt sich beeinflussen, steuern und manipulieren. In welche Richtung geht die Reise und Entwicklung unseres Lebens? Das Interesse an neuen Dingen und mehr, muss nicht geweckt werden, es liegt in der Natur des Menschen, wie ein verborgener Schatz. Er wird jedem von uns durch die Geburt mitgegeben und wartet regelrecht darauf, entdeckt und gefördert zu werden. Er zeigt sich durch die Neugier und den Wissensdurst der Kinder, der, wie der richtige Durst, bei ihnen manchmal unstillbar scheint.

Je eher wir diesem Schatz unsere Aufmerksamkeit schenken, umso mehr hilft jedes Kind mit, den Schatz seines Wissens über den Weg der Freude und Begeisterung zu vergrößern. Dabei kommen die verschiedensten Fähigkeiten wie Edelsteine zutage, die sich durch entsprechende Förderung, vorsichtige „Bearbeitung", durch einfühlsame Beziehungen und Erziehung zu einem unbezahlbaren Gut für unsere Gesellschaft entwickeln können. So besteht die

Möglichkeit, dass aus jeder Generation von Rohdiamanten wunderbare Diamanten werden, mal größer und mal kleiner, aber jeder ein Schatz, auf seine Art und Weise, wunderschön und wertvoll.

Es sei denn, es gerät wieder eine Generation an grobmotorische, gefühllose Schleifer, dann gehen wieder viele Millionen Diamanten verloren, wie im letzten Jahrhundert zwischen 1900 und 1945.

Vielleicht macht es Sinn, gar keine Schleifer mehr auszubilden, sondern aus ihnen eine neue Art von Entwicklungshelfern zu machen, die jedem Edelstein bei seiner individuellen Entwicklung helfen. Diamanten haben bei ihrer Entstehung schon genug Druck bekommen, genau wie wir Menschen bei unserer Geburt und unserer weiteren Entwicklung. Eine leichte Politur, mit jeweils angepasstem Druck zur Sichtung der individuellen Entwicklungsmöglichkeiten macht sicher mehr Sinn, als das intensive Schleifen, das außerdem zu einer Verkleinerung des Edelsteins führt.

Wie gesagt, dieses Schleifen und Anpassen, damit wir in eine vorgegebene Fassung passen, hatten wir schon mal im letzten Jahrhundert, das macht vordergründig alle gleich und verhindert die individuelle Entwicklung dessen, was möglich wäre. Vielleicht macht es deshalb Sinn, wenn sich alle an der Erziehung Beteiligten, die Eltern, das soziale Umfeld und das Bildungssystem auch mit dem Gedanken anfreunden könnten, mehr die individuellen Fähigkeiten eines jeden Kindes zu fördern. Dann würden aus den „Erziehern" tatsächlich Entwicklungshelfer.

Dieser Denkansatz würde auch Prof. Dr. Gerald Hüther gefallen.

(siehe Kapitel Interessantes und Anmerkungen)

Obwohl es in unserem Gesellschaftssystem unterschiedliche Voraussetzungen gibt, den Sinn und Nutzen von Bildung zu verstehen, haben alle Kinder Interesse an neuen Dingen. Sie wollen wissen, wie alles geht und sind neugierig; bessere Voraussetzungen für Bildung vermittelnde Entwicklungshelfer kann es doch gar nicht geben.

Mit „Sei nicht so neugierig" oder „das geht dich nichts an" wurde und wird heute immer noch die Neugier von Kindern im Zaum gehalten. Ich ertappe mich oft dabei in bestimmten Situationen genauso zu denken, und manchmal rutschen mir diese blöden Sprüche trotzdem reflexartig heraus, obwohl ich sie als Kind so gehasst habe. Bei meinen Kindern habe ich damals auch noch viel zu wenig über so etwas nachgedacht, erst jetzt bei den Enkelkindern kann ich mich ein wenig mehr zügeln, bremsen oder zurückhalten, wenn die „erzieherischen" Gedanken mit mir durchgehen wollen.

Unsere Erziehung und ihre einprägsamen Folgen verlieren manchmal im Alter durch die zunehmende Gelassenheit an Bedeutung – vielleicht ist es auch nur die zaghafte Aura der Weisheit, die uns durch atmosphärische Störungen unserer Beziehungen im Alter manchmal wie Polarlichter erscheinen?

Lange bevor unsere Politiker meinten, sich mit diskriminierenden, aber vermeintlich klug klingenden Begriffen wie „bildungsferne" und „bildungsresistente" Bevölkerungsschichten aus der Verantwortung ziehen zu können, hat der deutsche Liedermacher Franz Josef Degenhardt schon 1965 mit seinem Lied *„Spiel nicht mit den Schmuddelkindern"* genau dieses Thema besungen. Dabei hat es jeder von uns in der Hand, bei allen Kindern Interessen zu wecken, ihre Fähigkeiten zu erkennen und diese zu fördern.

Da wir nur das weitergeben können, was wir gelernt haben, gilt das auch für unser Bildungssystem. Es muss viel schneller auf Veränderungen reagieren, Neuerungen zulassen und diese lückenlos mit alt Bewährtem synchronisieren.

Entscheidend und prägend ist die Weltanschauung der Menschen, mit und unter denen wir aufwachsen. Wie interessiert sind sie an Neuem und an Veränderungen? Wie viel können sie davon aushalten und zulassen?

Das Gleiche gilt für die Generationen vor uns. Unter welchen Umständen sind sie aufgewachsen? Was hat sie geprägt und so gemacht, wie sie geworden sind?

Da sind wir wieder am Anfang dieses Kapitels, der Kreis schließt sich: Wo und wann fangen Veränderungen an, wer oder was setzt sie in Gang, wer oder was hält sie auf?

- Woran denken Sie und was geht in Ihnen vor, wenn zu Ihnen jemand sagt: „Halt den Mund"?

- Was sagt dieser Satz über den Sprecher und über den Empfänger dieses Appels aus?

Ich gehöre zu den Millionen von „Nachkriegs-Kindern", deren Eltern noch vor und während des 2. Weltkriegs durch „Zucht und Ordnung" zum „Mundhalten" erzogen wurden. Ihnen wurde beigebracht, dass Ehre, Anstand und Moral die höchsten Werte sind, während Missbrauch, Vergewaltigungen und Prügeln hinter vielen geschlossenen Türen stattfanden. Genauso wie es heute noch in einigen Zeltlagern, Heimen, Internaten, unabhängig von der Konfession und in der einen oder anderen vermeintlich normalen Familie der Fall ist.

Die meisten wussten davon. Viele Menschen waren persönlich betroffen, Männer wie Frauen gleichermaßen. Keiner sagte was, weil es so was nicht gab und nicht geben durfte, weder die Taten noch das Reden darüber.

In den letzten Jahren haben einige Missbrauchsopfer von verschiedenen Internaten aus den Siebziger-, Achtzigerjahren das „Mundhalten" nicht mehr ertragen können und sind damit an die Öffentlichkeit gegangen. Begleitet von dem verlogenen Entsetzen der Öffentlichkeit kamen nun ein paar Dinge ans Licht, die vor 30-40 Jahren passiert sind. Da frage ich nur, was war in der Zwischenzeit der letzten 10-20 Jahre?

Hat der Missbrauch in den 80er-, 90er Jahren schlagartig aufgehört? Gibt es von heute auf morgen diese Menschen nicht mehr, die ihre Macht und ihren Trieb an hilflosen, verängstigten, abhängigen Kindern und Jugendlichen ausleben? Ich glaube nicht, dass sich irgendwas geändert hat.

Durch den massiven Druck der Öffentlichkeit waren einige der kirchlichen Vertreter bereit, offener mit dem Thema umzugehen und machten vorsichtige Zugeständnisse. Doch sie haben sich wohl zu weit aus dem Fenster gelehnt, denn von heute auf morgen wurden den Untersuchungsausschüssen weitere Nachforschungen und Ermittlungen verweigert und somit untersagt. Die Empörung in der Öffentlichkeit war dieses Mal etwas verhaltener, weil der Rückzug der Ermittler nicht so spektakulär dargestellt wurde, wie die ursprüngliche Aufdeckung des „Skandals". Vielen Menschen wurde dadurch das Gefühl vermittelt, „na ja, war doch wohl nicht so schlimm, die Presse hat mal wieder übertrieben", denn es kann ja nicht sein, was nicht sein darf.

Wenn die Öffentlichkeit nach einer kurzen und leisen Empörung wieder zum Alltag übergeht, werden diese Verbrechen weiter fortgeführt. Denn die Durchblutung im Genitalbereich scheint bei einigen Menschen stärker zu sein, als in ihrem Gehirn. Daran scheinen weder ein hoher Bildungsgrad, noch die Zehn Gebote etwas ändern zu können. Nichts sehen, nichts hören und nichts sagen, genau wie die drei Affen, die als Symbol des „Nichthinsehens" in Japan verstanden werden, wird bei uns, trotz allen Sehens und Hörens von Missständen, in der Öffentlichkeit zu wenig geredet. – Mir wurde beispielsweise meine kindliche Neugier oft mit den Worten ausgetrieben: „Ich helfe dir gleich, dass dir Hören und Sehen vergeht!"

Die Generationen des Dritten Reichs scheinen mit solchen Redensarten zum Gehorsam und zum „Mundhalten" erzogen worden zu sein, denn sie wussten ja von nichts und hatten auch nichts gehört oder gesehen. Sonst hätten sie damals den Umgang mit Minderheiten, Kranken und „arbeitsscheuem Gesindel", wie man die von der Ächtung gezeichneten Menschen in der Hitlerzeit nannte, und die Vernichtung von vielen Millionen andersdenkenden und jüdischen Mitmenschen gar nicht ausgehalten.

Seit 1933 gab es den zunehmenden Boykott von jüdischen Geschäften. Die Verabschiedung der Rassengesetze 1935 und der gesteuerte Volkszorn gegen Juden, der sich in offenem Terror und extremem Judenhass durch die Pogromnacht am 9. November 1938 entlud, muss doch für Millionen andersdenkender Menschen erschreckend gewesen sein. Da jüdisches Eigentum erst konfisziert werden konnte, wenn die Eigentümer im Ausland „lebten", wurden sie zwangsweise nach Osteuropa „umgesiedelt", damit man sich im Rahmen der Gesetze ihres Vermögens bedienen konnte. Somit haben doch wiederum Millionen Menschen gesehen, wie nicht nur die jüdischen Mitmenschen wie Vieh abtransportiert wurden, sondern auch ihre Wohnungen versteigert und leergeräumt wurden.

Es gab tausende von Beamten, die die Verfahren leiteten, die Vermögenswerte beschlagnahmten, verwalteten und sich über Vorteilsnahme in irgendeiner Weise bereicherten. Keiner wusste was, aber alle haben die Pogrom-Nacht und ihre Folgen mitbekommen.

Wenn mit einem Mal alle jüdischen Nachbarn von knüppelnden SA-Männern auf die Straße getrieben wurden und von heute auf morgen weg waren..., das muss doch allen auffallen! Besonders den Kindern, wenn von heute auf morgen die beste Freundin und ihre Eltern nicht mehr da waren. Und wenn sie danach fragten, wurde leise und vorsichtig der Zeigefinger vor den Mund gehalten, weil darüber nicht gesprochen werden durfte.

Da müssen doch unendliche Gefühlsdramen in allen Köpfen abgelaufen sein, angefangen von tiefster Trauer, grenzenloser Wut und einer unbändigen Hilflosigkeit. Es muss doch schrecklich gewesen sein, seinen Kummer nicht loswerden zu können, darüber öffentlich nicht reden zu dürfen und vor den Kindern schon gar nicht. Die hätten gefragt und geredet, wenn ihnen nicht der Mund verboten worden wäre.

„Die holen dich auch ab, wenn du nicht den Mund hältst!", wurde den Kindern gesagt. Aber: Wer waren „Die"? Warum taten „Die" das? Wohin wurden die Nachbarn, Freunde und Verwandten gebracht? Diese Fragen und die damit zusammenhängende Angst müssen Millionen von Menschen beschäftigt und gequält haben. Besonders die Kinder, deren Fragen und Wissensdurst mit Angst gestillt wurde.

Gestillt bis heute – ...nein, davon haben wir nichts gewusst!

Die Abtransporte haben doch nicht nur die Bahnbediensteten gesehen, ebenso den logistischen Aufwand, um die riesigen Bau- und Bunkeranlagen zur Produktion von Kriegsmaterial herzustellen. Die meisten Männer waren an der Front, so beschäftigte man KZ-Häftlinge und Kriegsgefangene, das sahen und wussten doch alle... wenn sie es wollten. Tausende von Staats- und Bahnbediensteten wussten Bescheid, dass mit Menschen voll beladene Güterwaggons Richtung Osten fuhren und die Züge immer leer oder nur mit Kleidersammlungen zur Aufarbeitung zurückkamen. Das ganze System wurde akribisch auf deutsche Art und Weise verwaltet... und keiner hat gewusst, was da passiert?

Tausende von Menschen im Umfeld von Verbrennungsöfen konnten es über 20-30 km weit sehen und riechen, was da passiert. Und keiner hatte den Mut, was zu sagen. „Wir hatten alle Angst, selbst abgeholt zu werden, wenn wir was sagen, oder dagegen unternehmen...", wäre erstmal eine akzeptable Antwort, aber „Wir haben davon nichts gewusst!", ist einfach nur menschenverachtend!

Als in den Achtzigern die Holocaust-Serien im Fernsehen ausgestrahlt wurden, regte sich mein Vater unheimlich auf. „Die sollen damit aufhören, das stimmt alles nicht..., da muss man nur die richtigen Bücher lesen. Das waren die Alliierten, die haben das alles inszeniert, um es uns Deutschen in die Schuhe zu schieben...!" – das waren seine Worte.

Kaum hatte er das gesagt, schaute er sich vorsichtig um, ob das außer mir eventuell noch jemand gehört haben könnte, denn er ist auch mit der Vorsicht aufgewachsen und gedrillt worden „Feind hört mit". – Mein Gott, habe ich mich für meinen Vater geschämt.

Das ist aus seiner Sicht der Welt alles nicht passiert, und deshalb hat mir mein Vater auch nie verziehen, dass ich da arbeite, „wo die sind, mit denen man früher was anderes gemacht hätte!"

Ich habe über 33 Jahre in einem psychiatrischen Krankenhaus gearbeitet. Davon 23 Jahre in einer soziotherapeutischen Einrichtung und gut 10 Jahre in einer gerontopsychiatrischen Ambulanz im Rahmen ambulanter

Pflegeberatung und Begleitung von Altenheimen und Familien mit pflegebedürftigen alten Menschen.

Wie menschenunwürdig und verachtend muss bei einigen unserer Eltern die Erziehung damals gewesen sein, wenn jemand über viele Jahrzehnte nach Kriegsende noch so verlogen und verblendet reden kann, und dem eigenen Kind vor vielen Jahren eingeprügelt hat, dass man nicht lügen darf? Wenn es meinem Vater als Kind so ging, wie mir unter ihm, dann ist er auch nur mit Angst und Prügel erzogen worden.

Millionen von alten Menschen halten durch ihre Erziehung und die dadurch immer noch vorhandene Angst den Mund. Sie können nicht über das Erlebte reden, weil es für das Unvorstellbare, was sie im Krieg und auf der Flucht erlebt haben, eigentlich keine Worte und schon gar keine Entschuldigung gibt.

Bei vielen Generationen unserer Spezies schien und scheint die Vernunft und der klare Verstand das wahre Maß aller Dinge zu sein, Gefühle dagegen werden als Schwäche eingeordnet. Andererseits scheinen Gefühle der Begeisterung unverzichtbar zu sein, wenn es darum geht, bei manchen Menschen den klaren Verstand auszuschalten: Wenn sie auf den Gedanken kommen, Waffen zu entwickeln, sie zu bauen und mit ihnen zu handeln. Wenn sie den klaren Verstand zu verlieren scheinen und über den dummen Weg des Stolzes, den Sinn von Kriegen schönreden, um die Emotionen in den Menschen zu wecken und die Massen zu begeistern.

Der Erste und Zweite Weltkrieg sind Paradebeispiele dafür, wie schnell man den vernünftigen Blick für das wahre Maß aller Dinge verlieren kann. Auf der anderen Seite fühlt man sich für das, was man nicht wusste, auch nicht verantwortlich und ist so frei von aller Schuld, so einfach ist das...!

Heute wissen wir, dass es gerade die Gefühle sind, die all unser Wissen und Handeln bestimmen und der Verstand und die Vernunft viel weniger Einfluss haben, als wir alle meinen.

Hannah Arendt hat mal gesagt: *„Wir sind auch für unseren Gehorsam verantwortlich."*

Mir geht es in diesen Zeilen nicht um Schuld und Sühne, sondern darum, den armen Seelen Mut zu machen und ihnen durch Dasein und Zuhören beiseite zu stehen, damit sie ihren lebenslänglichen Druck loswerden. Das, was die Jahrzehnte des Schweigens und der Angst vor der Wahrheit mit ihnen und ihren Gefühlen gemacht haben, ist eigentlich schon Strafe genug, auch wenn sie nicht selbst in der Tötungsmaschinerie tätig waren.

Ich hätte mit meinem Vater gerne über seine Zeit und den Drill auf den Napola-Schulen geredet. Ebenso darüber, wie er, bevor die Russen kamen, als junger SS-Angehöriger in Ostpreußen noch mit „aufgeräumt" haben soll, wie es 1944/45 genannt wurde. Ich hätte gerne gewusst, wie es ihm damals ging, als er angeblich gemeinsam mit anderen SS-Leuten, versteckte denunzierte jüdische Mitbürger gefunden und erschossen und fahnenflüchtige deutsche Soldaten zur Abschreckung an Laternen aufgehängt hat.

Das habe ich erst Monate nach dem Suizid meines Vaters von einem seiner ehemaligen Kameraden erfahren, der inzwischen auch verstorben ist. So schrecklich für mich das Zuhören, das gemeinsame Reden und Weinen über die Kriegsverbrechen, an denen er beteiligt gewesen sein soll, auch gewesen wäre, uns beiden hätte es sicher sehr geholfen, die Last meines Vaters gemeinsam zu tragen. Das hätte mir im Nachhinein vielleicht auch geholfen, ihm heute zu verzeihen, dass er mir als Kind immer wieder mit der Faust auf die nach innen verdrehten Oberarme geschlagen hat, weil man dann die blauen Flecken nicht so sieht. Das hätte mir im Nachhinein vielleicht auch geholfen, mit der noch heute in mir hochkommenden unvorstellbaren Angst umzugehen, wenn ich lauten und gewalttätig wirkenden Menschen begegne.

Aber dazu ist es leider nicht mehr gekommen, er hat mich damit alleine gelassen. Er hat den Druck der Vergangenheit und wie er damit umgegangen ist, nicht mehr ausgehalten und sich im April 2005 auf dem Dachboden erhängt, so wie die Nazis es den jungen SS-Anwärtern damals eingebläut und eingeprügelt haben. Einer meiner alten Patienten hat mir nach seinem eigenen missglückten Suizid-Versuch durch Erhängen unter Tränen erklärt: „Die haben uns gesagt, wenn du mal nicht mehr weiterweißt und es keine andere Lösung gibt würdig abzutreten, dann hänge dich auf." Sich erschießen sei dagegen feige. Zum Selbstmord durch Erhängen gehöre Mut und Courage, so gehe man aufrecht und ehrenhaft aus dem Leben. Das verdient Achtung und mit solch einem „Abgang" wird man nicht vergessen, hätten die Ausbilder ihnen damals gesagt. Da beim Erhängen oft die Zunge heraustritt, streckt man der Welt noch mal die Zunge raus und durch die häufige Darmentleerung in so einem Augenblick, „scheißt" man noch mal auf alles!" –

Wo und wann fangen Veränderungen an? Wer oder was setzt sie in Gang? Wer oder was hält sie auf? Das frage ich mich immer wieder. Irgendwie scheint sich das mit dem **Mundhalten** aus Angst vor Konsequenzen auch in meiner Generation zu wiederholen.

Ich habe als junger Mann während meiner Ausbildung zum Krankenpfleger auch den Mund gehalten, wenn mir die älteren Kollegen aus der Pfleger-Generation, die „von all dem nichts gewusst haben", erklärten, wie man sich im Psychiatrie-Nachtdienst mit einem feuchten stramm gedrehten Badehandtuch Respekt verschafft, weil das... „richtig angewendet"... keine blauen Flecken hinterlässt. Ich habe aus Angst ebenfalls nichts gesagt, als Kollegen im gemeinsamen Nachtdienst mit der Bemerkung... „wenn ich Dienst habe, ist hier Ruhe!" aus dem Haloperidol-Fläschchen einen Schuss in jedes Medikamentengläschen gaben.

Damals in den 60/70ern wurden bei einigen Patienten alle verordneten Medikamente in einem kleinen Glas, von der Größe eines Schnapsglases, manchmal sogar auf Anordnung des Arztes, aufgelöst verabreicht. Das wäre heute unvorstellbar, zumal man nicht weiß, wie die verschiedenen Substanzen miteinander reagieren, wenn sie bis zur Verabreichung Zeit haben, sich aufzulösen. Wenn man damals monatlich die Menge der verordneten Medikamente mit dem tatsächlichen Verbrauch verglichen hätte, wären die Differenzen mit Sicherheit aufgefallen.

Für mein damaliges Schweigen schäme ich mich heute in Grund und Boden und habe deshalb kein Recht, die „Alten", die in der Nazizeit von allem nichts wussten..., wie sie immer sagten, zu verurteilen.

Mit dem einen oder anderen jüngeren Kollegen habe ich damals auch mal darüber gesprochen, denn diese Art von Machtmissbrauch in der Pflege schienen wohl alle irgendwie auch erlebt zu haben. „Solange wir das nicht auch machen, die Alten ändern wir sowieso nicht mehr" – waren die Kommentare einzelner mit hochgezogenen unschuldigen Schultern und das war 1974. Sie haben genauso den Mund gehalten wie ich, obwohl ich nicht weiß, ob sie als Kind auch mit Angst „gestillt" wurden, damit sie ruhig waren.

Und: Zu dem Zeitpunkt wusste ich noch nichts von der SS-Vergangenheit meines Vaters. Als ich dann nach seinem Suizid davon erfuhr, dachte ich sofort an mein Mundhalten während meine Ausbildung zum Krankenpfleger. Obwohl ich darüber reden kann und die Verhältnismäßigkeit der Taten nicht vergleichbar ist, habe ich das Gefühl, genauso schuldig zu sein, wie mein Vater.

Wie kann man die Grenze zum Widerstand überwinden, wenn man selbst nur mit Angst aufgewachsen ist und nie gewagt und gelernt hat, Nein zu sagen, geschweige denn zu rebellieren? Gut, dass es in dieser Zeit gleichzeitig einen Umbruch in der Psychiatrie gab, der in den Kliniken und in einigen Köpfen der Mitarbeiter zum Umdenken führte.

Einige Hunderttausend in Deutschland leiden im Alter an schweren Depressionen. Der eine oder andere von ihnen gehört zu den Menschen, die durch, oder nach dem 2. Weltkrieg, durch das Erlebte still geworden sind und von da an nicht mehr viel geredet haben. Bei vielen älteren Menschen bemerkt man die Depression erst, wenn sie sich noch mehr zurückziehen, oder das ganze Ausmaß der Erkrankung durch den Tod des Partners auffällt, weil dieser die jahrelange Stille nach außen hin kaschiert und schöngeredet hat.

Der Grat zwischen einer schweren Depression und einer beginnenden Demenz ist manchmal sehr schmal, da die fehlende Kommunikation und das fehlende Interesse am Alltäglichen einer dementen Entwicklung Vorschub leisten, aber dazu mehr im Kapitel „Von der Depression ganz leise zur Demenz".

Die jahrzehntelange Sprachlosigkeit bezüglich der schrecklichen Erlebnisse durch Krieg, Flucht und Gefangenschaft kann durch die Demenz ganz langsam verloren gehen, genauso wie das konditionierte und kontrollierte Verhalten in der Öffentlichkeit. Sie kann sich in laute Hilferufe umkehren und durch spontane Gewalt gegen die pflegenden Menschen bemerkbar machen, die ihnen eigentlich nur helfen wollen. Die gequälten Seelen können nachts nicht schlafen, da die Erlebnisse wie ein Geist aus der Flasche entweichen und ihnen die Kraft fehlt, den Korken weiter zuzuhalten, so, wie sie es Jahrzehnte unbewusst, oder bewusst, getan haben. Durch den hohen seelischen Druck scheint der Verschluss weggeflogen zu sein und sie wissen nicht, wie sie das entweichende, bisher Verdrängte zurückhalten sollen. Es ist jetzt flüchtig wie ein Gas, was sich ebenso wenig festhalten, geschweige denn begreifen lässt, wie das Geschehene.

Diese Flasche mit der Post vom Geist der Vergangenheit war Jahrzehnte verschollen, irgendwie, irgendwo untergegangen und wurde nicht vermisst. Irgendwo im Gedächtnis versteckt und verkeilt, verborgen und verdeckt durch neue Aufgaben, Familie und Beruf. Verdrängt durch den Druck des Alltags, durch andere Werte und die Jahre der „Wirtschaftswunder".

Durch neue starke Veränderungen und Erschütterungen im Leben, durch einen Schlaganfall oder eine Trauersituation nach Trennung oder Tod eines geliebten Menschen ist sie plötzlich wiederaufgetaucht, hat sich freigeschwommen und durch den seelischen Druck geöffnet. Dümpelt für alle unsichtbar im Kopf des Betroffenen machtergreifend hin und her, der Geist der Vergangenheit, der immer klarer aus dem Nebel der Verdrängung seine Daseinsberechtigung in der gequälten Seele fordert. Die Angst vor der Vergangenheit ist wieder da, verstärkt durch die Not, dass nun alle erfahren, was damals war, woran man beteiligt war, was man nicht hat ändern können, weil man davon überzeugt war, das Richtige zu tun oder nur, weil man diese entsetzliche Angst um das eigene Leben hatte.

Auch durch das Trauma der eigenen Pflegebedürftigkeit, die man nicht akzeptiert oder will, weil man die sachlichen Zusammenhänge nicht mehr versteht, kann die Angst vor der Vergangenheit und das damit verbundene Grauen die Übermacht gewinnen. Oder man versucht sogar, die Realität wieder zu verdrängen, obwohl man Angst hat, nicht mehr genügend Kraft zu haben, das Verdrängen noch einmal zu bewältigen, wie vor Jahrzehnten.

Das kann nur der verstehen, der die Angst vor der Angst schon mal erlebt hat. Diese Angst vor der Angst der Vergangenheit ist auch noch nach Jahrzehnten überwältigend, als Folge des Missbrauchs der eigenen Seele, durch das Wegsperren und Verdrängen der Wahrheit. Die Angst vor der unverarbeiteten Vergangenheit ist für manche Menschen, als wenn ihre Seele lebenslänglich bekommen hat. Das habe ich bei meinem Vater so erlebt.

Im Nachhinein verstehe ich heute, warum er, so lange wie ich mich erinnern kann, meistens schlecht gelaunt und unterschwellig aggressiv wirkte. Mit meinem Wissen von heute ist mir klar, der Grund für seine Unnahbarkeit war seine ständige Angst, als Kriegsverbrecher entdeckt zu werden. Seine gequälte Seele hat ihn kalt werden lassen, wie einen Grabstein ohne Inschrift. Nur er wusste, was er in sich lebendig begraben hatte und wodurch er nicht mehr zur Ruhe kam.

Denn es ruhte nichts in ihm, es kochte in und unter ihm, wie in einem Schnellkochtopf, der auf höchster Stufe kocht und bei dem das Ventil defekt ist. Wenn er mal Druck in Form von Brüllen abließ, dann war das im wahrsten Sinne des Wortes gewaltig und erschreckend für alle, obwohl jeder sehen konnte, dass irgendetwas mit dem von Natur aus herzensguten Mann nicht stimmte. Er lebte auf seine Art und Weise, mit seiner vor der Welt abgeschotteten Familie, ohne Kontakte, Freundschaften und irgendwelche unkontrollierten Augenblicke, die ihn mal hätten locker und ungezwungen erscheinen lassen können. Nach außen hin war er freundlich und hilfsbereit, doch sobald ihm jemand zu nahekam, zog er die Fühler ein wie eine Schnecke und wenn das nicht half, kam er kurz und bissig aus der Deckung wie eine Moräne. Das hatte zur Folge, dass man ihn freundlich grüßte, aber sonst in Ruhe ließ.

Deshalb ist mir in den letzten Jahren klargeworden, dass man Nähe, Wärme und Geborgenheit nur dann vermitteln kann, wenn man sie selbst irgendwann bekommen und erlebt hat. Damit meine ich das intensive innerliche Fühlen von Nähe, Wärme und Geborgenheit, verschmolzen mit einem Gefühl von Sicherheit, die jegliche Angst so überstrahlt, dass diese keine Chance hat, ihre Tretminen unbemerkt zu verteilen.

Mein Vater konnte nur das Weltbild an Gefühlen vermitteln und weitergeben, was ihn zu dem gemacht hatte, was er war und wie er war. Diesbezüglich habe ich sein Erbe angetreten, ob ich wollte oder nicht. Heute weiß ich, dass ich meinen Kindern ebenfalls nicht die Nähe, die Wärme, die Geborgenheit und die Sicherheit vermittelt habe, die sie gebraucht und verdient haben. Doch mir war das alles vor fast 40 Jahren nicht bewusst, als unsere Kinder noch klein waren; heute bin ich froh, dass ich mit ihnen darüber reden kann, wenn sie es wollen. Dazu kommt es leider viel zu selten, weil sie wahrscheinlich auch Angst davor haben, dass sie von der eigenen Geschichte mit mir und ihrem Großvater durch erschütternde Gefühle überwältigt werden und deshalb solchen Gesprächen lieber ausweichen.

Ich habe ihnen sicher schon mehr Liebe und Nähe vermitteln können, als ich bekommen habe, aber das ist aus meiner heutigen Sicht nicht genug. Auch wenn ich heute dafür eine Erklärung habe, fällt es mir schwer, das als Entschuldigung meinerseits zu akzeptieren.

Kinder brauchen Nähe, Wärme und Geborgenheit, wie die Obstblüten und die Bienen die Sonne. Durch Frost gestörte Obstblüten entwickeln sich ähnlich wie durch Angst geprägte Kinder, die Folgen der gestörten Entwicklung lassen sich später nicht mehr korrigieren. Es sei denn, wir haben als Erwachsene gute Freunde, die ebenfalls durch die Gefühlskälte der Eltern Frostschäden in ihrer Seele fühlen, dann können wir uns gegenseitig durch das füreinander Dasein und Zuhören etwas helfen, die gefühlten Folgen des kühlen Klimas unserer Kindheit langsam erwärmen zu lassen.

Vielleicht gibt es ja in den nächsten Jahrzehnten nicht nur in der Natur einen sich erwärmendes Klima, sondern auch bei uns Menschen bezüglich unserer Gefühlswelt. Im Gegensatz zu unserer Umwelt würde sich eine Erwärmung bei zwischenmenschlichen Beziehungen auf der ganzen Welt sicher positiv bemerkbar machen.

Ähnliche Lebenslinien, biografische Landschaften und Verhaltensweisen habe ich bei vielen an Depressionen erkrankten alten Menschen so erlebt. Die einen sind einfach nur still, um nicht reden zu müssen. Die anderen blenden phasenweise durch ihre laute aufgesetzte Frohnatur, obwohl sie innerlich ganz arme Sänger sind, wie sich mal ein ehemaliger Patient von mir selbst beschrieb. Aber eins haben alle gemeinsam, wenn man mit ihnen vor anderen über „früher" und die Folgen der Nazizeit spricht: Sie bagatellisieren, lenken vom Thema ab oder wirken verärgert. „Es war nicht alles schlecht!", bekommt man dann oft als Entschuldigung zu hören. Dieser Satz beinhaltet eigentlich alles, was das Grauen jeder Diktatur verharmlost.

Erwirbt man sich das Vertrauen von alten Menschen durch behutsame und leise wirkende Kontakte, redet mit ihnen alleine, sodass sie keinen Gesichtsverlust haben, dann brechen manchmal unvorstellbare Dämme, die bisher über Jahrzehnte den Fluten der Tränen getrotzt haben. Bei vielen sind die gegen ihre eigenen Gefühle verlassenen Lebensräume durch Flucht, Umsiedlung und Neuanfang in einer ungewohnten Umgebung, mit so vielen Tretminen belegt, dass es sehr schwer und manchmal sogar lebensgefährlich für sie ist, wenn wir uns ihnen nähern.

So werden schwere Depressionen oft nicht als solche erkannt und die Mühlen des Rückzugs beginnen ihre unerbittliche Zerstörungsarbeit im Hier und Jetzt. Das hierbei entstehende Granulat ist der Dünger für einen heimlichen Suizid, oder die bis ans Lebensende reichende Demenzentwicklung. Verbale oder nonverbale Missverständnisse, Gesehenes, was durch ein gewisses Verrücken in eine andere Gedankenwelt verkehrt verstanden wird, verstärken und beschleunigen die verheerende Zerstörung bisheriger Denkstrukturen. Gerüche, Geräusche, Melodien und andere Kombinationen von Sinneseindrücken können dann eine unvorstellbare Angst auslösen, wenn die Zusammenhänge nicht mehr verstanden werden können.

Das Aushalten dieser Angst ist im Laufe der Jahre oft mit so viel Grauen und in der Vergangenheit erlebter Gewalt besetzt, dass es häufig nur ein Spiegelbild dessen ist, was die betroffenen Menschen empfinden und sich bei ihnen als normales Bild vom Leben im Kopf eingebrannt hat. In dieses Bild passen nicht mehr die helfende Hand und der zuhörende Mitmensch, das ist ihnen irgendwie suspekt. Der stete Tropfen von Ablehnung und Ausgrenzung wegen der verrückten Lebenswelt, in der sich diese oft auch traurig aussehenden Menschen befinden, schafft bei ihnen Misstrauen durch schlechte Erfahrungen und die prägen bis ans Lebensende, wie der besagte Tropfen den Stein höhlt. Diese Verunsicherung scheint sich auf viele Menschen zu übertragen und sorgt dafür, dass wir ihre Art zu sein und ihr Erscheinungsbild als Störung unserer eigentlichen Hilfsbereitschaft empfinden und wir uns fast beleidigt von der undankbar wirkenden Aura der Hilfsbedürftigen abwenden. Unsere gefühlte Ablehnung verstärkt sich sogar noch, wenn wir das Gefühl haben, dass nicht nur bei ihnen Gefahr für Leib und Leben besteht, sondern für jeden, der sich ihnen nähert, um ihnen zu helfen.

Damit meine ich nicht unbedingt körperliche Gewalt, sondern das beängstigende Anderssein ihres Aussehens durch mangelnde Hygiene, die mehr oder weniger starke Verwahrlosung ihrer Wohnung und die dementsprechenden Gerüche. Viele Menschen im Umfeld der Hilfebedürftigen halten auch hier so lange den Mund, bis sie persönlich betroffen und sich gestört fühlen, durch was auch immer.

Das sind die Nachteile unserer heute so fortschrittlichen Errungenschaft der individuellen persönlichen Entfaltung. Viele von uns leben nur für sich und denken nur bis zur eigenen Wohnungstür. Man grüßt sich oder auch nicht, wenn man sich draußen oder im Hausflur begegnet. Ruhige Menschen mit leisen Bewegungsabläufen und ebenso stillem Sozialverhalten fallen häufig erst auf, wenn das Überlaufen ihres Briefkastens stört. Aber nicht, weil die Menschen sich Sorgen machen, sondern weil die anderen sich ärgern, dass der Papierkram im Hausflur herumfliegt. Anstatt nach demjenigen zu schauen, wird der ganze Kram samt Post in die Papiertonne im Hof geschmissen, denn man hat Flurwoche, und es muss ja alles ordentlich sein. Man sorgt und kümmert sich nicht, sondern ärgert sich und „hält den Mund". Man will ja nur seine Ruhe haben, auch wenn man sie durch Schweigen, Wegsehen und durch leises Ärgern nicht bekommt. Die Alternative wäre, miteinander zu reden. Aber dann entsteht Nähe und dann wird der Kontakt eventuell verpflichtend.

Wenn man keinen Kontakt zum Nachbarn hat, dann muss man sich auch nicht kümmern. Dann fühlt man sich nicht verantwortlich, das zu tun, was den meisten von uns abhandengekommen ist. Damit meine ich das Interesse am Nächsten und durch nachbarschaftliches Helfen ohne glaubensbedingte Verpflichtung füreinander da sein zu wollen.

Erst wenn Oma Friedas Lebenswelt im Treppenhaus zu riechen ist, wird gehandelt und der Mund nicht mehr gehalten, weil da etwas stört. Dabei geht es weniger um Sorge, als um Ärger und Störung. Dann ist es ganz egal, ob der Geruch durch die starke Inkontinenz und mangelnde Hygiene entsteht oder durch einen schon vor Tagen verstorbenen Menschen.

Viele Nachbarn reden erst miteinander, wenn sie sich durch einen gemeinsamen „Gegner" gestört fühlen. Man kennt sich kaum, vielleicht noch „die" von nebenan und gegenüber, weil man sich im Flur zwangsläufig begegnet. Da keiner weiß, wer sich kümmern könnte, oder sollte, wird das Gesundheitsamt oder die Polizei angerufen. Und dann kommt Bewegung in die sich leicht aus ihrer strammen Haltung gedrängten Gardinen, in den Fenstern der von Neugier gelangweilten Siedlungen. Neugierige Fragen werden im Treppenhaus untereinander tuschelnd ausgetauscht: „Wie die immer schon ausgesehen hat, die war immer schon komisch, ihre Flurwoche hat „die" schon seit Monaten nicht mehr gemacht und das konnte man ja schon kommen sehen."

Warum „die" so still war und ebenso gelebt hat, weiß keiner und das interessiert auch keinen. Denn dann hätte man sich ja umeinander gekümmert, mal geklingelt und zumindest durch den Türspalt miteinander geredet. Das schlimmste, was hätte passieren können, wäre, dass die Tür weit aufgegangen wäre und sich dort jemand gefreut hätte, weil mal einer klingelt und sich interessiert. Dann hätte man aber auch die schmutzigen, zum Trocknen über die Heizung gehängten Schlüpfer gesehen, die verdorbenen Lebensmittel auf dem Tisch und im Kühlschrank und die durch Inkontinenz gezeichneten Sessel und Stühle usw. entdeckt.

Ich muss mich nun etwas zügeln, um nicht weiter ins Detail zu gehen, aber das ist nur ein Bruchteil dessen, was wir alle durch weniger „Drei-Affen-Verhalten" verhindern können.

Eigentlich gehören die letzten Zeilen in das Kapitel „Umgang mit einem in eine demenzielle Lebenswelt verrückten Menschen". Ich bin aber der Meinung, dass es bei jedem von uns durch gravierende Ereignisse zu diesen Verrückungen in eine unvorstellbare Lebenswelt kommen kann.

Erst das Mundhalten und Wegsehen der anderen ermöglicht manchmal die erschreckenden Ausmaße von menschlichen Tragödien, und sie sorgen dafür, dass die, die weggeschaut haben, auch genügend Munition für ihre eigene Entrüstung übrighaben, wie und warum es so weit hat kommen können. Das fängt in der Kindheit an, wenn wir dazu erzogen werden, alles für uns zu behalten. In unserem sozialen Verhalten gebremst werden, Gefühle auszuleben und Kontakte zu bestimmten Menschen, die soundso aussehen, zu meiden. Und als Erwachsene reagieren wir dementsprechend, meinen immer keine Zeit zu haben, um einfach nur da zu sein und zuzuhören. Uns fehlt die Geduld, die augenblickliche Situation eines in Not geratenen Menschen langsam erklären zu lassen oder, sie „an der langen Leine begleitend", abzuwarten, bis sich das Ganze von alleine klärt.

Wir reagieren manchmal erst, wenn wir uns von der Situation persönlich betroffen oder sogar bedroht fühlen. Weil uns erst die daraus entstehende Angst bedrängt, nach der Polizei oder einem Arzt zu rufen, wenn wir meinen, da braucht jemand Hilfe. Dann gehen wir wieder zum Alltag über und halten den Mund, so wie es sich gehört und es die meisten von uns noch gelernt haben.

Im Grunde holen wir uns auf diese Art und Weise eher für uns selbst Hilfe, da wir uns mit dem in eine andere Gedankenwelt verrückten Menschen total überfordert fühlen. Für den aus unserer Sicht „Verrückten" muss das wie ein Überfall wirken, der leider ganz oft mit viel Gewalt verbunden ist.

Diese oft unnötigen Eskalationen finden nur statt, weil wir nicht mit der uns im Augenblick störenden Situation klarkommen, in der wir uns gerade befinden und zu feige sind, vor dem Handeln miteinander zu Reden. Wenn wir nicht weiterwissen, mit niemandem darüber reden können, wie es uns geht, was uns bedrückt und wir es nie gelernt haben, über Gefühle zu reden, dann können wir es als alter Mensch schon gar nicht und werden ganz schnell zum Außenseiter abgestempelt, weil wir angeblich immer schon „komisch" waren.

Wenn wir dann noch mit den Redewendungen „Halt den Mund" – oder „Schweigen ist Gold" erzogen worden sind, dann war das der Grundstein des Dammes gegen das Meer und die Brandung jeglicher Gefühle.

Ein vor Jahrzehnten verbal gebauter Damm hält nicht ewig, wenn die Flut der Gefühle durch die unbeschreibliche Angst tagtäglich höher steigt und die schon vorhandene Angst noch unvorstellbar verstärkt.

> Wenn in Zukunft jemand zu Ihnen sagt:
> „Halt den Mund",
> dann können Sie sicher sein,
> dass der auch Angst hat vor dem,
> was Sie ihm eigentlich sagen wollten!

Da wir die Eigennützigkeit und Rücksichtslosigkeit vieler Menschen genauso wenig ändern können, wie das kriegstreibende Verhalten der Waffenhersteller und den genauso unsinnigen Konsumterror, können wir uns dadurch, dass wir darüber reden, unserer Gedankenlosigkeit bewusst werden.

Nur so haben wir die Chance, im Rahmen unserer Möglichkeiten, alles, was uns ärgert etwas auszubremsen und ein wenig zu ändern. Das ist viel mehr als gar nichts tun und sich durch eine hilflose Angst mitschuldig zu fühlen, wo das alles hinführt, weil wir alle viel zu wenig miteinander reden.

Angst stillt den Hunger auf die Wahrheit.
Angst macht sprachlos.
Wer vor Angst sprachlos ist,
hält auch den Mund.

Angst stillt ein ganzes Volk.
Die Angst,
„selbst dran zu sein",
hat in den Seelen der Menschen gewütet,
wie die Gewalt der SA auf den Straßen.

Sie wussten, was sie sahen, ohne es zu sagen
bis zur Endlichkeit.
Das Schweigen und Verdrängen
wütet heute noch immer in den Seelen
der betroffenen Generationen.

Nun sind sie doch „dran" bis zur Endlichkeit,
haben sich selbst zu lebenslänglich verurteilt,
lebenslänglich den Mund halten zu müssen,
um überhaupt in den Spiegel schauen zu
können.

Aber der schaut zurück und zeigt was er sieht:
die sprachlose Angst in ihren Gesichtern
bis zur Endlichkeit ihres Lebens.
Es sei denn,
die Demenz vergisst, was Angst ist
und öffnet den bisher von Angst gestillten Mund
vor der Endlichkeit.

Aber dann müssen wir ihnen vergeben,
denn dann wissen sie wirklich nicht,
was sie sagen und tun.

Eckhard Pawlowski © 2014

****

Angst ist eine Macht, die Angst macht.
Angst ist die unbändige Angst vor ihrer
Wiederholung.
Sie ist wie ein Gummiband
zwischen einem selbst und der Vergangenheit
und dem, was die Angst in Gang gesetzt hat.

Je mehr man zieht, um von ihr weg
zukommen,
umso strammer wird das Band zur Angst.
Irgendwann zieht sie uns zurück
oder sie schnellt nach,
die Vergangenheit und die Angst.

Verdrängte Traumen aus der Kindheit,
durch erlebte Realität des Alltags wieder
wahrgenommen,
verstärken und erhöhen die Kraft der Angst,
wie Sollzinsen die Schuld des Schuldners
erhöhen.

Wie die zunehmende Kraft des Meeres durch den Wind den Deich
überspült,
der der jahrzehntelangen Verdrängung der Flut nicht mehr standhält.
Wie ein steter Tropfen höhlt den Stein.
Wie ein Jauchefass.

Je mehr man darin rührt,
desto mehr stinkt es.
Die Angst labt sich am Erlebten
und bestätigt sich so selbst.

Gerüche, Farben, Töne und Worte
wiederholen sich ein Leben lang,
wecken Erinnerungen an erlebte Angst.
Die Angst ist wie ein Schläfer, trotzdem wach.
Wie ein schlafender Terrorist, der jahrelang in uns wacht und
wartet auf seine Zeit.

Stark sein – alles ertragen – ohne Widerspruch
ist auf Dauer kein Schutzschild für die Seele.
Eine Schildkröte, die ihr Schild verliert,
ist nicht mal mehr eine Kröte.

Eckhard Pawlowski © März 2006

****

Die Angst und die Traurigkeit

Die Angst und die Traurigkeit sind einfach da.
Die Angst vor der Traurigkeit?
Die Angst nach der Traurigkeit?
Die Angst durch die Traurigkeit?
Ich weiß es nicht.

Gemeinsam machen sie alles nieder.
Nichts Anderes gilt mehr, nichts hat Vorrang,
sie nehmen mir beide mein Leben,
denn es ist manchmal wie weg.

Tage, Stunden, manchmal auch nur Minuten,
dann ist es wieder da, für Minuten, Stunden,
oder Tage,
bedroht von der dauernden Angst,
wieder zu vergehen.

Lebensfreude, Interessen und Zuversicht
haben keine Chance
in der kurzen Zeit Halt und Kraft zu finden,
gegen die wiederkehrende,
nicht lebenswerte Zeit zu bestehen.

Ich habe das Gefühl, ich bin zeitweilig nicht mehr ich,
weder wie ich sein soll, noch wie ich sein will.
Und immer wieder, jeden Tag aufs Neue,
eine nicht wegzudenkende Angst,
dass das einer bemerkt,
dass mit der Angst und dem,
dass ich nicht ich bin.

Was das auch immer heißen mag.
Die Angst, was machst du, wenn… ist da.
Lange vor der Traurigkeit,
wenn die Angst mal Ruhe gibt, gibt es keine Ruhe,
denn dann schnellt die Traurigkeit nach,
wie an einem Gummiband.

Sie hat sich an mir festgemacht,
seit meiner Geburt,
kommt schneller hinter mir her
als ich mich von ihr entfernen kann.
Vielleicht ist es noch die Nabelschnur zur Mutter, die mich nicht wollte.
Das ist schlimmer, als Scheißdreck am Schuh,
denn der wird trocken,
hört auf zu stinken und fällt irgendwann ab.

Die Angst öffnet der Traurigkeit die Tür
lässt sie zu mir herein
und schlägt hinter sich die Tür zu, ohne Klinke.
Der Schlüssel fällt nach außen aus dem Schloss,
gefangen von den eigenen Gefühlen
der Traurigkeit und der Angst,
da nie wieder heraus zu kommen

Mit Angst bin ich groß geworden,
sie hat mich aber wieder kleingekriegt.

Eckhard Pawlowski © März 2006

*

Die kleinen Dinge bewegen die Welt

Dieser Satz begleitet mich seit meiner Kindheit, auch wenn ich damals noch nicht seinen eigentlichen Sinn verstand.

Das gleiche gilt für die Sätze:

„Wer für kleine Dinge zu groß ist, ist für große Dinge zu klein" und „weniger kann manchmal mehr sein".

Im Laufe meines Lebens wurde mir immer klarer, dass diese klugen Sprüche mehr bedeuteten, als spitzfindige Erziehungsmaßnahmen oder nur hilflos wirkende Korrekturversuche der Alten, um junge Heißsporne in ihrer unbedacht wirkenden Spontanität zu bremsen. Dass die kleinen Dinge die Welt bewegen, erleben wir schon in der Kindheit. Ohne dass wir überhaupt eine Ahnung davon haben, was alles noch durch das riesige Puzzle des Lebens auf uns zu kommt und was auch mit Drücken und Schieben nicht passend eingefügt oder gemacht werden kann.

Wir beginnen als Kleinkind mit dem fünfteiligen Puzzlespiel, das wir von Tante Inge zu Weihnachten geschenkt bekommen, und sind stolz, wenn wir gelobt werden, dass wir die fünf verschiedenen Tiere in die passenden Felder platzieren konnten. Im Laufe der Zeit wird die Anzahl der Puzzleteile stetig größer und die einzelnen Teile kleiner. Wir lernen, immer besser damit umzugehen, indem wir die schwierigen Teile erst mal umgehen und links liegenlassen. Wir versuchen, uns anfangs mit den Teilen zu befassen, die wir ganz schnell ein- und zuordnen können. Wir lernen durch eigenes Erleben, dass es zunächst angenehmer ist, die unangenehmen und komplizierten Dinge aufzuschieben, um mit möglichst wenig Aufwand und auf dem kürzesten Weg zu den angenehmen Dingen zu kommen. Unser Leben ist mit einem Puzzle vergleichbar.

Die Anzahl der Teile vervielfacht sich von Tag zu Tag in Form von Beziehungen, Kontakten, Situationen und verändert sich unaufhaltsam im Laufe der Jahre auf wundersame Weise. Nicht nur die Anzahl der Teile vervielfältigt sich, sondern auch unsere Sichtweise auf die gleichen Bilder. Wie wir die Welt früher mal sahen, wie wir sie jetzt sehen, wie andere meinen, wie wir sie sehen sollten und wie sie tatsächlich ist. „Du musst das mal mit anderen Augen sehen!", war auch einer von den Sprüchen der Erwachsenen, die mein Kinderkopf damals nicht verstehen konnte, weil ich nicht wusste, wie man das machen soll. Und wenn ich fragte, wie das geht, wurde mir wieder der Mund verboten, weil ich so „blödsinnige Fragen" stellte.

Unsere Sichtweise auf die Welt ändert sich räumlich durch unser physisches Wachstum, geistig durch unser zunehmendes Denkvermögen und durch erzieherische Manipulationen. Wir Erwachsenen sehen und beurteilen die gleiche Sache, die gleiche Situation und das gleiche Bild ebenfalls noch mal anders, weil wir in unserer Entwicklung weiter und erfahrener sind als Kinder. Trotzdem verhalten wir uns manchmal genauso wie die Kinder und schieben Unangenehmes vor uns her. Wir neigen als Erwachsene ebenso dazu, vom Weihnachtsteller erst mal die leckeren Sachen zu naschen und die nicht so attraktiven so lange liegen zu lassen, bis sie wirklich nicht mehr schmecken und, als Notration, bis Ostern gerade noch akzeptabel sind. So, wie wir als Kinder das gesamte Puzzle heimlich verschwinden lassen wollten, wenn wir damit nicht weiterkamen und durch unsere kindliche Ungeduld der Meinung waren, dass einige Teile einfach nicht passen. Wenn dann am zweiten Weihnachtstag die Verwandtschaft mit neuen Geschenken kam, war die Freude groß. Da machte sogar wieder ein neues Puzzlespiel Spaß... solange es neu und einfach war. Das ist wie bei uns Erwachsenen, wenn wir um keine Ausrede verlegen sind, unsere Steuererklärung vor uns herzuschieben, obwohl wir die zu erwartende Erstattung gut auf unserem Konto gebrauchen können.

Auf der anderen Seite durchflutet uns fast ein Glücksgefühl, wenn wir die in Wirklichkeit manchmal nur kleinen Dinge erledigt haben, die uns nur durch unser Aufschieben so groß und unangenehm vorkamen. Man fühlt sich wie befreit und nimmt sich fest vor, das Unangenehme beim nächsten Mal sofort zu erledigen.

Die ersten Versuche, ein Puzzleteil des Lebens mal anders als bisher anzulegen, beginnt bei den Kindern mit ca. 1 ½ Jahren, wenn sie zum ersten Mal auf ein „Nein" der Erwachsenen mit Trotz und Wut reagieren. Bisher war alles niedlich, was das Kind machte, sogar verneinendes Kopfschütteln wurde von den Erwachsenen mit Zuwendung und mit nachäffendem Applaus belohnt, weil es so lustig war. Die anfangs niedlichen Puzzleteile des kindlichen Denkens und Fühlens passen irgendwann jedoch nicht mehr in die Lebenswelt von uns Erwachsenen.

Kinder lernen nach und nach, wie man sich zu verhalten hat und was man sagen darf und was nicht. Alles andere ist ungezogen! Das Wort „ungezogen" muss man mal richtig wirken lassen. Das klingt noch schlimmer als Ungehorsam.

Ich denke da immer an die Art und Weise, wie mein Vater mir das mit dem „gezogenen" Spalierobst erklärt hat. Die Äste des Baums werden mit Draht und Bindfäden in eine bestimmte Richtung gebracht, damit sie mit den Früchten nicht unerreichbar in den Himmel wachsen.

Als ich ihn als Kind fragte: „Und wenn die Triebe mal ganz wild wachsen, so wie sie wollen?"

„Dann muss man sie zwingen!", war die Antwort in seiner sehr bestimmenden und unumstößlichen Art. Damit meinte er, sie wieder mit Draht in die vom Gärtner gewollte Richtung zu bringen.

„Und wenn einer trotzdem in eine andere Richtung wächst?", war meine nächste Frage.

„Dann muss man nachsehen, wie viel Fruchtholz an ihm ist, und wenn es zu wenig ist, schneidet man ihn weg!", war seine knappe und klare Antwort.

Er brauchte mir nichts weiter zu erklären, das machte er mit mir als Kind ja auch so. Seine im wahrsten Sinne des Wortes gewal(tä)tigen Erziehungsmaßnahmen zwangen mich, die Welt so zu sehen, wie er sie sah und wenn das nicht reichte, wurden meine Freiheitstriebe durch Prügel und Hausarrest beschnitten und mit der ständigen Angst vor ihm in Richtung seines Willens gezwungen.

Ich habe damals in meinem Kinderkopf überlegt, wie das wohl für die Pflanzen ist, ob die auch Gefühle haben wie wir Menschen? Wenn man uns ein Bein oder einen Arm verdreht und festmacht, dann wird der auch taub und gefühllos.

Das scheinen sie mit vielen Generationen früher so gemacht zu haben. Das Denken und die Persönlichkeit wurden so lange in eine Richtung gezwungen, bis die Gefühllosigkeit dafür sorgte, die Richtung beizubehalten, weil es dann irgendwann nicht mehr weh tat, so verdreht worden zu sein. Das werden viele „Kriegs- und Nachkriegskinder" noch kennen, die auch von den Eltern und anderen Erziehungsberechtigten in die Richtung „er"- und „gezogen" wurden, wie alles zu sein hat, damit sie nach außen nicht „ungezogen" wirkten.

Durch diesen geistigen Anpassungsprozess durchlaufen wir Menschen eine Art Metamorphose. Wir werden damit regelrecht gezwungen, unser ursprüngliches Denken und Verhalten den Voraussetzungen unserer Umwelt anzupassen. So wie beispielsweise die Linkshänder bis in die Siebzigerjahre gezwungen wurden, mit der rechten Hand zu schreiben.

Das Puzzlespiel des Lebens macht dem Kind noch so lange Spaß, bis es irgendwann merkt, dass sich die Spielregeln zunehmend ändern. Die Auswahl der ähnlichen Puzzleteile ist so riesig, dass man erst beim Anlegen oder Anecken merkt, dass irgendwas nicht passt. Es ist wie im „normalen Leben": Das, was heute weiß ist, kann morgen schwarz sein. Ein Spruch, ein Satz, eine Redewendung, eine Geste, ein Blick zur falschen Situation und verkehrten Zeit lassen uns auch im Puzzlespiel der Beziehungen schnell anecken und merken, dass da etwas nicht passt.

Aus dieser Sicht der Welt bewegen die kleinen Dinge auch Beziehungen. Kleine Gesten, bejahende oder ablehnende Bewegungsabläufe, leise Kommentare, ein zustimmendes oder ablehnendes Grummeln, ein verlegenes Grinsen, bis hin zum Lächeln, ebenso die hochgezogenen Augenbrauen können uns ein wenig von dem verraten, was der andere denkt und fühlt. Diese kleinen Dinge spiegeln uns zurück, wie unser Gegenüber, unsere Signale deutet und einordnet.

Bei dementen Menschen ist die Wahrnehmung und Zuordnung der darauffolgenden Reaktionen aus unserer Sicht gestört, aus *ihrer* Sicht haben sie ein anderes Signal empfangen, und das lässt sie dementsprechend reagieren. Das kann manchmal zu schwerwiegenden Missverständnissen führen.

Die Wahrnehmung dieser kleinen, manchmal nur Bruchteile von Sekunden dauernden Signale gehören zum Gelingen einer guten Beziehung und sind besonders in Pflegebeziehungen ein unverzichtbares Handwerkszeug. Das Registrieren und Ernstnehmen dieser Signale kann ein Riesenbonus an Zeitersparnis sein, der uns durch präventive Wahrnehmung und entsprechendes Handeln viele kleine Zeitfenster für andere Dinge freischaufelt, die eigentlich unerreichbar scheinen.

Da gibt es kleine Zeitinseln, die nur ein paar Sekunden kosten, um im Seniorenheim den wunderschönen Lichteinfall des Sonnenuntergangs im Zimmer von Frau Schmidt zu registrieren, sie darauf aufmerksam zu machen, um mit ihr gemeinsam kurz innezuhalten und den kleinen Augenblick zu genießen. Wenn dieser kleine schöne Augenblick synchron bei Ihnen und Frau Schmidt angekommen ist, können Sie sich umso mehr auf den verdienten

Feierabend freuen Dadurch gehen Ihnen die restlichen Arbeiten manchmal leichter von der Hand. – Das gilt natürlich auch für die Pflege zu Hause, da es dem ganzen Familiensystem zugutekommt, wenn die oder der Pflegebedürftige „gut zufrieden ist", wie man in Westfalen zu sagen pflegt.

(Wobei man die Ausdrucksweise „gut zufrieden ist oder -sein" und „zu sagen pflegt" auch als eine Art Pflege der sprachlichen Kultur bezeichnen kann. Wobei die Puristen bei meiner Ausdrucksweise sicher wieder die Augenbrauen hochziehen und die gutbürgerlichen sich eins Grinsens).

Das Beherrschen der Alltagssprache der jeweiligen Region eines Landes ist ebenfalls ein Stück Handwerkszeug zur Pflege von Beziehungen. Wenn man im ländlichen Bereich als Fremder in eine Dorfkneipe kommt und den Dialekt der Einheimischen spricht, kann das vordergründig erst mal der Schlüssel für gute Beziehungen sein. Obwohl wir alle die gleiche Muttersprache sprechen, gibt es durch die unterschiedlichen Dialekte auch unterschiedliche Wahrnehmungen und Empfindungen bei dem, was wir sagen und was wir meinen.

Das ist im Bereich der ambulanten Pflege nichts anderes. Wenn Pflegekräfte aus Norddeutschland in Bayern arbeiten und umgekehrt, haben sie fast die gleichen Probleme wie viele Migranten aus anderen Ländern, die unsere Sprache noch nicht perfekt beherrschen. Damit meine ich hauptsächlich die speziellen Redensarten und Ansichten, wie die Welt zu sein hat und was den Menschen wichtig ist.

In den Ballungszentren lassen sich alte Denkstrukturen durch andere und neuere Sichtweisen eher verändern als im ländlichen Bereich. Das wirkt sich auf alle Lebensbereiche aus, die in irgendeiner Weise etwas mit Beziehungen zu tun haben und hat enorm viel Einfluss darauf, wie die Menschen miteinander umgehen und auskommen.

Durch die Beschreibung solch kleiner Dinge möchte ich mit diesem Buch versuchen, den sensiblen pfleglichen Umgang miteinander zu fördern. Ebenso möchte ich Sie ermutigen, die dadurch entstehende positive Aura in alle erdenklichen Lebenssituationen mitzunehmen und zu übertragen. Auch wenn ich seit vielen Jahren so denke, fällt mir durch das Schreiben immer mehr auf, dass ich auch nur mit Wasser koche und es viel einfacher ist, über pfleglichen Umgang miteinander zu schreiben als ihn im Alltag selbst zu leben. Ich habe mir im Laufe der Jahre angewöhnt, in Situationen, die mir nicht gefallen oder wenn mir mein Bauchgefühl sagt, da passt was nicht, unsere Welt aus der Sicht von Kindern zu sehen und zu hören.

Ich versuche es zumindest wieder. Diese Sichtweise ist mir, wie den meisten Erwachsenen, verlorengegangen, oder anders formuliert, unsere Erziehung hat dafür gesorgt, dass uns nicht nur das kindliche Denken und die damit verbundenen Empfindungen verlorengehen, sondern auch das ehrliche Reagieren auf das, was wir wahrnehmen. Die emotionale Sicht von Kindern ist uns eigentlich nicht abhandengekommen, sondern „aberzogen", manchmal sogar regelrecht ausgetrieben worden. Das Ganze konnte schon mal einen Hauch von Teufelsaustreibung verbreiten, nach dem Motto „na warte, dir werde ich helfen!"

Die Art und Weise, wie Kinder und ihre Gefühle von uns Erwachsenen manchmal korrigiert werden, lässt mich immer nachdenklicher werden, auch wenn es in den letzten 30 Jahren ein gravierendes Umdenken in der Erziehung gegeben hat. Je älter ich werde, desto klarer wird mir, dass wir viele Fehler unserer Eltern wiederholen, obwohl wir im gleichen Augenblick merken, dass unser Handeln und Denken eigentlich nicht in Ordnung ist. Unsere Hilflosigkeit in so einer Situation lässt uns dann manchmal dumme und im Nachhinein peinliche Entscheidungen fällen.

Das liegt auch daran, dass wir irgendwie verdrängt und vergessen haben, wie ungerecht die vermeintlich vernünftigen Erwachsenen mit uns umgegangen sind und wie sie unser Kind-Sein und unsere Gefühle regelrecht übergangen haben, nur um ihre augenblicklichen Interessen durchzusetzen. Mit mehr oder weniger Strenge wurden wir ermahnt, „vernünftig" zu sein, weil es für sie dann einfacher war, sich gegenüber uns Kindern durchzusetzen.

Die meisten von uns kennen folgende Situation: Sie sind in der Arztpraxis oder bei der Visite im Krankenhaus und werden beim Fäden ziehen oder Verbandswechsel mit den Worten vom Arzt, der Sprechstundenhilfe oder der Krankenschwester beschwichtigt: „Ach was, das tut doch nicht weh"... oder... „na so schlimm war das doch gar nicht!"

Man behandelt uns wie ein kleines Kind. Wenn ich die Empfindung habe, dass mir etwas weh tut, kann doch nicht einer, der nicht das Gleiche empfunden hat, einfach sagen, „es kann doch nicht wehgetan haben". Das Abhängigkeitsverhältnis in dieser Situation ist mit dem von Erwachsenen und Kindern vergleichbar und peinlich für den, der so einen Spruch loslässt sowie ärgerlich für den, der ihn zu hören bekommt. Und trotzdem schämen wir uns in dem Augenblick selbst als Erwachsener wie ein kleines Kind, weil wir so zimperlich sind.

Auf der anderen Seite ärgern wir uns, dass wir uns in dem Augenblick nicht trauen, unserem Ärger Luft zu verschaffen, denn wir haben nicht gelernt, einem Arzt, Pastor, Polizisten oder sonstiger „Respektsperson" zu widersprechen. Stattdessen sind wir unterwürfig artig und schämen uns auch als Erwachsene, weil wir vom Arzt oder der Sprechstundenhilfe getadelt wurden.

Wieder zu Hause angekommen, weint plötzlich unser Kind, weil es sich gestoßen hat. Wir trösten und pusten ein wenig auf die wehe Stelle. Aber ist dann nicht mit einem Mal der Gedanke im Kopf, so ein kleiner Kratzer, das kann doch nicht so wehtun, oder...?

Als Kind hat der eine oder andere von Ihnen sicher schon mal den Spruch zu hören bekommen: „Wenn du nicht sofort... na warte, dir werde ich helfen, dass dir Hören und Sehen vergeht!" Da wir wussten, dass es keine wirkliche Hilfe war, sondern nur ein Gewittergrollen vor dem richtigen Unwetter, haben wir uns meistens dieser Wetterschwankung angepasst, damit uns nicht noch mehr „Hören und Sehen" der Kindheit verloren ging. Das „Hören und Sehen" von Kindern sollten wir uns wieder vielmehr zu Eigen machen, dann wären unsere Beziehungen in allen Lebenslagen nicht so verlogen. Sie wären dann auch nicht einfacher, aber wir wüssten häufiger, woran wir sind, wo wir stehen und wer zu uns und hinter uns steht, wenn wir wirklich Hilfe benötigen.

Deshalb versuche ich, in für uns Erwachsenen unverständlichen Situationen, ein wenig die Sicht von Kindern in alle Beziehungs- und Pflegeprozesse mit einzubeziehen.

Wenn man als Kind unangenehme Fragen stellte, wurde man mit unbefriedigenden Antworten zum Schweigen gebracht und somit hinter die anerzogenen Schranken der Kindheit verwiesen.

- Das verstehst du noch nicht...
- Das fragt man nicht...
- Das erkläre ich dir, wenn du groß bist...
- Das geht dich noch nichts an... dafür bist du noch zu klein...

- Jetzt reiß dich mal zusammen und sei still…
- Das sagt man nicht…
- Das gehört sich nicht…
- Das tut, oder das macht man nicht…

Solche Antworten waren oft viel blöder, als unsere kindliche Frage, die wir mit großen Kulleraugen stellten, wenn wir etwas nicht wussten oder noch nicht verstehen konnten.

„Das erkläre ich dir, wenn du groß bist…" ist einer von den Sprüchen, bei denen ich mir als Kind schon überlegt habe, dass ich gar nicht mehr wissen werde, was ich fragen wollte, wenn ich groß bin. Die Erwachsenen würden sich auch nicht mehr erinnern, was sie mir noch alles erklären müssen.

Vergessen haben wir die dadurch entstandenen Enttäuschungen, die Wut und die leise Traurigkeit eigentlich nicht, denn die damit verbundenen Gefühle sind mit Sicherheit nur verdrängt und kommen ganz schnell wieder zu Tage, wenn sie durch vergleichbare Situationen regelrecht geweckt werden.

Wenn Sie sich einen kleinen Augenblick Zeit nehmen und einmal darüber nachdenken, wie es in Ihrer Kindheit war, müssen Sie sich nicht schämen, wenn Sie durch meine Zeilen eventuell einen leichten Kloß im Hals oder sogar feuchte Augen bekommen. Das ist ein Zeichen dafür, dass Sie auch sehr streng erzogen worden sind. Sie können sogar stolz sein, sich trotzdem ein paar kindliche Gefühle bewahrt zu haben, wenngleich Sie sich wahrscheinlich gerade dabei ertappen, Ihre traurigen Gefühle gar nicht erst aufkommen zu lassen...

Als unsere Kinder noch klein waren, haben wir sie genauso erzogen, wie man es eben so macht und haben mit Sicherheit die gleichen dummen Antworten auf bestimmte Fragen gegeben. Aber in manchen Augenblicken waren diese dummen Antworten ein genialer Schutzwall vor weiteren Fragen, die bei einer zielgerichteten Antwort garantiert weitere Fragen der Kinder nach sich gezogen hätten.

Wie hieß das bei einer Kindersendung im Fernsehen so schön: „Wieso, weshalb, warum, wer nicht fragt, bleibt dumm!" Wenn Kinder doch bloß nicht so viel fragen würden, haben wir manchmal aus einer bequemen Laune heraus gedacht… peinlich-peinlich.

Sie fragen sich sicher erneut, was das alles unter anderem mit Beziehungen und erst recht mit Pflege zu tun hat? Ich meine, ganz viel. Denn wie zu jeder Beziehung gehören auch zur Pflegebeziehung Gefühle und gegenseitige Achtung.

Die Voraussetzungen für zwischenmenschliche Beziehungen werden auch durch den Alltag, eigene und die Probleme anderer sehr oft gestört, gekränkt und zu wenig beachtet. Hinzu kommt eine auf die familiäre Situation bezogene Anpassung durch finanzielle Abhängigkeiten. Da genügen die kleinsten Dinge, alles aus der Bahn zu werfen, alles aus dem Lot zu bringen, was die großen, vermeintlich wichtigen Dinge bisher zusammengehalten hat.

Leider habe ich diese Sicht der Welt erst sehr spät durch meine jahrelange Arbeit in einer gerontopsychiatrischen Ambulanz bekommen. Durch das eigene Erleben zwischen den Fronten von Pflegenden und Pflegebedürftigen, zerstrittenen und durch Pflege ausgebrannten Familien, den zwischen allen Stühlen sitzenden Pflege-, Sozialdiensten und kirchlichen Vertretern sowie den Hausärzten, ist mir klargeworden, wie viele kleine Dinge und Rädchen an dem großen Ganzen drehen und dafür sorgen, dass Psychotherapeuten, Bierbrauer und Winzer immer gut zu tun haben werden.

Probleme in der Pflege daheim oder im Zuhause eines Heims werden meistens durch gestörte Beziehungen ausgelöst und in Gang gehalten, wie im vermeintlich „normalen" Leben auch. Kinder bleiben für die Eltern immer Kinder, auch wenn sie sich als Erwachsene nicht mehr so verhalten. Die Eltern bleiben für die Kinder immer die Eltern, auch wenn durch die Umkehr der Abhängigkeiten die Rollen getauscht werden, wie zum Beispiel in Pflegesituationen.

In manchen Augenblicken verhalten sich beide Generationen wie Kinder, wenn es durch den Rollentausch zu bisher unbekannten Konflikten kommt. Beide Seiten manövrieren sich dann häufig in ganz ungewollte Situationen, die was mit Peinlichkeiten und Gesichtsverlust zu tun haben, aus der sie oft ohne neutrale Begleitung nicht wieder herauskommen. Da fragt man sich als neutraler Beobachter manchmal, ob man im verkehrten Film ist, oder ob man sich erst mal das Drehbuch des Films anschauen sollte... damit meine ich die Familiengeschichte.

Diese über Jahrzehnte gewachsenen Beziehungen mit ihren unterschwellig durch Religion unterdrückten und mit Hilfe der Volksmusik weggeschunkelten Konflikten sind oft selbsterklärend und zeigen auf, wer in der Familie tatsächlich Regie führt. Dazu gehören auch die beliebten Familientreffen zu

Weihnachten, an denen so unvorstellbar viele Deckel hochgehen. Manchmal für alle unüberhörbar durch weinende Mütter und türenknallende „erwachsene" Kinder. Ein anderes Mal durch lautlos implodierende Wut in den beteiligten Menschen, die dann alles ungeklärt und schlecht verdaut mit nach Hause nehmen oder erst mal mit einem guten Wein herunterspülen.

Wenn der eine oder andere Betroffene im Rahmen einer familiären Pflege mal etwas ungehalten reagiert, stecken meistens ebenfalls offene Rechnungen, nicht ausgetragene Konflikte und verlogene Beziehungen dahinter, ähnlich wie zu Weihnachten, wenn sich die ganze Familie trifft. Erst mal darüber schlafen, morgen sieht die Welt doch schon ganz anders aus..., ach ja, gleich kommt noch eine schöne Musiksendung im Fernsehen, dann wird wieder alles gut. Wenn so etwas über Jahre und Jahrzehnte abläuft, mit der lächelnden Verlogenheit im Gesicht, dann kann man sagen, nicht nur jeder Tropfen höhlt den Stein, sondern auch jede Kränkung unsere Seele, an 365 Tagen im Jahr und nicht nur zu Weihnachten.

Das Wissen von den Umständen der familiären Beziehungen macht die Sache etwas verständlicher, da sie oft eine logische Folge der jahrelangen „Pilcherei" sind und manchmal weit über peinlich wirkende Versuche hinausgehen, nach Außen den Schein der heilen Familie zu wahren. Auch wenn man als Außenstehender den wahren Grund der Theaterkulisse schnell erkennt, macht es den Umgang mit dem Gesamtensemble nicht unbedingt einfacher, nur anders und verständlicher.

Im Kapitel „Unsere Biografie ist eine Art Gebrauchsanleitung für Beziehungen" finden sie noch weitere Zeilen zum Thema Familientreffen.

Dass dieses Buch etwas mit Gefühlen und Beziehungen zu tun hat, kann ich Ihnen versprechen, und dass das Lesen und Nachdenken über das Gelesene nicht ganz spurlos an ihnen vorbeigeht, ebenso. Es sei denn, Sie haben *alle Gefühle Ihrer Kindheit vergessen*, oder ich habe noch nicht den richtigen Schlüssel gefunden, um ihre Kammer mit den verborgenen Gefühlen zu öffnen. *Dann lohnt es sich für sie nicht*, weiter zu lesen und das mit den Beziehungen, mit wem auch immer, sollten sie auch lassen und ebenfalls vergessen. Denn dann klappt das mit der notwendigen Empathie gegenüber einem durch die Lebensumstände oder das Alter gehandikapten pflegebedürftigen Menschen schon gar nicht, geschweige denn mit dem Nachbarn aus der Klarspülerwerbung.

Auf der anderen Seite haben einfühlsame Menschen einen Nachteil, man kann sie besser ausnutzen, ihnen wie Kindern viele Märchen erzählen und sie lassen sich einfacher über den Weg des schlechten Gewissens manipulieren.

Selbst von schon längst ausgebrannten Pflegenden bekommt man oft zu hören:

- Ja, mache ich... kein Problem.
- Na klar, das kriegen wir zusammen hin.
- Lass mal, ich mach das schon, ich schaffe es schon alleine.

Das ist der Weg in eine unsichtbare Sackgasse, die sich sogar noch als Einbahnstraße entpuppt, in der das Wenden nicht möglich ist.

In Wirklichkeit sind die Sensiblen und vermeintlich Schwächeren, die viel Stärkeren unter den Pflegenden. Sie gilt es zu schützen, durch Stärkung und Förderung ihrer Fähigkeiten. Sie benötigen Hilfe bei der Abgrenzung vom Erlebten in ihrem Arbeitsalltag. Hiermit meine ich die eher Stillen, die nicht viel Brimborium um ihre Person machen.

Als ich in jungen Jahren mit all meiner Energie und Kraft meinte, in der geriatrischen Pflege meine Anerkennung durch Tempo und richtiges „Ran-Klotzen" verdienen zu müssen, nahm mich mal ein älterer Kollege fast liebevoll beiseite und sagte zu mir den in diesem Buch schon erwähnten Satz:

„Wenn du so weitermachst, dann bist du mit 40 fertig."

„Du musst erst mal an dich denken,
nur so kannst du lange gut zu anderen Menschen sein.

Wenn du dich selbst vergisst, vergessen dich andere auch ganz schnell,
wenn du nicht mehr so funktionierst, wie sie dich brauchen."

Ich wusste damals noch nicht so richtig, was er meinte. Heute weiß ich, er hatte Recht.

Es könnte ein „Leid"-Spruch für Pflegende sein, damit ihnen der Satz – „Ich kann nicht mehr!" erspart bleibt.

Die sich in und an den Leiden ihrer Pflegebedürftigen aufreibenden Pflegekräfte sind in ihrem Handeln genauso verkehrt, wie die sich immer rational abgrenzenden Menschen. Somit ist der Gedankengang: „Du musst erst mal an dich denken, nur so kannst du noch lange gut zu anderen Menschen sein" sicher der goldene Mittelweg.

Wenn man mal nicht mehr weiterweiß und verzweifelt ist, kriegt man von anderen oft zu hören: „Jetzt reiß dich mal zusammen!" Dabei weiß doch jedes Kind, dass man nichts zusammenreißen kann. Zusammenkleben, zusammenlegen, das haben wir alle schon gemacht. Aber etwas zusammenreißen, wie soll das gehen?

Da sind wir wieder bei den Kindern, die wissen ganz genau, dass man etwas auseinanderreißen kann, aber *zusammenreißen*? Wenn wir Erwachsenen das von ihnen zum ersten Mal fordern, müssten sie uns eigentlich einen Vogel zeigen.

Mit dem Zusammenreißen meinen wir Erwachsenen, dass man sich noch kleiner machen soll, als man sich schon fühlt. Wer sich zusammenreißt, kann auch in der Einbahnstraße des freien Denkens wenden und auf den Weg, wie man zu denken hat, zurückkehren. Das ist eigentlich nicht erlaubt, aber wenn das was mit Anpassung zu tun hat, mit artig sein und mit gehorchen, dann scheint es erlaubt zu sein.

Mir fällt durch die Formulierung „artig sein" gerade auf, was das Wort „artig" alles beinhaltet. Angefangen von, wie unsere Art und überhaupt zu sein hat, was unartig und aus der Art geschlagen bedeutet, bis hin zu den Beschreibungen von „artig" und „unartig" im Duden. Das Ganze bekommt eine Aura von „artgerechter Haltung" bis zum „artgerechten Verhalten", was gesellschaftlich in allen Lebenslagen von uns erwartet wird, weil es sich gehört, so zu sein, wie unsere Art zu sein hat.

Es ist immer wieder faszinierend, was unsere Alltagssprache alles beinhaltet, ohne dass wir es bewusst wahrnehmen.

Wenn wir durch Ermahnungen anderer oder unser schlechtes Gewissen wieder „artig" sind und durch „Zusammenreißen" in der geächteten Einbahnstraße des freien Denkens umkehren, um zurück auf den vermeintlich richtigen Weg zu kommen, ist unser Umfeld wieder zufrieden. Denn wir sind nun aus der Sicht der Allgemeinheit wieder auf dem gewünschten, richtigen und angepassten Kurs des Zusammenlebens, sind wieder unter Kontrolle und kommen nicht drum herum, alles so zu machen, wie es alle machen und wie es sich gehört.

Heute weiß ich, wie wichtig das Wenden durch Umdenken ist, besonders, wenn man den Schwung des Wendens nutzen kann, um für sich selbst neue Wege zu finden, bevor die Einbahnstraße des allgemeinen Denkens wieder zur eigenen Sackgasse wird.

„Das haben wir alle nicht gelernt...", würde jetzt mein Freund Lutz Dieter Schwede (Diplom-Psychologe und ehemaliger Leiter einer psychiatrischen Tagesklinik) zu solchen Situationen sagen. Damit gemeint sind Lebenssituationen, auf die uns keiner vorbereitet hat. Es geht um Fragen, bei denen wir nicht mal als Erwachsener für uns selbst eine vernünftige Antwort parat haben, da wir schon als Kind in vergleichbaren Situationen mit billigen Antworten abgespeist wurden, wie z. B.:

- „Das verstehst du noch nicht!"

- „Frag nicht so ein dummes Zeug!"

- „Das ist eben so, und jetzt hör, auf zu fragen!"

Es gab und es gibt heute immer noch so viele Fragen, die Kindern immer noch nicht richtig beantwortet werden, weil wir Erwachsenen nicht in der Lage sind, sie auch für uns selbst zufriedenstellend zu beantworten:

- Warum darf ich nicht „Nein" sagen?

Weil „Nein" sagen etwas mit Ungehorsam zu tun hat.

Zumindest der Generation von „Nachkriegskindern" wurde noch unter Androhung von körperlicher oder seelischer Gewalt das „Nein"-Sagen regelrecht „ausgetrieben", obwohl die Erwachsenen selbst schon oft genug erlebt haben, dass „Nein" und „Stopp" sagen nicht nur lebenswichtig sind, sondern auch Leben retten können. Ich glaube, daran hat sich bis heute nichts geändert.

- Warum darf ich nicht „ich will" sagen?

„Kinder die was wollen, kriegen was auf die Bollen", sagten die Erwachsenen in meiner Kindheit und meistens gab es auch einen in den Nacken, wie man die drohende Hand damals nannte. Das mit dem Wollen und den Bollen rutscht mir immer wieder vom Kopf in den Mund, und es fällt mir sehr schwer, das nicht zu sagen, wenn ich von meinen Enkelkindern höre: „Ich will..."

- Warum ist es so verpönt, „ich kann das nicht" zu sagen?

Das beschämende Erleben, etwas nicht zu können, was angeblich alle können, ist oft prägend für das ganze Leben. Kaum ein Kind wird dann in Schutz genommen und in seinem Selbstbewusstsein gestärkt, dass es eventuell ganz andere Fähigkeiten hat, die andere nicht haben.

- Wie halte ich einen Lehrer (oder als Erwachsener einen Vorgesetzten) aus, der mich nicht leiden kann und mich deshalb vor den anderen immer als dumm dastehen lässt?

Durch noch mehr Leistung und „Zusammenreißen" könnte eine Antwort von uns Erwachsenen sein, aber bestimmt begleitet von hilflos hochgezogenen Schultern.

- Warum dürfen Jungen nicht weinen, und warum weinen Erwachsene so selten, wenn sie traurig sind oder Wut haben?

Sogar bei einer Beerdigung versuchen die Erwachsenen ihr Weinen zu unterdrücken. Da passt doch was nicht, habe ich mir schon als Kind gedacht. Wie wollen die ihre Traurigkeit und Wut des Augenblicks loswerden...? Das habe ich als Kind nicht verstanden und begreife es bis heute nicht, was das für einen Sinn macht.

Als Kind hörte ich immer irgendwas von einem Trauerjahr. Viele Erwachsene trugen hauptsächlich dunkle Kleidung, und ihre Gesichter waren ein Jahr lang genauso finster, aber kaum einer hat außer am Beerdigungstag in der Öffentlichkeit geweint, gejammert und geklagt.

Auf Beileidskarten und in Todesanzeigen steht oft geschrieben: „In stiller Trauer".

- Warum muss Trauer still sein?
- Warum darf Trauer nicht laut sein?
- Warum muss man Traurigkeit unterdrücken und verbergen?

Wenn ein Kind solche Fragen stellt, bekommt es mit Sicherheit zur Antwort: „Das fragt man nicht, sei jetzt still!"

Das verstehe ich bis heute nicht, warum wir uns diese Gefühle durch eine Art gesellschaftliche DIN-Norm verbieten lassen, die in vielen Bereichen von vorne bis hinten so verlogen und peinlich ist, dass man sich eigentlich nicht vorstellen kann, warum ein zivilisiertes und angeblich gebildetes Volk, sich so selbstkränkend und selbstverletzend verhält!

Als Kind hatte ich das Gefühl, dass das Unterdrücken von Traurigkeit richtig weh tat und die Wut auf die Erwachsenen bis ins Unermessliche steigerte. Aber die durfte man auch nicht zeigen. Warum waren oder sind die Erwachsenen auch heute noch oft genauso hilflos wie Kinder, wenn ein Erwachsener weint, traurig ist oder Wut hat? Sind sie dann so verunsichert? Oder macht ihnen die Situation sogar Angst?

Den Umgang mit weinenden Erwachsenen haben wir alle nicht gelernt, nur das Umgehen der peinlichen Situation, in dem wir weggehen oder wegschauen.

- Warum soll man sich zusammenreißen, obwohl jeder weiß, dass das gar nicht geht?

Das konnte mir bisher auch noch keiner erklären, doch die meisten wissen, was gemeint ist.

- Bis, dass der Tod euch scheidet…

Auch wenn eine Ehe, durch was auch immer, für einen der beiden nicht mehr auszuhalten ist, dann braucht er oder sie gar nicht auf den Tod zu warten. Dann ist die Hölle schon vor ihm da. Ob der liebe Gott, oder wer auch immer, das gutheißen würde?

- Was ist, wenn man die Welt nach einigen Jahren Ehe anders sieht, so wie sie wirklich ist?

„Wir haben uns geirrt" oder „Wir waren durch die Liebe blind." „Wir mögen uns immer noch, aber das mit dem Zusammenleben haben wir uns anders vorgestellt." Das trauen wir uns nicht zu sagen, weil wir das nicht gelernt haben und weil es sich nicht gehört, so etwas zu sagen! Lieber ein Leben lang gemeinsam oder jeder für sich leiden, und dann heimlich den Dingen nachgehen, die einem fehlen. Und wenn man den richtigen Glauben hat, kann man ja zur Beichte gehen, dann ist alles wieder gut.

Ehrlich zu sein mit dem, was man empfindet, mit dem, warum man leidet, zu sich selbst und zu anderen, das trauen wir uns nicht, weil wir das nicht gelernt haben, weil man das nicht tut und es sich nicht gehört, so zu sein!

Da hilft das ganze Courths-Mahler'n[*]) und Pilcher'n[*]) nichts, da hilft nur Kärcher'n[*]) und Klartext reden, aber das trauen wir uns meistens nicht, weil wir es nicht gelernt haben! ([*]) s. S. 332 ff. Interessantes und Anmerkungen)

- „Du sollst nicht lügen!" *Das* haben wir alle gelernt.

Und das lernt man als Kind durch das verlogene Verhalten von Erwachsenen ganz schnell. Andere und sich selbst zu belügen, um irgendwie in der verlogenen Welt zu bestehen. Kindern sagen wir immer, „Lügen haben kurze Beine", aber dass die Verlogenheit von Erwachsenen ebenso kurze hat, verschweigen wir wohlweislich.

Wie eben schon mal erwähnt, diese auf Emotionen basierenden Reaktionen von Menschen sorgen dafür, dass Fachärzte für Psychosomatik, Psychotherapeuten, Bierbrauer und Winzer in unseren westlichen Kulturkreisen ein gutes Auskommen mit ihren Einkommen haben. Denn es sind oft die kleinen Dinge, die kleinen Gefühle, die sich erst als Gänsehaut und dann wie ein innerliches Beben bemerkbar machen, bevor uns ein Tsunami unseren Verstand derart unterspült, dass dieser nicht nur sein „Verstehen", sondern auch seinen festen Stand verliert.

In vielen Lebenslagen unserer so zivilisierten westlichen Kultur sind gefühlsgesteuerte Denk-und Handlungsweisen gesellschaftlich nicht gern gesehen, weil sie das Leben nicht unbedingt leichter und angenehmer machen. Dafür machen sie unser Leben abwechslungsreicher, unberechenbarer und zu dem, was wir als „menschlich" bezeichnen, mit allen Höhen und Tiefen, die dazugehören.

Zum Thema Verlogenheit fällt mir noch ein schönes Beispiel ein. Es tanzt zwar von der Thematik her etwas aus der Reihe, aber in gewisser Weise hat es genauso mit Beziehungen, Fairness und Ehrlichkeit zu tun, wie die Verlogenheit erwachsener Menschen: Ein sehr gläubiger, gutaussehender, italienischer Fußballstar wird eingewechselt. Er kniet kurz nieder, küsst den Rasen, steht auf, bekreuzigt sich und küsst noch das unübersehbare goldene Kreuz an seinem Halskettchen, um Minuten später einen gegnerischen Spieler mit einer zielgerichteten Blutgrätsche direkt ins Krankenhaus zu schicken. So was haben wir alle doch schon mal gesehen, oder? Noch ein paar Tage vorher wurde derselbe „Blutgrätscher" in der Boulevard Presse als toller Christ mit verklärten Augen bei einer Papst-Audienz abgelichtet. Wie wollen wir so etwas unseren Kindern erklären, mit dem besagten Spruch: „Das erkläre ich dir, wenn du mal groß bist"?

Sie stellen sich sicher immer wieder zwischendurch die Frage, was haben diese Themen und Fragen mit Pflege zu tun. Und ich meine nach wie vor: ganz viel, denn Beziehungen brauchen Pflege, auch wenn sie noch nicht krank sind, aber dazu kommen wir noch...

- „Er hat sich das Leben genommen", hörte ich als Kind von einem Nachbarn.

Trotzdem war derjenige tot. Das habe ich als Kind nicht verstanden. Wenn ich mir etwas nehme, dann habe ich es doch. Und wenn das dann auch noch schön ist, gebe ich es doch nicht wieder her, dachte mein Kinderkopf damals. Die haben sich vertan, der hat sich nicht das Leben, sondern den Tod genommen und deshalb wurde er beerdigt. Aber warum verdrehen die Erwachsenen immer alles?

Udo Lindenberg singt doch auch in seinem Lied „Das Leben":

„Nimm dir das Leben, lass es nicht mehr los.
Alles was du hast, ist dieses eine bloß.
Nimm dir das Leben und gib es nie wieder her,
denn wenn man es mal braucht, findet man es so schwer".

(siehe Abschnitt Interessantes und Anmerkungen)

Das würde er doch nie singen, wenn man dann tot wäre, denkt da der Kinderkopf.

- Sie hat ihren Mann im Krieg verloren. Er ist in Stalingrad gefallen!

Das soll ein Kind verstehen: Wie kann man einen Mann verlieren? Und wenn man sieht, dass jemand gefallen ist, dann kann man ihm doch aufhelfen, oder?

- Er hat in Russland ein Bein verloren.

Da rattert es im Kinderkopf: Ein Bein verloren? Das geht doch gar nicht, so ein Bein kann man doch nicht irgendwo verlieren.

Und warum weinen die immer, dachte ich als Kind, wenn sie davon hinter vorgehaltener Hand reden. Bei mir weint keiner, wenn ich was verloren habe, im Gegenteil, da wird noch geschimpft, ich soll besser aufpassen. Eine verkehrte Welt irgendwie – nicht nur aus Kindersicht, wenn man das Gesagte von Erwachsenen wörtlich nimmt.

Auf der einen Seite möchte ich mich bei den Lesern entschuldigen, die ich durch meine manchmal takt- und distanzlos wirkenden Klartext-Zeilen verärgere. Auf der anderen Seite ist das ja genau das Problem, dass wir alle dazu neigen, unangenehme Dinge nicht beim Namen zu nennen, weil wir sie nicht hören wollen. Das gehört zum Thema „Klartext reden" und zieht sich wie ein roter Faden durch dieses Buch.

Wir, oder zumindest die älteren Generationen, haben nicht gelernt zu sagen: „Er ist im Krieg gestorben. Er wurde erschossen!"

Sie sagen, *er ist gefallen*, weil solche Formulierungen das Grauen des Krieges bagatellisieren und der Tod dann den Hinterbliebenen vielleicht etwas weniger weh tut. Außerdem ist das eine Redewendung aus vergangenen Zeiten, in denen es noch eine Ehre war, *für das Vaterland zu sterben.*

Genauso sprach man davon, er sei „heimgegangen". Und wenn die Kinder dann fragten, wann er käme, gab es von der weinenden Mutter eine Ohrfeige. Das soll ein Kind verstehen? Da musste man sich nicht wundern, dass Kinder jahrelang darauf gewartet haben, wann der Vater endlich „heimkommt".

Denken Sie mal an ihre eigene Kinderzeit und an den gedanklichen Wirrwarr, den die Erwachsenen in unseren Köpfen angerichtet haben. Mit was für einer verbalen Übermacht wir in Grund und Boden geredet wurden, wenn wir das von uns wortwörtlich Genommene erklärt haben wollten. Wenn sie dann selber nicht weiterwussten, kam einfach der obligatorische und hilflose Spruch: „Schluss jetzt!"

Auf der einen Seite erklären wir den Kindern, wenn jemand im Krieg gefallen ist, dann ist er tot. Auf der anderen Seite müssen wir Erwachsenen schmunzeln, wenn ein Kind beim Laufenlernen gefallen ist. Wir trösten, pusten auf die wehe Stelle und sagen ihnen, gleich ist wieder alles gut. Wie sollen Kinder den Unterschied verstehen, wenn die kleine Schwester weinend vom Spielplatz kommt und Oma sagt: „Och, bist du gefallen? Ist doch nicht so schlimm!" Doch am Abend vorher hat sie beim Abendbrot geweint, als sie davon erzählt, wie schlimm es für sie war, dass ihr Mann im Krieg „gefallen" sei.

Dass wir Deutschen den 2. Weltkrieg begonnen haben, wird auch nicht genügend thematisiert, denn dann reduziert sich das Recht, auf die ehemaligen Kriegsgegner und Siegermächte wütend zu sein. „Wer hat denn angefangen?" Solche Fragen durfte man als Kind nicht stellen, weil die Erwachsenen zu feige waren und teilweise immer noch sind, sich der Realität zu stellen.

„Aber wir haben den Krieg doch angefangen!", habe ich in der 3. Klasse mal gesagt, als unser Lehrer von seinen Erlebnissen aus der Kriegsgefangenschaft in Russland berichtete. Da musste ich Nachsitzen und 500 Mal aufschreiben: „Ich werde in Zukunft keine Widerworte geben"! Das musste vom Vater unterschrieben werden und wurde erst mal mit einer Tracht Prügel und zwei Wochen Stubenarrest von ihm beantwortet. Als mein Vater wegen meines „Vergehens" auch noch zum Rektor musste, gab es die Tracht und das 500-mal Schreiben noch mal.

Kinder sagen, „wer angefangen hat, hat Schuld". So einfach ist das! Wie soll man da als Kind die Welt verstehen lernen, wenn die Erwachsenen nicht mit der Realität umgehen können, oder wollen. Wenn sie sich gegenseitig belügen und das klare Benennen von Problemen und unangenehmen Situationen verleugnen, vermeiden oder verschweigen.

Viele von den „Unwissenden", die in der Holocaustzeit gelebt haben, meinen, der Wind, die Zeit oder wer auch immer lässt Gras über die Sache wachsen. Die Massengräber wurden und werden trotzdem irgendwann gefunden, weil es einige Menschen nicht aushalten, bis an ihr Lebensende den Mund zu halten. So viel zu Ehre, Anstand, Moral und zum Thema, das macht und sagt man nicht... bis dass der Tod uns scheidet.

Das hat er bei vielen schon vor Jahren getan, getarnt als Beziehungstod, aber heute Abend kommt ja Musikantenstadl... „ja mei, ist das Leben scheen...". Es leben die Beziehungen.

So und nun kommt endlich der Bezug zur Pflege!

Wenn diese schon vor Jahren gestorbenen Beziehungen durch eine Pflegesituation gezwungenermaßen aufgefrischt werden, dann weht aber ein wirklich frischer Wind und bläst zumindest schon mal das Laub von den Stellen, an denen sie ruhen und über denen eigentlich schon hätte Gras wachsen sollen.

Was bedeutet Pflege eigentlich? Welche Inhalte, außer der erlernbaren Versorgung von Pflege- und Hilfsbedürftigen, gibt es noch? Was passiert auf der zwischenmenschlichen Ebene von Pflegenden und Pflegebedürftigen?

Durch alte, seit Jahrhunderten verwurzelte Standards und die immer noch in uns schlummernden obrigkeitshörigen Verhaltensweisen, ist der Begriff Pflege von einer Art Aura der Abhängigkeit, des Dienens und Gehorchens umgeben. Ich möchte versuchen, diesbezüglich den Begriff Pflege etwas aufzulockern und zu entkrampfen.

Die im Mittelalter durch Glaubenszwänge verursachten Hexenverfolgungen sorgten manchmal dafür, das Heilende und Pflegende ebenfalls schnell in Verdacht geraten konnten, wenn sie sich altbekannter Heilmethoden bedienten, die den kirchlichen Vertretern ein Dorn im Auge waren. Pflege, oder sich um jemanden kümmern, hatte ursprünglich „auch" etwas mit Nächstenliebe zu tun. Dies ist ihr im Laufe der Jahrhunderte durch die sehr eingeengten Sichtweisen einiger konfessionsgebundener Vordenker und die heutigen Zeiterfassungs-Richtlinien etwas verloren gegangen. Traditionelles Denken und jahrhundertealte Weisheiten von Kräutern, Natur und zwischenmenschlichem Umgang miteinander, gerieten zwischen die Mühlsteine von gesellschaftlichen Zwängen.

Da nicht sein kann, was nicht sein darf, sorgte die Obrigkeit durch ihr glaubensbedingtes Handeln bezüglich Anstand und Moral für Richtlinien und Gesetze, an die sie sich selbst kaum hielten und gegen die bis heute in allen Lebenslagen kein Kraut gewachsen ist.

Da meistens Frauen in der Pflege tätig waren, hatten sie einen großen Wissensschatz, den sie nutzten und weitergaben. Das Wissen jedoch war der vermeintlichen Obrigkeit vorbehalten und es konnte nicht sein, dass eine Frau aus dem Volk einen Kranken heilte, den die Kirche schon aufgegeben hatte. So bekam das Gute, das die Frauen in der Pflege vollbrachten, eine Aura von Hexerei. Wenn die quer denkende Heilerin auch noch rote Haare hatte..., wir wissen alle, was dann geschah.

Nach und nach übernahmen viele Nonnen und Mönche die Versorgung und Pflege von Kranken in den Klöstern.

Dort wurde durch traditionelles und glaubensbedingtes Denken und Handeln daran festgehalten, an welcher Krankheit ein Mensch stirbt, obwohl man ihm wahrscheinlich hätte helfen können. Es wurde vorgeschrieben, welche Kräuter oder Vorgehensweisen verboten waren, obwohl bei einer anderen Sichtweise viele Schwerkranke überlebt hätten.

Die Benediktinerin Hildegard von Bingen (1098 geb.) war eine der ersten, die das damalige Wissen über Krankheiten und Pflanzen aus verschiedenen Quellen zusammentrug, dokumentierte, den Umgang mit Verbotenem auflockerte und eine menschenwürdigere Sichtweise in der Pflege nach und nach etablierte. So entstand allmählich durch die sich nicht nur ausschließlich am Glauben orientierte Denkweise der Pflegenden und ihre Dokumentation der Arbeitsinhalte eine Art genormte Versorgung kranker Menschen. Das ermöglichte wiederum vielen Menschen ein Überleben von Krankheiten, an denen früher die meisten starben.

Die von mir sehr vereinfachte Beschreibung von Generationen, die über Jahrhunderte die Pflege geprägt und ihre Wirkung auf die heutige Zeit nicht verloren hat, ist kein Grund, sie außer Acht zu lassen. Heute leben wir in einer Welt, in der fast alles geregelt, genormt und zertifiziert ist. Und genau das ist das Problem.

Seitdem in den Krankenhäusern nach DRGs[1] abgerechnet wird, zahlt der Kostenträger nur noch eine Pauschale, die für eine bestimmte Anzahl an Behandlungstagen reicht. Bei der einen oder anderen körperlichen Erkrankung machen sie Sinn und haben in den letzten Jahren gezeigt, dass sich die Liegezeiten in den Krankenhäusern drastisch reduzieren lassen, obwohl die sogenannten „blutigen" Entlassungen sehr umstritten sind.

Bei seelischen Erkrankungen funktionieren diese Berechnungen allerdings selten, da unsere menschlichen Emotionen diesbezüglich nicht planbar sind. Und gerade eines der wichtigsten Merkmale von Menschen ist doch unsere durch Emotionen gesteuerte Unberechenbarkeit.

Ich bin fest davon überzeugt, dass jede in unserem Leben gemachte Erfahrung in unserer Seele einen Abdruck hinterlässt. Und je stärker das dabei

---

[1] diagnosebezogenes Klassifikationssystem für ein pauschaliertes Abrechnungsverfahren

entstandene Gefühl ist, umso stärker bleibt der Augenblick als Abdruck in unserer Erinnerung, wie ein Brandmal oder eine Narbe. Gefühle jeglicher Art, wenn wir sie überhaupt zulassen können und wollen, wie Angst, Wut, Nähe, Liebe, Wärme, Nächstenliebe, Solidarität und Empathie, lassen sich noch nicht messen und berechnungsfreundlich katalogisieren, geschweige denn gewinn-optimiert planen.

Das Gleiche gilt für den durch Verlogenheit, einschüchternde Erziehung und gesellschaftliche Zwänge verborgenen Sprengstoff, der manchmal erst nach Jahrzehnten durch eine Ausnahmesituation gezündet wird. Ein Konglomerat aus Angst, Wut und Enttäuschung kann sich dann ganz unkontrolliert seinen eigenen Weg an die Oberfläche unseres Lebens suchen, wenn wir keine Freunde und ehrliche Beziehungen haben, die uns helfen können, diese Probleme zu entschärfen, die sich zu seelischen Zeitbomben entwickeln.

Trotz der sicher notwendigen Zertifizierung in vielen Lebensbereichen, sollte uns ein kleiner Rest an gefühltem Miteinander nicht durch sachliche und fachliche Formalitäten verlorengehen. Sonst geht uns auch die Sensibilität für die Wahrnehmung jener Ausnahmesituationen verloren, die immer wieder dazu führen, dass uns erst eine Bildzeitungsschlagzeile auf unsere menschlichen Defizite im Umgang mit anderen Menschen, insbesondere den Pflegebedürftigen, aufmerksam machen muss. Es müsste doch ausreichen, wenn wir uns in die Situation anderer Menschen versetzen und darüber nachdenken, wie die sich jetzt fühlen und was sie empfinden. Nur so können wir unserem Handeln und Denken die Richtung geben, die wir für uns selbst auch wünschen, wenn wir von einer gleichen Situation betroffen sind.

Während der Ausbildung zur professionellen Pflege wird viel über Empathie und Validation geredet, aber der Arbeitsalltag sieht anders aus. Das Zeitfenster des Mitfühlens und das Eingehen auf den Pflegebedürftigen lassen sich nicht abrechnen und stören die Gewinnoptimierung.

Der französischere Regisseur und Schauspieler Jacques Tati hat mal gesagt: *„Wer sich zu groß fühlt, um kleine Aufgaben zu erfüllen, ist zu klein, um mit großen Aufgaben betraut zu werden."* Deshalb bin ich der Meinung: Wer nicht in der Lage ist, die Gefühle anderer Menschen wahrzunehmen und entsprechend auf sie einzugehen, der ist auch nicht als Architekt, Projektmanager, Verwaltungs- und Pflegedienstleiter in der Lage, bezüglich folgender Punkte Entscheidungen zu treffen:

- Wie viel individuelle Pflege jedem zusteht oder notwendig ist;

- ob ein medienwirksamer Sinnesgarten in einem Seniorenheim wichtiger ist als ein adäquater, die Menschenwürde achtender Pflegeschlüssel für alle Betroffenen; damit meine ich die Pflegenden ebenso, wie die Pflegebedürftigen;

- ob der dauernde Personalwechsel durch 450 €-Pflegekräfte mit den dementsprechenden Beziehungswechseln und den daraus resultierenden gefühlten Störungen den Pflegebedürftigen überhaupt noch zumutbar ist, ganz unabhängig davon, wie sich die Pflegenden dabei fühlen.

Wie viel Unwohlsein, Angst, Traurigkeit und Unzufriedenheit, belastende Schlafstörungen und Unruhezustände einem Menschen überhaupt zumutbar sind und warum beruhigende Medikamente und eine Hightech-Attends trotz ihres unvorstellbaren Aufnahmevolumens kein Ersatz für menschliches „Da-Sein und Zuhören" sein kann. In vielen Krankenhäusern und Pflegeeinrichtungen gibt es Zeiten, in denen nur eine Fachpflegekraft für eine ganze Station zur Verfügung steht, nachts ist sie in manchen Einrichtungen sogar für 2-3 Stationen zuständig.

Deshalb wünsche ich allen Krankenkassen-Lobbyisten und Gesundheitsexperten, die an irgendwelchen Richtlinien für Krankenhäuser, Altenheime und Pflegemaßnahmen arbeiten, jede erdenkliche Krankheit an den Hals, die dazu führt, durch einen Krankenhausaufenthalt mit den entsprechenden Gefühlen ihre eigene Arbeit infrage zu stellen. Dann würden die Planer der Gewinn-Optimierung am eigenen Leib spüren, wie es ist, wenn man hilfsbedürftig im Bett liegt und die eigenen Ausscheidungen nach 20-minütigem Klingeln nicht mehr halten kann. Und wenn dann endlich Hilfe kommt, ist „die oder der Helfende" noch sauer, dass man ins Bett geschissen hat. (Klartext) Wenn dann noch die vorwurfsvolle Frage kommt, warum sie nicht eher geklingelt haben, fliegen die sich nun tatsächlich „beschissen" fühlenden Pflegeplan- und Gewinnoptimierer sicher samt ihren Ausscheidungen wie ein angestochener Luftballon an die Decke.

Gleichzeitig müssten sie noch die Gefühle des schlechten Gewissens mit dem dazugehörigen Stress von Pflegemitarbeitern empfinden können, die manchmal nicht mehr wissen, was sie zuerst machen sollen. Fünf Patienten klingeln gleichzeitig und sie müssten eigentlich noch jemanden vom Röntgen abholen, obwohl sie die Station nicht verlassen dürfen, weil sie zurzeit dort alleine arbeiten.

Es gibt genügend Fachliteratur und Standards, die sich eingehend mit dem Handwerk Pflege beschäftigen und nach denen die Lehraufträge an den Ausbildungsinstituten ausgerichtet sind. Das ist die Liga, in der ich über 30 Jahre mitgespielt habe und dabei selten glücklich, geschweige denn zufrieden war.

Zufrieden und im Nachhinein etwas glücklich war ich nur, wenn ich im Rahmen meiner Möglichkeiten kleine Freiräume genutzt und auf mein Bauchgefühl gehört habe. Vielleicht hat auch die soziotherapeutische Wohngemeinschaft, in der ich 20 Jahre gearbeitet habe, dazu beigetragen, dass 5 km Abstand zur Klinik eine gewisse Selbstständigkeit, Unabhängigkeit und ein anderes Denken von uns Mitarbeitern gefordert hat.

Margarete Mitscherlich hat einmal sinngemäß gesagt: *„Wie kann ein Kind glücklich sein, wenn es eine unglückliche Mutter hat".* – „Glücklich sein" ist aus meiner Sicht vielleicht ein zu selten vorkommendes Lebensgefühl, als dass man es als Maßstab nehmen könnte. Aber Zufriedenheit ist vielleicht die Vorstufe zum „Glücklich-Sein", und daran kann man selbst arbeiten, wenn man weiß, was man will und vor allen Dingen, was man nicht will.

„Wie kann das Kopfgefühl glücklich sein, wenn das Bauchgefühl unglücklich ist"? – Das ist vielleicht die Übertragung auf das gefühlte Miteinander von Beziehungen in allen Lebenssituationen. Das Glück, nachdem wir uns alle sehnen, ist in gewisser Weise genauso flüchtig wie ein Gas, nicht fassbar, planbar und deshalb irgendwie auch unkontrollierbar. Und das ist auch gut so.

Wenn jemand richtig zufrieden ist, über alle vier Backen strahlt, und dann noch von seinem Glück erzählt, dann gehen doch bei dem einen oder anderen die Alarmglocken an. Was hat der, was ich nicht habe? Wie ist der darangekommen? Das hat der doch gar nicht verdient usw. Da kommt ganz schnell Neid auf bei vielen vermeintlichen Freunden, ganz egal, ob das Glücksgefühl durch eine neue Beziehung, einen Lottogewinn, oder eine Erbschaft ausgelöst wurde. Glück macht viele Menschen neidisch, weil die meisten davon ausgehen, dass es etwas mit materiellen Dingen zu tun hat. Dabei kann es doch schon ein wunderschönes Glücksgefühl sein, wenn man im Urlaub abends am Strand sitzen kann, alleine oder zu zweit und beim Sonnenuntergang eine Gänsehaut bekommt.

Für viele Menschen in der heutigen Zeit hat Glück jedoch immer etwas mit *Haben*, also „mein Auto, mein Haus, mein Schiff" zu tun, damit es auch alle sehen und hören können, dass man da ist, samt Glück. Deshalb kann man sich heute schon glücklich schätzen, in einem Bereich zu leben und zu arbeiten, in dem die Umstände und Voraussetzungen vorhanden sind, dem Kopf noch zu gestatten, ein paar Ressourcen für „leise" Empfindungen zu haben.

In einer Welt, wo die Zeit, Zertifizierungen, DIN-Normen und Mbit/s unser Leben einengen und stören, ist für Zufriedenheit kaum Platz, für „Glücklich sein" noch viel weniger.

Wenn das Bauchgefühl in Beziehungen nicht stimmt, stimmt auch die Beziehung nicht mehr, beruflich wie auch privat. Aber dazu später mehr.

Pflegen im Sinne der Grundpflege und Versorgung eines hilfebedürftigen Menschen kann eigentlich jeder. Wer meint, es nicht zu können, kann es lernen, wie jedes Handwerk, wenn man die Wahl hat und es will. Wer in die Situation kommt und sich verpflichtet fühlt, jemanden pflegen zu müssen, sollte er oder sie sich das vorher gut überlegen. Denn den Preis dafür zahlen beide, Pflegebedürftiger und der Pflegende, in Form einer schlechten Lebensqualität. Aber dazu kommen wir auch noch.

Menschen zu pflegen, die einem persönlich sehr nahestehen, ist anfangs leichter. Wird aber im Laufe der Zeit schwerer, da oft die gemeinsame Geschichte mit bisher noch unbekannten offenen Rechnungen auf beiden Seiten im Wege stehen kann. Menschen zu pflegen, die einem fremd sind, ist am Anfang schwerer, kann aber auf Dauer einfacher sein, da es eine neue Beziehung ist, die nicht durch schlechte Erfahrungen und Kränkungen der Vergangenheit belastet ist. Wenn das dem Pflegenden bewusst ist und er die biografischen Fakten und die Art, wie der Pflegebedürftige heute die Welt sieht, zu nutzen weiß, kann Pflege eine erfüllende Tätigkeit sein und sich ebenso positiv auf das ganze Umfeld auswirken.

Häufig stehen jedoch gesellschaftliche, familiäre und konfessionell abhängige Zwänge im Weg und stören die optimalen Voraussetzungen einer guten Beziehung zwischen allen Beteiligten.

Mir geht es nicht um die „handwerkliche Pflege" im Sinne von Körperpflege, sondern um die zwischenmenschliche Pflege, die **Beziehungspflege**.

Es gibt Beziehungen, die sich wie ein blutroter Faden durch unser aller Leben ziehen, denen wir ausweichen, die wir hassen, sie aber trotzdem aus unerfindlichen Gründen aufrechterhalten und nicht beenden. Das zeugt doch von unserer Unfähigkeit, oder zumindest von unseren Problemen, mit den

Empfindungen und Gefühlen anderer umzugehen, ganz zu schweigen vom Umgang mit unseren eigenen Empfindungen und der Ehrlichkeit in dieser Beziehung mit uns selbst. Wir haben alle nicht gelernt damit umzugehen, dass Beziehungen, durch was auch immer, gestört werden können oder scheitern.

Und das gilt nicht nur für Paarbeziehungen und ihre Liebe, sondern für Beziehungen jeglicher Art, würde jetzt mein Freund Lutz Dieter wieder sagen.

- Veränderungen stören,
- Störungen verändern,

und zwar

- jede Beziehung und
- in jeder Beziehung.

Eine Störung an sich ist für den einen oder anderen schon Störung genug. Dementsprechend wird sie auch so empfunden. Negativ. Dabei können Störungen auch positive Auswirkungen haben, aber das haben wir ja alle nicht gelernt.

Durch Störungen verursachte Veränderungen sind oft die einzige Chance, unser Bedürfnis nach kontrollierter planbarer Sicherheit mal kurz auf Stand-by zu stellen. Wenn uns etwas gut gefällt und wir mit der Sache oder der Situation richtig zufrieden sind, möchten wir, dass alles so bleibt wie es ist. Dann stört jede Veränderung und jede Störung, bei dem, was uns gerade wichtig ist.

Das hört sich irgendwie komisch an, aber denken Sie mal an folgende Situation: Sie sind frisch verliebt und vergessen die ganze Welt um sich herum, ebenso das Verhüten, und schon hat sich was verändert. Aber was hat sich verändert?

- Ihr Gefühl?
- Ihre Partnerschaft?
- Ihre Zukunft?
- Ihre Sicht der Welt?
- Fühlen Sie sich durch diese Veränderung gestört?

Wenn ja, was wird sich durch diese Störungen verändern?
- Ihr bisheriges Leben?
- Ihr zukünftiges Leben?
- Ihre Partnerschaft?

Auch wenn Sie mit dieser Veränderung in Ihrem Leben einverstanden sind und sich nicht gestört fühlen, hat es eine Störung Ihres bisherigen Lebens gegeben, und es wird sich sehr viel in Ihrem weiteren Leben verändern.

Störungen in unserem Leben empfinden wir sehr oft als unangenehm, weil unser Rhythmus gestört wird und sich etwas ändert, was uns bisher wichtig war. Auch wenn es nur ein kleiner Augenblick war, oft ändert er zumindest für kurze Zeit unser Verhalten:

- Eine kurze Stromschwankung lässt unseren Computer abstürzen.

  Fazit: Fünf Seiten nicht gespeicherter Text sind futsch, und wir kommen auf die Idee, das Office-Programm so einzustellen, dass es alles sofort speichert.

- Sie sind mit dem Auto unterwegs und jetzt gerade geblitzt worden, oder was war das?

  Fazit: Sie treten vor lauter Schreck auf die Bremse, fahren langsamer und werden sicher noch einige Wochen über den Bußgeldbescheid hinaus den Tempobeschränkungen mehr Beachtung schenken.

- Sie würden gerne noch ein Glas von ihrem Lieblingswein trinken und der Wirt, den sie seit Jahren kennen, meint, Sie haben genug und bittet Sie um die Autoschlüssel.

  Fazit: Sie sollten mal darüber nachdenken, wie oft und wie viel Alkohol sie in der Woche trinken und dann überlegen, was sie einem guten Freund sagen würden, wenn er ihnen das Gleiche von sich erzählt.

- Seit 10 Jahren fahren Sie mit ihrer Familie im Urlaub auf die gleiche Insel, in das gleiche Haus und in diesem Jahr ist die ganze Insel schon komplett ausgebucht.

  Fazit: Es gibt zwei Möglichkeiten, entweder Sie ärgern sich oder sehen es als Chance, sich endlich mal auf etwas Neues einzulassen.

- Sie haben nach Feierabend ganz oft gar keine Lust, nach Hause zu gehen, obwohl sie verheiratet sind, zwei Kinder haben und der Meinung sind, es ist alles in Ordnung, so wie es ist.

<u>Fazit</u>: Das sollte Ihnen zu denken geben, warum das alles so ist und sie sollten mal ernsthaft überlegen, was Sie wollen und vor allem, was sie nicht wollen. Haben Sie den Mut, darüber mit Ihrem Partner zu reden? Wenn nicht, warum nicht, wenn doch alles in Ordnung ist...?

Man könnte auch sagen: Beziehungen können ihren „Bezug" verlieren, auf das, worauf sie sich mal bezogen haben.

Obwohl man seinen Partner immer noch gerne mag, ist manchmal alles zu eng. Man kann nicht ohne den anderen und hasst diese durch Gewohnheit entstandene Abhängigkeit. Ändern will man auch nichts, denn dann würde ja auch etwas von dem verlorengehen, was einem wichtig ist. Wenn man sich schon Jahrzehnte nichts mehr zu sagen hatte und nur noch zusammenlebt, weil man mal „Ja" gesagt hat, „bis, dass der Tod uns scheidet", kann das schon die Hölle auf Erden sein, lange bevor tatsächlich der Tod beide scheidet. Falls aus einer so gelebten Beziehung eine Pflegebeziehung wird, die noch mehr einschränkt, durch ungewollte Nähe Lebensräume noch dichter macht und die letzten Lebensträume vom selbstbestimmten Leben im Alter platzen lässt, dann wird es tatsächlich eng – in jeder Beziehung. Dann hat man das Gefühl, zu zweit in einer Zwangsjacke zu stecken, in einer Einbahnstraße, in der das Wenden aus moralischen Gründen verboten ist, nur, weil der Tod uns erst scheiden darf.

Da frage ich mich, wo bleibt bei dieser Enge die Wut und Traurigkeit von beiden Partnern und somit von den Pflegebedürftigen und den Pflegenden?

Obwohl dieses Thema, jemanden gegen seinen eigenen Willen pflegen zu müssen, gesellschaftlich hauptsächlich im Rahmen von Demenzerkrankungen ansteht, trifft das auf alle langanhaltenden Pflegesituationen zu, ganz unabhängig vom Krankheitsbild und dem Alter aller Betroffenen. Das gilt auch für den professionellen Pflegealltag.

Wie oft müssen Pflegekräfte Menschen versorgen, intimste Tätigkeiten an ihnen verrichten, denen sie im normalen Leben nie begegnen möchten? Wie oft müssen sich ebenso Pflegebedürftige von Menschen versorgen lassen, die sie auf den Tod nicht leiden können, oder umgekehrt? Aber dazu kommen wir noch ausführlich im Kapitel „Art und Weise von Beziehungen".

Und dann gibt es, Gott – oder wem auch immer – sei Dank, noch die guten Beziehungen in der Pflegesituation. Sie funktionieren schon seit Jahren gut, weil man immer ehrlich und offen miteinander umgegangen ist, weil man nichts hinter dem Rücken des anderen gemacht oder geredet hat und weil man sich mag.

Gute und enge Beziehungen kommen auch in der professionellen Pflege vor, werden aber oft als unprofessionell angesehen, da es vordergründig ein Problem mit Nähe und Distanz gibt. Dem kann man aber mit öffentlicher Transparenz und einer dementsprechenden Dokumentation entgegenwirken und das Potenzial der Zufriedenheit aller Beteiligten im Pflegealltag nutzen.

Leider geraten auch gute Beziehungen mit noch so viel Empathie bei der Versorgung und Begleitung von an Demenz erkrankten und schwerstbehinderten Menschen an ihre Grenzen. Aber ohne eine einfühlsame Beziehung können wir die in eine andere Lebenswelt verrückten oder gerückten gar nicht erreichen.

Nicht alle Verhaltensweisen und „Störungen" lassen sich dauerhaft von den gleichen Betreuern aushalten und finden wahrscheinlich ihre Ursache in unserer Unfähigkeit, das Erleben der Betroffenen und daraus resultierendes Verhalten zu verstehen. In dem Kapitel: „Umgang mit einem in eine dementielle Lebenswelt „verrückten" Menschen" gehe ich näher auf das Thema ein.

Wenn wir es schaffen, die Zeit der Versorgung nicht nur als Dienstzeit, Dienstleistung oder Arbeit zu sehen, sondern als Versuch, die aus ihrem Leben „verrückten" Menschen in ihrem Denken und Fühlen zu begleiten, wird der anstrengenden Arbeit ein großer Anteil des Drucks genommen. Je näher wir dem dementen Menschen durch unsere Versorgung sind, desto mehr müssen wir sinnbildlich ebenso auch etwas verrückt sein, uns *mitverrücken* lassen, um unser Einfühlungsvermögen und unsere therapeutischen Fähigkeiten der dementen Lebenswelt anzupassen.

Im Gegenzug müssen wir in pflegefreien Zeiten genauso intensiv durch genügend Abstand und Auszeit für unsere eigene Lebenswelt sorgen. Die Art und Weise von Beziehungen ist ausschlaggebend für Pflege- und Lebensqualität aller Betroffenen, als da sind:

- die Pflegenden und die nicht in die Pflege eingebundenen Familienangehörigen und

- die professionell Pflegenden selbst sowie

- ihre Kollegen und Vorgesetzten und
- alle anderen involvierten Menschen vom Sozialarbeiter über die behandelnden Ärzte bis hin zu Freunden, Bekannten und den kirchlichen Vertretern.

Eine Kollegin hat auf einem gerontopsychiatrischen Symposium in Gütersloh in ihrem Vortrag gesagt:

„Verpflichtung, Anstand, Liebe und Moral
sind die schlechtesten Energielieferanten für Pflege".

Dieser Satz hat mich sehr beeindruckt und bei meiner Arbeit stark beeinflusst, weil das ein Tabu-Thema ist und der Zündstoff für viele Familientragödien und Bildzeitungsstorys auch von professionell Pflegenden.

Es gibt genügend Fachbücher, Fortbildungen und sonstige Möglichkeiten, sein Wissen zum Thema Pflege zu vertiefen. Doch der tägliche „pflegliche" Umgang miteinander, den alle professionell Pflegenden gelernt haben sollten, kommt meiner Meinung nach im Alltag zu kurz.

Würde man das Ganze volkswirtschaftlich analysieren, wären wir sicher sehr erstaunt, wie viel mehr Geld für das gesundheitsfördernde zwischenmenschliche „Da-Sein und Zuhören" in Form von mehr Zeit verfügbar wäre, wenn Politiker das Selbstbedienungsprinzip der die Kosten nach oben treibenden Gesundheitsindustrie deutlich einschränken würden. Die Last der verantwortungsvollen, menschenwürdigen Pflege könnte auf viel mehr Schultern verteilt werden, wenn die eingesparten Millionen für zusätzliches Pflegepersonal verwendet würden – ganz zu schweigen von der <u>verbesserten Lebensqualität für alle Betroffenen.</u>

Wenn wirklich mal Zeit vorhanden ist eine Hand zu halten, zuzuhören und einfachste Versprechen einzuhalten, wie: „Ich komme gleich…" usw., ist diese Zeit für die Kostenträger tatsächlich „übrig", im wahrsten Sinne des Wortes. Zeit ist für „Kostenträger" reduzierbar, im Sinne von Kosten, und wenn Zeit „übrig" ist, kann man sie einsparen in Form von weniger Personal.

Das durch Personalreduzierung eingesparte Geld wird in vielen Kliniken und klinikähnlich organisierten Heimen öffentlichkeitswirksam eingesetzt, z. B. für neue Farb-, Raum und Sinnesgartengestaltung sowie in Hochglanzprospekte, die zum Geldanlegen in Form von Fondsanteilen oder Senioren-Immobilien locken.

Seit einigen Jahren „lösen" sich vermehrt Heime von ihren alten Strukturen und vermarkten ihre Einzelzimmer als Appartements mit eingebauter Pantryküche, die wahrscheinlich nie benutzt wird. Die Pflege und Medikamentengabe übernimmt ein im Haus integrierter ambulanter Pflegedienst, der gesondert über die Pflegekassen und die Krankenkassen abrechnen kann. Die Mahlzeiten kommen weiter aus der Großküche und werden von einem Hol- und Bringdienst auf 450 €-Basis verteilt. So lassen sich alle Kosten der Heimträger reduzieren und die Gewinne über neue Geldquellen steigern. Es gibt Investorengruppen, die versprechen Renditen, von denen man vor Jahren nur geträumt hat. Das lässt sich mit einer guten PR-Arbeit medienwirksam vermarkten.

So weckt man Interesse für neue Investoren, neue Objekte und neue „Kunden". Wer investiert und sein Geld anlegt, will eine hohe Rendite, und die kann nur aus dem eingesparten Geld an menschlicher Zuwendung entstehen, denn an den Fixkosten, neben den Pflegekosten, kann häufig nicht mehr gespart werden. Und so verdienen sich einige eine goldene Nase, weil sie den richtigen Riecher hatten, durch Auspressen der Arbeitsleistung von Pflegenden und durch Einschränkung der Lebensqualität von Pflegebedürftigen, richtig abzukassieren. – <u>Es kann und darf doch nicht sein, dass Investoren auf Kosten der Lebensqualität von pflegebedürftigen Menschen Gewinne erzielen!</u>

Die Angehörigen investieren ebenfalls in Form von Zuzahlungen und haben die Vorstellung, dass ihr Geld in die Lebens- und Pflegequalität ihres pflegebedürftigen Familienangehörigen investiert wird. Dem ist aber nicht so, denn die Renditen kassieren meistens andere, die noch keine Pflege benötigen und im Alter bestens abgesichert sind, irgendwie eine verkehrte Welt.

Bei der Versorgung von Pflegebedürftigen in der ambulanten Pflege ist es etwas anders. Da wird schon vonseiten der Kranken- und Pflegekassen so viel auf Kosten der Menschlichkeit eingespart, dass dort eigentlich nicht mal mehr kostendeckend gearbeitet werden kann und mehr Zeit von Angehörigen zusätzlich finanziert werden muss, damit das Nötigste geleistet werden kann. Das, was wirklich nötig ist, ist die Zeit, und die kann nur von den pflegenden Angehörigen aufgebracht werden. Aber auch das hat seinen Preis.

Meistens kann sich nur einer aus der Familie die für Pflege nötige Zeit nehmen. Diese Zeit wird von der eigenen Zeit, die man für sich und das

Leben hat, mit dem Verlust eigener Lebensqualität abgezweigt. Es sind fast ausschließlich die Frauen, Töchter und Schwiegertöchter, die sich auf den Spagat zwischen Verpflichtung, Anstand, Liebe und Moral und sich selbst einlassen, ohne diese Position wieder aus eigener Kraft verlassen zu können.

Durch familiäre Verstrickungen und erbrechtliche Knebelverträge haben viele Menschen gar keine Chance, weder ihrer oft aufgezwungenen Pflegesituation noch sich selbst gerecht zu werden. Sie brennen aus, werden selbst krank und verursachen somit wieder neue Kosten, die die Allgemeinheit tragen muss. So funktioniert nun mal das System.

Das darf man eigentlich nicht thematisieren, weil es doch selbstverständlich ist, für Mutter und Vater da zu sein, wenn sie hilfsbedürftig werden. Genau, wie sie für uns da waren, als wir noch klein waren. „Piep, piep, piep, wir haben uns alle lieb" – diese Rechnung geht im Pflegealltag nicht auf.

Ein sozial-hysterischer Aufschrei ginge durch das Land, wenn die Menschen das hören würden, was in manchen Angehörigengruppen von pflegenden Angehörigen zur Sprache kommt.

Dabei fällt mir das tibetische Sprichwort ein:

*„Wer die Wahrheit sucht,
soll sich nicht erschrecken, wenn er sie findet!"*

Wer nach Monaten oder Jahren intensivster Pflege dazu steht, eigentlich nicht mehr zu können und zu wollen, weil man sich das Pflegen einfacher und anders vorgestellt hat, dem kann ich nur sagen.: Gut, dass für so viel Ehrlichkeit die Kraft noch reicht.

Das ist die Chance, dass sich mal alle, die mit dem Pflegebedürftigen verwandt sind, an einen Tisch oder um sein Bett setzen. In den meisten Familien ist es oft so, dass die, die mit abgestimmt haben, dass Mutter nicht in ein Heim kommt, sich nicht mehr sehen lassen oder nur Sprüche vom Stapel lassen wie: „Ich kann dich ja mal ein paar Tage ablösen. Mutter kann ja mal ein Wochenende zu uns kommen, dann kannst du mal richtig ausspannen…!" Oder: „Ich habe mich mit Mutter eben unterhalten (5 Min.). Sie ist gar nicht so durcheinander, wie du immer behauptest. Ich glaube du übertreibst da immer etwas!"

Das ist Pflegealltag, da fliegen Deckel hoch, tauchen alte Rechnungen auf, die noch offen sind oder man wusste gar nicht, dass sie existieren. Wie zu Weihnachten, wenn sich die ganze Familie trifft...

Die Verwandten und Familienangehörigen, die sich am wenigsten sehen lassen und am weitesten entfernt wohnen, haben die besten Vorschläge und tollsten Ideen, was Vater und Mutter helfen könnte und was der oder die Pflegende anders oder besser machen könnte.

Ich will mit diesem Buch nicht den moralischen Zeigefinger heben, das tun andere schon genug. Ich möchte lediglich versuchen, mit kleinen Spiegelungen des Alltags zu verdeutlichen, dass es viele Möglichkeiten gibt, durch etwas mehr Ehrlichkeit mit uns selbst und etwas mehr Eigenwahrnehmung die Wirklichkeit etwas anders zu sehen. Und ich versuche ebenso drastisch zu veranschaulichen, was auf einen zukommen kann, wenn man sich auf Pflege einlassen will oder meint, es zu müssen.

Pflege hat für die Pflegenden zwei Seiten:

- Die eine Seite ist hell, macht Freude und zufrieden, wenn man sich selbst nicht vergisst, für alle transparent arbeitet, seine eigenen Grenzen und die des zu Pflegenden sieht, sie einhält und respektiert.

- Die andere Seite ist dunkel, wie ein schwarzes Loch, das einen anzieht, wie eine dunkle Macht. Es ist eine Art Monopoly. Gehen sie über „Verpflichtung, Anstand, Liebe und Moral" zu ihrem Erb- oder sonstigen Vorteil.

Die Gründe, sich auf die dunkle Seite einzulassen, sind sehr vielfältig. Auf der einen Seite möchten wir helfen, wissen aber nicht, auf was wir uns einlassen und wie eng das eigene Leben dann werden kann. Auf der anderen Seite lockt da schon ein wenig der Gedanke an das Testament, weil man weiß, was drinsteht, oder auch nur hofft, dass man bedacht wird.

Oft ist der Irrtum schuld, dass Anerkennung nur durch Leistung und Selbstbetrug zu bekommen sei, und dass eine Erbschaft es wert ist, sein eigenes Leben mit allen Facetten auf die Waagschale der Versuchung zu legen. Das ist fatal für viele Beziehungen in Familien und Ehen, die dadurch auf der Strecke bleiben. So schön können kein altes Haus und kein Bankkonto sein, um dafür sein eigenes Leben jahrelang zu opfern, um dann eventuell inzwischen schon selbst als „alt gewordener" Mensch das nicht mehr genießen zu können, wofür man sich aufgeopfert hat.

Genauso habe ich es mehrfach schon erlebt, dass ein Mensch durch gute Pflege, den überleben kann, der ihn jahrelang versorgt hat.

Ich behaupte einfach mal, dass jeder, der sich aus moralischer Verpflichtung oder durch erbrechtliche Knebelverträge gezwungen fühlt, jemanden pflegen zu müssen, selbst mit jedem Jahr Pflege um ein Vielfaches altert. Besonders, wenn er mit dem Pflegbedürftigen durch freundliche Verlogenheit auf Kriegsfuß steht. Durch den Verlust an eigener Lebensqualität wird er von dem Grund seiner Selbstkasteiung nicht mehr lange was haben. Da kann auch rückwirkend Jahrzehnte langes „Pilcher'n" nicht helfen, denn das war nur das verschwendete Parfüm über der Beziehungsmüllkippe.

Besonders Angehörige, die versuchen, sich durch liebevolle, aufopfernde Pflege von Mutter oder Vater endlich die Liebe und Nähe zu erarbeiten, die sie schon als Kind nicht bekommen haben.

<u>Diese Rechnungen gehen nicht auf.</u>

Im Gegenteil, durch die erneut erbrachte Leistung werden sie immer höher, weil die eigene Aufopferung zusätzlich unvorstellbare Sollzinsen in Form von Erwartungen fordert, die meistens im realen Leben nicht mal im Ansatz erfüllt werden. Irgendwann übersteigen diese Sollzinsen das eigene Kapital, das man einsetzt und das sind die eigene Kraft und das eigene Leben.

Wenn das verloren geht, weil man nur noch für andere lebt, kann man dem, den man pflegt, nicht mehr gerecht werden, weil man mit sich selbst schon seit langer Zeit ungerecht umgeht. Dann hat die dunkle Seite gewonnen, der Pflegende wird nun auch dem Pflegebedürftigen gegenüber ungerecht, phlegmatisch und rechnet irgendwie ab. Dann beginnt die sogenannte gefährliche Pflege.

Im günstigsten Fall brennt der Pflegende früh genug aus und wird krank, bevor aus der gefährlichen Pflege eine Bildzeitungsstory wird.

Ich neige dazu, das Ganze mit etwas Sarkasmus und Ironie zu würzen. Das schafft Entrüstung bei denen, die durch religiöse oder sozial verklärte Weltanschauungen die Pflege nur durch den Heiligenschein des Dienens und des Aufopferns sehen können. Aber auch etwas Freude bei denen, die sich durch meinen Text verstanden fühlen, sich bisher nur heimlich trauten, so zu denken, aber nicht, es zu thematisieren.

„Die kleinen Dinge bewegen die Welt" – habe ich früher immer zu den Kollegen gesagt, wenn eine außergewöhnliche Idee bei einer Pflegeberatung zur Verbesserung der Lebensqualität von allen Beteiligten geführt hatte. Das können teilweise total verrückte Ideen sein.

Eine davon war die geniale Idee von meiner Kollegin Christa Malzer, für einen dementen alten Herrn, der früher immer gerne Laub gefegt hatte, jeden Abend ein paar Säcke mit Laub auf dem Hof zu verteilen, auch wenn die Nachbarn die ganze Familie für „verrückt" halten würde. So war der demente alte Herr am nächsten Morgen ein paar Stunden beschäftigt, auch wenn er sich manchmal etwas wunderte, wo im Sommer so viel Laub herkam. Da er sein Leben lang ein ruhiger und friedfertiger Mensch war, nahm er alles so wie es kam. Er konnte den Zusammenhang aufgrund seiner Demenz nicht hinterfragen und war zufrieden, etwas tun zu können.

Die Nachbarn und das gesamte Umfeld wurden vorsorglich über die ungewöhnliche Maßnahme informiert und waren sehr erstaunt, dass der alte Herr tatsächlich nicht mehr so umtriebig und unruhig durch die Gegend lief. Selbst eine pensionierte Gemeindeschwester, die anfangs sehr entrüstet war, wie man denn einen alten Menschen so „verarschen" kann (ihre Worte), war nach ein paar Wochen begeistert, wie gut es dem alten Herrn ging und dass er kaum noch Medikamente benötigte, die ihn nicht noch zusätzlich verwirrten.

So eine Idee ist natürlich im ländlichen Bereich leichter umsetzbar, als in der Stadt. Doch auch im städtischen Umfeld kommt man mit etwas Fantasie manchmal zu einfachen Lösungen gegen Unruhe und Schlaflosigkeit.

Das Schmunzeln aller Beteiligten und die dadurch ausgelöste Entspannung für scheinbar unlösbare Probleme war die Triebfeder für viele weitere ungewöhnliche Ideen. Eine von den vermeintlich ungewöhnlichen Ideen war oft nur, dass man Klartext reden und Dinge ansprechen muss, über die man eigentlich nicht spricht. Klartext, den alle verstehen, der für alle transparent ist und der aufzeigt, dass wir alle Fehler machen. Wir sind alle durch gesellschaftliche und moralische Zwänge geprägt, wie man zu denken und zu handeln hat, was man sagt und nicht sagt und was man tut und nicht tut, auch in der Pflege.

Da sind wir wieder bei dem ehrlichen, unbedachten Kindermund – und Sie dachten vorhin noch: Was hat das alles mit Pflege zu tun?

Diese vermeintlich „anständigen" Maßstäbe gehen nicht erst mit der Demenz verloren – die Alten werden wie die Kinder – sagt der Volksmund. Das heißt, sie werden ehrlicher, undiplomatischer und taktloser, vergessen und verzeihen wieder Dinge, die für sie nicht mehr auf Dauer fassbar und präsent sind. Die manchmal vorhandene Doppelmoral geht verloren. Die Saubermänner, die nur, wenn ihre Frau dabei war, „anständig" waren, verlieren ihre Tarnung der bisherigen heilen „Das tut man nicht"-Welt und werden zu denen, die sie heimlich immer schon waren. Sie greifen nach allem, was lange Haare hat und durch roten Lippenstift und Nagellack bei ihnen reflexartige Reize auslöst. (Im Kapitel „Wir ändern uns im Alter nicht – Sexualität im Alter" gehe ich etwas näher auf dieses Thema ein.)

Sie leben nur im Hier und Jetzt, alte offene Rechnungen tauchen auf, verschwinden wieder, werden durch gestörte Wahrnehmungen beeinflusst und kurzfristig wieder in Gang gesetzt. Durch Geräusche, Stimmungen, Gerüche und Bewegungsabläufe kann der Alltag wieder kurzfristig als real empfunden werden, so wie der Tag und die Nacht.

- Aber warum muss man ins Bett, wenn es noch hell ist?
- Warum wird man zur Toilette geführt, wenn man nicht muss?
- Warum sind hier dauernd andere Schwestern, wechselt so oft das Personal, oder bin ich so durcheinander?
- Warum kriege ich passierte Kost? Mein Gebiss ist doch im Becher im Bad, man müsste es nur reinigen!
- Warum behandeln die mich hier wie ein Kind, mit Stuhlkreisgymnastik und Bastelstunde?

Manche Menschen bleiben auch einfach so, wie sie immer waren, schwierig, distanzlos, taktlos, kompliziert und ängstlich, oder einfach nur genauso eigenartig und einzigartig, wie wir alle manchmal sind.

Eine ältere Dame, mit der ich wunderbar Klartext reden konnte, beantwortete meine Frage, warum sie manchmal so „mistig" zu den Menschen sei, ganz einfach: „Jungchen, ich war immer ein Misthaken und werde immer ein Misthaken bleiben. Ich bin mit den Menschen immer so umgegangen, wie sie mir begegnet sind und so will ich auch sterben!" Als ich mir ein leichtes Grinsen nicht verkneifen konnte, grinste sie auch, nahm meine Hand und fühlte sich verstanden.

Ein paar Tage später kam sogar noch der Spruch von ihr: „Jungchen, wenn ich noch jünger wäre, könntest du mir gefallen!" Da sie noch nicht dement war, habe ich mich über ihre Ehrlichkeit bezüglich ihrer Gefühle nicht gewundert, denn wenn sie immer schon so war, hat sie mit ihrem Klartext den einen oder anderen Mitmenschen sicher sehr verschreckt.

Die ganze Kraft und eigene Ideale gemeinsam mit der Realität auf die Waagschale legen heißt, sich ganz klar zu machen, auf was man sich da einlässt, wenn man durch die Hilfsbedürftigkeit der Eltern ins kalte Pflegewasser geschubst wird, obwohl man eigentlich so schon genug damit zu tun hat, im normalen Alltag ohne die Belastung durch Pflege den Kopf über Wasser zu halten. Nur so haben Sie die Chance, dem, den sie pflegen wollen, und vor allen Dingen sich selbst, gerecht zu werden.

Das stelle ich so enorm in den Vordergrund, denn Selbstlosigkeit in der Pflege ist eine Garantiekarte für ein frühzeitiges Scheitern mit einem noch viel schlechteren Gewissen, was man als pflegender Angehöriger sowieso immer wie in einem angenähten Rucksack mit sich herumträgt. Man kann ihn eh nur durch etwas mehr Selbstfürsorge entlasten, ablegen kann man ihn nicht.

Viele der in diesem Buch behandelten Themen betreffen auch professionelle Pflegekräfte, die in gewisser Weise im Heim wie auch in der ambulanten Pflege oft die Angehörigen ersetzen oder für den Gepflegten so etwas wie ein Familienersatz sind.

Die meisten Probleme im Bereich Pflege sind Beziehungsprobleme, wobei das Thema „Nähe und Distanz" erheblich unter- und überschätzt wird. Mir fällt kein anderer zwischenmenschlicher Kontakt ein, bei dem zwei Menschen sich gezwungenermaßen körperlich so nah und intim sind, obwohl sie sich eventuell nicht leiden können.

Selbst wenn Sie sich kennen und sogar noch mögen, könnten Sie sich vorstellen, spontan Ihre Schwiegermutter, Ihren Vater oder Ihre Tante nackt auszuziehen, weil es eine Notsituation so erfordert? Und dann noch im Intimbereich versorgen, waschen etc., weil ein plötzlicher Durchfall die peinliche Situation in Gang gesetzt hat und die Betroffenen sich, aus welchen Gründen auch immer, nicht selbst helfen können? Oder stellen Sie sich das umgekehrt vor, dass Sie sich selbst von Schwiegervater oder Tante Lisbeth ebenso ausziehen und waschen oder sonst irgendwie versorgen lassen, weil es nicht anders geht? – Spontan ist das für beide Seiten in der jeweiligen Rolle sehr schwer auszuhalten und kostet aufgrund von Scham, Achtung und Unsicherheit große Überwindung.

Etwas einfacher wird es, wenn die Nähe über Jahre durch langsam fortschreitende Hilfsbedürftigkeit wie z. B. beim An- und Auskleiden, wachsen kann. Das fällt sogar schwer, wenn man in einem Haus wohnt und seit Jahren gemeinsam in die Sauna geht. Denn das sich Nackt-Sehen und kennen aus der Sauna oder am Strand hat was mit Freude und Lebensqualität zu tun. Die zur Körperpflege gehörende Intimwäsche dagegen etwas mit Würde, Scham und Sexualität.

Eine anfangs unbemerkte, beginnende Demenz ist dann oft die Zündschnur für den Sprengstoff, der sich unbewusst im Laufe des Lebens in unseren Köpfen angesammelt hat, wie der Kalk in alten Wasserleitungen und in unseren Köpfen.

Wir vermeintlich normalen Menschen kennen alle die Situation im Krankenhaus: Da liegt man mit 2 bis 4 fremden Menschen womöglich 1 bis 3 Wochen, je nach Erkrankung, in einem Zimmer. Der eine „Mitbewohner" im Dreibettzimmer hat ekelhafte Schweißfüße, duscht nicht und versteht den Wink mit dem Zaunpfahl nicht. Der zweite Kollege schnarcht wie ein Bär im Winterschlaf und geht nachts immer heimlich aufs Klo oder auf den Balkon zum Rauchen. Und wenn er dann wieder ins Bett geht, wabert um den ganzen Kerl eine Wolke, die wie ein gefüllter kalter Aschenbecher stinkt. Er füllt damit die Raumluft und bläst dann wieder laut schnarchend ähnliche Ausdünstungen zu den anderen Bettnachbarn hinüber. Das Fenster kann man nur heimlich und ganz leise öffnen, wenn alle schlafen, da der mit den Schweißfüßen immer friert und dann Theater macht, wenn er das mitkriegt. Und so atmen alle zwangsläufig das ein, was andere schon irgendwie und irgendwo in ihrem Körper hatten, bevor sie es ebenfalls wieder irgendwie raus lassen.

Wenn man da morgens ins Zimmer kommt, hat man das Gefühl, in vergammelte feuchtwarme Watte zu laufen und reagiert dementsprechend ruckartig, als wenn man einen spitzen Stock ins Auge bekommt. (Das beschreibt nur ein wenig von dem, was Pflegenden morgens beim Öffnen der Zimmertür so entgegenkommt.) Solche auf engstem Raum unangenehmen Beziehungen sind zeitlich begrenzt und es ist absehbar, dass man wieder dahin kommt, wo man sich wohlfühlt, nach Hause. Wo man sein eigenes Bett hat, seinen eigenen Rhythmus und Tagesablauf und so viel lüften kann, wie man will.

Wenn man sich nicht früh genug um sein „Altenteil" kümmern konnte oder gekümmert hat, wo man sich bis an sein Lebensende halbwegs wohlfühlen kann, kommt man vielleicht als alleinlebender pflegebedürftiger Mensch gegen seinen Willen in ein Heim und lebt dort bis an sein Lebensende unter den oben beschriebenen Umständen. Im 2-Bett-Zimmer, ähnlich wie im Krankenhaus, aber ohne die Hoffnung auf das fehlende eigene Zuhause.

Das ist für alte Menschen mit den gleichen Empfindungen verbunden wie für junge Menschen, die nur eine begrenzte Zeit im Krankenhaus sind. Auch wenn das Altenheim jetzt Seniorenresidenz genannt wird, der Einzug nicht mehr die Aura einer „Unterbringung" hat und das Gebäude nicht mehr nur eine Unterkunft ist, wie noch vor Jahrzehnten, kann auch ein wunderschöner Sinnesgarten, das regelmäßige Singen und Bingo spielen nicht das Gefühl vertreiben, sein Zuhause und selbstbestimmtes Leben verloren zu haben.

Eine 83 Jahre alte Dame, nennen wir sie mal Frau Müller, lebte bis vor ein paar Wochen alleine und wurde wegen schwerer Depressionen von ihrem Hausarzt in ein Krankenhaus eingewiesen. Das geschah allerdings gegen ihren durch die Depression sehr geschwächten Willen, da sie in der Nachbarschaft Suizidabsichten geäußert haben soll. Anschließend wurde sie in ein Altenheim verlegt, weil „man" der Meinung war, sie brauche mehr Abwechslung und Ansprache, das brächte sie auf andere Gedanken.

Sie hatte ein eigenes kleines Häuschen und ein ansehnliches Sparbuch, somit war das mit der Finanzierung des Heimplatzes kein Problem, auch ohne Pflegeeinstufung.

Da sie sich während der depressiven Phasen nicht so richtig um ihre formellen Angelegenheiten kümmern konnte, wurde ihr „gut gemeint" ein amtlicher Betreuer „übergestülpt", obwohl sie bis dahin alles selbst geregelt hatte. Ihr Hausarzt wurde von der Heimaufnahme auch regelrecht überrumpelt, da ursprünglich nur von Kurzzeitpflege die Rede war. Frau Müller war weder pflegebedürftig noch desorientiert und deshalb dementsprechend mobil und renitent, wie die Heimmitarbeiter ihr Verhalten nannten.

Der Hausarzt war nicht bereit, ihr beruhigende Medikamente zu verschreiben, da er ihren Ärger verstehen konnte.

Als ich sie kennen lernte und sie mir ihre Lebensgeschichte erzählte, fragte ich sie ganz vorsichtig nach ihrem Alter, obwohl ich es wusste. Sie gab mir kurz und knapp zur Antwort: „Ich gehöre zur angeschissenen Generation, die nach dem Krieg nie mehr richtig ihren Platz gefunden hat, und jetzt wurde ich wieder vertrieben!" – Das sagt doch alles, oder?

Sie gab an, dass ihr in den letzten Jahren die Vergangenheit mit Krieg, Vertreibung aus Ostpreußen und ihre Vergewaltigung durch einen jungen deutschen Soldaten „auf den Pelz gerückt sei" und sie deshalb unendlich traurig sei. Sie habe bisher kaum darüber gesprochen, aber das sei wieder alles da, als wenn es erst ein paar Jahre her sei. Am schlimmsten sei die Vergewaltigung gewesen, da sie sich einige Tage vorher in den fahnenflüchtigen deutschen Soldaten verliebt hatte. Der gab an, dass er vor der SS und den Russen geflohen sei und nun Angst habe, erschossen zu werden. Er kam gebürtig aus einem Nachbarort ihrer Heimat Allenstein in Ostpreußen und hatte sich, als Flüchtling getarnt, der Gruppe angeschlossen, die mit einem Leiterwagen Richtung Elbing unterwegs war. Sie habe sich Hoffnung gemacht, wieder einen guten Mann gefunden zu haben, denn ihr Ehemann sei in Stalingrad gefallen. Sie habe sich in einer kalten Nacht an ihre „neue Hoffnung" gekuschelt, und der habe das wohl als Einwilligung zu „mehr" empfunden. „Als ich das nicht wollte, hat er mich mit Gewalt genommen und ist dann abgehauen."

Sie habe sich lange Zeit auf keine neue Beziehung einlassen können, bis sie ihren inzwischen verstorbenen Mann kennen lernte. Dem habe sie alles erzählen können und der hätte sie, bis darauf, sie in den Arm zu nehmen, nie weiter bedrängt und es ihr überlassen, wann sie mit ihm zusammen sein wollte. Das sei eine schöne Zeit mit ihm gewesen, doch leider habe sie nie Kinder bekommen können, das sei sehr schade. Ihr Mann sei vor 6 Jahren gestorben und darüber sei sie nie richtig weggekommen. Als sie dann noch im letzten Jahr einen Film im Fernsehen von der Flucht aus Ostpreußen gesehen habe, sei alles wieder da gewesen. Sie habe in den letzten Monaten nach und nach ihren Lebensmut verloren und sich deshalb von allen Menschen, die sie kenne, sehr zurückgezogen. Den Nachbarn habe sie erzählt, sie sei irgendwie des Lebens müde und verstehe nun endlich, was der Begriff „lebensmüde" eigentlich bedeute. Sie habe nie vorgehabt sich umzubringen, sondern gehofft, dass der liebe Gott mit ihr ein Einsehen hätte und sie eines Morgens nicht mehr wach werden würde.

Das hätten ihre Bekannten und Nachbarn wohl alle verkehrt verstanden. Sie habe wegen einer Erkältung ein paar Tage im Bett gelegen und sei nicht mehr ans Telefon gegangen. Und dann stand plötzlich der Hausarzt vor der Tür und war der Meinung, es mache vielleicht Sinn, wenn sie für ein paar Tage in ein Krankenhaus gehe. Dort könne man sie wieder ein bisschen „aufpäppeln", da sie in den letzten Wochen einiges an Gewicht verloren hatte. Der Doktor sprach auch von ihrer Traurigkeit und dass er gehört habe, dass sie keine rechte Lust mehr habe. Sie habe sich auf Grund ihrer bedrückten Stimmung nicht dagegen wehren können und sei in gewisser Weise gegen ihren eigenen Willen eingewiesen worden.

„Ich wäre gerne einfach irgendwann nicht mehr aufgewacht, das war mein Wunsch und mein letzter Wille. Und nun haben die mir mein Leben genommen und mir ein anderes gegeben, was ich so, wie es jetzt ist, gar nicht leben will! Ein Leben, das von anderen bestimmt wird, ist nicht mehr mein Leben. Ich bin noch da und alles, was mir wichtig war, ist weg, was soll ich nur machen!"

Ich habe sie noch einige Male besucht und mit ihr gemeinsam um den Verlust ihres selbstbestimmten Lebens getrauert, das hat ihr sichtlich gutgetan. Bei meinem letzten Besuch hat sie sich von mir verabschiedet und sich für meine Anteilnahme bedankt, am nächsten Morgen lag sie tot in ihrem Bett. Sie hatte heimlich ihre Medikamente gesammelt und am Abend alles auf einmal eingenommen.

Ihre Geschichte, und dass sie sich gegen ihren eigenen Willen den Tod hat nehmen müssen, weil andere Menschen ihr, ihr Leben schon (weg-)genommen hatten, das hat mich tief bewegt. Denn sie hatte während unserer Gespräche auch von den kleinen Dingen gesprochen, die die Welt bewegen. Wie von dem kleinen Moment des Kuschelns in einer kalten Winternacht 1944, in der sie für einen ganz kleinen Augenblick den Krieg und die Flucht vergessen hatte und der durch seine schrecklichen Folgen ihr ganzes Leben veränderte.

Viele alte Menschen verlieren tatsächlich ihre Lebenslust durch die „Unterbringung" in einem Altenheim, (wie man es früher nannte, wenn es gegen den eigenen Willen geschieht), weil man ihnen sinngemäß ihr Leben nimmt, so wie sie es bisher gelebt haben. Die wenigsten alten Menschen ziehen auf eigenen Wunsch in eine Senioreneinrichtung, denn meistens entscheidet ihre augenblickliche Lebenssituation darüber, ohne dass sie selbst großen Einfluss darauf haben.

Meistens werden sie von ihren „Kindern", von Pflegediensten, Freunden, dem Hausarzt oder den Nachbarn überredet, weil sich alle so große Sorgen machen.

Eine alte Dame beschrieb das einmal so: „Weshalb machen die sich Sorgen, weil ich manchmal stürze? Das kann im Heim auch passieren. Selbst wenn man noch zu Hause wohnt, kann mir keiner erzählen, dass man noch die große Lebenslust empfindet, wenn man sich im andauernden Wechsel, von 3-4 anderen Menschen versorgen lassen muss, wovon man 1-2 aus den unterschiedlichsten Gründen nicht leiden kann... da das auf Gegenseitigkeit beruht.

Das fängt bei ganz kleinen Dingen an:
- Die eine Pflegerin ist eine starke Raucherin, und hat immer so einen Mundgeruch. Zusätzlich stinkt sie nach Knoblauch und wie ein kalter Aschenbecher, wenn sie sich über mich beugt, da sie eben draußen noch eine geraucht hat. Und wenn die geht, stinkt meine ganze Wohnung nach ihr.

- Eine andere hat so lange Fingernägel, die mir bei der Körperpflege immer weh tun. Außerdem ist die so rappeldürr, dass sie immer eiskalte Hände hat. Dann erzählt sie mir dauernd davon, wie schwer sie es als Alleinerziehende habe, da der Vater sich nicht um die Kinder kümmere.

- Wenn ich zuhause keine Lust mehr am Leben empfinde und plötzlich unglücklich falle, habe ich wenigstens die Chance zu sterben, weil erst am nächsten Tag einer kommt.

- Im Heim werde ich doch durch die Pflege und dauernde Beobachtung daran gehindert, in einen Zustand zu kommen, durch den mein Leben enden kann.

- Ich muss mich auch da sehr intim von Menschen versorgen lassen, die ich nicht leiden kann und die mich nicht mögen.

- Da fühlt man sich doch wie in einer nicht enden wollenden Warteschleife vor dem Tod.

- Da bekomme ich Essen, auch wenn ich keinen Hunger habe, und wenn ich nicht mehr essen will, holen die einen Arzt.

- Der kommt dann regelmäßig, obwohl ich nicht krank bin, sondern nur traurig, weil mir mein selbstbestimmtes Leben genommen wurde.

Auch wenn sich alle bemühen, dass es mir gut geht, ich empfinde dieses nicht mehr selbstbestimmte Leben nicht mehr als *mein Leben*. Ich hoffe jeden Abend, dass ich am nächsten Morgen nicht mehr aufwache."

Wenn das bisherige Leben durch einen ungewollten Umzug in gewisser Weise endet und ein anderes Leben unter anderen Umständen, die man nicht möchte, beginnt, ist auch das Warten auf den Tod tagtäglich viel präsenter, als wenn man noch in seinem gewohnten Zuhause lebt. Auch wenn man sich nicht mehr unbedingt auf jeden Tag freut, ist alles vertrauter und so, wie man es möchte.

Die Kriegs- und Nachkriegserlebnisse vor Jahrzehnten, geprägt und unauslöschlich eingebrannt durch körperliche und seelische Verwundungen, Tod im Umfeld, Verlust von Menschen, die man mochte und liebte, Flucht, Vertreibung, Hunger, Angst und Verzweiflung, lassen nicht nur die alten Menschen noch vorsichtiger sein, wenn man mit ihnen Kontakt aufnimmt. Das gleiche Trauma erleben heute hunderttausende von Migranten und Flüchtlinge, die durch Krieg und Verfolgung keine andere Perspektive sehen, als aus ihren Heimatländern nach Europa zu fliehen. Da frage ich mich auch wieder, wo bleiben bei ihnen Wut, Traurigkeit und Enttäuschung, dass alles so gekommen ist?

Heute würde man die im Alter durch Depressionen ausgelösten Persönlichkeitsveränderungen bei vielen Menschen als „posttraumatische Belastungsstörung" einordnen. Lebensbedrohliche Augenblicke und Erlebnisse, die Jahrzehnte her sind und durch „Zusammenreißen" und Verdrängen längst in Vergessenheit geraten sind, wirken oft als Auslöser in der augenblicklichen Lebenssituation wie ein Geist, der aus der geöffneten Flasche über sie gekommen ist. Wenn dann die seelische Kraft nicht mehr ausreicht, den Geist der Vergangenheit wieder in die Flasche zu schicken diese und mit dem Korken der lebenslangen Verdrängung wieder zu verschließen, helfen weder nachbarschaftliche Frohnaturen noch eine fröhliche Musiksendung am Samstagabend.

Das Heim, die Seniorenresidenz, oder wie auch immer die Einbahnstraße heißt, und die oft liebevoll bemühten Mitarbeiter können nichts dafür. Im Gegenteil, die tun meistens alles im Rahmen ihrer Möglichkeiten, dass es den Bewohnern in „ihrem" neuen Zuhause gut geht. Aber würden Sie mit den Bewohnern tauschen wollen, auch hierbleiben, jeden Tag 24 Std. und dann noch für immer – bis zum Ende der Lebenszeit, ohne das seit Jahrzehnten vertraute Umfeld?

Lange Rede, kurzer Sinn... es ist für uns, die wir unsere Sinne noch beisammen haben, schon schwer genug, uns damit abzufinden, dass sich unsere Lebensumstände mal für kurze Zeit durch nicht beeinflussbare Situationen anders entwickeln, als wir es geplant haben. Dann kann man sagen, okay, ich bin im Krankenhaus, das ist jetzt so, da muss ich durch, das wird wieder anders und ich kann es noch beeinflussen, wo es hingeht. Aber wie geht es dem leicht und nur zeitweilig verwirrten Menschen, der noch nicht einmal dement ist und feststellt, dass das Zweibettzimmer im Heim eine Einbahnstraße ist, in der man nicht mit „sich Zusammenreißen" wenden kann?

„Zuhause konnte ich wenigstens mal einen richtigen Furz loslassen, wenn ich Blähungen hatte. Aber hier muss man sich ja schämen, wenn das einer hört oder die Pfleger reinkommen und angeekelt das Gesicht verziehen", erzählte mir ein Heimbewohner.

Das sind die ganz kleinen, vermeintlich unwichtigen Dinge, die die Welt von Pflegebedürftigen bewegen und trotzdem sehr bedrückend sein können.

Das kennen doch alle, die schon mal für eine kurze Zeit im Krankenhaus waren, oder?

Aber diese, durch hilflose Traurigkeit und Wut verursachten Gefühle, tagtäglich, in einer Endlosschleife, bis ans Lebensende..., das will doch keiner. Und trotzdem wird über solche menschlichen Kleinigkeiten, von denen Millionen Pflegebedürftige und ebenso viele Pflegende betroffen sind, nicht in Ausbildungen und Studiengängen gesprochen, weil das was mit vermeintlich banalen und unwichtigen Gefühlen und Empfindungen zu tun hat. Und die behält man für sich – wie in den meisten Beziehungen.

Gefühle und Empfindungen sind aber nicht banal und unwichtig, sie sind sehr ursprünglich und entwicklungsgeschichtlich absolut lebensnotwendig. Obwohl wir heute meinen, sie verdrängen zu müssen, weil man sonst nicht cool ist.

Sie können uns davor schützen, dass wir uns in Gefahr begeben. Es sei denn, wir sagen Ja, obwohl wir Nein fühlen, oder wir sind von Menschen abhängig, die Macht und Gewalt über uns haben – oder es einfach nur gut mit uns meinen. Wenn dann noch verbale und nonverbale Missverständnisse auftreten, Kommunikationsstörungen durch andere Sprachen, Dialekte, andere Mentalitäten, usw. die durch den dementiellen Prozess des Pflegebedürftigen noch zusätzlich erschwert werden, ist eine Lösung des Konflikts nur durch Transparenz und offenes darüber Reden nach außen möglich.

Hier sehe ich ein Riesenproblem speziell bei der Versorgung älterer Menschen in Krankenhäusern und in allen Bereichen der Altenpflege. Die Sprache ist auf der ganzen Welt eines der wichtigsten Kommunikationsmittel.

Wenn man jedoch meint, den Pflegekräftemangel einfach durch Migranten aus aller Herren Länder kompensieren zu können, sollten sich unsere Integrationsbeauftragen mal selbst von jemanden pflegen lassen, der die Feinheiten und Nuancen unserer Muttersprache nicht versteht und beherrscht. Wer schon einmal in Südeuropa während eines Urlaubs ein paar Tage in einem Krankenhaus war, weiß, wovon ich hier rede. Da kann sogar die englische Sprache nicht bei allen Situationen helfen und nur eine Notlösung für ganz persönliche Anliegen sein, die trotz der freundlichen Mienen und Gesten verkehrt verstanden werden können.

Wenn schon ortsansässige Pflegekräfte, die ihr Handwerk, die Mentalität und den Dialekt des Pflegebedürftigen verstehen, ein Verständigungsproblem mit einem zeitweilig verwirrten Menschen aus der jeweiligen Region haben, was passiert dann erst zwischenmenschlich durch die Stolpersteine unterschiedlicher Sprachen? Da können alleine schon durch andere Gesten und Betonungen Missverständnisse bei allen von der Situation Betroffenen entstehen.

Die dann entstandenen Probleme lassen sich kaum entwirren und erinnern an den Turmbau zu Babel.

Wenn die Konsequenzen einer gestörten Kommunikation negativ sind, wird sie hauptsächlich der Pflegebedürftige in irgendeiner Form zu spüren bekommen.

Ich hoffe, dass Sie mich nicht missverstehen. In einem anderen Land aufgewachsene Pflegekräfte haben ihr Handwerk genauso gelernt, wie die Kollegen bei uns, aber ihre Empfindungen und Wahrnehmungen sind durch eine andere Sprache geprägt und wirken sich auch auf jegliche Form der Kommunikation aus. Das gilt ebenso für die Ärzte aller Fachgebiete und nicht nur für die psychiatrischen Bereiche. Denn Sprache und eine für alle Beteiligten transparente und verständliche Kommunikation entscheidet über Diagnosen, Gutachten und manchmal sogar über Leben und Tod.

Es freut mich umso mehr, dass die deutsche Ärztekammer im Januar 2013 endlich mal offiziell über die Presse hat verlautbaren lassen, über die Voraussetzungen besserer Deutschkenntnisse für ausländische Ärzte nachzudenken, wenn sie hier in Deutschland arbeiten wollen.

Trotzdem scheint es da immer noch Hemmungen zu geben, die scheinbar mit unserer Geschichte und dem „Dritten Reich" zu tun haben. Aber man muss doch nicht darüber diskutieren, dass man die Worte einer Sprache und ihre Empfindungen nicht 1:1 übersetzen kann. Erst das eigene Empfinden in vergleichbaren Situationen erklärt eine andere Sprache.

Das fängt ebenfalls wieder bei den kleinen Dingen des Alltags an, indem ich als Migrant mit meiner Familie grundsätzlich in allen oder zumindest bei den meisten Lebenssituationen, die Sprache des Landes sprechen sollte, in dem ich lebe. Das kommt dann nicht nur meinen Kindern zugute, denn die werden mich öfter korrigieren als umgekehrt. Solange ich die Sprache des Landes nicht spreche, in dem ich lebe, bin ich fremd und solange ich fremd bin, kann ich die Menschen auch von ihrer Mentalität her nicht verstehen, geschweige denn mitfühlen, wie sie sind, wie sie denken und leben.

Das habe ich vor kurzem selbst in einer Rheumaklinik erlebt, wo ich mit zwei älteren Männern, die sich selbst als Russlanddeutsche bezeichneten, in einem Zimmer lag.

Der 81-Jährige sprach platt, wie er seine „Muttersprache" nannte, eine Mischung aus russischen, schlesischen und ostpreußischen Wortlauten, die ich erst nach mehreren Tagen einigermaßen verstehen konnte, und der andere 78-Jährige Kollege Oleg, sprach nur russisch.

Der „platt" sprechende Opa Fritz – so sollte ich ihn ansprechen – übersetzte das von Oleg gesprochene Russisch und vermittelte mir ein wenig Einblick in ihre bewegte Vergangenheit der letzten Jahrzehnte. Sie gaben an, dass sie sich, wie viele andere der älteren Russlanddeutschen, von den Kindern regelrecht in den vermeintlichen goldenen Westen gezerrt fühlten, obwohl sie trotz ihrer einfachen und bescheidenen Verhältnisse lieber in ihrer Heimat geblieben wären.

Ihre Kinder hätten jahrelang auf ein Visum gewartet, und das sei dann ganz unerwartet von heute auf morgen gekommen. Sie seien dann innerhalb von wenigen Stunden ebenso schnell von ihren Kindern unter Druck gesetzt worden, nur ein paar Habseligkeiten zusammenzupacken und sofort mitzukommen. Opa Fritz war trotz seiner traurigen Geschichte auf seine unnachahmliche Art ein schlitzohriges Unikum und erzählte mit ernstem Gesicht, dass er sinnbildlich den Pflug samt Pferd auf dem Acker hat stehenlassen müssen, da er sich bis zuletzt gesträubt habe, seine Heimat zu verlassen. Erst als die Enkeltochter ihm zugerufen habe, dass der Bus kommt, sei er in den alten, dreckigen Klamotten vom Feld gekommen und vorbei an seiner laut schimpfenden Ehefrau in den inzwischen wartenden Überlandbus eingestiegen. Alles hätten sie zurücklassen müssen. Haus und Hof, die ganzen Gerätschaften und vor allen Dingen die Tiere seien sich selbst überlassen worden, wie bei einer Vertreibung im Krieg. Während er mit einem weinenden und einem lachenden Auge erzählte, waren tatsächlich beide Gefühlswelten in seinem Gesicht unübersehbar. Das irgendwie fröhliche Blitzen in seinen Augen verriet seinen liebenswerten Humor, konnte aber auch die Tränen der bewegten und traumatisierten Seele nicht überspielen.

Im Krankenhaus erlebte ich dann hautnah, aus einer für mich ungewohnten Perspektive, die gleichen Alltagsprobleme, wie schon vor Jahren während meiner beruflichen Tätigkeit im Rahmen der Pflegeberatung. Ich kam mir vor wie beim Turmbau zu Babel… die Schwestern und Pfleger verstanden die beiden alten Herren nicht und die beiden verstanden nicht, was das Pflegepersonal von ihnen wollte. Die ärztlichen Visiten waren bezüglich der Sprachprobleme wie die Spitzen von gigantischen Eisbergen, die nur als Bruchteil der sprachlichen Missverständnisse sichtbar waren, da ja der Großteil des eisigen Problems zu über 80 % unter der Oberfläche liegt.

Diese, von der Komplexität her total unterschätzten oder auch gewollt hingenommenen Kommunikationsprobleme, dümpeln schwerfällig und träge in unserer vermeintlich toleranten Integrationswelt umher und bremsen sogar unser Gesundheitssystem aus, wenn keine sachdienliche Kommunikation möglich ist. Sie stören oder blockieren sogar jeglichen gutgemeinten Ansatz von Behörden und Ämtern, sich auf menschenwürdige Art und Weise um Migranten kümmern zu wollen.

Ärztliche Visiten im Krankenhaus sollten eigentlich den Stand der Dinge aufzeigen und auf den Punkt bringen, damit alle Betroffenen dem Ziel der Behandlung näherkommen. Die Visiten, die ich erlebt habe, waren ein Paradebeispiel dafür, wie schnell verbale und nonverbale Missverständnisse ein kompetentes Ärzteteam innerhalb von wenigen Sekunden in einen hilflos wirkenden und verunsicherten Haufen verwandeln können.

Mit überhaupt nicht zur Situation passenden, ablenkenden Gesprächen wurde der peinliche Ort schnell und zielstrebig verlassen, weil er ganz klar aufzeigte, dass Kommunikationsstörungen jeglicher Art auch im Krankenhaus mehr zur Kränkung aller Beteiligten beitragen, als zur Heilung der Patienten, nicht nur im ganzheitlichen Sinn. Ich mag gar nicht daran denken, wie viele Gutachten und ärztliche Stellungnahmen durch solche und andere Missverständnisse dazu führen, dass Kostenzusagen auf der Strecke bleiben, Rentenanträge verschleppt oder abgelehnt werden usw.

Trotzdem gab es ein paar Lichtblicke, wenn Tanja Dienst hatte, eine ca. 55-jährige Krankenschwester, die durch ihre Art zu arbeiten der neuen Bezeichnung Gesundheitsschwester mehr als gerecht wurde. Sie beherrschte die russische wie auch die deutsche Sprache perfekt und sprach sogar den Dialekt von Opa Fritz. Sie war wie ein heilender Verband auf den unverstandenen Seelen meiner Zimmergenossen und konnte auf ihre leise, einfühlsame und doch resolute Art das eine oder andere Missverständnis aufklären oder dafür sorgen, dass es gar nicht erst entstand. Wie ein vorsichtiger Eisbrecher, der die Fahrrinne für gute Beziehungen freihält und große Eisberge weiträumig umfährt, damit es möglichst wenige Kollisionen durch gestörte Beziehungen in ihrer Umgebung gibt.

Es gab zwar noch ein paar jüngere Pflegeschülerinnen mit anscheinend russischen oder sonstigen osteuropäischen Wurzeln. Die schienen sich aber zwischenzeitlich mehr mit ihrem Smartphone zu beschäftigen, als mit den Menschen, wenn es während der arbeitsintensiven Schichten mal eine ruhige Minute gab. Sie kamen auch mit der Mentalität der beiden alten Herren nicht gut zurecht, als ob sie diesbezüglich „gebrannte Kinder" waren, wodurch auch immer.

Da es in guten Beziehungen jeglicher Art auch ein wenig Empathie bedarf, um das Wahrgenommene richtig zu deuten, sorgt das verbale Problem bei den meisten Erwachsenen eher für eine gewisse Distanz und Misstrauen. Am besten schaffen das mal wieder die Kinder und deshalb sollten wir Erwachsenen uns an ihnen ein Beispiel nehmen und von ihnen lernen.

Sie gehen spielerisch mit Sprachproblemen um, ohne meistens darüber nachzudenken, wer jetzt gerade wen diskriminiert, im Gegenteil. Sie lachen und haben Spaß, wenn sich etwas komisch oder lustig anhört. Auf diese Weise umgehen sie die Probleme, die angeblich so vernünftige Erwachsene miteinander haben, weil die eher ein gegeneinander daraus machen.

Eine „Sprache leben" heißt, sie in der eigenen Familie, im Team, gemeinsam mit allen Berufsgruppen so zu beherrschen, dass man bei Diagnosen, Gutachten und sonstigen Entscheidungen alle Nuancen eventueller verbaler Missverständnisse berücksichtigen und ausschließen kann. Deshalb muss pflegebedürftigen Menschen mit Migrationshintergrund auf jeden Fall die Möglichkeit gegeben werden, durch einen Dolmetscher besser zu verstehen, was um sie herum passiert und worauf sie sich einlassen, wenn sie z. B. irgendetwas unterschreiben. Die aus sprachlichen Irritationen entstehenden Konsequenzen und Auswirkungen einer abgelehnten Kostenzusage für eine notwendige Operation oder einer gescheiterten Frührente wirken sich unmittelbar auf das Leben vieler Menschen aus, bis hin zum Tod durch Fehldiagnosen oder Suizid.

Es sollte in allen Ländern der Welt selbstverständlich sein, die Landessprache mit allen Facetten und Nuancen zu leben, dann gäbe es auch weniger Missverständnisse, Vorurteile und Diskriminierungen von Migranten. Nur so bekommt jeder eine Chance, Gefühle, die er bisher nur in seiner Muttersprache beschreiben kann, auch in einer anderen Sprache zu verstehen, zu empfinden und im wahrsten Sinne des Wortes auch zu leben.

Selbst nicht-dementen Menschen, die aufgrund ihres höheren Alters, nach einer Narkose einige Tage nicht ganz ihre geistigen Fähigkeiten ausschöpfen können, weil ein Durchgangssyndrom, auch Delir genannt, ihre Wahrnehmung der Welt etwas stört, werden sehr schnell zu einem „unruhigen Patienten" abgestempelt. (Dazu kommen wir noch im Kapitel „Art und Weise von Beziehungen".)

Beruhigende Worte und verständnisvoller Umgang kosten Zeit, und die scheint im Bereich Pflege nicht mehr bezahlbar zu sein. Wenn die Kommunikation zusätzlich durch geografisch bedingte, verbale Missverständnisse zwischen allen Beteiligten erschwert wird, ist das Chaos perfekt. Besonders für den eventuell kurzfristig durch eine Narkose verwirrten Patienten, der die Welt nun gar nicht mehr versteht. Die beruhigenden Medikamente, die dann schnell zum Einsatz kommen, verlängern die Verwirrung für alle Beteiligten.

Je länger es dauert, bis jemand nach einem Klinikaufenthalt seine Alltagsfähigkeiten wieder voll in Anspruch nehmen kann, umso mehr Begleitung und Versorgung benötigt er. So werden die pflegerelevanten Kosten gemeinsam mit dem Patienten aus den Kliniken abgeschoben, und wenn die beruhigenden Medikamente vom Hausarzt nicht abgesetzt werden, beruhigen sich weder die Verwirrung des Patienten noch die seines Umfeldes. Die weiteren anfallenden Kosten für die Konsequenzen der fehlenden Zeit zur Kommunikation in der Pflege tragen wir alle durch immer höhere Beiträge zur Kranken- und Pflegeversicherung, über die ebenfalls viel zu wenig geredet wird.

Es kann nicht sein, dass Politiker und Wirtschaftsmanager der Meinung sind, dass man beispielsweise jeden durch eine Insolvenz arbeitslos gewordenen Menschen mal eben so einfach in einer der Pflegeberufe „stecken" kann, auch wenn es „integrieren" genannt wird.

Sinngemäß habe ich in der Einleitung schon geschrieben: *Wenn das der Maßstab zur Wertschätzung von Pflegeberufen ist, genau wie die Vergütung von Pflegekräften der Maßstab für die Würdigung ihrer schweren Arbeit ist, müssen wir uns alle bezüglich unserer Gesetzgebung und deren Vertreter in Grund und Boden schämen.*

Es heißt zwar im Grundgesetz:

„Die Würde des Menschen ist unantastbar",
das scheint aber nicht für Pflegende
und Pflegebedürftige zu gelten.

Wir wollen alle fachlich gut und zwischenmenschlich liebevoll versorgt werden, aber bitte nicht auf Mindestlohnniveau, schon gar nicht, wenn man als Pflege**bedürftiger** auf dem gleichen Niveau von „Mindest" versorgt wird.

Was soll jemand machen, wenn er nach 30 Jahren Verkaufstätigkeit aus arbeitsmarktpolitischen Gründen in den Bereich Pflege gedrängt wird, die ihm nicht liegt, und das Arbeitslosengeld wegfällt, wenn er sich weigert? Wenn er damit argumentieren würde, er könnte den hilfsbedürftigen Menschen, die er versorgen soll, nicht gerecht werden, weil er u. a. die Sprache nicht beherrscht oder er sich vor bestimmten Pflegetätigkeiten ekelt, kann er seine Miete nicht mehr zahlen. Sein bis dato (menschen-)würdiges Leben, das ihm seine bisherige Arbeitsleistung ermöglicht hatte, mag es noch so bescheiden gewesen sein, kann er nicht mehr fortführen. Wir wissen ja, wohin solche Entwicklungen dann führen können...

Spätestens, wenn Politiker als Privatversicherte nicht die Versorgung bekommen, die ihnen ihrer Meinung nach „zusteht", ihre Eltern in der Seniorenresidenz nicht die ihnen gebührende Zuwendung und Wertschätzung erhalten, obwohl der Sohn als Regierungsrat den Bau der Wohnanlage gefördert und mit eingeweiht hat, gibt es richtig Ärger bis in die Führungsebene der Residenz. Dann fällt plötzlich auf, dass doch nicht jeder in der Lage ist, menschenwürdige Pflege zu leisten und dass die, die es können, eigentlich unbezahlbar sind.

Da kann man aus volkswirtschaftlicher Sicht anderer Meinung sein. Aber kein Politiker käme auf die Idee, einigen Hundert Bankern, die mitgeholfen haben, ihre eigene Bank zu verzocken und in die Insolvenz zu treiben, Arbeitsplätze im Bereich der Pflege anzubieten, nicht mal im Management.

Bei einer Pflegeberatung und Fallbesprechung in einem Altenwohnheim kam eine Kollegin erst ein paar Minuten später und entschuldigte sich mit den Worten: „Tut mir leid, ich musste erst noch Frau Müller fertigmachen!" Da hatten wir durch ihre Wortwahl ein neues Thema und ich fragte sie, was Frau Müller ihr denn getan hätte, dass sie sie fertigmachen musste? Erst lachten alle, aber im Laufe des Gesprächs wurde allen klar, wie negativ die Aussage „musste jemanden fertigmachen" in der Pflege belegt ist, und wie viel Stress und Überarbeitung auf diese Art und Weise verbal gepuscht wird. Auch wenn es vielleicht für die Pflegende eine angenehme Versorgung war, weil sie die Pflegebedürftige gerne mag und Begegnungen und Beziehungen in der Pflege auch schön und für alle Seiten angenehm sein können.

In der Pflege wird oft davon geredet, dass man „jemand fertigmachen muss". Die Arbeit, das Leben, die Menschen und Beziehungen machen uns sicher oft genug fertig, doch in der Pflege sollten wir das lassen und nicht mal im Ansatz daran denken, jemanden fertig zu machen, denn damit machen wir uns selbst fertig. Überlassen wir das den Arbeitsagenturen. Die haben keine andere Wahl, denn da geht es um Statistik und nicht um Menschen, oder?

Ach ja, ich nutze oft die Worte: „Courths-Mahler'n", „Pilcher'n" und „Kärcher'n"[*] ... Rosamunde Pilcher und Hedwig Courths-Mahler stehen für alles Schönreden und den Versuch, alles durch die rosa(munde) Brille zu sehen. Auch wenn die Realität eine andere ist, so wie ich es im Kapitel „Nähe und Distanz – das Problem in jeder Beziehung" beschrieben habe:

„Nach außen hin, für die Nachbarn, die Verwandten usw. ist alles in Ordnung, und da wird auch alles dafür getan, dass das Bild der „Heiligen Familie" stimmt. Aber Sie glauben gar nicht, wie oft ich meine Schwiegertochter heimlich in ihrer Küche weinen höre!", erzählte mir die alte Dame, von der ich auch die Begriffe „Pilcher'n", „Courths-Mahler'n" und „heile Musikantenstadl-Welt" übernommen habe, weil sie das so treffend beschrieben hatte.

[*] „Kärcher'n" – Sie kennen doch die gelben Hochdruckreiniger? Die kommen zum Einsatz, wenn Pilcher'n (Schönreden) nicht mehr hilft und der Schmutz der Welt zu offensichtlich ist. Dann ist Kärcher'n im Sinne von Klartext angesagt. (s. S. 332)

Wenn sie jetzt schon schmunzeln, dann brauchen Sie mein Buch eigentlich nicht weiterlesen, denn ich habe schon erreicht, was ich wollte: Sie haben verstanden, worum es mir geht.

> Wie schon gesagt,
> die kleinen Dinge bewegen die Welt.
> Aber das haben wir alle so nicht gelernt,
> denn die Seele tickt anders, als der Verstand!

Art und Weise von Beziehungen

In den letzten 15 Jahren hat sich vordergründig viel verändert. Das digitale Zeitalter hat in Riesenschritten die ganze Welt erobert und einen Großteil der „zivilisierten" Welt per Internet vernetzt. Millionen von Menschen „chatten" weltweit miteinander, posten in Web-Foren und Blogs um die Wette und sind begeistert, über diese Kommunikationswege neue „Freunde" kennenzulernen. Diese neue Art von Beziehungen ist unter anderem auch genial für Stotterer und Menschen, die dazu neigen, bei bestimmten Gesprächsthemen schnell rot zu werden. Das meine ich in keiner Weise ironisch, das ist mein voller Ernst. Menschen, die schon von Kindheit an unter bzw. durch diese Störungen leiden, wissen sicher am besten, was ich meine.

Andererseits wird auch der eine oder andere, der nicht an einer Störung des Redeflusses leidet, ganz schnell sprachlos und bekommt auch ohne die Störung des Errötens noch zusätzlich vor lauter Wut einen roten Kopf, wenn er merkt, wie der eine oder andere neue „Freund" mit seinen ganz persönlichen Daten umgeht.

Im Grunde genommen sind viele der neuen „Internet-Freunde" nicht mehr als flüchtige Bekannte, die sich immer wieder zu Wort melden, ob man will oder nicht. Sie erfüllen nicht mal im Ansatz die Voraussetzungen, die für eine richtig gute Freundschaft im realen Leben notwendig sind.

Denken Sie mal darüber nach, wie viele Freunde sie wirklich haben. Damit meine ich nicht den Arbeitskollegen, die Nachbarn, die Freunde vom Sportverein oder sonstige freundschaftliche Beziehungen, die ganz real betrachtet, oft nur einen sachlichen Grund oder Zweck haben. Ich meine die *richtigen* Freunde, mit denen man über alles reden kann und die alles für sich behalten. Bei denen man sich mal ganz offen ausweinen kann und die wissen, dass sie das Gleiche umgekehrt genauso machen können. Bei denen man während des Gesprächs eine Gänsehaut oder feuchte Augen bekommt, weil man mitfühlt, was der andere meint und empfindet…, das meine ich mit **Freundschaft.**

Na, wie viele Freunde haben Sie? Oder habe ich Sie mit meiner Frage erschreckt?

Neulich saß ich in einem Café, träumte so vor mich hin und machte mir Gedanken zu diesem Buch. Ich hatte irgendwie den Faden verloren. Die aufkommenden Gedanken waren wie Wortfetzen, die sich von einer Sekunde auf die andere veränderten und verschoben, wie Wolken, die sich an einem schönen Sommertag auftürmen, weil ein Gewitter droht. Kurzfristige Gedankenbilder von Fallbeispielen passten einerseits irgendwie in mehrere Kapitel dieses Buches, ließen sich aber andererseits schlecht mit vorhandenen Textpassagen synchronisieren.

Mir gegenüber saßen zwei junge Frauen, die anscheinend wirklich gute Freundinnen waren, denn sie kicherten und gackerten wie zwei Schulmädchen, in deren Klasse ein neuer Schüler aufgenommen worden war. Beide hatten trotz ihrer lebhaften Unterhaltung jeweils ihr Smartphone in der Hand und ließen es nicht aus den Augen. Deshalb schauten sie sich auch gegenseitig kaum an, obwohl sie sich miteinander unterhielten.

Da war es wieder, was mich animiert hat, dieses Buch zu schreiben. Die Beziehungsweise und die Art und Weise von Beziehungen, wie wir Menschen miteinander umgehen, wie wir unsere Beziehungen manchmal im wahrsten Sinne des Wortes umgehen, wenn uns gleichzeitig etwas Anderes wichtig oder noch wichtiger ist.

Was verbindet zwei Freundinnen, die gemeinsam im Café sitzen und sich unterhalten, obwohl beide noch nebenher mit dem Smartphone beschäftigt sind? Wie wichtig oder unwichtig muss ihre Beziehung miteinander sein, wenn sie sich dauernd durch andere „digitale" Freundschaften und Kontakte stören lassen und meinen, sofort auf jede „WhatsApp"-Nachricht oder SMS reagieren zu müssen.

Die Art und Weise von Beziehungen, damit meine ich alle Beziehungen privater wie beruflicher Art, gilt es zu pflegen.

Vor ein paar Wochen sah ich eine junge Mutter, die mit einer Hand ihren Kinderwagen schob und mit der anderen ihr Smartphone bediente. Sie setzte sich auf eine Parkbank und sah nur auf das Display. Nach einigen Minuten dachte ich, na gut, da geht es wohl um was ganz Wichtiges, was sie noch erledigen muss. Auf dem kleinen Spielplatz tollten einige Kinder herum, andere Mütter unterhielten sich, aber davon blieb sie unbeeindruckt. Im Laufe der nächsten Wochen sah ich sie ganz oft, samt Kinderwagen und ihrem Smartphone zu verschiedenen Tageszeiten in der Stadt oder im nahegelegenen Park. Ich habe kein einziges Mal erlebt, dass sie in den Kinderwagen geschaut hat, um mit dem Kind statt dem Smartphone zu kommunizieren, und es ist sehr unwahrscheinlich, dass ein Baby immer nur schläft. – Aber vielleicht bleibt ihm in dieser „Beziehung" nichts anderes übrig.

Da ich, seitdem ich an diesem Buch arbeite, bezüglich solcher „Auffälligkeiten" in unserem Alltag etwas sensibler geworden bin, sehe ich fast nur noch Eltern, die auf ihr Smartphone schauen, anstatt mit dem Kind im Kinderwagen zu schäkern und auf seine Blickkontakte zu reagieren. Da muss man sich nicht wundern, dass heute viele Kinder irgendwann „zappelig" und extrem nervig werden müssen, damit sie endlich Aufmerksamkeit bekommen.

Da kommt auch bei mir ganz schnell Unruhe auf, wenn ich merke, dass meinem Gegenüber, während eines Gesprächs mit mir, sein Smartphone wichtiger ist als ich.

Die Kinder können sich dagegen nur unbewusst wehren, indem sie ihren Mitmenschen durch ihre Art des „auf sich aufmerksam Machens" unendlich auf die Nerven gehen. Doch dann werden sie rasch als krank eingestuft und zum Arzt gezerrt, damit dieser die unbewussten Beziehungsprobleme der ganzen Familie dadurch löst, dass er die störenden Hilferufe des Kindes durch Medikamente stillt. So soll wohlwollendes, angepasstes Verhalten herbeigeführt werden, damit das Kind wieder gesellschaftsfähig ist. Es scheint aber kaum ein Arzt vor dem Verordnen von Ritalin mal darüber nachzudenken, warum das Kind „stört", und ob es eventuell als eigentlich ungewolltes Kind nicht schon alleine durch seine Geburt gestört hat, obwohl es als Wunschkind präsentiert wurde...

Wenn ein Paar heiratet, das eigentlich nie die Absicht hatte einander zu ehelichen, und dies nur tut, weil ein Baby unterwegs ist, wirkt sich das auf alle Beteiligten aus. In jeder Beziehung. Freilich spricht man nicht darüber. Auch nicht, ob es vielleicht sogar ein „Kuckuckskind" ist, das fühlt, dass es im falschen Nest sitzt und sich deshalb unruhig verhält, weil es merkt, dass da irgendwas nicht passt.

Experten gehen davon aus, dass ca. jedes 10. Kind seinen leiblichen Vater nie kennen lernen wird. Ich bin mir ganz sicher, dass die Kinder das unbewusst spüren, fühlen und irgendwie unruhiger, oder eben einfach „schwierig" sind, weil sie hinterhältig belogen werden, so wie die ganze Familie belogen wird. Dieses Phänomen der millionenfach „Geplatzten" und „Interruptions-Gestörten" passt nun mal überhaupt nicht in unsere heile Musikantenstadl-Welt. Ebenso wenig wie die unsichtbaren Kuckucks-Kostüme der „Karnevals-Kinder", die sich nicht ablegen lassen und ein Leben lang stören, jucken und kratzen, wie ein schlecht gepolstertes Nest, in das man eigentlich nicht hineingehörte.

Wenn eine Beziehung für beide Seiten oder alle Beteiligten auf Dauer angenehm und lebenswert sein soll, gehören ein wenig Fingerspitzengefühl und intuitive Wahrnehmung dazu, die sich nicht nur auf die Tastatur des Smartphones beschränken sollte.

Wir sollten es nicht zulassen, dass Kinder durch unsere anerzogene Verlogenheit, die gesellschaftlichen Zwänge, wie alles zu sein hat und unsere Feigheit, zu unseren Fehlern und unserem, oft unbedachten egoistischen Denken und Handeln zu stehen, unnötig leiden und durch die daraus entstehenden Kränkungen wirklich krank werden. Wenn die Seelen von Kindern durch zu wenig Nähe und Wärme beziehungslos vereinsamen und wir ihre rebellierenden „ADHS-Hilferufe" als Störung empfinden, dann haben wir alle versagt und die Pharmaindustrie kann weiter ihre Gewinne optimieren.

Es ist für Erwachsene sehr schwer, diesbezüglich einsichtig zu sein und andererseits die einzige Möglichkeit, unsere Kinder über den Weg der Ehrlichkeit und Fairness davor zu bewahren, ihr weiteres Leben wegen den gesellschaftlichen Zwängen in gestörten Beziehungen leben zu müssen. Beziehungspflege ist nicht immer einfach und kann nur bei beidseitiger ausgewogener Empathie funktionieren. Deshalb muss man manchmal aufpassen, dass man sich nicht zu sehr in die Bedürfnisse und Denkweisen anderer „einpflegt", die eigenen Ansichten verlorengehen und man von den anderen abhängig wird.

Diese Gefahr besteht auch in Pflegebeziehungen und den daraus resultierenden Abhängigkeiten auf beiden Seiten. In den seltensten Fällen sind die Betroffenen von alleine in der Lage, die Situation rechtzeitig zu erkennen und so zu ändern, dass keiner von ihnen sein Gesicht verliert. Deshalb kommt es in Beziehungen jeder Art manchmal unweigerlich zu Meinungsverschiedenheiten und Disharmonien. Durch verschiedene Standpunkte und Ansichten, wie im Leben alles zu sein hat und wie man es gerne hätte, kommen unsere unterschiedlichen Charaktere zum Vorschein, sorgen für Meinungsvielfalt und das ist auch gut so. Denn jegliches Denken in nur <u>eine</u> Richtung zu bringen, das hatten wir schon mal vor dem Zweiten Weltkrieg, und wohin das geführt hat, wissen wir alle.

Berufliche Beziehungsprobleme werden meistens durch unterschiedliche Sichtweisen und Beurteilungen der gleichen Arbeitsinhalte ausgelöst. Sie sind oft sachlich sehr einseitig geregelt und lassen wenig Zeit und Raum für Diskussionen, die durch ihre emotionsgeladenen Voraussetzungen sowieso nicht immer zufriedenstellend enden.

Unser täglich wechselndes persönliches Befinden wird von einem Konglomerat an Beweggründen gesteuert, auf das wir selten bewusst Einfluss haben. Angefangen von unserem Hormonhaushalt, bis hin zu unserem „Seelenfrieden", der ebenfalls durch interne Vorgänge, aber auch durch äußere Dinge unseres Umfelds beeinflusst wird, sind wir in gewisser Weise täglich unzähligen Schwankungen unseres Allgemeinempfindens ausgesetzt, die wir oft als Störungen empfinden. Diese Schwankungen bewegen sich manchmal in uns wie eine Art Ebbe und Flut, aber ohne einen gleichmäßigen oder gar planbaren Rhythmus.

Manchmal werden wir durch springflutartige, angenehme Empfindungen der Lebensfreude überspült, ein anderes Mal durch unangenehme Augenblicke der Melancholie regelrecht unterspült, dass man das Gefühl hat, den Boden unter den Füssen zu verlieren. Gefühle sind alles andere als planbar und lassen sich auf der Waagschale des Lebens ebenso selten austarieren und steuern, wie unser normales Leben. Aber was ist schon normal?

Private familiäre Alltagsprobleme spielen eine nicht zu unterschätzende Rolle und wirken sich auch in der Arbeitswelt aus, genauso in umgekehrter Richtung. Obwohl wir alle nur mit Wasser kochen, sorgen wir durch unseren Konkurrenzdruck und den dadurch oft unbewusst ausgelösten Verlustängsten bezüglich unserer Partner und dem wirtschaftlich so notwendigen Job, für eine 24-stündige unbändige Stresssituation. In allen Lebenslagen meinen wir, immer cool sein zu müssen, gelassen und immer gut gelaunt. Wir müssen immer gut aussehen, gut riechen und jederzeit bereit sein, als Supermodell oder Held die Welt zu retten, nebenher noch Familie, den Haushalt, Garten und die dazu notwendige Logistik beherrschen..., das kann doch nur in die Hose gehen. Und wenn in der auch nichts mehr geht, dann gibt es noch mal richtig Stress obendrauf, weil das absolut uncool ist und das keiner merken darf. Vielleicht denken Sie durch meine Erzählungen in Zukunft öfter mal darüber nach, wenn Sie mal wieder irgendwann einen Typ sehen, der auf „dicke Hose" macht und was da wirklich hinter steckt, auch wenn das nicht Ihr Sprachniveau ist. (Mehr dazu im Kapitel „Wir ändern uns auch im Alter nicht – Sexualität im Alter.)

Wenn uns unsere Arbeit und ihre Inhalte Freude bereiten, ist das die eine Seite der Medaille, die andere Seite sind die Kollegen, mit denen man nicht immer einer Meinung sein muss. Trotzdem macht es manchmal Sinn, Kompromisse einzugehen, solange man nicht selbst im eigenen Strudel der Anpassung und Unterordnung verloren geht. Damit das Verhältnis von Freude an der Arbeit und dem Aushalten von dem einen oder anderen unerträglichen

Kollegen einigermaßen im Lot bleibt, braucht man als Ausgleich andere Beziehungen, die mit der Arbeit nichts zu tun haben.

Und schon haben wir auch wieder den Bezug zu <u>Pflegebeziehungen</u>, denn der Pflegende sitzt im Grunde genommen immer zwischen allen Stühlen. In der häuslichen privaten Pflege gilt es, einen Kompromiss zu finden zwischen dem Pflegebedürftigen, den anderen Familienmitgliedern und den eigenen Bedürfnissen und Lebenszielen. In der professionellen Pflege ist es ähnlich, aber da kommen noch andere Faktoren hinzu, die das Sitzen zwischen allen Stühlen sogar unmöglich machen können.

Man arbeitet als von außen Kommender im Fokus von Pflegebedürftigen, den Angehörigen, den Kollegen, Vorgesetzten und allen anderen Beteiligten, wie Hausärzten, behördlichen Vertretern, Betreuern usw. Pflegefehler und Beziehungsprobleme fallen hier eher auf und lassen sich nicht so schnell unter den Teppich kehren wie in einem nach außen hin geschlossen wirkenden Familienverbund. Dieser wird oft durch Interessen zusammengehalten, die mit Pflege und guten Beziehungen absolut nichts zu tun haben.

Beziehungen beginnen, wenn zwei oder mehrere Menschen sich begegnen. Sie kommunizieren miteinander, auch wenn sie es nicht wollen und es selbst nicht bewusst wahrnehmen. („Man kann nicht nicht kommunizieren", hat Paul Watzlawik ganz richtig gesagt und geschrieben.) Sie bringen immer etwas „rüber", wie man heute zu sagen pflegt, auch wenn es nur das ist, dass sie mit ihrem Gegenüber nichts zu tun haben wollen, ohne es auszusprechen. Durch kleine Gesten und unbewusste Bewegungsabläufe wird manchmal ein lächerlich wirkendes Imponiergehabe zur Schau gestellt. Durch Vermeidung von Blickkontakt wird nonverbal signalisiert „lasst mich in Ruhe". Oder durch gezieltes Anschauen wird der andere dazu gebracht, den Blickkontakt zu meiden. Gelingt das nicht, ist der verbale Angriff mit der neudeutschen Redewendung „Was guckst du?", die beste Verteidigung, um sein Gegenüber überlegen zu beeindrucken.

Auch wenn diese Art der Kontaktaufnahme häufiger in sozialen Brennpunkten stattfindet, hat sie es schon in Comedy Shows mit Millioneneinschaltquoten geschafft.

Beziehungen werden durch Äußerlichkeiten stark beeinflusst. Die Umstände des ersten Kontakts, begleitet durch Blicke, Worte, Berührungen, Gerüche usw. entscheiden, ob man jemanden mag oder nicht. Die Art und Weise der Bewegungen, Gestik, Körperhaltungen, Kleidung, Gerüche sagen über uns und den/die anderen sehr viel aus, ohne dass wir es sofort merken. Das alles beeinflusst unsere eigene und die sich aus der Situation ergebende Stimmung.

Unsere erlernten Beurteilungs- und Vorurteilsmuster werden bei Begegnungen mit anderen Menschen manchmal sehr strapaziert, sodass eine Art Vorverurteilung entstehen kann, die ein Leben lang wie ein Makel über der Beziehung hängt. Dann kann sich der andere noch so bemühen, wir warten unbewusst immer auf die Bestätigung unseres komischen Gefühls, auch wenn es von einem heimlichen schlechten Gewissen untermalt wird.

Unsere Eltern gaben uns immer mit auf den Weg, wenn wir uns irgendwo vorstellen mussten: „Wir sollen einen guten Eindruck machen", weil der erste Eindruck der entscheidende sei. Im Sinn von prägend und schwer wieder korrigierbar, da er in Bruchteilen von Sekunden gespeichert wird und unser Reagieren und Handeln schon beeinflusst, bevor wir jemanden bewusst anschauen.

Wir waren alle schon mal im Krankenhaus und in dieser Situation von Menschen „abhängig", die wir mögen und nicht mögen und die uns mögen oder nicht mögen. Das mit den Beziehungen und jemanden mögen oder nicht mögen, beginnt im Krankenhaus schon morgens um 6:38 Uhr mit Schwester Olga. Sie ist in ihrer Schicht immer die Erste. Man hört sie schon von draußen, wenn sie ihr Fahrrad in den Keller des Krankenhauses bringt. Dadurch sind die Patienten in dem Zimmer über dem Kellereingang garantiert wach. Es ist eigentlich unvorstellbar, dass jemand am frühen Morgen schon so viel Power in seinen grob motorischen Bewegungsabläufen haben kann.

Dann raucht sie erst mal draußen vor der Kellertür eine Zigarette. Da sie die Eigenwahrnehmung und Feinfühligkeit einer Dampframme hat, merkt sie natürlich nicht, dass der morgendliche Südwestwind ihren Qualm über sie hinweg und nun zwangsläufig an der Hausfront hoch direkt in die geöffneten Fenster der Patienten-Zimmer weht. Das kommt gut in einem 4-Bett-Zimmer, das mit drei Nichtrauchern und einem gern rauchenden Mitmenschen belegt ist. Spätestens, wenn sich einer der nicht gern rauchenden Zimmergenossen stöhnend aus dem Bett quält und aus Wut das Fenster zuknallt, sind endgültig alle wach.

Auch der zum Rauchen positiv eingestellte Mitpatient guckt aus den verklebten Augen hoch und dreht sich vorsichtig, mit einer Hand den Bauchverband festhaltend, aus dem Bett. Seine volle Blase erinnert ihn, dass er eigentlich schon um 3 Uhr hätte zur Toilette müssen, und die von Zigarettenqualm geschwängerte Luft ist das zweite Signal, was für ihn den Gang zur Toilette noch lohnenswerter erscheinen lässt. Gut, dass er im Bad nicht in den Spiegel schaut. Seit Tagen nicht rasiert und geduscht, auf dem Kopf sieht er aus, wie ein Bär nach dem Winterschlaf unter dem Arm. Jeden zweiten Morgen, geweckt durch die „Aroma Therapie" von Schwester Olga, verärgert er selbst durch sein frühes Rauchen auf der Toilette die Zimmergenossen und meint, die merken das nicht, nur, weil das Gebläse läuft.

Jeden zweiten Morgen deshalb, weil das Pflegepersonal in diesem Krankenhaus einen so genannten „Schaukeldienst" hat. Der Spätdienst hat am folgenden Tag auch Frühdienst, das hat den Vorteil, dass Arbeitsinhalte, Verordnungen und geplante Arbeiten vom Vortag meistens von denen abgearbeitet werden können, die in dem jeweiligen Vorgang schon involviert waren.

Somit kommt auch Schwester Olga nur jeden zweiten Morgen, obwohl sie jeden Tag da ist. Vor der Nachmittagsschicht ist sie immer etwas mehr in Eile und außerdem hat sie schon mal eine Abmahnung wegen des Rauchens auf dem Gelände bekommen. Das fällt mittags natürlich mehr auf als morgens... meint sie jedenfalls. Nach erfolgter Dienstübergabe von der Nachtwache schwärmt das Team aus zum Temperatur-, Puls-, Blutdruckmessen, Betten machen und um beim Waschen behilflich zu sein, aber auch nur, wenn es unbedingt nötig ist.

Gerade wieder eingedöst, wird die Tür aufgerissen. Mit einem lauten „Guten Morgen, na, alle gut geschlafen?", kommt Schwester Olga mit ihren schief gelatschten, früher mal weiß aussehenden Berkemann–Clogs rein getrampelt. Haut auf den Lichtschalter, dass sich sogar die Neonröhren an der Decke selbst erst mal erschrecken und sich durch Ruckeln und Zuckeln an ihre eigene Helligkeit gewöhnen müssen, von den geblendeten Augen der Patienten ganz zu schweigen. Sie reißt die Gardinen auseinander und die Fenster auf mit der lauten Bemerkung, die sicher auch noch ein Stockwerk höher zu hören ist: „Donnerwetter, hier riecht es ja wie im Pumastall!" und kriegt sich vor Lachen kaum noch ein.

Genauso gefühlvoll zieht sie meine Decke mit der lautstarken Bemerkung weg: „Oh, was haben wir denn da gemacht, war wohl ein feuchter Pups, wie?" Und wieder ist ihre laut lachende Frohnatur auf der ganzen Station zu hören.

Da ich noch nicht aufstehen darf, wechselt sie mit mir im Bett liegend die Unterlage. Als sie mich auf die Seite rollt, wie eine Teignudel, trifft es mich in Höhe des Rippenbogens durch mein Flügelhemdchen. Wie ein Hammer aus Eis, eine Hand groß wie ein Klosettdeckel, sie hat immer noch eiskalte Pfoten vom Fahrradfahren. „Scheint draußen wohl gefroren zu haben", bemerke ich in einem spitzen Aufschrei.

„Sind wir heute aber empfindlich, doch nicht gut geschlafen, was?", ist ihr einziger Kommentar, bevor sie mich weiter fertigmacht, im wahrsten Sinne des Wortes. Da sie sich beim Wechseln des Lakens gezwungenermaßen über mich beugt, lässt sich ihre Vorliebe für Zwiebeln, Knoblauch und Kohl nicht verleugnen, genauso, dass ihre eigene Körperpflege sehr zu wünschen übriglässt.

Ich möchte das mit dem stacheldrahtartigen Schweißgeruch nicht weiter beschreiben, da dann noch der Gestank eines vollen Aschenbechers hinzukäme, die ihre Kleidung, ihr Haar und ihren ganzen Körper wie eine Aura umgibt, die Gott sei Dank auch nicht noch leuchtet. Aber das wäre auch nicht schlecht, dann könnte sie im Spiegel sehen, warum die Patienten sich wegdrehen, wenn sie kommt und einige Kollegen nicht gerne mit ihr zusammenarbeiten, obwohl sie eigentlich sehr liebenswert und eine „ganz nette" ist, wie man so sagt.

Ich lasse die Art und Weise ihrer Beziehung zu mir nur zu, weil ich zurzeit von ihr abhängig und alleine noch hilflos bin. Ich kann mich aber durch bissige Kommentare wehren und notfalls bei der Stationsleitung oder beim Arzt über sie beschweren. Im Vollbesitz meiner geistigen Kräfte weiß ich ihre Art in die Schublade „unbelehrbares Trampeltier" einzuordnen und werde in ca. einer Woche entlassen.

Das andere Extrem ist männlicher Art, ca. 35 Jahre alt, leitender Pfleger der Station, mit dem Vornamen Bernd. Er ist so sehr gepflegt, dass noch die Spätschicht riechen kann, in welchem Zimmer dieser Rausch in Rosa war. Wenn man diesen nach Tutu riechenden Duft nicht mag, ist er genauso eine Zumutung, wie der vorher beschriebene Geruch von Schwester Olga.

Da kommt natürlich die Frage auf, wie geht es einem alten und eventuell schon phasenweise dementen Menschen in so einer Situation, die ich mit Schwester Olga oder dem rosa „Bernie-Bärchen" erlebt habe?

Jetzt möchte ich Sie einmal gedanklich in die Welt eines alten Menschen mitnehmen, der über 90 Jahre alt ist und der alle Höhen und Tiefen des Lebens kennt. Der als junger Bursche im Krieg und in Gefangenschaft war und nun auch noch vor 3 Jahren seine Frau, ich schreibe hier extra nicht „verloren hat", denn sie ist gestorben. Wir nennen ihn einfach mal Wilhelm K., der von den Menschen, die er gerne mag, am liebsten mit Opa oder Onkel Willi angesprochen werden möchte.

Er ist in einer anderen Zeit groß geworden, die ihm teilweise noch in Bruchstücken präsent ist, verwoben mit der heutigen Zeit. Er würde nicht mehr verstehen, was hier passiert. Die Lautstärke von Schwester Olga erinnert ihn an einen Kasernenhof, aber er liegt im Bett.

Er wird von dieser lauten Frau schlagartig entblößt und sie lacht noch dabei. Dann der Schock durch die kalten Hände, die ihm sofort Gedankenfetzen vom Russland-Feldzug durch den Kopf jagen. Der Dialekt dieser Frau und ihre grobe Art erinnern ihn kurz an das russische Lazarett, in dem er vor Jahrzehnten als junger Soldat lag. Und schon kreisen die Gedanken, ausgelöst durch schon mal Erlebtes... – bin ich verletzt, muss ich wieder an die Front, oder bin ich in Gefangenschaft?

Anderseits war Opa Willi während des Kriegs auch kurz in Frankreich und kennt noch diese puderigen Gerüche von den abendlichen Varieté-Besuchen. Nur dort rochen die Damen so und nicht die Kerle. Wenn Pfleger Bernd bei ihm am Bett steht, bekommt er das gleiche beklemmende Gefühl wie früher in Frankreich. Er hatte damals Angst, er würde diesen Geruch nie wieder loswerden, und seine Frau Trautchen könnte denken, er habe sie betrogen.

Dass Opa Willi Angst und Panik bekommt, gedanklich durch fast neun Jahrzehnte rast und keine Erklärung für das findet, was er sieht, hört und riecht, geschweige denn, was sein verwirrter Kopf gerade daraus macht – ist nur allzu verständlich. Gedanken, die sofort wieder weg sind und gleich wieder mit anderen neuen, genauso falschen Eindrücken, ihn aus dem Hier und Jetzt regelrecht verrückt machen... da möchte ich nicht mit ihm tauschen.

Er wird sich wehren, mit Händen und Füßen, wird schreien und um Hilfe rufen. Die Kollegen von Schwester Olga werden ihr zu Hilfe kommen und ihn festhalten, und dann kommt auch noch das rosa Wölkchen hinzu. Panik pur steigt in ihm auf. Einer wird den Stationsarzt rufen, und da er sich auch von ihm nicht beruhigen lässt, spritzt er dem alten Mann ein Beruhigungsmittel. Dann ist erst mal Ruhe.

Schnell kommt der Gedanke auf: Der alte Mann ist verwirrt, der ist hier nicht mehr tragbar, eine Gefahr für sich und andere, ein Psychiater muss her. Der soll ihn aber nicht hier behandeln, der soll ihn gleich mitnehmen.

Opa Willi ist seit 3 Tagen zur Abklärung wegen seiner Kreislaufbeschwerden hier im Krankenhaus, da er zu Hause aus unerklärlichen Gründen mehrfach gestürzt ist und eine Gehirnerschütterung hat. Da er seine Blutdruckmedikamente nicht gut verträgt, soll im Krankenhaus die Ursache für seine zeitweilige Verwirrung abgeklärt werden, und ob das wirklich nur mit dem niedrigen Blutdruck zusammenhängt. Er ist nicht dement im eigentlichen Sinn, sondern ist nur phasenweise etwas durcheinander, und das könnte eine Folge seines zeitweilig zu niedrigen Blutdrucks sein. Zu Hause trinkt er auf Empfehlung seines Hausarztes dann immer eine Tasse Kaffee, wenn er mal etwas durcheinander ist. Dann steigt der Blutdruck etwas, das Gehirn wird besser durchblutet, das Denken und die damit verbundene Orientierung im Alltag des Lebens klappen dann gleich besser. Das kennt er schon seit Jahren nicht anders, auch als sein Trautchen noch lebte, wie er seine Frau immer noch liebevoll nannte, tranken sie gemeinsam einen Kaffee, wenn sie merkte, dass er wieder mal gedanklich den Faden verlor. Sie hat das aber nie lauthals thematisiert, sondern heimlich mit dem neuen jungen Hausarzt besprochen, und der gab ihr den Tipp mit dem Kaffee.

Sogar abends nach 22 Uhr tranken sie in der Sommerzeit manchmal noch einen Kaffee, wenn sie merkte, dass er den Zusammenhang nicht verstand, ins Bett zu müssen, wenn es noch hell ist. (Da haben wir ihn wieder: den Bezug zu Kindern, das kennen alle Eltern von Kleinkindern.)

Wenn er keinen Kaffee trinken wollte, holte sie immer ihre selbst gebackenen Plätzchen aus der alten, aber immer noch wunderschönen Sarotti-Plätzchendose, denen er nicht widerstehen konnte. Auf diese Art und Weise holte sie ihn gedanklich wieder zurück in das Hier und Jetzt, wenn er sich phasenweise zu sehr in der Zeitlosigkeit verlor.

Der neue Hausarzt hatte, bevor er sich selbstständig machte, einige Jahre in einem gerontopsychiatrischen Zentrum als Internist gearbeitet und kannte sich mit der Gratwanderung zwischen kreislauf- und dementiell bedingten Verwirrungen gut aus. Die Idee mit den Plätzchen fand er zwar pfiffig, aber wegen der schwankenden Zuckerwerte von Opa Willi, wie auch er ihn nennen durfte, nicht immer so passend.

Nachdem seine Frau dann von heute auf morgen verstorben war, vergaß Opa Willi das mit dem Kaffeetrinken immer öfter, obwohl er mit etwas Nachbarschaftshilfe und dem lockeren Kontakt zu einem Sozialdienst noch ganz gut alleine zurechtkam. Wenn sein Blutdruck „verrückt" spielt, dann verrückt er eben auch manchmal mit seinen Gedanken in ein anderes Zeitfenster mit unzähligen Facetten. Er sieht sich und sein ganzes Leben in gewisser Weise wie ein Puzzle, bei dem ihm ein paar gedankliche Teile fehlen, oder er andere nicht mehr richtig zuordnen kann. Und zurzeit steht er sogar doppelt unter Druck, physisch wie auch psychisch.

Sein Selbstbild und seine Art, die Welt zu sehen, sind trotz seines Alters von 92 Jahren, wie bei vielen Menschen zwischen dem 50. und 60. Lebensjahr stehengeblieben. Er weiß zwar, dass alles nicht mehr so geht wie früher, dass er auch das eine oder andere Zipperlein hat und dass er manchmal ein bisschen vergesslich ist. Aber dass das mit 92 Jahren normal sein kann, das weiß er auch und empfindet sich und seine Art die Welt zu sehen als normal – nur die hier im Krankenhaus sind doch irgendwie verrückt aus seiner Sicht.

Er hört zeitweilig nicht mehr so gut und hat sowieso seit vielen Jahren Probleme mit der Schnelligkeit der heutigen Zeit, aber das haben Millionen andere auch. Wenn man ruhig und behutsam mit ihm umgeht, ihn beim Gespräch anschaut, dass er den sich bewegenden Mund zu den Wörtern sieht, versteht er sehr viel mehr von dem, was um ihn herum geschieht und was man mit ihm vorhat. Er reagiert somit vollkommen normal auf das, was an Eindrücken, Empfindungen und Wahrnehmungen auf ihn einwirkt. Er nimmt alles so auf, wie es bei ihm angekommen ist, aus seiner Sicht richtig, aber aus der Sicht des Umfeldes… verkehrt eben.

Ein unglückliches Zusammentreffen von Ereignissen des Augenblicks, versteht er durch das Tempo und die Intensität nicht mehr. Er hat mit Sicherheit genügend vergleichbare Eindrücke aus über 90 Jahren Lebenserfahrung im Kopf vorrätig, kann aber nicht mehr adäquat darauf zugreifen. Wie ein Dolmetscher für Unverstandenes, versucht sein Gehirn das Erlebte zu übersetzen. Das, was als nicht vergleich -und verstehbar erkannt wird, bedeutet Gefahr: laute Menschen, Kälte, russischer Dialekt, ausgelacht werden, Demütigung, Stolz verletzt.

Je pflegebedürftiger ein Mensch ist, umso abhängiger ist er von seinem Umfeld, seiner Versorgung und der Art und Weise, wie mit ihm umgegangen wird. Die gleichen Missverständnisse und Verwirrungen, wie eben als kleines Beispiel geschildert, geschehen überall, wo Menschen gepflegt und versorgt werden. Sie schaffen für alle Betroffenen eine mit Angst geladene Atmosphäre, die gewaltig, im tatsächlichen Sinn von Gewalt, eskalieren kann.

Da kann man Opa Willi nur wünschen, dass die Klinik zum Hausarzt Kontakt aufnimmt, da der mit seinen Vorkenntnissen sicher am besten die Wogen glätten kann.

Hierzu fallen mir noch zwei Fallbeispiele ein, die eigentlich gar nichts mit den Pflegebedürftigen im eigentlichen Sinn zu tun haben, sondern eher mit der manchmal sehr „gestörten Eigenwahrnehmung von Pflegenden": Frau K. lebte seit einigen Monaten im Altenheim und war, nach Angaben der Mitarbeiter, trotz ihrer fortgeschrittenen Demenz jeden Tag ganz guter Dinge. Alle paar Wochen schrie sie nachts laut um Hilfe, weil da irgendwas die ganze Nacht klappert, und die Nachtschwester konnte sie kaum beruhigen. Sie wusste auch nicht, was Frau K. meinte, da es ihrer Meinung nach ruhig war, bis Frau K. mit den Hilferufen begann. Da durch ihr Rufen die Nachtruhe im Seniorenheim doch sehr gestört wurde, versuchte der Hausarzt durch eine medikamentöse Behandlung, Frau K. und den Mitbewohnern etwas mehr Nachtruhe zu ermöglichen. Zunächst war nachts für 2 Wochen wieder Ruhe, doch dann rief sie wieder um Hilfe.

Da sie durch die Medikamente auch tagsüber sehr müde war und oft ein kleines Nickerchen machte, wurde sie in den Rufphasen nachts zusätzlich unruhiger. Der Hausarzt bat die gerontopsychiatrische Ambulanz um Hilfe.

So fuhr ich mit einem Arzt in das Seniorenheim, um mit den Mitarbeitern gemeinsam nach der Dienstübergabe im Rahmen einer Fallbesprechung über die nächtlichen Störungen zu reden. Während wir dem sich wiederholenden Rhythmus des nächtlichen Rufens etwas näherkamen, kristallisierte sich langsam heraus, dass immer, wenn Schwester Gudrun Nachtdienst hatte, Frau K. um Hilfe rief. Das war den Kolleginnen natürlich sehr unangenehm, zumal Schwester Gudrun nach Aussagen aller, eine „ganz liebe" und schon seit über 20 Jahren in diesem Haus im Nachtdienst tätig war.

Während des Gesprächs sah ich in der Ecke neben einem Schrank ein paar alte schief gelatschte Berkemann–Clogs, die hinten schon gar keine Sohlen mehr an den Absätzen hatten. Ich fragte beiläufig, wem denn diese Clogs dort in der Ecke gehören.

Alle schauten mich erstaunt an und es kam wie aus einem Mund, „Schwester Gudrun".

Mit einem Schmunzeln im Gesicht fragte ich die Kolleginnen, ob Schwester Gudrun wirklich jede Nacht mit diesen Schuhen im Haus unterwegs sei. Zumal sie alleine für 2-3 Stationen zuständig war und nachts nicht den Fahrstuhl benutzen durfte. Deshalb lief sie jede Nacht mit ihren klappernden Holzklotschen unzählige Male durch das Treppenhaus von einer Station zur anderen.

Nach einigem Zögern nickten alle.

Dann fragte ich die Pflegedienstleitung, ob es möglich wäre, die Nachtwache mit leisen Schuhen auszustatten, vielleicht würde das ja helfen.

Wir haben nie wieder was von Frau K. bezüglich der Hilferufe gehört, von den Kolleginnen aber, dass die Berkemann–Clogs doch wohl das Problem waren, und dass Frau K. seit einigen Wochen auch ohne Nachtmedizin zufrieden schlafen würde.

Schwester Gudrun lernte ich dann auch kurz kennen. Ihr war die Angelegenheit etwas peinlich, nachdem sich ihr erster Ärger vor einiger Zeit gelegt hatte. Sie fühlte sich anfangs von den Kolleginnen angeprangert, hatte dann aber verstanden, dass es nicht darum ging, und war nun wieder guter Dinge, da es in gewisser Weise nur um kleine Dinge, mit großer Wirkung ging – schiefgelatschte Holzklotschen.

Im Grunde ging es aber um eine gestörte Eigenwahrnehmung, denn nicht nur in der Pflege sollte es doch selbstverständlich sein, dass man nachts nicht mit solch lautem Schuhwerk im Haus unterwegs ist. Wenn man selbst noch kleine Kinder hat, denkt man wahrscheinlich eher darüber nach und verhält sich nachts bewusst leiser. Aber das Thema Eigenwahrnehmung wollte ich nicht auch noch ansprechen, denn die Ursache der Störung war ja geklärt.

In einem anderen Seniorenheim gab es ein ähnliches Problem mit einer alten Dame, die ganz oft rief: „Igitt, die stinkt, die stinkt, die stinkt", und das ging so den ganzen Morgen oder den ganzen Nachmittag. Dann gab es aber Tage, da rief sie nicht.

Deshalb bat ich die Kolleginnen, doch mal aufzuschreiben, wann und an welchen Tagen sie nicht schreit. Nach zwei, drei Wochen habe ich mich mit den Kollegen und Kolleginnen aus der Pflege noch mal zusammengesetzt und mit ihnen gemeinsam überlegt, was an den Tagen anders ist, wenn die Heimbewohnerin nicht ruft.

Und dann kommt immer ein heikles Thema. Man muss in die Dienstpläne schauen, wer Dienst hatte und wer nicht. In solchen Augenblicken entsteht immer eine entrüstete Unruhe, da der eine oder andere Mitarbeiter Angst vor Schuldzuweisungen hat. Durch ein vorsichtiges Herangehen an die Situation konnte ich die Mitarbeiter davon überzeugen, dass es nicht um Schuldzuweisungen oder ein Fehlverhalten ging.

In dem Augenblick kam eine Kollegin mit etwas Verspätung von draußen, da sie eben noch eine Zigarette geraucht hatte.

Als sie sich neben mich setzte, wäre ich am liebsten aufgestanden, denn sie roch nicht nur wie jemand, der mal eben eine Zigarette geraucht hat, sondern sie stank regelrecht wie ein Aschenbecher, der angefüllt ist mit Zigarettenstummeln und kalter Asche. Das war einfach sehr unangenehm. Sie gehörte zu den Mitarbeitern, in deren Schicht die Mitbewohnerin immer schrie „Igitt, die stinkt, die stinkt, die stinkt", und sie war auch noch für die Bewohnerin zuständig. Für mich war nun alles klar.

Ich fragte ganz vorsichtig, wer von den Mitarbeitern rauche und da meldete sich etwas verlegen die Kollegin, die eben hereingekommen war und ein männlicher Kollege. Da ich selbst etwas Vergleichbares nach einem Krankenhausaufenthalt in einer Reha-Einrichtung erlebt hatte, erzählte ich den Mitarbeitern von der Begegnung mit einem sehr gepflegten und sehr reinlich wirkenden Physiotherapeuten, dessen Kleidung, Haare und Haut dermaßen nach kaltem Zigarettenqualm rochen, dass von seiner eigentlich gut riechenden Körperpflege kaum noch was zu bemerken war. Da er mir durch seine Tätigkeit zwangsläufig ganz nah kam, sich immer wieder über mich beugte, war das mehr als unangenehm.

Als ich ihn mal allein auf dem Flur traf, habe ich ihm dann gesagt, dass ich als Nichtraucher in der Beziehung sicher ein bisschen überempfindlich sei, aber das sei manchmal sehr unangenehm, wenn er sich bei seiner Arbeit so über mich beuge.

Ich denke mal, dass es nicht nur mir so geht, sondern die meisten trauen sich nicht, etwas zu sagen.

Da er sehr umgänglich war und selbst ein Problem mit dem Geruch von Knoblauch und altem Schweiß bei anderen Menschen hatte, verstand er aber, was ich meinte. Ich musste dann zwar nur noch eine Woche mit ihm arbeiten, beziehungsweise mich von ihm bearbeiten lassen, aber es war viel erträglicher. Als ich mich an meinem Entlassungstag aus der Reha von ihm verabschiedete, habe ich ihm noch mal gesagt, dass ich mich gefreut hätte, dass er nicht beleidigt gewesen sei, sondern verstanden hätte worum es mir geht.

Da ich zwischenmenschlichen Beziehungsveränderungen gerne auf den Grund gehe, fragte ich ihn, ob er weniger rauchen würde. Das bejahte er und erklärte, dass es aber auch noch andere Gründe dafür gebe. Seine nicht rauchenden Kollegen hätten sich vor einiger Zeit bei ihm beschwert, dass es ihnen gegenüber nicht ganz fair sei, wenn er zwischen seinen Terminen zwei bis dreimal in der Stunde zum Rauchen vor die Tür gehen würde. Das wäre ja in gewisser Weise jedes Mal eine Pause von mindestens 5 Minuten, und wenn man das auf acht Arbeitsstunden hochrechnen würde, hätte er ja fast eineinhalb Stunden mehr Pausen als alle anderen und bekäme die auch noch bezahlt. Ein Kollege habe ihm sogar gesagt, wenn er das nicht ändere, dann würde er für sich auch das Recht herausnehmen mindestens ein bis zweimal in der Stunde vor die Tür zu gehen, um frische Luft zu schnappen. Da er das gute Betriebsklima nicht stören und seine Kollegen nicht weiter verärgern wolle, gehe er jetzt nur noch alle 2-3 Stunden mal eine Zigarette rauchen. Damit kämen die Kollegen klar und mir als Patient sei das ja auch aufgefallen.

Als ich mich von ihm verabschiedete, bedankte er sich bei mir für meine Offenheit, denn das habe ihm geholfen, auch das Anliegen der Kollegen zu berücksichtigen und deren Verhalten nicht mehr als Mobbing zu sehen. Er überlege inzwischen, ob er nicht ganz mit dem Rauchen aufhöre, da ihm die Reduzierung erstaunlicherweise nicht schwergefallen sei.

Dieses Beispiel konnte auch die Kollegin im Seniorenheim nach anfänglich verlegenem Ärger für sich gelten lassen, ohne beleidigt zu sein. Nachdem die allgemeine Verunsicherung wich und sich eine ermutigende Atmosphäre von Offenheit breitmachte, hatten auch einige der nicht rauchenden Kollegen im Team den Mut, mir zuzustimmen. Auch wenn es ihnen anfangs sehr schwer fiel, darüber so offen zu reden und Kollegen zu kritisieren, die sie eigentlich gerne mögen.

Der Gesichtsverlust hatte sich durch Offenheit und Ehrlichkeit auf ein für alle erträgliches Maß reduziert und keiner fühlte sich an den Pranger gestellt.

Aber das haben wir alle nicht gelernt.

Die von allen Seiten mit Aggressionen beladenen Themen zwischen Rauchern und Nichtrauchern, ziehen sich wie ein roter Faden durch dieses Buch, genauso wie es sich durch alle dadurch gestörten Beziehungen zieht. Der gern rauchende Mensch ist nun mal der Verursacher von störenden Gerüchen, die er selbst kaum wahrnimmt. Da er sich eingeschränkt und bevormundet fühlt, nimmt er die Kritik nur an sich und seiner Person wahr, nicht aber, dass nur der störende Geruch kritisiert wird.

Solche kleinen, ohne Vorwurf angesprochenen Themen, können Großes in allen Lebensbereichen bewirken und bewegen. (Zu ähnlichen Fällen kommen wir im Kapitel „Umgang mit einem in eine dementielle Welt verrückten Menschen" noch ausführlicher.)

Wenn wir in unserem Alltag miteinander reden, neigen viele von uns dazu, nur über belanglose Äußerlichkeiten zu reden: Wer mal wieder was für eine Kleidung trägt. Wer wieder was nicht gemacht hat und wer wann was gesagt hat. Als lebten wir alle in einer Dokusoap und hätten keine anderen Sorgen. Ich finde das einfach nur peinlich.

Das Thema Beziehungen in der Pflege ist ein heikles Thema, weil Gefühle mit im Spiel sind, auf die wir wenig Einfluss haben. Für den Pflegenden ist es schwer, einen Menschen zu versorgen, der ihm unsympathisch ist. Umgekehrt ist es genauso schwer, sich von einem Menschen versorgen zu lassen, den man abstoßend findet, obwohl er sich ganz viel Mühe gibt.

Wie schon im Kapitel „Die kleinen Dinge bewegen die Welt" erwähnt, bin ich der Meinung, es gibt im Leben nicht viele vergleichbare Situationen, in denen sich Menschen einem eventuell Fremden so schutzlos ausgeliefert fühlen, wie bei den doch recht intimen und nahen Beziehungen durch die Körperpflege in einer Pflegesituation. Und nicht nur in der Pflege, sondern auch im ganz normalen Alltag begegnen wir den Menschen, die anscheinend nicht nur mit Nähe und Distanz ein Problem haben, sondern mit jeglicher Beziehung, die mit anderen Menschen zu tun hat.

Stellen Sie sich mal folgendes Szenario vor. Sie haben einen freien Tag, sitzen draußen in einer Eisdiele, es ist einer der ersten Frühlingstage, die Sonne scheint. Sie wollen einen Cappuccino trinken, ein bisschen „Leute gucken" und das Wetter genießen. Bevor Sie „Nein"… sagen können, „hier ist besetzt", obwohl der Platz frei ist, setzt sich ein taktloser, dreister und ungepflegt wirkender Mann mit an Ihren Tisch. Er grinst Sie richtig blöde an und sagt: „Ach, wie schön kann das Leben sein…, und dann noch bei so einem Wetter, das ist einfach herrlich."

Obwohl Sie einfach nur Ihre Ruhe haben wollen, textet er Ihnen regelrecht Blutblasen an die Ohren, mit Sachen, die Sie nicht mal im Ansatz interessieren und versucht, Sie auf eine unvorstellbar dumme Art und Weise anzubaggern. Dadurch, dass er wohlig beide Arme in den Himmel reckt und streckt, haben Sie seine handflächengroße verschwitzte Achselhöhle seines linken Armes direkt neben sich. Die Art der ausströmenden, Ammoniak ähnlichen, Ausdünstungen seines schmierigen T-Shirts lösen fast Würgereize bei

Ihnen aus und Sie haben das Gefühl, gleich einen spitzen Stock von dem Gestrüpp unter seinen Armen ins Auge zu bekommen. Seine ungepflegte Art und das von Akne entstellte Gesicht machen den Eindruck, dass die reifen Dinger in den schwarzen Poren aufspringen, wenn der morgens in den Spiegel grinst.

Da er total unsensibel mit andern Menschen umgeht, macht es wohl auch keinen Sinn, mit ihm irgendwas bezüglich Distanzlosigkeit zu thematisieren, denn er wird nicht verstehen was Sie meinen.

Er scheint eh nichts mitzukriegen, da er der Bedienung durch seine mit den Armen rudernden Bewegungsabläufe erst mal die Lieferung von zwei großen Eisbechern zum Nebentisch vom Tablett haut.

Da kann man nur schnell austrinken, zahlen und gehen.

Ekelig und total übertrieben, denken Sie jetzt sicher, und was hat das mit Pflege zu tun? Sehr viel meine ich, denn solche rustikalen Frohnaturen gibt es unter Pflegenden wie auch unter den Pflegebedürftigen. Die treffen dann aufeinander und können sich in einer Pflegesituation nicht aussuchen, wer was macht und wer was zulässt oder zulassen muss, und sie können auch nicht einfach zahlen und gehen.

Er, naturgegerbte braune Haut, hat was von einem alten durchtrainierten französischen Fremdenlegionär. Etwa 1,90 cm groß und mit kräftigem muskulösem Körperbau, einem freundlichen derben Gesicht mit einer unreinen Haut, wie ein „Sack voll Türklinken". Es wird irgendwie dunkler im Zimmer, wenn er durch die Tür kommt, der Krankenpfleger Rüdiger. Einer der alten Garde, der in den 60/70igern hängengeblieben ist, nicht nur, was die eigene Körperpflege betrifft, sondern in allem, was ihn umgibt und er von sich gibt, Aussehen, Kleidung, Gedankengänge, Redewendungen. Immer irgendwie rastlos ist er durch das Leben gezogen, ohne feste Bindungen, alle Feste so gefeiert, wie sie kamen, jeden Morgen noch die Reste vom Öl unter den abgefressen wirkenden Fingernägeln, vom Schrauben an seinem alten Hanomag. – Er würde gut in die Generation der ‚Werner' Comic-Liebhaber passen.

Sie liegen wegen einer „Unterleibsgeschichte", wie es so unschön heißt, auf einer gynäkologischen Station im Marienhospital und da kommt dieser Kerl am Morgen vor Ihrer Operation zu Ihnen ans Bett und grinst auch wie ein Sack voll Türklinken. Er ist ja ganz nett und Sie kennen ihn auch schon vom Sehen auf dem Flur. Aber ob er wirklich von Stationsschwester Gabi den Auftrag hat, bei Ihnen die notwendige Intimrasur zu machen, nur, weil Schwester Gabi notfallmäßig in den OP musste...? Und es soll keine andere Schwester greifbar sein? Das können Sie sich irgendwie nicht vorstellen.

Alles, was Sie durch Ihre gute Erziehung gelernt haben, nämlich allen Menschen gegenüber tolerant zu sein, egal woher sie kommen, wie sie heißen und aussehen, egal ob sie übel riechen oder gewalttätig wirken, dass Tätowierungen und Nasenringe heute nicht mehr unbedingt was mit Seeleuten und Gefängnissen zu tun haben müssen..., das hilft Ihnen jetzt auch nicht weiter. Dieses freundliche, aber doch irgendwie „grob motorisch wirkende Monster" macht Ihnen einfach Angst.

Da Sie gehört haben, dass „es" schon seit Jahren auf dieser Station arbeitet, fällt es Ihnen schwer zu protestieren, zumal Schwester Gabi sehr nett ist. Und wenn die Ihnen diesen Typen schickt, dann muss der sein Geschäft ja wohl verstehen. Eigentlich ein Unding, denken Sie jetzt sicher, aber Schwestern übernehmen ja auch bei den Männern die „Intimrasur" zur OP-Vorbereitung, wenn kein männlicher Kollege da ist.

Und dann... Sie verstehen die Welt nicht mehr..., er konnte es einfach perfekt, sauber, ordentlich und vorsichtig. Kein einziges Härchen hat er stehengelassen, Ihre Intimsphäre hat er gewahrt, so gut es in dieser Situation überhaupt möglich war. Er bat Sie sogar um Mithilfe, bestimmte Hautbereiche durch entsprechende Positionierung mit Ihren eigenen Fingern so parat zu halten, dass er beim Rasieren so wenig wie möglich Ihre Genitalien berühren musste.

Die Bettnachbarin war auch sehr baff, wie dieser Fels in der Brandung so viel Feingefühl haben konnte.

Trotzdem sind Sie froh, dass alles vorbei ist. Ihrem Mann wollen Sie das lieber nicht erzählen, weil Ihnen das peinlich ist.

Denn irgendwie war das auch..., na nicht gerade prickelnd, aber doch irgendwie..., na ja wohlig auch nicht..., wie in einem Roman eben..., es hat etwas „gepilchert" ... naja..., eben etwas verboten erotisch, oder so..., wie ein kleines Abenteuer, von dem keiner was weiß. Bis auf die Bettnachbarin hat das ja auch keiner mitbekommen, und was soll die schon erzählen, war ja nichts Schlimmes und was Sie empfunden haben, geht keinen was an, oder?

Irgendwie haben Sie jetzt das Gefühl, dass das Grinsen von Pfleger Rüdiger beim Betreten des Zimmers vielleicht doch eher Verlegenheit war. Denn nach Beendigung der peinlichen Prozedur, wirkte er genauso erleichtert wie

Sie selbst. Wie man sich täuschen kann... – und so viel zum Thema Voreingenommenheit durch erste Eindrücke, Pflege und Sexualität; auch dazu später mehr.

Genauso kann es andersherum sein. Sie arbeiten als Krankenschwester in der Pflege auf der Urologie, müssen einen männlichen Patienten ebenso für eine OP vorbereiten. Der männliche Kollege ist zurzeit anderweitig beschäftigt und das rationelle Abarbeiten der Aufgaben lässt dem Pflegepersonal nicht viele Freiräume, egal, ob Ihnen diese oder jene Tätigkeit gefällt oder nicht, das ist Ihr Job.

Es ist dann genauso unangenehm, diese Tätigkeit als Frau bei einem Mann vorzunehmen, der sich schämt, wie auch bei dem, dem das geile Glück nur so aus den Augen schaut, weil der Pfleger jetzt keine Zeit hatte und Sie „dran" sind.

Ebenso schwer ist die Versorgung bei den Patienten, Mann oder Frau, das ist egal, die einem auf der persönlichen Ebene aus unerfindlichen Gründen unangenehm sind. Das kann an der körperlichen Unsauberkeit des Pflegebedürftigen, an seiner Ausstrahlung liegen oder auf Gegenseitigkeit beruhen, das ist für beide Parteien dann sehr schwer, sich auszuhalten.

Stellen Sie sich mal vor, Sie sehen im normalen Alltag einen Unfall und begegnen auf diesem Weg noch einmal dem Typ aus der Eisdiele. Wenn jetzt sein Leben von Ihrer Mund-zu-Mund Beatmung abhängt, dann hat er doch schlechte Karten, oder? Dem Pflegepersonal oder der Ärztin in der Notaufnahme geht es nicht viel anders, auch wenn sie andere Mittel haben, jemanden zu beatmen. Das gilt natürlich für alle Kollegen aller Berufsgruppen, von den Sanitätern bis hin zu den Ärzten, ob männlichen oder weiblichen Geschlechts.

Da stelle ich wieder die gleiche Frage: Wie geht ein alter, dementer Mensch damit um, der nicht weiß, was die Frau oder der Mann mit dem weißen Kittel von ihm will. Wer von beiden Parteien nun irgendwie komisch aussieht oder übel riecht, ist und sollte vom rein sachlichen Handeln her absolut unwichtig sein..., ist es aber nicht. Wie soll ein dementer Mensch, adäquat reagieren, wenn wir Jüngeren schon nicht imstande sind, uns unserem Ärger entsprechend zu wehren oder ein Missverständnis aufzuklären, weil uns Anstand und unsere gute Erziehung davon abhalten? Wie können wir das dann von einem Menschen erwarten, der eventuell noch ein tadelloses Selbstbild von sich hat, aber nicht merkt, dass sein Denken und Handeln nicht mehr synchron ablaufen und zeitweilig total gegensätzlich sind?

Wie ein alter Mensch mit sich und anderen umgeht, hängt davon ab:

- Wie er mal war, wer er mal war, wo er war und wo er herkommt. In welcher Zeit er aufgewachsen ist, was ihn geprägt hat, welche Bildung und welchen Stand er in der Gesellschaft hatte.

- Wie viel verbales Tipp-ex sinnbildlich bei seiner Erziehung und Bildung verbraucht wurde, um ihn bei dem zu korrigieren, was man sagt und nicht sagen darf.

Deshalb ist die Lebensqualität eines Pflegebedürftigen abhängig von der Beziehung zu den Menschen, die ihn versorgen und weniger davon, ob sie ihr Handwerk der Pflege nach DIN-Norm verstehen und ein dementsprechendes Zertifikat haben.

Wenn ich als professionelle Pflegekraft einen Menschen versorgen muss, den ich nicht ausstehen kann, vor dem ich mich ekle oder vor dem ich Angst habe, sollte mir klar sein, dass ich ihm weder von meiner Aufgabenstellung her, noch sonst irgendwie gerecht werden kann. In einem guten professionellen Team kann ich so was ansprechen, ohne gleich mit Blicken oder blöden Kommentaren geächtet zu werden. Diese gehandhabte Transparenz gibt auch anderen Kollegen die Chance, in vergleichbaren Situationen ebenso zu reagieren.

Trotzdem scheint es im normalen Pflegealltag selten möglich, diese Ideale wegen enger Zeitpläne, Dienstvorschriften oder den unterschiedlichen mentalen Voraussetzungen aller an der Versorgung Beteiligten, in die Tat umzusetzen. Aus eigener Erfahrung kann ich Ihnen sagen, es ist viel öfter möglich, als wir alle denken.

Ich habe immer vor Augen, dass jeder von uns in seinem Leben mehr als einmal pflegebedürftig ist, ganz unabhängig vom Alter. Und die meisten von uns haben schon mal im Krankenhaus erlebt, wie es ist, wenn man von gefühllosen Trampeltieren versorgt wird Das kann man ein paar Tage bis zur Entlassung aushalten, da das Pflegepersonal wechselt und die meisten Pflegenden sich bemühen, ihre Klienten so zu versorgen, wie sie selbst in der gleichen Situation versorgt werden möchten. Mich aber über Wochen, Monate oder sogar Jahre bis ans Lebensende von jemand versorgen zu lassen, der mich nicht leiden kann oder den ich aus unerfindlichen Gründen nicht ausstehen kann..., da kann ich die vielen Suizidversuche von Pflegebedürftigen verstehen, von denen die Öffentlichkeit kaum was erfährt.

Das Thema, „kann ich einen Menschen adäquat pflegen, den ich nicht mag", betrifft alle Pflegenden, die in den Heimen, Wohngruppen, ambulanten Pflegediensten arbeiten, ebenso wie die familiäre Pflege.

In der professionellen Pflege besteht eher die Möglichkeit, Lösungen zu finden, um allen Beteiligten gerecht zu werden. Wenn die Mitarbeiter durch ihre Teamleitung die Chance bekommen, offen mit ihren eigenen Bedürfnissen und Empfindungen umzugehen, haben sie die besten Voraussetzungen, manchmal so arbeiten zu können, dass alle Beteiligten davon profitieren.

In der familiären Pflege hingegen ist oft die emotionale Einbindung, die Verpflichtung, die jahrelange gemeinsame Geschichte, das in vorwurfsvollen Gesprächen immer wiederkehrende Aufreißen alter Wunden und Narben, schlecht vernäht durch finanzielle und gesellschaftliche Verflechtungen, ein großes Problem.

In der Einleitung habe ich geschrieben:

„Für eine anstehende Erbschaft ist manchmal das Aushalten von gestörten Beziehungen anscheinend eine Art Vorfälligkeitszins, den man zu zahlen hat."

Darüber „redet man nicht" ist oft eine häufige Aussage von Angehörigen, wenn es um Probleme in der Familie geht...nein, sowas kennen wir nicht, das gibt es bei uns nicht. So entsteht aus dem miteinander Umgehen ein wortwörtliches Umgehen des Unangenehmen. Da frage ich dann immer ganz freundlich und möglichst leise, damit sich das nicht so vorwurfsvoll oder arrogant anhört: „Wie meinen Sie das, dass es bei Ihnen keine Probleme gibt, oder reden Sie nur nicht darüber, weil sich das nicht gehört?"

Die Menschen gehen mit solchen Fragen ganz unterschiedlich um, es hat nach meiner Erfahrung auch was mit dem sozialen Status zu tun. Früher sagte man ab einer gewissen gesellschaftlichen Stufe, der oder die kommt aus „gutem Hause". Ich möchte da nicht weiter drauf eingehen, weil es große Unterschiede gibt, wie sich die Familien in der Öffentlichkeit präsentieren. Manchen Menschen sieht man ihren Stand schon von weitem an, andere müssen ihn laut und mit Äußerlichkeiten immer wieder proklamieren. Früher sprach man hinter vorgehaltener Hand von „Neureichen". Eins haben beide gemeinsam, bei bestimmten Fragen oder Gesprächsthemen, die mit Konflikten in der Familie zu tun haben, wird man entrüstet mit hochgezogenen Augenbrauen angeschaut. Die eben zuletzt Genannten neigen dann aber zu entrüsteten Kommentaren, die man in wirklich „gutem Hause" nicht hören würde.

Da sind wir wieder beim Thema Wahrheit; und wer will die denn hören?

Das unbewusste oder bewusste Abrechnen von noch offenen Rechnungen in Beziehungen ist oft der Grund für einen distanzierten Umgang. Wenn wir gezwungenermaßen Beziehungsproblemen nicht aus dem Weg gehen können, umgehen wir uns bei jeglichen Begegnungen mit freundlichen Floskeln, so wie im diplomatischen Dienst. Die Art und Weise der gesellschaftlichen Verlogenheit haben uns die Erwachsenen ja schon in der Kindheit vorgelebt. Als Kind lernt man ganz schnell, was man sagen darf und was nicht.

Das scheint aus meiner Sicht auch eine entscheidende Triebfeder während der Pubertät zu sein, wenn über uns die bisher einigermaßen heile Welt der Beziehungen zusammenbricht, wenn wir das „Piep, piep, piep... wir haben uns alle lieb", nicht mehr aushalten können.

Diese, durch die Lebensgeschichte verwobenen und verstrickten Beziehungen zwischen Angehörigen und den Pflegebedürftigen, macht es sogar der professionellen Pflege häufig sehr schwer, ein für alle Betroffenen „gesundes" Maß an Pflege zu finden. Sie kommen leider auch oft erst zum Einsatz, wenn viel Familien-Porzellan zerschlagen ist. Das äußere Bild, das alle Familien zu wahren bemüht sind, bröckelt wie eine alte Fassade. Nur ein neuer Anstrich hilft da auch nicht, da muss gekärchert[*]) werden, um an den Kern des Gebäudes heran zu kommen, um dann abzuklären, wie viel Hilfe bei der Renovierung nötig ist.   [*]) Kurze Erklärung s. S. 332

Für einen neutral Außenstehenden ist es viel leichter Klartext zu reden, als für die Familienangehörigen untereinander und miteinander. Nach einer Analyse der augenblicklichen Lebenssituation strapaziert die „Renovierung" und Umstrukturierung der Wohnung zu einem pflegegerechten Standard nicht nur die Nerven der Angehörigen, sondern auch die finanziellen Rücklagen.

Das nächste Problem sind noch die weiter weg wohnenden Familienmitglieder, die ihr Erbteil nicht für Pflegemaßnahmen schwinden sehen möchten, da aus ihrer Sicht alles gar nicht so schlimm ist...! Oder anders gesagt, sie sind ja nicht persönlich von der Situation mit Vater oder Mutter betroffen und können überhaupt nicht mitreden. Doch sie tun es und machen es den täglich an ihre Grenzen Gehenden noch schwerer und ein schlechtes Gewissen... – Wie sage ich an dieser Stelle immer: „Da gehen Deckel hoch, da tauchen Rechnungen auf, von denen man nicht mal im Ansatz dachte, dass es sie gibt."

Die Fraktion der Anwälte lebt davon ganz gut und reibt sich bei solchen Dramen mit Sicherheit schmunzelnd ganz leise die Hände.

Ich habe hier ein paar interessante Fragen zu Beziehungen in Ihrem Umfeld, die bei Fortbildungsteilnehmern anfangs sehr viel Angst ausgelöst haben. Wenn man sie ganz anonym für sich allein und vor allem ehrlich beantwortet, kann nicht viel passieren, außer, dass man sich vielleicht erschreckt und vieles auf einmal anders und klarer sieht, weil einige Gründe hierfür transparent werden. Das gilt für die professionelle, wie auch für die häusliche Pflege, da sind Kinder, Partner und Verwandte gewissermaßen die Kollegen.

- Wie ist meine Beziehung zu mir, mag ich mich?

Wer in der Pflege arbeitet, sollte sich diese Frage stellen, auch wenn man sich nicht auf dem Selbstfindungstrip befindet. Am einfachsten ist es, wenn man mit sich selbst ehrlich ist und sich diese Frage morgens im „ungepflegten" im „ungeschminkten" Zustand vor dem Spiegel stellt. Am besten ganz unbekleidet, da sieht man, ob man sich selbst wirklich so mag, wie man sich sieht. Ganz still, ohne „Gute-Laune-Radio" mit „Gut-drauf-Musik" und ohne den „Alles-kein-Problem-Moderator" vom Lieblingssender, unbeobachtet, alleine mit noch etwas Zeit zum Nachdenken.

Das geht nicht? – Sie haben hierfür keine Zeit, die Kinder müssen zur Schule, die Brote müssen gemacht werden, Sie müssen zum Dienst oder Sie müssen Mutter noch „fertigmachen"? – Da sollten Sie sich doch vielleicht mal fragen, wer hier wen fertigmacht oder einfach dem Spiegel glauben, wie er Sie zeigt. Wenn Sie sich so nicht mögen, wie Sie sich sehen, sollten Sie mit sich selbst ehrlich sein und zu sich selber sagen, was Sie denken. Wie ein kleines Kind, das den Eltern noch ganz unbedacht sagt, wenn Sie aus dem Mund riechen.

Wenn Sie sich mögen, so wie Sie sich gerade sehen, scheinen Sie gut für sich zu sorgen. Dann strahlen Sie dieses Wohlfühlen auch aus und haben so die Chance, auch anderen durch Ihre positive Ausstrahlung den Mut oder die Lust zu geben, Sie zu mögen. Dann kommt von denen etwas zurück, was bei Ihnen und Ihrer Selbstachtung eine Art Perpetuum Mobile-Effekt auslösen kann, wenn Sie mit sich ehrlich und im Reinen sind. An anderen Menschen geht das nicht spurlos vorbei und sorgt dafür, dass sich andere in Ihrer Gegenwart wohlfühlen und gerne mit Ihnen arbeiten und sich freuen, wenn Sie da sind.

Es sei denn, Sie sind so eine rustikale Frohnatur wie der Typ aus der Eisdiele mit einer Eigenwahrnehmung wie ein Dampfhammer, dann mögen Sie sich auch ohne Spiegel und verstehen die Welt nicht, wenn Ihnen andere aus dem Weg gehen, wenn Sie Ihnen begegnen. Sie würden dann aber nicht mal im Ansatz verstehen, worum es in diesem Kapitel geht. Wenn Sie dann noch irgendwo was von Empathie lesen, könnte man in Ihrem Gesicht nicht nur die vielen Fragezeichen sehen, sondern es stünde auf Ihrer Stirn in dicken Lettern geschrieben „Error".

- Wie ist meine Beziehung zu meiner Arbeit, mag ich sie?

  Die Antwort kennen nur Sie, seien Sie ehrlich zu sich.

- Warum gehe ich zur Arbeit, warum arbeite ich in der Pflege, oder warum habe ich meinen eigentlichen Beruf aufgegeben und versorge jetzt Mutter oder Vater zu Hause?

  - Ich wollte immer schon in der Pflege arbeiten.
  - Es ist ein Beruf, in dem ich aufgehe, der mich glücklich und zufrieden macht, oder war das vor vielen Jahren so?
  - Heute bin ich nur noch in der Pflege tätig, weil ich das Geld brauche.
  - Weil mir zu Hause die Decke auf den Kopf fällt.
  - Weil das besser ist, als im Supermarkt an der Kasse zu sitzen.
  - Für mich ist das ein Job, wie jeder andere auch.
  - Dass ich meine Eltern pflege, ist doch selbstverständlich, es sind doch meine Eltern!

Dass jemand aus „Berufung" mit dem dazugehörigen Heiligenschein in der Pflege arbeitet ist heute sehr unwahrscheinlich, und wenn mir das einer weismachen will, ziehe ich erst mal die Augenbrauen hoch und denke mir meinen Teil. Vielleicht habe ich auch durch über 30 Jahre Berufserfahrung ein falsches Weltbild von den wenigen Samaritern, die ich in Pflegeberufen erlebt habe.

Die meisten Heiligenscheine wurden von Scheinheiligen getragen, die nach außen hin vor Güte und Verständnis dahin schmolzen, aber wenn sie sich unbeobachtet fühlten, ihre Macht über die von ihnen abhängige Menschen genossen.

Meiner Erfahrung nach sind es eher die stillen und behutsamen Menschen, die gerne in der Pflege arbeiten, und die machen nicht viel Brimborium um ihre Person. Leider werden sie oft mit ihrer menschlichen Art ein Opfer der heutigen Zeit und brennen irgendwann aus, weil ihr Arbeitsstil nur den Pflegebedürftigen zugutekommt und nicht den Kostenträgern.

Die Mehrzahl der Pflegenden gehört meiner Meinung nach eher zu den ruhigen und stillen Menschen.

Im Kapitel: „Die kleinen Dinge bewegen die Welt" habe ich geschrieben:

„In Wirklichkeit sind die Sensiblen und vermeintlich Schwächeren, die viel Stärkeren unter den Pflegenden. Sie gilt es zu schützen, durch Stärkung und Förderung ihrer Fähigkeiten. Sie benötigen Hilfe bei der Abgrenzung vom Erlebten in ihrem Arbeitsalltag".

Die meine ich mit: „Die eher stillen, die nicht viel Brimborium um ihre Person machen."

Ähnlich geht es den Pflegenden zu Hause. Die meisten fühlen sich verpflichtet, für die Eltern da zu sein, wenn sie Hilfe benötigen und sie machen es auch gerne, solange das Ganze von den Eltern genauso gerne angenommen wird. Eltern bleiben aber immer die Eltern und die Kinder bleiben immer die Kinder. Unbesprochene Probleme der letzten Jahrzehnte zwischen Alt und Jung lassen sich nicht wegkuscheln und schönreden. Sie liegen wie Zeitbomben zwischen den Beziehungen und warten nur auf das passende Codewort, wie der Schläfer eines terroristischen Netzwerks, da hilft auch kein Pilcher'n. Selbst mit Kärcher'n muss man manchmal vorsichtig sein und den Druck reduzieren.

Gibt es Tage, an denen ich besonders gerne zum Dienst gehe oder zu Hause pflege, und was ist an diesen Tagen anders?

Das ist eine interessante Frage und verbirgt unter Umständen die erste Zeitbombe.

> ➤ Liegt es an den Kollegen/innen, mit denen ich an diesen bestimmten Tagen zusammenarbeite?
>
> ➤ Liegt es daran, dass ein Kollege/in nicht da ist, krank ist oder Urlaub hat?

> Liegt es an den Patienten/Bewohnern/Eltern, die ich versorgen muss, sind es andere als üblich?

> Ist jemand entlassen/verlegt worden oder verstorben.

Was macht mir die Pflege und das Aushalten der Situation zu Hause an manchen Tagen leichter?

> Kollegen, Partner/Kinder/Familie sind im Haus, oder weg, liegt es daran?

> Gehe ich mit Menschen immer so um, wie ich mir wünsche, dass mit mir umgegangen wird?

> Schaffe ich das wirklich immer und wenn nicht, was ist dann?

> Was und wer hindern mich daran, so zu sein, dass ich mit meiner Pflegeaufgabe so zufrieden bin, als wenn ich für mich selbst sorge.

Denken und arbeiten meine Kollegen/Verwandten so wie ich?

> Einige denken und arbeiten sicher so wie ich.

> Aber andere sind hier verkehrt, die gehören hier nicht hin, weil sie nicht das nötige Feingefühl und die teilweise notwendige Distanz zu den Patienten/Bewohnern/Eltern nicht aufbringen können.

Das Gleiche gilt für die Pflege innerhalb von Familienangehörigen. Es gibt sehr unterschiedliche Sichtweisen und Beziehungen zu dem Pflegebedürftigen, die ein Abwechseln in der Pflege sehr schwer machen, weil man die Gründe der Probleme wegen der familiären Knebelsituation selten thematisieren kann. Da gibt es Dinge, über die wird einfach nicht gesprochen und nach außen wird gepilchert[*], Piep… Piep… Piep…   ([*] s. S. 332)

In Wirklichkeit laufen dort unheimliche Sachen hinter dem Rücken des Pflegebedürftigen und den anderen Familienmitgliedern ab, die irgendwann sowieso zur Sprache kommen. Banale Angelegenheiten, die in einem offenen Gespräch aller Beteiligten friedlich und sachlich hätten geklärt werden können, werden dann mit Hauen und Stechen ausgetragen, Maßnahmen und Mittel stehen überhaupt nicht im Verhältnis zur Sache. Das Ganze hat dann eine Aura von Erbschleicherei und eigener Unzufriedenheit mit dem Leben. Doch bevor Familien deswegen zerbrechen, Pflegende krank werden, sollten diese Dinge angesprochen werden, Klartext eben und Transparenz für alle Beteiligten!

Wie gesagt, man kann auch mit weniger Druck Kärcher'n im Sinne von Klartext reden, aber mit Pilcher'n kommt man gar nicht weiter.

Möchte ich von Kollegen/Verwandten gepflegt werden?

Wenn man beim Nachdenken über diese Frage erst mal tief durchatmen muss, dann scheint die Frage schon beantwortet zu sein. Es ist eine sehr spezielle, fast sogar intime Frage und wirft Ihrerseits wieder Fragen auf, warum von dem oder der gerne und von dem oder der nein, mit einem unausgesprochen... um Gottes Willen, nein!!! Wie gesagt, die Frage ist sehr komplex und eine ehrliche Beantwortung festigt selten Familien- oder Team-Strukturen.

Die Art, wie man darüber nachdenkt, was einem alles durch den Kopf geht, beantwortet die Frage schon ohne konkrete Antwort und wirft viele Fragezeichen und Probleme auf bezüglich Kollegen im Team und in der Familie.

Warum von welchem Kollegen/Verwandten nicht?

Es gibt Menschen, die man außerordentlich gerne mag, mit denen man gerne zusammen ist und mit denen man auch gerne arbeitet. Aber auch in diesen Beziehungen gibt es Grenzen, die einem selbst erst klarwerden, wenn man über solche konkreten Dinge nachdenkt. Und dann macht es nicht unbedingt Sinn, eine ansonsten wünschenswerte Beziehung durch zu viel Transparenz zu gefährden, auch wenn sich das etwas widersprüchlich zur vorher geforderten Offenheit anhört. Das Preis-Leistungsverhältnis, in Bezug auf das, was kaputtgehen kann und was ich dafür bekomme, muss stimmen, weniger kann manchmal mehr sein.

Diese Frage geht sehr ans Eingemachte und muss individuell beantwortet werden. Wenn die Diskussion doch öffentlich gemacht wird, gibt es neue Probleme. Die erklären dann die Frage von ganz alleine, lösen aber nicht den Konflikt. Gleichzeitig bietet sich eine Chance und ein guter Ansatz zur Lösung der Probleme, in Form einer Supervision für das ganze Team oder für eine Familienberatung.

Mit wem kann ich darüber reden, ohne Mobbing zu betreiben oder meine Position im Team oder in der Familie zu gefährden?

Mit dieser Frage werden wieder Beziehungen auf die Probe gestellt. Es geht darum, ob der Gesprächspartner verschwiegen genug ist, das ihm Anvertraute für sich zu behalten, mit mir gemeinsam nach einer Lösung meines Problems zu suchen oder einfach nur als verschwiegener Zuhörer mir Entlastung verschafft.

Hier muss man genau abwägen, wem man sich anvertrauen kann, sonst kommt noch mehr Sand ins Getriebe. Beziehungen und Vertrauen sind nicht automatisch kompatibel, genauso wenig wie Gefühl und Verstand, obwohl die beiden sich manchmal ganz gut ergänzen.

Habe ich in meinem Leben für mich selbst genügend Zeit?

Die Zeit für sich persönlich hat man bestimmt, aber ob man sie auch für sich nutzt, das ist die Frage. Und warum man sie nicht nutzt, ist einige Überlegungen wert. Das kratzt wieder an den Lebensumständen und wirft die Frage auf, ob es Sinn macht, etwas zu ändern, schließlich lebt man nur einmal. Das Leben ist endlich.

Es gibt eine schöne Metapher, wo ein alter Mann in einem Savannen-Dorf in Afrika mit seiner Sippe lebt und von einem jungen Forscher befragt wird, wie sie zurechtkommen. Der alte Mann wirkte sehr zufrieden, obwohl ihn der junge Mann davon überzeugen wollte, was sie alles haben könnten, wenn sie dieses oder jenes ändern würden und womit sie Zeit sparen und mehr schaffen könnten. Der alte Mann lachte nur und sagte: „Wir müssen keine Zeit sparen, davon haben wir mehr als ihr. Wir haben die Zeit und ihr die Uhr."

Deshalb macht es Sinn, mal über die Beziehung zu sich selbst und die Zeit, die man für sich beansprucht, nachzudenken. Wie viel man sich selbst wert ist und ob das alles so richtig ist, was man mit sich macht oder „ob man sich von anderen leben lässt."

Da kommt dann die Frage auf, wie kann ich zu einem anderen Menschen eine gute Beziehung entwickeln, wenn ich zu mir selbst keine bzw. eine für mich unbefriedigende Beziehung habe.

Warum bin ich für andere immer da und für mich zu wenig?

Diese Frage stellen sich viele in der Pflege Tätige, ob in der Familie oder im Beruf. Mit einem: „Ich bin eben so" oder „Ich war noch nie anders", wird die Frage nicht beantwortet. Bevor man sich mit sich selbst „auseinandersetzt", sollte man erst mal in sich gehen und sich „mit sich selbst zusammensetzen" – wortwörtlich gemeint – und überlegen, was man überhaupt will. Das ist wie die Suche nach der Wahrheit, mit dem dazugehörigen Schrecken, wenn man sie findet. Nur so kann man was ändern, wenn man das will, oder alles so lassen, wie es ist. Dann darf man aber nicht klagen.

Ihnen fallen sicher noch Fragen und Erklärungen ein, die sehr viel über die Beziehungen zu sich selber und ihrem Umfeld aussagen und die sich ganz enorm auf Ihre eigene Lebensqualität auswirken, wenn Sie es zulassen können.

Wie sollen wir die Antworten finden, geschweige denn bereits kennen, wenn wir vor solchen Fragen Angst haben?

„Das haben wir alle nicht gelernt, damit umzugehen..." würde mein Freund Lutz Dieter jetzt wiedersagen; wie Recht er doch hat. Denn das ist genau das Problem, dass wir alle haben bzw. die meisten von uns nicht gelernt haben, offen und ehrlich mit uns selbst zu sein, geschweige denn gegenüber anderen.

Da sind wir schon wieder bei den Kindern. Sie sagen bis zu einem gewissen Alter noch Dinge, die ihnen irgendwann nicht mehr über die Lippen kommen, weil man gewisse Dinge nicht sagt oder nicht sagen darf. Beispiel: Es gibt Verwandte, Nachbarn und andere Menschen, die meinen, Kindern über ein gewisses Maß hinaus nahe kommen zu dürfen, und wundern sich dann, wenn diese sich wegdrehen und versuchen, einer distanzlosen Nähe mit Ablehnung zu begegnen. Wenn Kinder in solchen Situationen ehrlich sind und sagen: „Iiih, du stinkst aus dem Mund" oder auch nur, „Du riechst komisch", bekommen sie zu hören „Das sagt man nicht".

Als Kind hatte ich im Alter von vier oder fünf Jahren ein Erlebnis, das auch in diese Richtung geht. Ich weiß nicht mehr, ob mein Vater auch dabei war, da er alles was mit Kirmes und Rummel zusammenhing, nicht leiden konnte und total ablehnte. Meine Mutter und „Tante Rolle" waren dabei, das weiß ich noch so genau, weil sie die Hauptrolle in dem Erlebnis spielte.

Fasziniert von dem bunten Treiben, den Karussells, den glitzernden Buden und ihren lautstarken Verkäufern, sah ich zum ersten Mal in meinem Leben Zuckerwatte. Ich hatte vorher schon einige Kinder mit so einem großen Bausch gesehen, und als wir an dem Stand mit der Zuckerwatte vorbeikamen, wollte und konnte ich nicht vorbeigehen. Ich zog so lange an der Hand, die mich in dem engen Gewühl festhielt, bis wir stehen blieben, ich hochgehoben wurde und mit sicher großen Kulleraugen sah, wie die sich um den Holzstab wickelnde Watte zu einem großen Bausch anwuchs. Obwohl diese große Menge Zuckerwatte für ein kleines Kind eigentlich nicht zu schaffen war, kaufte Tante Rolle mir eine Portion und meinte, wenn mir das zu viel sei, nehme sie den Rest.

Ich strahlte wie ein Primelpott, wie man damals zu sagen pflegte, und war erst mal damit beschäftigt, den Zuckerbausch zu balancieren, damit er mir nicht durch sein Gewicht vom Holzstab fiel, zumal ich in der Enge des Getümmels dauernd angerempelt wurde. Eine Hand nach oben, mich an den Erwachsenen festhaltend und mit der anderen den Stab haltend, konnte ich über die Zuckerwatte nicht hinausgucken, sie schien größer zu sein, als mein Kopf. Und als Kind sieht man zwischen den vielen Erwachsenen ohnehin nur Unterkörper um sich herum, über sich die Oberkörper, die mit bunten Lichterketten behangenen Dächer der Kirmes Buden und den dunklen Himmel.

Mit einem Mal hörte ich von oben: „Lass mich auch mal", und schon beugte sich Tante Rolle mit geöffneten Mund nach unten. Ich mochte sie eigentlich ganz gerne, sie war eine gemütliche, rundliche, ältere Frau, auf deren Schoß ich immer gerne saß und ihr Kuscheln genoss, weil ich das sonst nicht kannte. Aber das, was da auf mich zukam, war einfach ekelig.

Ihr muss wohl schon eine ganze Weile das Wasser im Mund zusammengelaufen sein, denn das Herunterbücken zu mir und ihr „Lass mich auch mal…" waren eins. Ihr Speichel tropfte von ganz oben in langen Fäden auf meine Zuckerwatte. Sie biss einen großen Happen ab und hob dann ganz langsam wieder ihren Kopf, wobei zwischen ihrem Mund und meiner Zuckerwatte, meinem Empfinden nach, meterlange Speichelfäden hingen, die mich 30 Jahre später in einem Alien-Film an Tante Rolle erinnerten.

Da auch ich gelernt hatte, dass man nicht das sagt, was man denkt, blieb mir vor lauter Ekel nichts anderes übrig, als meine geliebte Zuckerwatte infolge eines seitlichen Remplers von einem rücksichtslosen Mitmenschen, einfach fallen zu lassen. Da ich sauer und traurig war, fiel es mir auch nicht schwer zu weinen, und ich machte damit meine eigene Verlogenheit perfekt.

Es gehört sich anscheinend nicht, immer die Wahrheit zu sagen, obwohl uns die gleichen Eltern, Lehrer und andere erziehenden und prägenden Einflussnehmer auf unser Verhalten, verbal oder auch körperlich eingebläut haben, immer die Wahrheit zu sagen.

Da passt wieder das Sprichwort:

Wer die Wahrheit sucht, soll sich nicht erschrecken, wenn er sie findet.

Das ist ein Problem, das uns ein Leben lang begleitet.

Wann darf man die Wahrheit sagen und wann nicht?

Wie halte ich als Kind meine Wut im Zaum, wenn ich ungerecht behandelt werde und mir der Mund verboten wird, obwohl ich die Wahrheit weiß, die mich sofort entlasten würde?

Ich darf sie nicht aussprechen, weil ich damit die Erwachsenen und das oft verlogene System des Zusammenlebens von Menschen und Beziehungen schon als kleiner Mensch infrage stelle.

Wir haben alle gelernt, dass es zwei Wahrheiten gibt. Die eine, reine und tatsächliche Wahrheit, die man in verschiedenen Lebenssituationen besser für sich behält. Die will weder jemand hören noch die möglichen Konsequenzen tragen. Die andere, verlogene Wahrheit, darf ausgesprochen werden, solange sie nichts infrage stellt und die davon betroffenen keinen Nachteil haben. Das mit den zwei Wahrheiten zieht sich wie ein roter Faden durch unser ganzes Leben; das mit der Verlogenheit ebenso.

Hierbei fällt mir immer ein, wie problematisch das Thema in vielen Paarbeziehungen ist und in was für riesige Fettnäpfchen wir treten, wenn wir ehrlich sind. Beispiel: Wenn sich die Partner von heute auf morgen optisch sehr verändern, kann das ein Problem für den anderen sein.

Hanna war beim Friseur und liebt die Abwechslung und kommt mit einem Kurzhaarschnitt nach Hause. Ralf liebt diese Frau, die er mal mit langen Haaren kennen gelernt hat. Wenn er auf ihre fragenden Blicke: „Na, wie sehe ich aus?", ehrlich antworten würde, hätte er ein Problem, das nicht nur mit einem Blumenstrauß zu lösen wäre. Wenn Ralf sich die Haare rot färben oder ohne Ankündigung eine Glatze schneiden lässt, wäre das für Hanna ebenso sehr gewöhnungsbedürftig. Doch dass ein Mann so etwas tut, kommt eher selten vor. Frauen sind da bei dem, was der Friseur so für Ideen oder Trends im Angebot hat, etwas mutiger, vertragen aber (ein ehrliches) erstauntes oder sogar entsetztes Echo von anderen nicht unbedingt gut.

Sie kennen sicher auch die Paare, die alles gemeinsam machen, so, wie es die meisten von uns kennen, wenn man frisch verliebt ist. Beide himmeln sich gegenseitig an, bis irgendwann durch das dauernde aufeinander Rücksicht nehmen und Anpassen, einer der beiden auf der Strecke bleibt. Weil beide auf ihrer rosa Wolke ein manchmal klärendes Beziehungsgewitter vermeiden wollen, wird sich zwangsläufig einer von beiden mit einem: „Na ja Schatz, wenn du meinst" unterordnen, nur damit der andere zufrieden ist, ohne dass ihm richtig bewusst ist, was da gerade in der Beziehung abläuft. So kann sich im Laufe der Jahre eine einseitige Beziehung entwickeln, die nicht mehr aus zwei einzelnen Individuen besteht, sondern aus einem gemeinsamen „Wir. Der stärkere Partner stülpt sich dann bildlich gesehen, ohne schlechte Absicht regelrecht über den anderen. So verabschiedet sich der eine oder andere von sich selbst und wird zum „Wir".

In diesen Beziehungen scheinen beide Persönlichkeiten miteinander zu verschmelzen und werden nicht nur von sich selbst, sondern auch bei Begegnungen mit anderen, nur noch als Fata Morgana ihrer selbst wahrgenommen, als verschwommenes „Wir". Erinnern Sie sich? Ich schrieb im Kapitel „Unter jedem Dach, wohnt...": *„Das sorgt dann dafür, dass beide an der Nordsee die gleichen Regenjacken und Gummistiefel tragen, im Restaurant immer das Gleiche bestellen, nur gemeinsam ausgehen und beide nur gemeinsame Hobbys und Freunde haben"*. Wenn man als Außenstehender mal genau hinschaut, merkt man ganz schnell, dass doch einer der beiden die Zügel des „Wir" in der Hand hat und dem anderen überhaupt keine Chance auf eigene Sichtweisen lässt, geschweige denn auf andere Bedürfnisse, ohne es selbst wahrhaben zu wollen.

„Vertrauen ist gut, Kontrolle ist besser", sagt der Volksmund, doch wer meint, eine Beziehung kontrollieren zu müssen, hat den ursprünglichen Auslöser der Beziehung und manchmal auch schon den Bezug zum Partner verloren. So verfestigt sich jegliches Denken und Handeln in starre Gewohnheiten, die ein vordergründiges Gefühl von Sicherheit vermitteln. Diese über Jahrzehnte nach außen hin gutaussehende Fassade wirkt manchmal irgendwann auch nach innen und neutralisiert die Eigensinnigkeiten des Dominierenden ein wenig. Er wird sich fürchterlich erschrecken, wenn der andere aus dem „Wir" erwacht und merkt, dass „er selbst" und sein „Ich" doch noch da sind und eigentlich zusammengehören.

Oft reicht eine kleine Störung des gemeinsamen Alltags aus, und ein Krankenhausaufenthalt mit anschließender Reha kann dafür sorgen, dass beide erleben, wie unselbstständig sie geworden sind. Jeder wird auf seine Art und Weise mehr oder weniger merken, wie sehr er durch sein Verhalten auf der einen Seite von der gemeinsamen Beziehung profitiert, aber auf der anderen Seite sich selbst in dem anderen verloren hat. Das kann eine Chance sein, endlich mal über die „Selbstverständlichkeiten" in ihrer Beziehung zu reden und zu versuchen, diese aus der Verlogenheit der (schein-)heilen Welt zu retten, bevor sie beide gemeinsam oder getrennt mit ihr untergehen.

Ein großes Problem wird sich vor diese Chance stellen: Das ehrliche, wirklich offene miteinander Reden haben die meisten von uns nicht gelernt. Oder sie haben es im Laufe der Jahre durch den Umgang mit den Problemen, im

Sinne von Umgehen derselben, verlernt. Hinzu kommt, dass viele Menschen mit ihrer Offenheit und Ehrlichkeit schon zu oft schlechte Erfahrungen gemacht haben und in der Beziehung ein „gebranntes Kind" sind. Das gilt auch für Paarbeziehungen, denen die Aufrechterhaltung einer Musikantenstadel-Fassade wichtiger ist, als das ihnen verlorengegangene Gefühl, was sie mal zusammengebracht hat.

Offenheit kann auch entwaffnend sein und den, der so nicht sein kann, erst etwas beschämen. Der durch Scham entstehende Ärger setzt viel Energie frei, die man nutzen und in Mut umwandeln kann. Mut, um die Offenheit des anderen für sich als Chance zu nutzen und verlorenes Vertrauen durch eigene Öffnung gegenüber dem anderen zurück zu gewinnen.

In dem Kapitel „Die kleinen Dinge bewegen die Welt" habe ich geschrieben: *„Wenn aus einer so gelebten Beziehung eine Pflegebeziehung wird, die noch mehr einschränkt, durch ungewollte Nähe Lebensräume noch dichter macht und die letzten Lebensträume vom selbstbestimmten Leben im Alter platzen lässt, dann wird es tatsächlich eng – in jeder Beziehung."*

Wir können nicht jedem mit der gleichen Intensität vertrauen, weder beruflich noch privat, aber eine Pflegebeziehung ohne Vertrauen ist keine gesundheitsfördernde Beziehung und wird am ursprünglichen Ziel vorbeigehen. Intuition und das eigene Empfinden durch Validation sollten gemeinsam der Maßstab sein, wie wir mit anderen Menschen umgehen, ohne sie und uns selbst zu umgehen.

Mit jemandem umgehen ist ja bekanntlich was Anderes, als jemanden zu umgehen.[2] Das sollten wir auf keinen Fall tun – in keiner Beziehung. Gemeinsames Denken und Handeln, so wie wir es für uns auch wünschen, dass mit uns umgegangen wird, ohne dass uns jemand umgeht oder hintergeht.

Diese Wortspielerei kann von großer Bedeutung sein, aber dazu mehr im Kapitel: „Umgang mit einem in eine dementielle Lebenswelt verrückten Menschen"

---

[2] Umgangssprachlich heißt umgehen so viel wie, um etwas herumgehen, aus dem Weg gehen, ausweichen, fernhalten, vermeiden, sich entziehen, jemanden meiden, sich vor etwas drücken, einen Bogen machen usw.

Nähe und Distanz – das Problem in jeder Beziehung

Die zunehmende Vereinsamung und Isolierung in unserer Wohlstandsgesellschaft mit den damit verbundenen Schwierigkeiten, „altes Leben" mit all seinen Tücken auszuhalten und damit umzugehen, ist für manche Familienkonstitutionen wie eine Gratwanderung zwischen gespielter Liebenswürdigkeit und verborgenem Hass.

Ich gebe Ihnen Recht, dass meine Formulierung „altes Leben" auszuhalten, wirklich sehr hart ist, obwohl viele alte Menschen das selbst so sehen und sich selbst als Last für die Jüngeren erleben. Das liegt aber auch daran, wie „den Alten" oft begegnet wird. Der Umgang mit ihnen vermittelt ihnen manchmal das Gefühl, dass man sie am liebsten umgehen möchte, weil viele Begegnungsinhalte den jungen Menschen häufig einfach lästig sind.

Wenn man die Chance hat, mit alten Menschen alleine, ohne Partner und Familie, zu reden und sie einem vertrauen, fällt es ihnen leichter, über ihre Gefühle bezüglich des Alters zu sprechen.

„Dass ich mich alt und gebrechlich fühle, verberge ich vor meiner Familie so gut es geht", sagte mir eine 86-jährige alte Dame bei einem Hausbesuch, nachdem ihre Schwiegertochter mich mit ihr endlich hat alleine sprechen lassen. „Manchmal wünsche ich mir, dass die durch die Familie bei mir verursachten Gefühle von Wut und Traurigkeit ansteckend sein müssten. Dann würde ich sie am liebsten alle gemeinsam in den Arm nehmen und mit meinen Gefühlen infizieren, damit sie endlich mal aus ihrer verdammten Rosamunde Pilcher und Musikantenstadl-Welt aufwachen ... Mir geht es nicht darum, immer jammern zu wollen, ich möchte nur genauso ernst genommen werden, wie ich die anderen ernst nehme. Vielleicht ginge es mir dann viel besser, in diesem goldenen Gefühlskäfig meiner scheinheiligen Familie ... Von dem, wie es mir wirklich geht, wollen die nichts hören und sagen immer nur, ich soll nicht so viel jammern ... „Wenn mir endlich mal einer zuhört, wie Sie jetzt, kann ich meinen ganzen Ärger, meine ganze Wut auf die Ignoranten meiner Gefühle ein wenig loswerden und das tut so gut..." diese alte Dame lebte mit ihren Kindern und Enkelkindern zusammen und fühlte sich trotzdem einsam und verlassen ... „Nach außen hin, für die Nachbarn, die Verwandten usw. ist alles in Ordnung und es wird auch alles dafür getan, dass das Bild der „heiligen

Familie" stimmt. Aber Sie glauben gar nicht, wie oft ich meine Schwiegertochter heimlich in ihrer Küche weinen höre!"

Von dieser alten Dame habe ich auch die Begriffe „Pilcher'n", „Courths-Mahler'n" und „heile Musikantenstadl-Welt" übernommen, weil sie damit alles so treffend beschrieben hatte.

Sie war noch nicht im eigentlichen Sinne pflegebedürftig und dement, aber die Schwiegertochter fühlte sich verpflichtet, sie zu pflegen. Sie pflegte aber nicht die Gefühle ihrer Schwiegermutter, sondern kümmerte sich um Äußerlichkeiten, stellte überall Duftkerzen auf, damit es „gut" riecht und sorgte dafür, dass alles sauber ist, wenn mal jemand zu Besuch kommt. Das war für die alte Dame sehr beschämend und gab ihr das Gefühl, in einem Museum zu leben, in dem die alten Sachen hin und wieder abgestaubt werden müssen.

Der „Pflegealltag" wird nach einigen Wochen und Monaten der Eingewöhnung für alle Betroffenen nicht unbedingt leichter und einfacher. Der Pflegebedürftige und der Pflegende kennen sich inzwischen ganz gut, die Begegnungen werden langsam zur Routine.

Der nicht sehr abwechslungsreiche Alltag des Pflegebedürftigen ist oft sehr langweilig, die einzigen Höhepunkte des Tages sind die Mahlzeiten und wenn mal jemand kommt. Meistens kommt jedoch nur die Pflegekraft zu den vereinbarten Zeiten und sonst kaum einer. Auf der einen Seite scheint der häufige Wechsel von Pflegekräften dann eine gewisse Abwechslung in das Leben des Pflegebedürftigen zu bringen, auf der anderen Seite müssen sich alle Betroffenen in wechselnden Beziehungen immer wieder neu aufeinander einstellen. Das gilt für beide Seiten.

In der häuslichen privaten Pflege kümmert sich meistens nur eine Person um den Pflegebedürftigen, und das kann durch familiäre Verflechtungen und Verpflichtungen manchmal für alle Beteiligten sehr schwierig werden. Der Pflegende ist meistens überlastet, die nicht in die Pflege Eingebundenen haben ein schlechtes Gewissen oder verdrängen es, indem sie in Gesprächen das Thema meiden oder ihm ausweichen.

Das ist so ähnlich wie in der Ehe und anderen Partnerschaften. Nach einer gewissen Zeit tritt der Alltag ein, und dann gibt es Tage und Wochen, die irgendwie langweilig sind, weil durch das dauernde aufeinander Hocken ein bisschen die Luft raus ist und eine Abwechslung manchmal ganz guttäte. Oft reicht ein gemeinsamer Urlaub aus, um eine Beziehung durch neue und andere Eindrücke aufzufrischen.

Wenn eine gemeinsame Auffrischung nicht gegen das „Klammern" in Beziehungen ausreicht, bricht schon mal der eine oder andere Partner aus und sucht sich kurzfristig eine neue Beziehung, in der Hoffnung, sich durch das neue Glück wieder wohl fühlen zu können, auch wenn sich eventuell irgendwann das schlechte Gewissen meldet. Das führt natürlich oft zu neuen, zusätzlichen Problemen und manchmal zum Scheitern der alten Beziehung. Das mit dem vermeintlich neuen Glück hält wiederum oft nur so lange an, bis der Alltag auch hier seinen Tribut fordert. Manchmal fehlt auch das, was in der vorigen Beziehung wichtig war, oder es gibt Augenblicke in der neuen Beziehung, die sich trotz der neu gewonnenen Lebensfreude nicht ganz ausgleichen lassen. Was vorher zu viel war, manchmal nervig und unangenehm, fehlt auf der anderen Seite.

Es gibt viele Parallelen zwischen Paar- und Pflegebeziehungen, in der zumindest der Pflegebedürftige manchmal eine zu enge Beziehung zum Pflegenden sucht, weil er der letzte Strohhalm in seinem Alltag ist. Dann wird es manchmal auch für Pflegende zu eng, und sie brauchen etwas Abstand durch eine Auszeit. Diese Augenblicke gibt es häufiger in der familiären Pflege, sie kommen jedoch auch in der professionellen Pflege vor.

Die Gratwanderung zwischen Nähe und Distanz macht es nicht ganz einfach, sich anderen Menschen gegenüber ausgewogen zu verhalten, ohne ihnen durch Distanzlosigkeit zu nahe zu treten und gleichzeitig einen respektvollen, der Beziehung angemessen Abstand, zu halten.

Durch das Zusammen- und Auseinandersetzen mit diesem Thema verspreche ich Ihnen immer wieder neue Erkenntnisse, die nicht nur den Ihnen anvertrauten Menschen zugutekommen, sondern Ihnen auch persönlich in jeder Beziehung helfen können. Sie werden aber sicher auch schon oft genug erlebt haben, dass Probleme und Schwierigkeiten beim Umgang mit Nähe und Distanz gleichermaßen im beruflichen wie im privaten Bereich auftreten können.

Beziehungspflege, also die Pflege von Beziehungen, macht nicht nur im Alltag Sinn, sondern sollte auch die Basis für jede Pflegebeziehung sein, ganz unabhängig vom Alter des Pflegebedürftigen.

Die Disengagement-Theorie besagt, dass ältere Menschen häufig den Wunsch haben, sich im Alter von gesellschaftlichen Rollenverpflichtungen und Aufgaben zurückziehen zu können. Dadurch können sie sich besser auf sich selbst und ihr Alter konzentrieren und haben endlich die Chance, sich von den unangenehmen Eigenschaften unserer lebenslänglichen Tretmühle zu distanzieren. Sie können von dem „Du musst" in die Ruhezone des „Du kannst, wenn du willst" wechseln. Das schafft ein ganz neues Gefühl, auch mal durch Inaktivität und Ruhe endlich mit einer ebenso neuen und ungewohnten Lebenszufriedenheit belohnt zu werden, die man sich immer schon gewünscht hat.

Das ist gleichzeitig eine Chance für die jüngeren Menschen, die frei werdenden Ressourcen des Arbeitslebens durch eigene Aktivitäten zu nutzen.

Der eine oder andere ältere Mensch zieht sich auch deshalb zurück, damit sein Umfeld nicht so schnell seine körperlichen und seelischen Abbauprozesse bemerkt, weil das meistens mit tief verborgener Scham verbunden ist.

„Wenn du dich selbst vergisst, vergessen dich andere auch ganz schnell, sobald du nicht mehr kannst und nicht mehr so funktionierst, wie sie dich brauchen", habe ich im Kapitel „Die kleinen Dinge bewegen die Welt" geschrieben. In der neuen Lebensphase des Alters kann ein gewisses eigennütziges Denken dafür sorgen, dass man besser an seinen noch verbliebenen Ressourcen und deren Korrekturen arbeiten kann. Das heißt, wenn man im Alter mehr Zeit und Ruhe hat, auf sich zu achten und sich um sich selbst zu kümmern, kann man nach außen hin seine altersbedingten Defizite besser korrigieren und kaschieren.

Das wiederum sorgt dafür, dass man länger als älterer Mensch den Ansprüchen und den Kontaktbedürfnissen jüngerer Menschen entspricht. Je mehr man sich um sie bemüht, umso länger haben sie Interesse, den Kontakt aufrecht zu erhalten. Es entsteht eine Art Perpetuum Mobile, das seine Energie durch gegenseitiges füreinander Da-Sein und Zuhören, Geben und Nehmen und durch das Gewicht der gegenseitigen Achtung gewinnen kann. Die notwendige Dynamik zum Ausgleich von Nähe und Distanz ergibt sich dann oft ganz automatisch, durch beiderseitiges Interesse.

Allerdings sollte das Auftreten und Verhalten dem Alter und der eigenen Würde entsprechen, denn ein auf coole 28 Jahre getrimmtes Aussehen, fördert nicht die Achtung, die man im Alter erwarten kann. Das andere Extrem sind Menschen, ganz gleich, ob jung oder alt, die nach dem Wilhelm Busch-Motto leben: „Ist der Ruf erst ruiniert, lebt es sich völlig ungeniert"!

Die Disengagement-Theorie besagt zwar auch, dass nur körperliche und geistige Pflege notwendig sei, nicht aber Beziehungspflege, um den alten Menschen angemessen zu betreuen.

Das sehe ich etwas anders, denn eine gewisse Reduzierung an sozialen Kontakten bedeutet einerseits auch mehr Freiheit und Freiraum für den einzelnen und andererseits eine Wertsteigerung der verbleibenden Kontakte, durch eine andere Intensität.

Wenn das auf Gegenseitigkeit beruht, schaffen weniger Kontakte manchmal mehr Raum für Nähe und Wärme innerhalb der wirklich wichtigen Beziehungen. In diesen Lebensphasen erledigen sich oft die oberflächlichen Beziehungen von ganz alleine und geben Raum für neue Beziehungen frei. Vielleicht auch mehr Freiräume für die ehrlichen und wichtigen Beziehungen. Man kann auch sagen, es trennt sich die Spreu vom Weizen, es zeigt sich, wer wirklich zu einem steht und wer die wirklichen Freunde sind.

Diese Situation erleben viele Menschen auch schon lange, bevor sie pflegebedürftig werden, zu einer Zeit, wenn sie aus dem Arbeitsleben ausscheiden. Für viele Menschen im Rentenalter ist es erschreckend zu erleben, wie schnell bisherige Kontakte zu ehemaligen Arbeitskollegen abreißen und in gewisser Weise für immer verlorengehen. Selbst wenn man bemüht ist, die Kontakte weiter aufrecht zu erhalten, kann das nur funktionieren, wenn das auf Gegenseitigkeit beruht.

Nach meinen Erfahrungen, besonders in der Arbeit mit psychisch veränderten Menschen, stehe ich auf der Seite der Befürworter der Bezugspflege, die meinen: *„Je abhängiger ein Mensch von der Hilfe der Pflegenden ist, umso größer wird die Bedeutung, die der Pflegende für ihn bekommt"*. Das birgt aus meiner Sicht andererseits auch die Gefahr: Je abhängiger ein Mensch von der Hilfe ist, umso abhängiger ist er von der dazu gehörenden Nähe und Distanz. Er wird sich dem nicht nur anpassen, sondern versuchen, durch ein übermäßig angepasstes Verhalten, noch mehr Nähe zu bekommen. Das wiederum bedeutet für den Pflegenden, dass er eine gewisse Ausgewogenheit zwischen liebevoller Nähe und freundlicher Distanz finden muss, um keine zu hohen und verkehrten Erwartungen beim Pflegebedürftigen zu wecken. Gerade im Altenheim ist die pflegende Person oftmals die einzige, wichtige Bezugsperson.

Die Art und Weise von Beziehungen in der Pflege von alten Menschen bedeuten ganz oft ebenjene Gratwanderung zwischen Distanz und Nähe. Wenn die Mischung stimmt, bekommt der Pflegebedürftige das Gefühl, dass es sich auch in seiner Situation noch lohnt, sich auf jeden Tag zu freuen.

Die beste Voraussetzung dafür ist eine vertrauensvolle Atmosphäre, geprägt von Interesse und Akzeptanz auf beiden Seiten. Dafür ist, besonders bei psychisch veränderten alten Menschen, ihre Biografie von großer Bedeutung, denn um einen alten Menschen wirklich kennenzulernen, müssen wir ihn in seiner gesamten Persönlichkeit vor dem Hintergrund seines individuellen Lebensschicksals sehen.

Jeder Mensch wurde geprägt durch seine gesamte Lebenssituation, ihren günstigen und ungünstigen, manchmal sogar krankmachenden und kränkenden Bedingungen. Sein ganzer Lebenslauf ist entscheidend für seine heutige Persönlichkeit und seine körperliche und psychische Befindlichkeit.

Alte Menschen zeigen oft ausgeprägte individuelle Verhaltensweisen, die dem Pflegenden manchmal den Umgang mit ihnen und den inneren Zugang zu ihnen, also das Nahekommen, erschweren. Dann ist es zum besseren Verständnis des Menschen unumgänglich, die in seiner Vergangenheit liegenden und möglichen Ursachen, die seine heutigen Verhaltensweisen begründen, herauszufinden.

Im Kapitel „Die kleinen Dinge bewegen die Welt" habe ich geschrieben: *„Manche Menschen bleiben auch einfach so, wie sie immer waren, schwierig, distanzlos, taktlos, kompliziert und ängstlich, oder einfach nur genauso eigenartig und einzigartig, wie wir alle manchmal sind."* Das Wissen um die Zusammenhänge kann dem Pflegenden Gefühle wie Aggressionen und Ärger nehmen, echtes Verständnis und Akzeptanz bewirken und sich somit positiv auf die so wichtige Grundstimmung zwischen dem Pflegebedürftigen und dem Pflegenden auswirken.

Es gibt keine zwischenmenschliche Situation und keine Begegnung <u>ohne Kommunikation</u>, so wie Sie es im eben genannten Kapitel bereits gelesen haben. Durch die bewusste oder unbewusste Kommunikation werden Informationen weitergegeben, Beziehungen geknüpft oder auch gestört. Neben dem Bedürfnis nach sprachlicher Kommunikation gibt es auch viele emotionale Bedürfnisse, die auf nonverbale Weise ausgedrückt werden.

Ich möchte im Folgenden auf das Bedürfnis nach Intimität eingehen, das immer mit dem Wunsch nach Nähe verbunden ist, aber auch mit einer gewissen Angst vor den Folgen. Einerseits vor zu großer Nähe, andererseits vor dem „Verlassen-werden" – was immer man auch darunter verstehen mag, dazu gehört aber auch zu viel Distanz.

Positive Aspekte von Nähe beinhalten Toleranz, Freundlichkeit, Mitgefühl, Zuneigung und gegenseitiges Interesse an einer Beziehung.

Nähe wird dort spürbar, wo sich echtes Interesse für den anderen und seine Probleme ausdrückt. Das zeigt sich besonders in einem guten Gespräch. Sich dafür genügend Zeit und Ruhe zu nehmen, ist gerade im Umgang mit alten Menschen von grundlegender Bedeutung, weil das intensive Zuhören, aber auch das gemeinsame Schweigen, manchmal wichtiger sein kann als das Reden. Da-Sein und Zuhören sind von entscheidender Bedeutung für eine gute Beziehung.

Sich genügend Zeit, und Ruhe zu nehmen, das kommt allerdings im normalen Pflegealltag, des Krankenhauses, im Altenheim und sogar bei der Pflege zu Hause immer zu kurz. In vielen Krankenhäusern haben die pflegerischen Mitarbeiter kaum eine Chance, auf den Pflegebedürftigen so einzugehen, wie sie es mal gelernt haben, um ihrer Aufgabe und sich selbst gerecht zu werden. Indem sie das mit der persönlichen Nähe weglassen und eine freundliche, aber sehr distanzierte Beziehung aufbauen, vollziehen sie einen für sich selbst erträglichen Spagat. Diese „freundliche" Distanz ist die einzige Möglichkeit, die Spannung zwischen ihren Zeitvorgaben und dem eigenen Bedürfnis im Rahmen ihres erlernten Berufsbildes zu arbeiten, auszuhalten.

Da in vielen Krankenhäusern die Mahlzeiten von Hilfskräften eines Hol- und Bring-Dienstes auf die Station und teilweise von Stationshilfen in die Zimmer gebracht werden, ist der Kontakt und die notwendige Nähe des Pflegepersonals zum Patienten noch mehr reduziert. Wenn die pflegerischen Mitarbeiter die Möglichkeit hätten, so zu arbeiten, wie sie selbst gerne versorgt werden möchten, würde das sicher anders gehandhabt. Sie könnten durch die Möglichkeit erhöhter Aufmerksamkeit z. B. auch dafür, dass die Patienten mit mehr Appetit genügend essen und vor allem ausreichend trinken. Doch so, wie es zurzeit meistens läuft, kommt es immer wieder vor, dass die Tabletts mit vollen Tellern und der Bemerkung abgeräumt werden: „Oh, heute keinen Hunger?", oder dass am Abend noch das gleiche halbe Glas Wasser auf dem Nachtschrank steht, das morgens eine Schwester im Frühdienst eingeschenkt hatte.

Das passiert leider ebenso im Altenheim und in der ambulanten Pflege, obwohl die persönlichen Beziehungen zwischen Pflegenden und Pflegebedürftigen im häuslichen Rahmen meistens mehr Nähe beinhalten und persönlicher sind als im Krankenhaus. Grund dafür sind einfach die begrenzten Zeitfenster, die eine menschenwürdige Versorgung und Pflege unmöglich machen. Auch wenn der Pflegealltag von Tausenden von Mitarbeitern und abertausend Pflegebedürftigen so oder ähnlich aussieht, sollten wir versuchen die Messlatte für Menschlichkeit und mehr Nähe sehr hoch zu legen, denn die Realität, die alle Betroffenen aushalten müssen, ist sowieso eine andere.

Es geht nicht nur um Pflege von Beziehungen und um einen pfleglichen Umgang miteinander, sondern um ein Menschenbild, für das es sich lohnt, ebenso zu arbeiten und zu leben. Das merkt man eigentlich erst, wenn man selbst hilfsbedürftig im Krankenhaus liegt und sich über die Kollegen ärgert, oder dass es einem dann sogar peinlich ist, dieser Berufsgruppe anzugehören.

Im Krankenhaus fällt einem eher auf, dass Beziehungen immer was mit Distanz und Nähe zu tun haben, und dass wir das in unserem beruflichen und privaten Alltag viel zu oft vergessen. Erst durch das Erleben von Abhängig- und Hilflosigkeit mit dem gleichzeitigen Gefühl, von allen Menschen verlassen zu sein, kann man während eines Krankenhausaufenthaltes erleben. Viele Menschen kennen dieses Gefühl.

Am intensivsten empfindet man es, wenn man von Angehörigen oder Freunden bei der Aufnahme ins Krankenhaus begleitet wird, der Schrank im Zimmer eingeräumt ist und die Begleiter sich dann verabschieden. Es ist ganz egal, ob sie das Zimmer verlassen, während man schon im Bett liegt oder man sie noch bis zur Krankenhauspforte begleitet, um sich dort zu verabschieden. In dem Augenblick, wenn sie sich umdrehen und weggehen, ist kurzzeitig wieder ein ähnliches Gefühl da, das wir alle aus der Kindheit kennen. Z. B. als sich Mutter oder Vater in den ersten Tagen unseres Kindergarten- oder Schulbesuchs im Flur von uns verabschiedeten. Diese Erfahrung, dieses mit Angst und Unsicherheit besetzte flaue Gefühl, sie könnten nicht wiederkommen und wir hätten ihre Nähe verloren, durchflutet uns als Erwachsene in der Situation beim Krankenhausaufenthalt erneut.

Selbst das Wissen darum, dass dieses Gefühl wieder schwindet, vertreibt den Hauch der Verlassenheit nicht. Umso schöner ist es, wenn man wieder abgeholt wird. – Merken Sie was? Da tut sich doch was in Ihnen. Ein Gefühl, eine leichte Beklemmung, so, wie Sie das schon mal erlebt haben...?

Dann halten Sie jetzt mal etwas inne und denken ein paar Minuten nach, was Ihnen so durch den Kopf geht. Vermutlich kommen Erinnerungen an das eigene Verlassen-werden auf und das komische Gefühl, jemanden zurücklassen zu müssen, ein Abschied am Bahnhof, am Flughafen, im Krankenhaus oder im Altenheim. Solch ein Wechsel von der Nähe zur Distanz ist meistens zeitlich begrenzt und änderbar. Anders als ein Abschied für immer, durch eine räumliche Trennung oder durch den Tod.

In der Kinderzeit haben die meisten von uns das mit der Nähe und Distanz zwangsläufig gelernt, im positiven, wie im negativen Sinne. Es gibt die Nähe, die angenehm ist, die warm und weich ist und die gut riecht. Und es gibt die unangenehme Nähe, die einem aufgezwungen wird, sodass man das Bedürfnis hat, sich weg zu drehen und auf Distanz zu gehen.

Jeder, der mal als Kind von Erwachsenen auf den Schoß oder auf den Arm genommen und geknuddelt wurde, egal ob man mit ihnen verwandt war oder sie zum Freundes- oder Bekanntenkreis der Eltern gehörten. Ob es nun Onkel Helmut ist, der immer lustig und liebenswert war, aber durch seine starke Raucherei und seine dauernde Bierfahne wie eine alte Kneipe stinkt. Oder die Nachbarin Tante Inge, die durch ihre ungepflegte Art immer irgendwie säuerlich und nach altem Schweiß roch. Da wird man genommen, ob man will oder nicht, wird geherzt, gedrückt und regelrecht gezwungen, anderen Menschen so nah zu sein, obwohl man sie nicht leiden mag. Wenn man sich dann wegdreht, wird einem das übelgenommen, obwohl es einem selbst schon übel ist, von dieser aufgezwungenen, distanzlosen Nähe eines anderen Menschen. In dieser Zeit lernt man schon als Kind, was die Erwachsenen damit meinen, wenn sie davon sprechen, dass sie jemanden nicht riechen können. Dabei geht es doch eher darum, „jemand nicht riechen zu *wollen*", als um das Können.

Kinder würden eher sagen: „Ob man jemanden riechen *möchte*" und somit leiden mag oder nicht. Vielleicht müssen Sie jetzt etwas schmunzeln, wenn mit einem Mal Erinnerungen aus Ihrer Kindheit auftauchen.

Dann haben Sie sicher sofort wieder vor Augen, wie es im Kindergarten und in der Schule aussah, wie und wo es nach Bohnerwachs und Kreide gerochen hat, und dass es in den Mädchenumkleiden immer anders roch als bei den Jungen, usw. Plötzlich ist wieder alles da, der eine oder andere Lehrer, der immer so eigenartig gekleidet war, Frau Diekmann, die immer so fürchterlich aus dem Mund roch, wenn sie sich über uns beugte und der Geruch von den Umkleideräumen, Turnhallen und Lehrerzimmern.

So viel zu Nähe und Distanz, was die Wahrnehmung von Gerüchen und den dazu gehördenden Gefühlen angeht, die wir alle aus unserem bisherigen Leben kennen, und zu dem Bezug zur Pflege, den wir so viel besser verstehen lernen. Denn hierbei gilt es, dass man sich manchmal sehr überwinden muss, die durch die Versorgungssituation aufgezwungene Nähe kurzfristig auszuhalten, weil es keine andere Lösung gibt.

Ein manchmal notwendiger Krankenhausaufenthalt kann für jeden von uns auch eine Chance sein, durch neue Kontakte und Beziehungen zum

Zimmernachbarn die Wertigkeit von Distanz und Nähe noch einmal aufzufrischen.

Echtes Interesse und Akzeptanz findet ihren Ausdruck, indem man einander wirklich zuhört und bemüht ist, sich in den andern einzufühlen, und nicht darauf wartet, den Gesprächspartner mit eigenen Ansichten und Erfahrung belehren zu können. Genauso wichtig ist, genügend Sensibilität für die nonverbale Kommunikation aufzubringen. Besonders was die Körpersprache angeht – Blickkontakt, eine ruhige Stimme, geduldiges Nicken beim Zuhören. So kann man seinem Gegenüber zeigen, dass man ihn versteht und ihm nahe sein will, wenn auch mit einer der Situation angemessenen Distanz.

Diese Art, auf andere Menschen ein- und zuzugehen ist vielen in unserer schnelllebigen Zeit verlorengegangen, oder wir haben es im Rahmen unserer Sozialisation nie richtig gelernt, warum auch immer.

Besonders für Pflegende ist diese Art der Kommunikation ein unverzichtbares Handwerkszeug, besonders wenn die verbale Kommunikation durch fehlende Sprachkenntnisse oder andere Störungen schlecht möglich ist. Wenn es dann noch gelingt, durch sprachliche Begleitung der Tätigkeit eine persönliche, freundliche Atmosphäre zu schaffen und das Gefühl von Nähe zu vermitteln, wird der andere sich angenommen fühlen und dadurch umso mehr seine Angst abbauen, um sich öffnen zu können.

Es wirkt sich positiv auf seine Grundstimmung und seine augenblickliche Lebenssituation aus – und da Körper, Geist und Seele eine Einheit bilden – auch auf seine körperliche Befindlichkeit und jetzige Leistungsfähigkeit, sich aktiv am Pflegeprozess zu beteiligen. Vertraute menschliche Nähe wirkt sich in vielerlei Hinsicht meistens günstig aus, birgt aber auch Gefahren in sich, dass es zu eng werden kann, in jeder Beziehung, die Menschen miteinander haben können. Und so kann mit unerwartet die gut gemeinte Nähe eine bisher angenehme Beziehung stören und ins Gegenteil umschlagen.

Ein allzu enges Verhältnis kann jeden Einzelnen in seinem täglichen Leben und in seiner Entwicklung eingrenzen, wenn dadurch Kontakte außerhalb der Beziehung kaum mehr möglich sind. Es fehlen für jeden weiteren Entwicklungsprozess die notwendigen Impulse und Bedürfnisse, zu anderen Menschen Kontakt aufzunehmen. Zu große Nähe bewirkt ein ständiges Kreisen um die Beziehung und lässt durch die Enge keinen Raum für etwas anderes. Sie schränkt den Einzelnen unendlich ein und führt zu dem Gefühl, kontrolliert zu werden. Dieses Gefühl kommt meistens erst dann auf, wenn die

Beziehung schon so gestört ist, dass man sich nicht mehr freut, wenn man sich begegnet.

Solch eine Beziehung ist besonders krisenanfällig, denn das starke aufeinander fixiert Sein und die meistens daraus resultierende gegenseitige Kontrolle kann sich unterdrückend und zerstörerisch auswirken. Nicht oder nur schwer annehmbar erscheinende Eigenschaften und Verhaltensweisen des anderen werden bei zu großer Nähe unerträglich und zum ständigen Konfliktherd.

Als ich mit den Teilnehmern während einer Fortbildung über dieses Thema sprach, fing eine junge Altenpflegerin bitterlich an zu weinen. Da alle Teilnehmer aus verschiedenen Regionen kamen und sie sich nicht persönlich kannten, fasste sie all ihren Mut zusammen und sprach über die Enge ihrer Beziehung zu ihrem Freund. Durch das Thema Distanz und Nähe sei ihr gerade klargeworden, dass ihr Freund sie auf seine liebevolle und zuvorkommende Art und Weise regelrecht kontrolliere, bei allem, was sie mache. Sie sei dadurch in vielen Dingen des täglichen Lebens total verunsichert und unselbstständig geworden.

Besonders, wenn die individuellen und einzigartigen Fähigkeiten des Einzelnen untergehen oder der eine den anderen sogar zu beherrschen versucht, wird es Zeit, Stopp! zu sagen, damit man nicht nur das Leben des anderen lebt.

Plötzlich „tauten" alle Teilnehmer etwas auf und berichteten von ähnlichen Einschränkungen, die sie durch die Eltern, Geschwister und auch ihre Partner erleben. Noch nie hätten sie so bewusst darüber nachgedacht.

Nun verstanden sie auch, was ich damit meinte, dass wir Pflegenden „Patienten", die wir gerne mögen, oft zu sehr, wie man im Volksmund so sagt, „auf die Pelle rücken" und den anderen Pflegebedürftigen, denen wir aus verschiedensten persönlichen Gründen *nicht* so nahestehen, gar nicht gerecht werden können.

Während des Schreibens kann ich immer mehr nachempfinden, dass unserem Verhalten ein mehr oder weniger unbewusster Anpassungsprozess vorausgeht, geprägt durch positive und negative Erfahrungen und den daraus entstandenen Konsequenzen, wie man möglichen Konflikten aus dem Weg geht und mit möglichst wenig Energieverlust überleben kann. Oder anders gesagt, wir verhalten uns in allen Lebenslagen so, wie wir es gelernt haben und „wie man zu sein hat", um gut „durchzukommen".

Das Anderssein und Andersdenken als alle anderen, ist sehr schwer durch- und auszuhalten. Demnach scheint das Leben vordergründig einfacher zu sein, wenn wir uns unseren Lebensbedingungen und Voraussetzungen anpassen, um von anderen gemocht zu werden. Das „Lieb-Sein" so, wie wir es als Kinder gelernt haben, scheint eine große Rolle zu spielen.

Zwei Phasen unterbrechen allerdings den Anpassungsprozess des „Lieb-Seins". Das sind die Trotzphase im Kleinkindalter und die Phase der Pubertät in jungen Jahren, in der das mit der Nähe und Distanz für alle Beteiligten ganz schön schwer ist.

Dann gibt es aus meiner Sicht der Welt noch die dritte Phase, die allerdings, soviel ich weiß, nirgendwo beschrieben wird, weil uns allen nicht so richtig klar ist, was da passiert.

- Das ist die Phase, in der sich der alte Mensch nicht damit abfinden kann und will, Hilfe annehmen zu müssen, weil alle um ihn herum es nur gut mit ihm meinen.

- Das ist die Zeit, in der alles ein bisschen länger dauert, das Verstehen von Zusammenhängen, das Denken und Handeln, auch wenn der alte Mensch nicht von einem dementiellen Prozess betroffen ist.

Im „Ruhestand" haben viele ältere Menschen ihr eigenes Tempo und werden manchmal sehr ungehalten, wenn sie zu irgendetwas gedrängt werden, was sie nicht wollen. Das ist die Zeit, ...

- in der Opa nicht verstehen kann, warum er beim Fernsehen einen Kopfhörer tragen soll, nur, weil die anderen meinen, sein Fernseher sei immer zu laut; die Enkelkinder hören ja auch immer laute Musik, aber das sei dann was anderes;

- in der er nicht mehr Auto und Rad fahren soll, weil andere es mit ihm gut meinen;

- wenn er morgens gerne ausschlafen und wie bisher seinen eigenen Rhythmus bestimmen möchte, doch dann kommt morgens um 7 Uhr jemand, der ihn „fertigmachen" will;

- in der uns Jüngeren durch unsere Ungeduld die notwendige Distanz verloren geht;

- in der wir „gutgemeint" den alten Menschen eine viel zu enge Nähe überstülpen, die wir selbst gar nicht aushalten könnten, wenn einer mit uns das Gleiche machen würde.

Im Kapitel „Mit dem Bauch fühlt man besser" habe ich geschrieben: *„Dieses sich nicht einschränken und bevormunden lassen wollen ist im Alter mit einem mal wieder da und führt durch zusätzliche Kommunikationsstörungen unterschiedlicher Ursache, zu vergleichbaren Konflikten zwischen Alt und Jung, wie während der Pubertät, nur in einer umgekehrten Art und Weise der Beziehungen. Als junger Mensch habe ich es nicht für möglich gehalten, wie viel Kraft das beide Seiten kosten kann, denn in jungen Jahren meint man, die Alten verstehen uns nicht und fühlt sich im Recht, zu rebellieren. Im Alter scheint sich das alles zu wiederholen, nur andersrum."*

Das Bevormunden, was gut oder nicht gut für uns ist, setzt bei alten Menschen genau die gleichen oder ähnlich störrischen Verhaltensweisen in Gang, wie in der Pubertät, in der das angepasste „Lieb Sein" erst mal für eine gewisse Zeit verlorengeht.

In diesem Zusammenhang fällt mir ein, was mein Vater in seiner Hilflosigkeit zu mir damals sagte, als ich durch meine schweren Depressionen nicht mehr seiner Norm entsprach, wie man zu sein hat, damit man gemocht wird: „Junge, sei doch wieder lieb!" Ich war innerlich richtig wütend, weil ich mich in meinen „Zustand" von ihm weder ernst genommen, noch verstanden fühlte und trotzdem konnte ich meinen Ärger damals noch nicht dorthin zurückschicken, wo er herkam. Zu dem Zeitpunkt war ich über 50 Jahre alt und der eigene Vater behandelte mich wie ein unartiges Kind, das sich nicht wehren kann..., das macht einen sprachlos, aber das war ich damals sowieso.

Dieses Phänomen habe ich schon in den vorherigen Kapiteln beschrieben: Ganz unabhängig vom jeweiligen Alter:

- Eltern bleiben für die Kinder immer die Eltern,

- Kinder bleiben für die Eltern immer die Kinder,

auch wenn sich daraus in den verschiedensten Lebenssituationen manchmal ganz schön peinliche Situationen entwickeln können.

Das „Junge, sei doch wieder lieb!" bekam ich oft als Kind von meinem Vater zu hören, wenn seine häufigen Prügelattacken bei mir ihre „erzieherische und verachtende Wirkung" verfehlten und er manchmal ein schlechtes

Gewissen hatte. Die Angst vor weiteren Schlägen und wochenlangem Hausarrest ließen mich oft stundenlang lethargisch und leblos dasitzen. Das sorgte für eine lückenlose und widerstandslose Anpassung in vielen Lebenssituationen bis vor einigen Jahren.

„Erfahrung ist das, was du bekommst, wenn du nicht bekommst, was du willst", schreibt Randy Pausch in seinem Buch „Die Lehren meines Lebens" (siehe Kapitel Interessantes und Anmerkungen). Deshalb ist es sehr wahrscheinlich, dass wir uns in einer Pflegebeziehung genauso oder zumindest ganz ähnlich so verhalten, wie in allen anderen Beziehungen, mit wem auch immer.

Die in der professionellen Pflege Tätigen versuchen, sich mit entsprechender Distanz von den Gefühlen, die sie bei ihrer Arbeit begleiten, nicht beeinflussen zu lassen. Doch sie merken immer wieder, dass sie auch nur Menschen sind und viele Situation in ihrem Arbeitsalltag nur deshalb aushalten können, weil sie dafür bezahlt werden.

Gefühle wie Freude, einfach nur gute Laune oder auch Ärger und Wut im Leben, verursacht durch verschiedenste Beziehungen beruflich wie privat, lassen sich nur ganz schwer voneinander trennen.

Es gibt immer wieder Augenblicke und besondere Situationen mit dem Pflegebedürftigen, in denen der Pflegende dazu neigt, sich vereinnahmen zu lassen. Es kann vorkommen, dass die Freundlichkeit des Pflegenden unbewusst Hoffnungen beim Pflegebedürftigen auf spezielle Beziehungen weckt, die weit weg von jeder Realität sind. Wenn sich zum Beispiel die körperliche Verfassung des Pflegebedürftigen gebessert hat und Pflege nicht mehr in dem vorher angewendeten Umfang nötig ist, kann es sein, dass der Pflegebedürftige versucht, Nähe durch bewusst oder unbewusst vorgetäuschte Leiden zu erzwingen.

Manchmal ist das Leiden noch nicht einmal vorgetäuscht und ähnelt dem Verhalten von kleinen Kindern, die auch ganz plötzlich Bauchschmerzen und tatsächlich messbares Fieber bekommen, wenn die Eltern abends zu den Nachbarn gehen wollen und meinen, dass das Kind schon alt genug sei, um ein paar Stunden mit dem Baby-Phone alleine sein zu können.

In Pflegeeinrichtungen kann zu viel Nähe zu einzelnen Bewohnern zu Eifersucht und Neid bei den anderen Bewohnern führen, für die oftmals, trotz ihrer Behinderung, diese Dinge spürbar sind. Wenn in einer dieser beruflichen Situationen zu viel Nähe entsteht, müssen wir auch wissen, dass die Gefahren der Übertragung aus früheren Erlebnissen auf die jetzige Situation sehr groß sind. Zu viel Nähe bedeutet also auch gleichzeitig die Gefahr von Abhängigkeit und Vereinnahmung, für den Pflegebedürftigen und den Pflegenden.

Das gilt ebenso für Beziehung zwischen Kindern und ihren Eltern, unabhängig davon, ob die Eltern ihre Kinder, oder wenn sich die Lebenssituation umkehrt, die Kinder die Eltern versorgen. Um im Umgang mit den mir anvertrauten Menschen zu einer angemessenen Beziehung zu finden, ist folglich in manchen Situationen eine gewisse Distanz nötig. Ich denke in diesem Zusammenhang zum Beispiel an die Körperpflege, durch die man in sehr intimen Kontakt mit dem Pflegebedürftigen kommt. Dadurch ist es möglich, dass Gefühle und Reaktionen hervorgerufen werden, die man selbst erst mal richtig einordnen muss, damit man lernt, sie tatsächlich dadurch zu umgehen, dass man sie nicht auf sich bezieht und persönlich nimmt.

Im Kapitel „Wir ändern uns im Alter nicht – Sexualität im Alter" gehe ich mit einem Fallbeispiel etwas näher auf das Thema Körperpflege und Nähe ein.

Im Bereich der sprachlichen Kommunikation ist es zum Schutz gegen Vereinnahmung oft nötig, ein Gespräch mehr rational und mit innerem Abstand zu führen. Das erscheint manchmal auch deshalb angebracht, weil man im Gegensatz zu dem mehr intuitiven Erfassen durch Einfühlen, mit dem Ziel der Vermittlung von Nähe durch distanzierte Gesprächsteilnahme, Probleme besser beurteilen und einordnen kann, was in manchen Situationen sicher notwendig ist.

In der familiären Pflege kann es zu ähnlichen Problemen kommen, wenn einer der Pflegenden einen besonders guten Draht zum Pflegebedürftigen hat und die anderen Familienmitglieder gewissermaßen außen vor sind. Obwohl die nicht so stark in Pflege und Versorgung eingebundenen Familienmitglieder eigentlich froh sind, dass sie nicht so gefordert werden, nagt da etwas an oder in ihnen, weil sie nicht wissen, was für eine Form von Beziehung da läuft.

Falls die Beziehung zwischen dem Pflegenden und dem Pflegebedürftigen undurchsichtig wird, erbrechtliche Angelegenheiten noch nicht geregelt und geklärt sind, wird die gesamte Situation für alle Beteiligten schwierig, egal, ob der Pflegende zur Familie gehört oder nicht. Deshalb wird auch im nonverbalen Bereich der Kommunikation distanziertes Verhalten des Pflegenden zeitweise notwendig erscheinen. Wenn der Pflegende mit der Art und Weise seiner Arbeit und den dazu gehörigen Beziehungen offen und transparent umgeht, kann er das Konfliktpotenzial im Familienverband entschärfen.

Wie schon im Kapitel: „Die kleinen Dinge bewegen die Welt" beschrieben, bin ich der Meinung, Pflege hat für die pflegenden zwei Seiten:

- Die eine Seite ist hell, macht Freude und zufrieden, wenn man sich selbst nicht vergisst, für alle transparent arbeitet, seine eigenen Grenzen und die des zu Pflegenden sieht und sie einhält.

- Die andere Seite ist dunkel, wie ein schwarzes Loch, das einen anzieht, wie eine dunkle Macht. Es ist eine Art Monopoly, gehen Sie über „Verpflichtung, Anstand, Liebe und Moral" zu ihrem Erb- oder sonstigen Vorteil.

Dann findet diese Gratwanderung zwischen Nähe und Distanz nicht nur zwischen dem Pflegenden und dem Pflegebedürftigen statt, sondern auch zwischen allen Beteiligten. So kommt es immer wieder zu Konflikten innerhalb von Familien, Pflegediensten und allen, die in irgendeiner Art und Weise mit dem Pflegebedürftigen zu tun haben.

Andererseits gibt es auch negative Aspekte von emotionaler Distanz, zum Beispiel dann, wenn der Pflegende „ausgebrannt" ist. Dieser Zustand wirkt sich sehr nachteilig auf den Umgang mit dem Pflegebedürftigen aus. Damit meine ich, die Pflegenden bleiben gedanklich wie räumlich auf Distanz, sie halten Abstand, sodass nur noch unbedingt notwendige körperliche Berührungen ausgeführt werden. Der Pflegebedürftige ist dadurch verunsichert und weiß mit dem Verhalten des Pflegenden nichts anzufangen, denn er bezieht die Verhaltensänderung auf sich und wird es als Bestrafung empfinden. Er hat das Gefühl, durch Missachtung bestraft zu werden! Wofür auch immer. Wie ein Kind, das sich immer gleich schuldig fühlt, wenn die Eltern mal schlechte Laune haben, obwohl es sich selbst keiner Schuld bewusst ist.

Da die Beziehung und Abhängigkeit von Kindern zu ihren Eltern aus meiner Sicht vergleichbar ist, mit denen von Pflegebedürftigen und den Menschen, die sie versorgen, sind die gefühlten Eindrücke ähnlich. Das haben mir viele der Patienten, die ich betreute, bestätigt, bei denen ich sehr oft Schlichter und Vermittler von Beziehungsstörungen in der familiären, wie auch bei der stationären Pflege war, was den Betroffenen in dieser Situation selten bewusst war.

Die Problematik der bisher aufgezeigten Aspekte liegt offensichtlich darin, dass Nähe und Distanz zwei entgegengesetzte Pole sind, zwischen denen der Pflegende hin und her pendelt, um den jeweils angemessenen Abstand zu wahren, ohne zu viel notwendige Nähe zu verlieren. Der Abstand ist abhängig von den Bedürfnissen und Wünschen des Pflegebedürftigen und seiner körperlichen, geistigen und seelischen Verfassung, andererseits aber auch von der eigenen Verfassung des Pflegenden selbst. Ebenso von den äußeren Umständen, unter denen die Pflegebeziehung stattfinden muss.

Das kann abhängig sein von der zur Verfügung stehenden Zeit, den Räumlichkeiten, von Spannungen durch familiäre Streitigkeiten und Beziehungen zu anderen, die ebenfalls in die Pflege involviert sind. Oder auch mit den eigenen Problemen des Pflegenden, die sich unweigerlich aufdrängen, weil sie ihm nicht aus dem Kopf gehen und somit den Pflegeprozess beeinflussen.

Um einem psychisch veränderten Menschen angemessen begegnen zu können, ist es nötig, sich intensiv mit dem Grund seiner Veränderung und seiner Biografie zu beschäftigen, um die unterschiedlichen Bedürfnisse nach zwischenmenschlichen Kontakten zu erkennen.

Es ist sehr schwer, mit einem desorientierten älteren Menschen Kontakt aufzunehmen, da er selbst uns kaum etwas mitteilen kann, was sich pflegerelevant nutzen lässt. Dies resultiert daraus, dass in der Regel nur noch Reste des Langzeitgedächtnisses verfügbar sind, die zur Realisierung der augenblicklichen Situation nicht ausreichen. Sprache funktioniert meistens noch lange, ist aber in ihrer Zusammensetzung nicht mehr so alltagstauglich, sodass die Zusammenhänge weder von ihm selbst noch vom Zuhörer verstanden werden können.

Meistens liegen sowohl Störungen der Informationsaufnahme, wie auch der Informationswiedergabe vor. Die Kommunikation wird auch dadurch behindert, dass der Pflegebedürftige für den Pflegenden und dessen Leben zeitweilig kein Interesse mehr aufbringen kann, sodass also ein wechselseitiges Gespräch meistens nicht mehr möglich ist. Für diese Menschen ist es besonders wichtig, dass man seine Ansprüche zurücknimmt, dass man immer wieder auf der nonverbalen Ebene Ruhe, Geduld und Authentizität ausstrahlt. Als Pflegender ist man mit seiner gesamten Persönlichkeit und Art, auf andere zuzugehen, in diesem Augenblick das wichtigste Instrument der Pflege.

Der alte Mensch, sei er durch den geistigen Abbau noch so schwer behindert, spürt doch, dass mit ihm etwas nicht stimmt, dass sein Gegenüber anders reagiert als früher. Er ist verunsichert und möchte angenommen, ernst genommen und verstanden werden. Vertraute menschliche Nähe wirkt sich günstig auf gedanklich „verrückte" Menschen aus. Denn je mehr der Mensch sich angenommen fühlt, umso mehr wird er seine Angst abbauen. Vielleicht ist er dann nicht mehr so verkrampft, zeigt sich hilfsbereiter und etwas entgegenkommender bei der Körperpflege und beim An- und Ausziehen, vielleicht lächelt er den Pflegenden freundlich an und zeigt damit, dass er sich in dessen Nähe wohl und verstanden fühlt.

Die Kommunikation mit depressiven Menschen ist besonders schwierig, denn sie reagieren oft auf ehrliches Bemühen überhaupt nicht. Sie können keine Rückmeldung geben, auch wenn sie es wollen. Sie fühlen sich gleichgültig, obwohl ihnen nicht alles egal ist, sie haben phasenweise absolut keinen Einfluss darauf. Sie fühlen sehr intensiv, wie sie anderen Menschen vor den Kopf stoßen, haben aber in diesem Augenblick keine Möglichkeit, das zu ändern. Ihr Problem ist der Spagat zwischen der Angst allein gelassen zu werden und ihrem Wunsch, alleine sein zu wollen, weil ihnen die Nähe von anderen Menschen viel zu viel Druck macht. Ein anderes Mal suchen sie große Nähe bis hin zur Abhängigkeit, um dadurch eine vermeintliche Sicherheit zu erlangen.

Depressive Menschen geben uns oft das Gefühl, dauernd ihre Hilflosigkeit unter Beweis stellen zu müssen, in der Hoffnung, ein immer größer werdendes Maß an Zuwendung und Verständnis für ihre augenblickliche Situation zu bekommen. Es scheint aber mehr oder weniger unbewusst abzulaufen, denn ihre Eigenwahrnehmung ist oft sehr eingeschränkt, sodass sie meistens nicht merken, wie sehr sie damit anderen Menschen auf die Nerven gehen. Und wenn sie es merken, scheint es für sie mit so viel Scham verbunden zu sein, dass gleich wieder ein weiterer Rückzug erfolgt.

Gerade in der Gegenwart von depressiven Menschen war es für mich immer sehr wichtig, meine eigenen Gefühle ihnen gegenüber wahrzunehmen, um mich, wenn es mir notwendig erschien, zeitweise abgrenzen zu können. Denn der depressive Mensch soll nicht in seiner Hilflosigkeit von mir abhängig werden, und ich darf mich als Pflegender nicht von ihm vereinnahmen lassen. Im Umgang mit ihm brauche ich trotz aller Nähe eine *innere* Distanz, und ich muss ihm gegenüber ab und zu Grenzen setzen.

Es ist wichtig, zu erkennen, dass Menschen mit dem Krankheitsbild Depressionen sehr leiden, auch wenn sie zunächst rein äußerlich ganz gesund wirken. Ihre Betreuung, Begleitung und Versorgung erfordert in erster Linie Verständnis und Geduld. Mitleid ist aber fehl am Platze. Hilfreich ist eine gute verbale Beziehung, in der sie die Möglichkeit haben, Wut, Ärger und Angst zu äußern und auch über ihre Schuldgefühle sprechen zu können.

Wir sollten sie mit menschlich einfühlender Wärme begleiten und überwiegend Zuhörer sein. Mit einfachem Trost wie: „Das wird schon wieder, du musst nur Geduld haben", machen wir uns als Pflegende lächerlich und unglaubwürdig. Auch wenn bei dem depressiven Menschen das rationale Denken noch möglich ist, kann er es nicht umsetzen, da er den Schlüssel irgendwo in seinem Leben verlegt hat und den Zugang zum sachlichen, rationalen Denken zurzeit nicht finden kann.

Am ehesten kommen vielleicht nonverbale Äußerungen, wie die ihm entgegengebrachte Stimmung und Gesten jeglicher Art, als Zeichen von Nähe an. Einfach nur „Da-Sein und Zuhören" vermittelt mehr Nähe als gut gemeinte Ratschläge und kluge Sprüche.

Menschen, egal welchen Alters, mit Denkstörungen, Halluzinationen und Wahnideen sowie schwer einhergehenden Psychosen leben in einer Welt, die von ihrem ursprünglichen Gefühlsleben abweicht und von Hilflosigkeit, Sprunghaftigkeit und durch Angst geprägte Aggression durchflutet wird. Das ist für uns nicht oder nur schwer verständlich und nachfühlbar.

„Der Schizophrene distanziert sich von den Menschen, braucht Abstand von ihnen, lässt sie nicht zu nahekommen, lässt sich nur begrenzt mit ihnen ein. Wird diese Distanz nicht eingehalten, fühlt er sich bedroht, weil er eine tiefe Angst vor menschlicher Nähe hat!" ... schreibt der Psychoanalytiker Fritz Riemann in seinem Buch „Grundformen der Angst" von August 1987. Diese Menschen brauchen eine verlässliche, eindeutige Beziehung, in der es auch möglich sein sollte, Aggressionen auszudrücken, die oftmals Zeichen von Zuneigung sein können.

In solch einer Beziehung muss auch die Angst zugelassen werden. Im Umgang sind die schizophrenen Menschen oft schwierig und misstrauisch, es wird möglicherweise immer wieder zu Vertrauenskrisen kommen. Auch wenn sie in ihrem Umfeld durch ihre Art und Weise, wie sie mit anderen Menschen umgehen, häufig Angst auslösen, haben sie ebenso vor anderen Menschen Angst. Es ist wichtig, ihre Eigenverantwortung zu fördern, ohne sie zu überfordern. Stimmigkeit von dem, was wir sagen und tun, sowie Einfachheit, Offenheit, Klartext im Rahmen einer angepassten Distanz gibt ihnen ein wenig von der Sicherheit, die sie brauchen.

Trotzdem sind sie immer misstrauisch durch die nie enden wollende Angst, die sie meistens schon seit vielen Jahren Tag und Nacht durchflutet.

Die von mir in diesem Buch gern benutze Wortspielerei, dass „Umgang" was mit dem Umgehen (= Vermeiden, aus dem Wege gehen) zu tun hat, „um etwas herumgehen" und deshalb keinen Zugang zu finden, trifft bei dem Krankheitsbild der Schizophrenie im wahrsten Sinne des Wortes zu. Wie sollen wir denn einen Zugang zu ihnen finden, wenn wir nicht mal den Umgang mit ihnen gelernt haben? Es scheint einfacher, ihnen aus dem Wege zu gehen, als sie durch unser Da-Sein und Zuhören wie eine trutzige Burg zu umgehen, um eventuell doch noch einen verborgenen Eingang im Sinne von Zugang zu finden.

Diese Erkrankung verunsichert alle Beteiligten, den Erkrankten, sein Umfeld und alle die davon Betroffenen und verbreitet bei allen Angst und Unsicherheit.

Das haben selbst psychiatrisch geschulte Menschen nicht gelernt, und es führt sie an ihre Grenzen.

Ähnlich schwer ist der Umgang und noch schwieriger der Zugang zu den Menschen mit wahnhaften Ideen, weil sie irreale und nicht korrigierbare Überzeugungen haben.

Diese ängstlichen Wahnkranken sind oft in ihrer Wahrnehmung so eingeschränkt, dass sie die Umgebung verfälscht erleben. Sie sind trotzdem oft bewusstseinsklar, und man kann gut mit ihnen kommunizieren. Sie haben das Bedürfnis, die sie beängstigenden Wahngedanken äußern zu dürfen und können ganz schwer akzeptieren, dass wir diese Gedanken und ihr Erleben nicht teilen können und auch nicht wollen.

Wir sollten versuchen, auch zu diesen Menschen Nähe herzustellen, damit sie uns an ihren Gedanken teilhaben lassen können. Trotzdem sollten wir sie immer wieder ermutigen, die Realität zu überprüfen. Wir können diesen Menschen ihren Wahn nicht nehmen, dürfen ihn aber auch nicht mit ihnen teilen. Deshalb ist ein Zugang zu ihnen sehr schwer.

Obwohl wir ihre Wahngedanken ernst nehmen, bringen wir ein gewisses Misstrauen in die Beziehung, wenn wir ihnen ganz klar aufzeigen, dass wir diese Gedanken nicht teilen und nicht als real akzeptieren können. Deshalb ist es sehr schwer eine Beziehung aufzubauen und den Spagat hinzubekommen, uns auf die, in eine andere Gedankenwelt verrückten Menschen, einzulassen, ohne uns durch ihr Denken vereinnahmen zu lassen.

Da diese Beziehungen eher einen Umgang als ein Zugang in die anders empfundene Gedankenwelt bedeuten, erlebe ich immer wieder den Unterschied zwischen meinem vermeintlich und hoffentlich „normalen" Denken und ihrem „Anderssein" wollen und müssen, wie beängstigend Wahnideen sein können.

Pflegende haben immer wieder, ob in Familien oder Pflegeeinrichtungen, mit alternden Alkoholikern oder von anderen Drogen abhängigen Menschen zu tun. Es handelt sich dabei oft um Menschen, die schon früh in jungen Jahren angefangen haben zu trinken oder versuchten, sich anderweitig auf eine andere Bewusstseinsebene zu bringen. Und auch um solche, die sich durch die Isolierung in ihrem Umfeld in eine für sie ausweglose Situation gebracht haben oder gekommen sind. Viele haben durch die oft langweilige Atmosphäre seit ihrem Ruhestand mit wenig Unterhaltung und Beschäftigung erst im Alter damit angefangen, Zufriedenheit und Entspannung über den Weg des Alkohols zu suchen.

Die meisten Menschen beginnen auch im Alter nicht mehr, sich Hobbys oder Interessen anzueignen, zu denen sie früher vermeintlich keine Zeit hatten. Nach dem Motto „was Hänschen nicht lernt, lernt Hans nimmermehr" haben sie selten eine Chance, ihrem Leben noch mal etwas anderes, Neues und vor allen Dingen Schönes hinzuzufügen, weil es häufig was mit Freude zu tun hat.

Irgendetwas zu arbeiten gab es immer und dann musste das andere, was mit Lebensfreude und schönen Dingen zu tun hat, eben warten. Und es wartet bei vielen bis zum Lebensende, weil sie das nicht gelernt haben und nicht wissen, wie intensiv sie am Leben mit all seinen schönen Facetten vorbeigegangen sind. Alles was wir nicht kennen, fehlt uns in gewisser Weise auch nicht in unserem Leben und warum sollte ich dann im Alter noch irgendwas ändern?

Was wir nicht gelernt haben, haben wir auch nicht gelernt zu leben.

Da Hobbys meistens Spaß machen, fehlt vielen alten Menschen das Erleben, dass es außer Arbeit und ab und zu mal ein Ereignis zu feiern, auch noch andere Dinge im Leben gibt, die manchmal noch viel mehr Spaß und Lebensfreude auslösen können, als nur die Pflichterfüllungen durch Arbeit und gesellschaftliche Verpflichtungen.

Der eine oder andere von ihnen hat ein irgendwie gestörtes Verhältnis zu sich selbst und zu anderen Menschen, eine Art Persönlichkeitsstörung, die sich durch die Art und Weise zeigt, wie sie ihr Leben gestaltet haben. Gründe zum Trinken gab es bei ihnen immer, aus purer Lust und Lebensfreude, genauso, um den Kummer herunter zu spülen, den sie sich meistens durch ihren Alkoholkonsum selbst bereitet haben. Sie verhalten sich häufig betont unauffällig und überangepasst. Alkohol dient als Ersatz für mitmenschliche Begegnung und mithilfe dieser Droge sollen Ängste, Wünsche und Lebensprobleme bewältigt oder vermieden werden.

Im Alter sind die oft vom Alkohol gezeichneten Menschen depressiv verstimmt und ängstlich. Sie verhalten sich auch aus dieser Angst heraus manchmal aggressiv und haben selten Krankheitseinsicht.

Bei der Arbeit mit Suchtkranken ist eine gute Selbsterfahrung bezüglich Selbstsicherheit und Stressbewältigung sehr wichtig und hilfreich. Man sollte sich als Pflegender oder Betreuender häufig hinterfragen, wie die Beziehung zu dem Klienten ist. Gestaltet er seine Beziehung und Begegnung so, dass er vom Betreuer oder dieser von ihm abhängig wird? Denn sein Problem ist die Verweigerung der Verantwortungsübernahme und die Begegnungsangst.

Vielfach werden hilfreiche Beziehungen und Begegnungen nicht genutzt, sondern es wird alles abgewehrt, das eine Veränderung in irgendeiner Form bringen könnte. Das Jammern und Klagen oder Verdrängen durch arrogantes Auftreten ist für den Abhängigen viel einfacher, als selbst etwas dazu beizutragen, dass sich etwas ändert. Ein suchtkranker Mensch kann die durch Distanz ausgelöste Spannung untereinander und damit die Eigenart des anderen oft nicht akzeptieren, wobei er sich immer im Recht fühlt und meint, alles richtig zu machen.

Die eigene Begegnungsangst von uns neunmal klugen Helfenden gegenüber fremden Menschen zu nutzen und diese Angst beherrschen zu lernen heißt: Erst nach Überprüfung der eigenen Abhängigkeitsneigungen kann man dem Gegenüber zumuten, bei sich selbst zu suchen. Im Klartext heißt das für Helfende, dass sie erst mal bei sich selbst schauen sollten, wie viel Begegnungsangst sie gegenüber Fremden haben, wie sie mit Konflikten umgehen, wie sie reagieren, wenn sie durch von ihnen selbst ausgelöste Probleme den Spiegel vorgehalten bekommen, usw.

„Meine Suchthaltung muss so glaubhaft und tragfähig sein, dass wir unsere Begegnungsangst nicht abwehren müssen, dass wir uns gegenseitig als Gegner

akzeptieren können, sodass der Patient meine Verweigerung der Verantwortungsübernahme im Schutz der Beziehung akzeptieren kann." ... schreiben Prof. Dr. Dr. Klaus Dörner und Dr. Ursula Plog schon in ihrem Buch „Irren ist menschlich" 1978.

„Der suchtkranke Mensch braucht sanfte, konsequente Führung, eine feste Bezugsperson, die seine Schwäche annimmt und ihn aber deswegen nicht verurteilt. Zu große Nähe mit viel Anpassung, Verbindlichkeit im Sinne von Höflichkeit, garantiert immer Unverbindlichkeit. Wenn der andere zu sehr bei mir ist, hat er sich gerade durch zu viel Nähe zu mir für mich unsichtbar gemacht. Ich muss die angemessene Distanz wiederherstellen, damit jeder einen freien Handlungsraum hat", meint Dörner.

Bei der Gratwanderung zwischen Distanz und Nähe sind die Problemzonen meistens ganz gut sichtbar, wenn man ehrlich mit sich ist und den goldenen Mittelweg, zwischen jemanden mögen und jemand nicht mögen, wählt. Es ist zwar nicht immer so einfach, besonders wenn man solchen Frohnaturen begegnet, wie dem Typ aus der Eisdiele, im Kapitel „Art und Weise von Beziehungen". Solche Menschen überraschen uns wie ein plötzlich auftretender Sturm, aber so was passiert Gott sei Dank, selten. Es sei denn, wir machen selbst durch unser Dasein und Auftreten so viel Wind und erschrecken uns dann, wenn wir entsprechenden Gegenwind bekommen.

Ich muss zugeben, dass es mir auch leichter fällt, mich mit den Menschen zu befassen, deren Lebensumstände, Denkweise und Interessen ich kenne, die sich mir mitteilen und noch mit gesunden Sinnen und Verstand am Leben teilnehmen können und wollen.

Sicher helfen uns professionellen Mitarbeitern die Ausbildung und die jahrelange Erfahrung, durch anfängliches vorsichtiges Umgehen der Lebenswelt des Pflege- und Hilfebedürftigen, um irgendwie den Zugang zu dem psychisch veränderten Menschen zu finden. Trotzdem ist es so, dass ich mich dementen und verwirrten Menschen gegenüber manchmal irgendwie ohnmächtig fühle. Vielleicht liegt es an der gefühlten Hilflosigkeit, wenn ich kaum eine Möglichkeit sehe, aktiv etwas zur Besserung beizutragen. Deshalb fällt es mir sehr viel leichter, mich mit einem alten Menschen zu befassen, der mir durch seine Lebensumstände, seiner Art des Denkens und seine Interessen irgendwie nähersteht und der sich mir noch mit gesundem Sinn und Verstand mitteilen kann. Da-Sein, Zuhören und versuchen, meine eigenen Grenzen des Aushaltbaren nicht zu überschreiten, scheint für mich die einzige Möglichkeit zu sein, den in eine andere Welt „gedanklich verrückten" Menschen auszuhalten und ihm einigermaßen gerecht zu werden.

Dadurch, dass die Alterspyramide von Jahr zu Jahr rasant wächst, nimmt im gleichen Verhältnis die Anzahl der im Alter dement werdenden Menschen zu. Wir sollten alle lernen, damit zumindest so umzugehen, wie man mit einem Problem nur umgehen kann, wenn man weiß, dass es da ist. Wenn man etwas umgangen hat, im Sinne von damit umgehen, hat man zumindest schon mal eine Vorstellung, dass es das, was wir alle nicht wollen, doch gibt. Nur so haben wir die Chance, nicht in einen komaähnlichen Zustand zu verfallen, wenn wir im Verwandten- oder Freundeskreis davon hören, dass jemand, den wir gut kennen und gerne mögen, unseren vermeintlich normalen Gedankengängen nicht mehr so recht folgen kann.

Das Herstellen einer guten Beziehung, mit dem rechten Maß an Nähe und Distanz, scheint mir eine große Kunst zu sein, und das meine ich nicht nur in Bezug auf Pflege.

Um in unserer alltäglichen Beziehungswelt nicht zu oft in die vielen Fettnäpfchen der Unbedachtheit zu treten, macht es Sinn, durch eine gute Eigenwahrnehmung unsere Selbsterkenntnis immer wieder zu schulen, denn man muss vertraut sein mit dem, was in einem selbst vorgeht und sich ständig damit auseinandersetzen. Wenn... *„jede Beziehung zwischen Menschen dadurch gekennzeichnet ist, dass der Partner bei mir Gefühle auslöst und ich bei ihm Gefühle auslöse"* schreiben Dörner und Plog in „Irren ist menschlich", *„so müssen wir erkennen, welchen Eigenanteil wir in diese Beziehung einbringen."* Die Frage an uns selbst und das Analysieren unserer Gefühle gewinnt eine große Bedeutung bei jeder Begegnung mit anderen Menschen.

Wir sollten uns immer wieder fragen, ob wir durch unsere Beziehungen zu anderen Menschen mehr durch Nähe oder mehr durch Distanz geprägt sind? Sind wir ein Mensch mit einem großen Bedürfnis, Liebe zu geben und zu empfangen? Können wir andere so akzeptieren wie sie sind und uns ihnen gegenüber trotzdem öffnen, um ihnen den gleichen Freiraum anzubieten, sich auch so zu verhalten und etwas mehr Nähe durch Wärme und Herzlichkeit zu finden? Wie ist es mit uns und unserem Bedürfnis nach Berührung, Blickkontakt und Zärtlichkeit?

Vielleicht ist es uns unmöglich, bei Bedarf Nähe als eine Art Therapie einzusetzen, weil die Grenzen so verschwommen wirken? Was heute zu distanziert scheint, kann morgen schon zu nah sein. Sind wir denn überhaupt glaubhaft, sind wir echt, wenn unser nach außen sichtbares, emotionales Verhalten vom Kopf gesteuert wird? Oder sind wir jemand mit einer mangelnden Fähigkeit, Nähe herzustellen, aufgrund von eigenen negativen Erfahrungen in Kindheit und Partnerbeziehungen? Ist es vielleicht die Angst vor Vereinnahmung, die uns Distanz halten lässt oder die Angst vor Verletzungen und Zurückweisung?

Wenn wir nicht das Bedürfnis haben, solchen Fragen auszuweichen, sondern erstaunt sind, dass andere Menschen nicht das Bedürfnis nach mehr Wärme und Nähe haben, sollten wir uns kritisch hinterfragen, woher unsere Motivation kommt.

Haben wir ein Helfersyndrom, mit dem wir unsere eigene Leere füllen und eigene Wünsche abwehren wollen? Gehen wir deshalb so intensive Beziehungen zu hilfebedürftigen Personen ein, um unsere eigenen Bedürfnisse zu erfüllen und zu stillen?

Diese Selbst- und Eigenwahrnehmung ist ein Teil der „Suchhaltung", mit der wir eigene Anteile an einer Handlung herausfinden und wird als eigener Prozess nie ein Ende finden, solange wir das Bedürfnis haben, daran zu arbeiten. Wenn wir die echte und lebendige Begegnung mit anderen Menschen suchen, werden wir bei uns selbst anfangen müssen, denn ohne ein „Ich" zu sein, kann keiner für niemanden ein „Du" werden. Deshalb sollten Beziehungen jeglicher Art, trotz der vielen Gemeinsamkeiten eines „Wir", nicht die Notwendigkeit jedes einzelnen „Ich" vergessen.

Zusammenfassend möchte ich sagen: Im Umgang mit psychisch veränderten Pflegebedürftigen müssen wir das richtige Maß von Intimität finden, das sowohl für die von uns zu Betreuenden, als auch für uns selbst gut ist.

Die beste Voraussetzung dafür ist eine gute Fremd- und Selbstwahrnehmung in allen Situationen unserer gesamten Lebenswelt.

Prof. Dörner spricht hier von der „Suchhaltung", die uns freier macht, dem Pflegebedürftigen als Mensch zu begegnen. *„Dabei suche ich bei mir selbst, ob ich ähnliche Gefühle und Erlebnisse wie der andere sie hat, auch von mir kenne".* Erwin Grond schreibt 1983 in seinem Buch „Praxis der psychiatrischen Altenpflege": *„Diese Haltung schützt mich, weggeschwemmt zu werden von Mitgefühl, Hilflosigkeit, Verzweiflung, Ablehnung oder Verachtung. Sie ist Anregung und Vorbild für jeden Kranken, sich um sich selbst zu bemühen,* *auch bei sich selbst zu suchen. Die Suchhaltung verhindert eine zu starke Abhängigkeit des Kranken von mir, sodass ich nicht manipuliere und bevormunde. Durch mein Suchen fühlt sich der Kranke verstanden."*

Im Zusammensein mit psychisch veränderten Pflegebedürftigen werden wir Nähe, wie auch unser eigenes „Anderssein" und „Andersfühlen", erleben, wenn wir es zulassen können und wollen. Deshalb ist es wichtig, bereit zu sein für eine unvoreingenommene, offene Kommunikation, die geprägt ist von der Akzeptanz und dem Wunsch, immer wieder Neues und Anderes wahrzunehmen und zu lernen.

Das Einbringen in eine Pflegebeziehung erfordert eine flexible, manchmal auch distanzierte Beziehung, denn der psychisch veränderte pflegebedürftige Mensch braucht nicht in erster Linie Mitleid, sondern Verständnis und eine Solidarität auf freundschaftlicher Basis. So ist es uns möglich, auch noch in dem dementen, körperlich und geistig stark beeinträchtigten Menschen die eigentliche Person zu suchen und achten, ihren Eigenwert und ihre Eigenwelt zu sehen und anzuerkennen.

Andererseits dürfen auch nicht die Gefühle und Bedürfnisse des pflegebedürftigen Menschen allein maßgeblich sein, sodass für unsere persönlichen Wünsche kein Raum bleibt. Unser Privatleben darf nicht ins Hintertreffen geraten, wir müssen in der Freizeit die pflegebedürftigen Menschen vorübergehend „vergessen" können, um gerade auf diese Weise eine Distanz herzustellen, aus der er uns wieder in seiner Gesamtheit wahrnehmbar wird, wenn wir wieder bei ihm sind.

Deshalb ist eine gute Psychohygiene für uns unbedingt nötig, nach dem Motto „ich muss erst mal an mich denken, und wenn es mir gut geht, dann kann ich auch gut zu anderen sein".

Genauso wie es zu einer guten Lebensqualität gehört, gute Freunde zu haben, mit denen man über alles reden kann, macht es Sinn, ein vergleichbares Umfeld zu haben, in dem man über seine Erfahrungen mit Pflegebeziehungen und der dazugehörigen Beziehungspflege reden und sich austauschen kann. Genau wie in der Familie zu Hause, können in einem professionellen Pflegeteam Einstellungen und Verhaltensweisen hinterfragt, Schwierigkeiten des Einzelnen besser aufgefangen und partnerschaftliches Verhalten eingeübt und erlernt werden.

Ein Pflegeteam besteht, ähnlich wie eine Familie, aus sehr verschiedenen Menschen mit den unterschiedlichsten Lebenshintergründen und den daraus resultierenden Erfahrungen und Gefühlen. Trotz unserer engen Zeitressourcen sollten wir uns immer die Zeit nehmen, die wir brauchen, um uns den bunten Strauß an Ideen, Gedanken, Erfahrung, Ärger und Freude jedes beteiligten Team- oder Familienmitglieds anzuhören. Das hört sich fast utopisch an, ist aber die <u>einzige</u> <u>Chance</u>, um eine gemeinsame, für alle transparente und akzeptable Lösung für die jeweiligen Probleme zu finden.

Und wenn es mal keine Probleme gibt, tut es allen Beteiligten einfach gut, sich über persönliche Dinge auszutauschen, im Sinne der Beziehungspflege. Dabei wird der eine oder andere sehr erstaunt sein, welche Themen schon seit langer Zeit mehr oder weniger unbewusst ihren Raum und ihren Zeitpunkt gesucht haben, da sie durch die sonstigen problemorientierten Gesprächsinhalte keine Chance haben, überhaupt bedacht und angesprochen zu werden. Auch wenn dem einen oder anderen Beteiligten gedanklich schmunzelnd der blöde Spruch durch den Kopf geht… „Schön, dass wir mal darüber geredet haben"… Es hat alles seinen Sinn und braucht alles seine Zeit, was zur Pflege von Beziehungen beiträgt. Trotz dem unbändigen Bedürfnisses und aller Geduld bei der Verfolgung des Zieles, an uns selbst und mit den anderen daran zu arbeiten, werden wir die Illusion aufgeben müssen, nur gute Gefühle zu verbreiten und ein Gutmensch zu sein, der immer freundlich, optimistisch und hoffnungsvoll ist.

Wichtiger scheint dagegen das Ziel „echt" und authentisch zu sein, mit uns mehr oder weniger im Reinen zu sein und in der Lage, dies auch zu erkennen, auszudrücken und zu leben. So kann dann auch kein Widerspruch zwischen sprachlichem und nonverbalem Verhalten aufkommen, was nicht nur zur Verunsicherung von desorientierten Pflegebedürftigen, sondern von allen Beteiligten, Familie, Kollegen, allen Betroffenen eben, beitragen könnte.

Beziehungspflege ist immer eine Gratwanderung am Rand der Gefühle, zwischen Distanz und Nähe, zwischen angenehm und nicht aushaltbar, zwischen wasch mich, aber mach mich nicht nass.

Wenn wir es schaffen, anderen Menschen gegenüber in jeder Beziehung so ehrlich und fair zu sein, wie wir es für uns wünschen, so behandelt zu werden, dann ist die Wahrscheinlichkeit größer, ein wenig davon zurückzubekommen, was wir gegeben haben.

Auch wenn Sie jetzt denken, „auf welchen Baum schläft der denn?", kann ich nur antworten: Wir werden in den seltensten Fällen so viel zurückbekommen, wie wir gegeben haben, aber ein wenig träumen zu können ist erholsamer, als sich von der Realität nachts den Schlaf und jegliche Hoffnung auf Träume rauben zu lassen. Das wäre ein Albtraum, den man nicht haben muss.

Nähe kann unvorstellbar glücklich machen
Nähe kann unserem Leben einen Sinn geben
Nähe kann wunderschön sein
Nähe kann uns unglücklich machen

Nähe kann uns alles nehmen
Nähe kann nicht alles sein
Nähe kann ausgewogen sein
Nähe kann das Leben engmachen

Nähe kann alles erdrücken
Nähe kann nicht alles teilen
Nähe kann nicht alles aushalten
Nähe kann Angst machen

Nähe kann uns überfordern
Nähe kann uns unser Leben nehmen
Nähe kann uns nicht alles geben
Nähe kann nicht alles erfüllen,
was wir von ihr erwarten

Nähe kann nur das geben,
was sie durch uns bekommt
Nähe kann nicht alles ausgleichen,
was wir durch sie verlieren

Nähe kann unsere Erwartungen nur erfüllen, wenn wir die Voraussetzungen erfüllen:

Ehrlichkeit   Fairness

Eckhard Pawlowski © 2015

****

Von der Depression ganz leise zur Demenz

Wenn die Lebensfreude verlorengeht, durch was auch immer, ist der Zeitpunkt meistens durch ein gravierendes Ereignis oder Erlebnis beeinflusst, wann auch immer es stattgefunden hat. Der Verlust eines geliebten Menschen, einer Lebenssituation, eines Lebensraums, der einem wichtig und Motor jeglichen Antriebs war, kann zu tiefgreifenden Erschütterungen des Lebens führen. Der Auslöser kann andererseits für das Umfeld eventuell gar nicht greif-, sicht- oder nachfühlbar sein.

Gerade im Alter, wenn man auf das Leben zurückschaut und sich fragt: Wie war mein Leben? Hat es sich gelohnt? Da geht es manchmal um ganz kleine persönliche Dinge, um entscheidende Wichtigkeiten und auch vermeintliche Unwichtigkeiten, Bewegendes und unbewusst Verdrängtes. Von heute auf morgen können Irritationen auftreten, die ihren Auslöser vor Jahrzehnten irgendwann im Leben hatten und bisher durch erlerntes oder unbewusstes Verdrängen keine Chance bekamen, die Idylle der schön gewünschten, heilen Welt zu stören.

Angesichts eigener Verluste an Lebensqualität, der fortschreitenden gesundheitlichen Defizite und der Erkenntnis, dass der Prozess nicht durch „es wird schon", „man muss sich eben etwas zusammenreißen" usw. gestoppt, geschweige denn rückgängig gemacht werden kann, scheint die Zufriedenheit mit dem eigenen Alltag unerreichbar. Das fängt morgens beim Aufstehen an. Die zunehmende Morgensteifigkeit, fehlende Ziele und Aufgaben machen das Bett zu einem Ort der Geborgenheit, auch wenn man weiß, dass das der falsche Weg ist.

Ein Beispiel: Rudolf M., ein ehemaliger Patient von mir, den ich einige Zeit mit seinen Alltagsproblemen begleitet habe, konnte es einfach nicht fassen, was da mit ihm passierte. Vor einem Jahr war seine Frau an Krebs gestorben, und nun lebte er alleine im ehemals gemeinsamen Haus. Er kam mit dem Haushalt und der Selbstversorgung noch ganz gut klar. Einmal in der Woche hatte er eine Haushaltshilfe. Einfache kleine Mahlzeiten bereitete er sich noch selbst zu oder ging in das nahe gelegene Seniorenheim zum Essen. Er kannte dort einige Bewohner von seinen Spaziergängen im Park am See und hielt mit ihnen gerne ein Schwätzchen im Café des Botanischen Gartens oder auf einer der vielen Bänke, die im Parkgelände zum Innehalten einluden.

Er war Jahrgang 1936, hat als Kind den Krieg und die Flucht aus Schlesien miterlebt und kam aus einfachen Verhältnissen, wie er damals zu sagen pflegte. Er hatte Glück, denn sein Vater kam körperlich unversehrt 1948 aus der Kriegsgefangenschaft zurück und fand seine Familie durch das Rote Kreuz in Ostwestfalen wieder. Trotz der schweren Nachkriegszeit bekam sein Vater eine gut bezahlte Arbeitsstelle in seinem erlernten Beruf als Gärtner in einem alteingesessenen Gartenbaubetrieb. Sie konnten in einem Haus auf dem Grundstück von Vaters Arbeitgeber einziehen und lebten, bis auf die schrecklichen Erinnerungen und Erlebnisse der letzten Kriegsjahre, relativ sorgenfrei, was Herr M. auch immer wieder betonte.

Er ging zur Realschule und schaffte den Aufstieg, wie er sagte, zum Gymnasium. Mutter ging halbtags putzen, damit die Familie finanziell etwas besser dastand, als die vielen anderen Flüchtlingsfamilien. Und er sollte es mal besser haben, so wie es sich alle Eltern für ihre Kinder wünschen.

Da sie bis auf den Verlust ihrer geliebten Heimat Schlesien nichts vermissten und durch das starke Bedürfnis, möglichst nicht als Flüchtlinge und Bittsteller aufzufallen, ein redliches Leben führten, wie Herr M. es nannte, ging es ihnen im Gegensatz zu anderen Vertriebenen relativ gut.

Er ging nach dem Abitur sofort zur Bundeswehr, „da sie mich sowieso bald gezogen hätten", meinte er. Da er den Kasernenton und den Drill noch aus seiner Kinderzeit kannte, passte er sich auch hier schnell den Gegebenheiten an und verband das Unausweichliche mit dem für ihn Nützlichen, er verpflichtete sich als Zeitsoldat für 12 Jahre. Er machte dort eine Ausbildung zum Fahrzeugmechaniker, wie er sagte, und anschließend noch eine Ausbildung zum Fahrlehrer. Eigentlich wollte er ja studieren, aber das hat sich dann durch eine ungewollte Schwangerschaft und seine Heirat anders entwickelt.

Nach der Bundeswehrzeit machte er sich als Fahrlehrer selbstständig und hatte für sich und die Familie ein zufriedenstellendes Auskommen. So konnten sie sich mit viel Eigenleistung ein Haus bauen und er lebte mit seiner Frau und inzwischen 2 Kindern in der Nähe zu seinen Eltern, die weiterhin in dem kleinen Gartenhaus auf dem Grundstück der großen Gärtnerei lebten. Sein Vater konnte um seine kleine „Gartenvilla" in der Gärtnerei alles so gestalten, wie er wollte und verwandelte im Laufe der Jahre den Garten in ein Paradies mit Teich, Rosenhecken und legte einen richtig kleinen Park an.

Fünf Jahre, nachdem sein Vater in Rente ging, starb dessen ehemaliger Arbeitgeber und Vermieter. Dessen Ehefrau war schon zwei Jahre vorher verstorben. Nun gab es was zu erben und der Sohn des Verstorbenen war immer schon auf die kleine „Villa" im Gartenbaubetrieb scharf und hatte vor, irgendwann Eigenbedarf anzumelden. Diese Ungewissheit zog sich über 2 Jahre, aber der Vater von Herrn M. wollte nicht noch einmal vertrieben werden und konnte es nicht mehr aushalten. Eines Morgens lagen die Eltern von Herrn M., beide schick angezogen und Händchen haltend, tot nebeneinander im Bett. Sie hatten sich vergiftet und somit den Tod genommen, weil ihnen ein anderer „ihr Leben nehmen wollte", erzählte mir Herr M. unter Tränen.

Obwohl der Suizid seiner Eltern schon lange her ist, war es alles wieder schlagartig da, als vor einigen Monaten seine Frau starb. Herr M. lebte seitdem allein in seinem Haus und fühlte sich von aller Welt verlassen. Er war zwar überall beliebt, aber als Einzelgänger blieb er lieber für sich, obwohl er merkte, dass ihm das nicht guttat. Das mit dem überall „Trallala und Hopsasa machen", wie er das Leben mancher Leute nannte, war nie sein Ding, wie er mit Nachdruck betonte. Er habe durch den Krieg all seine Freunde verloren und die Bekanntschaften „im Westen" haben das nicht ausgleichen können. Das merke er aber erst jetzt, wo er ganz alleine sei.

Seine Frau sei der wichtigste Mensch in seinem Leben gewesen und er habe nie einen besseren Freund und Kameraden gehabt. Ihre Kinder hätten sich mit ihm vor vielen Jahren „überworfen" und lebten weit weg. Erst bekam die Seele meiner Frau Krebs, dann ihr Körper, vor lauter Kummer sei sie gestorben, meint er heute. Die Kinder hätten kaum Kontakt zu ihnen gehalten. Zu den Enkelkindern konnten sie gar keine Beziehungen aufbauen, da sie diese kaum zu Gesicht bekamen. Die Kinder seien nur kurz zur Beerdigung ihrer Mutter gekommen, seitdem habe er nichts mehr von ihnen gehört.

Er frage sich immer wieder, was er verkehrt gemacht habe und ob er mit ihnen als Vater wohl zu streng war, aber sie sollten es doch mal besser haben als er, ... ach, wie sich doch dieses Denken von Generation zu Generation wiederholt.

Eine Lebensgeschichte, wie sie Hunderttausende erlebt haben, mit allen Höhen und Tiefen, die das Leben parat hält. Unsere Lebensgeschichten sind wie ein angenähter Rucksack, den man nicht ablegen kann.

Und wenn man im Laufe seines Lebens nicht gelernt hat, den Inhalt durch gute Gespräche mit Freunden zu entlasten und auszumisten, dann hat man im Alter keine Chance, die immer schwerer werdende Last seiner eigenen Geschichte mit der langsam abnehmenden Kraft und Belastbarkeit zu tragen und zu ertragen.

Wenn man alleine ist, wenig Kontakte und Lebensfreude hat, fängt man an zu grübeln. Man beginnt regelrecht, in dem gedanklichen Rucksack zu kramen, um ganz erschrocken festzustellen, dass der so voll ist, dass man nicht mal mehr Platz zum Sortieren hat. Wie die Festplatte eines Computers, die sich nicht mehr defragmentieren lässt, weil sie zu voll ist.

Die beängstigenden und unangenehmen Erinnerungen kommen einem von ganz alleine in der Nacht auf das Bett, sind aber auch dann nicht komplett fassbar, sondern begleiten einen nur als nicht enden wollender Albtraum.

Das fehlende „darüber Reden" in den letzten Jahrzehnten hat dafür gesorgt, dass ein Aussortieren oder sogar Löschen von unangenehmen Inhalten nicht stattfinden konnte. So hat sich alles vermischt und verdichtet, schöne, wie auch die unangenehmen Erinnerungen, sind miteinander verschmolzen und vermitteln den Eindruck, dass man an die schönen Erinnerungen gar nicht mehr herankommt, weil sie sich haben mitverdrängen lassen.

Das lebenslange und vielleicht auch lebenserhaltende Verdrängen des Erlebten aus vielen Jahrzehnten klappt immer weniger, je mehr man sich mehr oder weniger unbewusst mit den Inhalten im Schlaf beschäftigt. Deshalb dringen auch am Tag Erinnerungen und Gedankenfetzen in unseren Alltag und wirken wie Wolken, die am Himmel zeitweilig vom Sturm des Lebens getrieben und gejagt werden, immer wieder ihre Form und Farben verändern, aber für uns unerreichbar sind. Selbst wenn man sie zu fassen bekäme, ließen sie sich nicht begreifen und ändern, genau wie die Vergangenheit.

Grausamste Gedanken, Erinnerungen an Enttäuschungen, Vertrauensbrüche und Erniedrigungen aus der Kindheit und den letzten Jahrzehnten sind in dem gefühlten Rucksack durch ihr großes Gewicht ganz nach unten gesackt und bewusst kaum erreichbar. Sie sind ein Spiegelbild unserer Kindheit mit all seinen erlernten Facetten aus Anpassung und „artig sein" und irgendwie verwoben mit dem daraus resultierenden Verhaltensmuster als Erwachsener. Wenn man als Kind schon keinen Weg gefunden oder gelernt hat, das auszuhalten, dass man ganz selten das zurückbekommt, was man bereit ist, anderen zu geben, damit sie einen mögen – wie soll man das dann als Erwachsener schaffen?

Wenn dann noch lebensbedrohliche Ereignisse wie Krieg, Vertreibung, Verlust eines oder mehrerer geliebter Menschen durch Trennung, Unfälle, Katastrophen mit all ihren grausamen Fassetten hinzukommen, durch Verdrängung bagatellisiert und verdichtet werden, wie ein Auto in der Schrottpresse, kommt man an die zu Kleinigkeiten geballten Ereignisse nicht mehr heran.

Sie haben aber ihr eigenes „Geschmäckle", wie die Schwaben sagen würden, in Form von Gerüchen, Geräuschen und Bildern, die uns in unserem Alltag immer wieder begegnen und eine gewisse Unruhe auslösen können. Ohne, dass wir bewusst das Gefühlte einordnen, geschweige denn, es zurückverfolgen können, um uns damit überhaupt erst mal zu befassen. Durch den Druck des Verdrängens hat sich nur das Volumen der belastenden Ereignisse verändert, wie das Auto in der Schrottpresse, nicht aber ihr Gewicht als solches.

Deshalb bagatellisieren wir wahrscheinlich die uns bedrückenden Erlebnisse und Probleme, reden und denken uns alles so klein, bis es nicht mehr sichtbar ist. Sie sind aber da, ihr Gewicht scheint mit zunehmenden Alter wieder zuzunehmen oder wird durch die allgemein nachlassende Kraft des Verdrängens allmählich wieder spürbar, wie eine unfassbare Bedrohung durch die eben beschriebenen Wolken der Vergangenheit über uns.

Das auslösende Moment kann dann ein kleines sein: ein bestimmter Geruch, ein Geräusch, eine Redewendung, eine beängstigende Diagnose vom Arzt, ein Durchgangssyndrom nach einer Operation oder ein tragisches Ereignis im Leben eines geliebten Menschen uvm. Dann überschwemmen einen belastende Gefühle, ohne dass ein Außenstehender davon etwas mitbekommt. Es reicht nur ein kleiner Teil dieser neuen Belastung aus, um uns schlagartig das Ausmaß des gesamten Gewichts von bisher verdrängtem Lebensmüll spüren zu lassen. Gemäß dem Weber'schen Gesetz[3], registrieren wir eine Veränderung erst ab einer bestimmten Intensität, aber dann spüren wir sie sehr deutlich. (Differentielle Wahrnehmbarkeitsschwelle)

Aus eigener persönlicher Erfahrung und eigenem Erleben kann ich Ihnen sagen: „Das Ausschlaggebende von seelischen Belastungen ist ihr in dem Augenblick gefühltes Gewicht und nicht die Größe des Ereignisses, das sie ausgelöst hat".

---

[3] Das Webersche **Gesetz** bezeichnet in der Psychologie das Prinzip, das besagt, dass sich zwei Reize um einen konstanten minimalen Prozentsatz (und nicht um einen konstanten Absolutbetrag) unterscheiden müssen, damit der Unterschied zwischen ihnen wahrgenommen wird. Siehe auch das Weber-Fechnersche **Gesetz**.

Wenn sich, durch welchen Auslöser auch immer, rituelle Gewohnheiten ändern, wenn der Partner durch Tod oder Trennung nicht mehr da ist, wenn Menschen fehlen, für die es sich Jahrzehnte lang gelohnt hat, jeden Morgen aufzustehen, dann fehlt auch ein großer Teil des eigenen Lebensinhalts. Auch wenn man durch den jahrzehntelangen Alltag und die Routine in der gemeinsamen Beziehung keine Flugzeuge im Bauch und keine Flausen mehr im Kopf hatte, war diese Beziehung ein wichtiger Bezug zum Leben, was sicher auch mit der Achtung vor dem anderen und sich selbst zu tun hat.

Die eben geschilderte Kurzfassung der Lebensgeschichte von Herrn M. ist schon sehr tragisch, zumal er sein Leben lang wie ein Uhrwerk funktioniert hat und bisher nicht viel Zeit damit verbracht hat, über den Sinn des Lebens nachzudenken. Und nun geht sie genauso tragisch weiter, da ihm nach und nach immer mehr Alltagsfähigkeiten verloren gehen und kommunikative Missverständnisse das Ganze noch beschleunigen.

Obwohl er sein Leben zeitweilig als nicht leicht empfunden habe, gab es auch schöne Augenblicke. Er habe sich schon immer gerne Sonnenuntergänge angesehen und sie auch als schön empfunden, aber heute sähe er die Welt irgendwie mit „anderen" Augen. Er bekomme eine regelrechte Gänsehaut, wenn er heute etwas Schönes sehe. Er habe das Gefühl, früher für solche Empfindungen keine Zeit gehabt zu haben. Manchmal meine er, in seinem Leben an vielen angenehmen Dingen vorbei gegangen zu sein, nur, weil er heute weinen müsse, wenn er etwas Schönes sehe oder höre. Die Art der Wahrnehmung, wie er sie heute habe, sei mit mehr Gefühlen verbunden, das sei angenehm, aber auch erschreckend. Vielleicht könne er sie jetzt erst zulassen, da er nichts mehr zu verlieren habe, außer seinem Leben. Andererseits sei das in gewisser Weise ja auch nicht mehr *sein* Leben, denn durch die notwendige Hilfe, die er brauche, sei es nicht mehr selbst bestimmt, im eigentlichen Sinne.

Herrn M. haben die verdrängten Altlasten seiner Kindheit eingeholt. Die eigene Erziehung zur Perfektion und Pünktlichkeit und deren Weitergabe an seine Kinder nach dem Motto „Augen zu und durch", haben ihm ebenso wenig geholfen, wie die schönen Musiksendungen aus Rundfunk und Fernsehen, die er mit seiner Frau immer gerne gesehen und gehört hat.

Die Kinder von Herrn M. haben sich nicht ohne Grund auf Distanz zu ihm begeben. Sie leiden eventuell selbst darunter, nicht so liebevoll sein zu können, weil sie es selbst nicht in der Form erfahren und bekommen haben, wie sie es gerne weitergeben würden. Sie hatten als Kinder nicht den Hauch einer Chance, die Wärme, die Nähe und Geborgenheit von ihren Eltern zu bekommen, die wir alle unbedingt brauchen, um diese schönen Gefühle an unsere Kinder weiter geben zu können.

Die Eltern der Kriegs- und Nachkriegsgeneration sind in einer Zeit groß geworden, in der Gefühle sehr häufig unbewusst oder auch gezielt durch Disziplin ersetzt wurden, um selbst nicht durch aufkommende Gefühle irgendeiner Art schwach zu werden, oder auch nur im Ansatz so zu erscheinen. Das war anscheinend die einzige Möglichkeit die Zeit zwischen zwei Weltkriegen und die ersten 20 Jahre danach auszuhalten. Trotzdem werden sie ihren Kindern schon etwas mehr mit auf den Weg gegeben haben, als ihre eigenen Eltern.

Durch ihre besseren Lebensumstände und entsprechende Bildung konnten sie die Chance sicher nutzen, viel mehr über Gefühle nachzudenken. Denn sie gehören endlich zu einer Generation, die ohne Gesichtsverlust über Gefühle reden kann, wenn sie es will.

Selbst wenn Herr M. die Möglichkeit hätte seinen Enkeln inzwischen das zu vermitteln, was er seinen Kindern gegenüber noch nicht konnte, würde es ihm schwerfallen, das zu zeigen. Denn die wenigen Gefühle der Lebensfreude haben sich durch den Tod seiner Frau total verflüchtigt, und er fühlt sich nur noch den Gefühlen seiner Lebensgeschichte und der damit verbundenen Traurigkeit durch erlittene Verluste ausgeliefert.

Viele Menschen der Kriegs- und Nachkriegsgeneration sind, wie man heute so „neudeutsch" sagen würde, „traumatisiert", durch das Erlebte und durch die Folgen, die alles beeinflusst haben. Hunderttausende von Flüchtlingen aus den ehemaligen deutschen Ostgebieten und unzählige aus der russischen Gefangenschaft zurückgekehrte Soldaten fanden zwar ihre Familien wieder, aber nie wieder richtig zueinander, da ihre Beziehungen durch die traumatischen Erlebnisse des Krieges gestört waren und die wenigsten den Mut und die Kraft hatten, sich über den Weg des Redens wenigstens ein wenig davon zu entlasten.

Die Kriegsgenerationen hatten während und nach dem Krieg kaum Zeit zum Grübeln und Trauern, da sie durch den täglichen Kampf ums Überleben ganz andere Sorgen hatten. Nach dem Kriegsende war wieder Hoffnung da, es ging bergauf, alles Denken und Handeln hatte wieder einen Sinn, und die steigende Lebensqualität wurde durch die Möglichkeit des Konsums belohnt.

Das unbewusst verdrängte Leid der letzten Jahrzehnte, wurde in dem uns allen anhängenden Rucksack unserer Lebensgeschichte durch das Vorgaukeln und Schönreden unserer Beziehungen unterdrückt.

Wie die Altlasten unter den Mülldeponien der Nachkriegszeit, die oft oberflächlich mit kompostierbarem Abfall umweltfreundlich überdeckt wurden und uns heute durch Verunreinigungen des Grundwassers daran erinnern, dass die Gefahr der nicht aufgearbeiteten Vergangenheit bis in alle Ewigkeit in der Tiefe lauert. Die verdrängten Altlasten auf den Deponien und in unseren Seelen lauern weiter, auch wenn der Druck von oben durch vermeintlich weniger Restmüll nachlässt, weil wir meinen, dass unser Leben heute auf eine gewisse Art und Weise leichter ist als das vor Jahrzehnten.

Es wird heute mehr recycelt, mehr geredet, die Deponien und Seelen werden nicht mehr so stark mit „kränkendem Unrat" überfordert, wie während und nach dem 2. Weltkrieg. Aber unsere persönlichen, manchmal nicht immer recycelbaren Abfälle unserer Lebensgeschichte, benötigen auch in Zukunft ihren Platz, wie der Müll, der sich nicht immer komplett kompostieren und wiederverwerten lässt. Man kann ihn nicht weg-reden, man kann ihn, bildlich gesehen, eine Zeit lang umgehen, indem man ihn irgendwo außer Sicht- und „Denkweite" lagert und damit erst mal versucht, ihn aus unserem Leben zu verdrängen. Sobald wir ihn nicht mehr umgehen, sondern uns mit ihm beschäftigen, aussortieren und recyceln, kann man sein Volumen und Gewicht auf den Deponien reduzieren.

Das Gleiche sollten wir mit unserem Seelenmüll machen. Nicht alles schlucken, von dem wir wissen, dass es uns nicht bekommt und wenn wir merken, dass uns schlecht wird, gleich raus damit, was wir zum Kotzen finden... dafür hat die Natur diesen natürlichen Reflex eingerichtet, wenn etwas bitter schmeckt. Andererseits macht es manchmal auch Sinn, nicht sofort den Menschen vollzukotzen, von dem das schlecht Verdauliche für unsere Seele kam, sondern erstmal darüber zu schlafen. Um dann zu überlegen, ob sich nicht doch was von dem unangenehmen Brocken, den man schlucken musste, wieder irgendwie verwerten lässt, indem man ihn dann als diplomatische Retourkutsche für den nächsten Vorwurf, oder als Botschaft nutzen kann, von der andere was lernen können, wenn sie es wollen. So lässt sich durch Nachdenken und Reden der eine oder andere Seelenmüll recyceln und etwas reduzieren.

Für junge Menschen, die diese Zeit und die Auswirkungen von kriegsübergreifenden Generationen nicht mehr so bewusst wahrgenommen haben, ist es eigentlich kaum möglich, das menschliche Leid nachzuempfinden, zu bewerten, geschweige denn, es zu verstehen.

Zu den Altlasten der Vergangenheit gehört auch, dass Herr M. immer ein sehr stiller Mensch im Sinne von wortkarg war. Viele Menschen, die Kriege erlebt haben, sind durch das Grauen und die Angst regelrecht still geworden. „Gestillt", im Sinne von ruhiggestellt durch die Angst und das erlebte Gefühl, *wenn ich ruhig und still bin, passiert mir weniger und ich komme besser durch.*

Ganz im Gegensatz zu einem Säugling, der in den ersten Monaten merkt, je mehr ich schreie, umso eher kümmert sich jemand um mich und gibt mir das, was ich will und brauche. Wenn sich das lebensnotwendige Hungergefühl durch das Stillen beruhigt hat, kommt er auch besser durch und wird sich ganz prächtig entwickeln. Im Laufe seines Lebens wird er die Erfahrung machen, dass es manchmal Situationen gibt, in denen es sinnvoll ist, sich durch die eigene Vernunft und Lebenserfahrung „stillen" und beruhigen zu lassen. Diese oft mit Angst erfüllten Augenblicke sorgen dann dafür, dass wir uns leise und möglichst unauffällig aus einer unangenehmen Situation entfernen können.

Menschen, denen das „still sein" und das „Mund halten" mal irgendwann in ihrem Leben das selbige gerettet hat, verhalten sich durch diese Prägung oft bis an ihr Lebensende sehr vorsichtig und in ihrer ganzen Art sehr „leise", was den Umgang mit anderen Menschen betrifft.

Das traf auch auf Herrn M. zu. Während unserer vielen Gespräche versuchte ich, ihm seine Situation im Zusammenhang mit seiner Lebensgeschichte zu erklären. Obwohl ich nur das thematisierte, was er mir selbst erzählt hatte, stritt er es nicht unbedingt ab, er nahm es zeitweilig kopfnickend zur Kenntnis und doch irgendwie unwillig. Phasenweise bagatellisierte er einiges und versuchte, vieles ins Lächerliche zu ziehen. Er wirkte peinlich berührt und etwas verärgert, war aber doch irgendwie froh, mich so gut zu kennen, dass er vor mir keinen Gesichtsverlust fürchten musste.

Obwohl er sich seit Jahren schwermütig und zeitweilig sehr traurig fühlte, hatte er die Diagnose schwere Depression von seinem Hausarzt nicht wahrhaben wollen, nun war ihm diese lieber als die, der leichten bzw. beginnenden Demenz.

Wurde er nun wirklich verrückt, wie man im Volksmund sagt, oder verrückte da was in seinem Leben, mit dem er so nicht mehr klarkam? Er erzählte mir von so einigen Dingen, mit denen er schon seit Jahren Probleme hatte, wobei manchmal ein fröhliches Blitzen in seinen Augen zu sehen war, wenn sich der Schalk in seinem Nacken regelrecht zu kuscheln schien. Schau mal einer an, dachte ich mir, er hat doch Humor und kann über seine kleinen Missgeschicke auch lachen, solange man ihm locker und nicht so verlogen und erwartungsvoll gegenüber auftritt, wie er es von seiner Generation nicht anders kennt.

Deshalb musste ich meine Gefühle beim Zuhören nicht im Zaum halten. Mein zeitweiliges Lachen und Schmunzeln ließ ihn immer ungezwungener werden und sorgte für eine groteske Situation.

Wir sprachen über seine vielen kleinen Missgeschicke und Unglücke, die häufig durch unsere schnelllebige, stressige Zeit und die dadurch entstehenden Missverständnisse ausgelöst werden und fühlten uns dabei sehr entspannt und fast fröhlich.

Es gibt so einiges, was auch jüngere Menschen verstehen können, wenn sie sich das Ganze als eine Art Sketch vorstellen. Und so will ich hier die Erlebnisse von Herrn M. in dieser Weise schildern:

Ein paar Tage nach dem Tod seiner Frau ging zu allem Unglück auch noch der Fernseher kaputt und Herr M. meinte, er käme ohne ihn zurecht, aber nach ein paar Tagen fehlten ihm doch seine geliebte Tagesschau, der Tatort und die Volksmusiksendungen. So entschloss er sich, einen neuen Fernseher zu kaufen. Leider hatte sein alter Fernsehhändler das Geschäft aufgegeben, und er musste auf einen modernen Laden ausweichen.

Ich bin doch nicht blöd und gehe in so einen lauten und grellen Supermarkt, dachte er sich, aber er fand keinen anderen Anbieter von Fernsehgeräten in seiner Stadt. So ging er in einen der großen Elektronikmärkte, in denen man sich als alter Mensch tatsächlich irgendwie blöd vorkommt, auch wenn deren Werbung viele Jahre das Gegenteil behauptet. Es dauerte eine Weile, bis er durch das Gewirr von Musik, lauten Ansagen und Sonderangebotsschildern den Weg zur Abteilung mit den Fernsehern gefunden hatte.

Bevor er sich erst mal orientieren konnte, wurde er von einem irgendwie unruhig hin und her zappelnden, rappeldürren Typen angequatscht, dessen weißes Hemd und rote Hose Herrn M. an einen Storch erinnerte. Irgendwie fehlte nur noch ein schwarzer Frack als Kontrast, meinte Herr M. Er konnte sich gar nicht darauf konzentrieren, was ihm der junge Verkäufer mit dem Augenbrauen-Piercing alles erklärte. Als dieser auch noch nebenbei immer wieder auf sein Smartphone schaute und darauf daddelte, während er mit der anderen Hand die Fernbedienung des Fernsehers bediente, hatte Herr M. die Nase voll und unterbrach die Beratung.

Er hatte eh schon das Gefühl, von dem dusseligen Gelaber und Geklapper des Storchs, Blutblasen an den Ohren zu bekommen. Sie sollten ihm einen Fernseher zeigen, der möglichst wenig kann und nicht viel größer sei, als sein altes Gerät und preisgünstig. Punkt, Schluss aus! Das schien ein Ding der Unmöglichkeit zu sein, denn der auf RTL-Superstar getrimmte Verkäufer verstand nicht, was Herr M. von ihm wollte und erklärte ihm: „HDMI, USB-Aufnahme und Triple Tuner haben die heute fast alle." Und dann fragte die Superstar-Nervensäge auch noch, ob Herr M. eine Schüssel habe. „Ja, mehrere", antwortete Herr M., „aber die sind schon alt und einige haben schon einen Sprung."

Es dauerte sehr lange, bis es bei dem zappelnden „RTL-Spacken" klingelte, da er einen anderen Klingelton gewohnt war. Damit meine ich, es klingelte in seinem Smartphone öfter, als in seinem Kopf. „Mann, ick meine doch 'ne Satellitenschüssel oder hamm se Kabel?"

Herr M. lief schon langsam puterrot an. Verdammt noch mal, der soll jetzt damit aufhören und mir einen Fachmann schicken, der versteht, was ich will, dachte er. Während Herr M. versuchte, den Zappler wie einen lästigen kleinen bissigen Hund loszuwerden, der einem dauernd um die Beine geht, merkte er, dass mit seinem Gebiss irgendwas nicht passte und deshalb nur zischelnde Laute aus seinem Mund kamen.

Ach ja, da fiel ihm ein, dass er noch neue Haftcreme kaufen musste. Und da war noch irgendwas, was zu Hause fehlte und auf dem Einkaufszettel stand, aber wo war dieser Zettel? Ach ja…, im Portemonnaie, aber das hatte er auch vergessen; dann kann ich ja sowieso keinen Fernseher kaufen, dachte er! Der Stress mit diesem Typ, der Trubel in dem riesigen Laden, da musste man ja blöd sein oder werden, um da zu kaufen!

Das Chaos war mal wieder perfekt, ein Missverständnis jagte das nächste und wurde vom vorhergehenden wieder überholt, weil sich alles im Kreis zu drehen schien. Er musste hier erst mal raus und überhaupt, diese vielen Hundert Menschen, das bunte Treiben und das dauernde Gedudel ging im so auf die Nerven, die wegen dem blöden Superstartyp sowieso schon blanklagen. Er ging schnell den Schildern „Kasse" nach und stand vor drei langen Schlangen.

Da war seine Geduld am Ende. Er nahm seine Hände hoch um zu zeigen, dass er nichts gekauft hatte und versuchte, sich an den Warteschlangen vorbei zu drängeln. Das verstörte wieder die anderen Wartenden, die auch schon den Kaffee aufhatten, wie man so schön sagt, und maulten Herrn M. an: „Opa hintenanstellen!"

Der schimpfte in seiner Not lautstark, und es kam zu einem leichten Gerangel. Ein paar Meter weiter standen 2 Security Leute, die sofort kamen, um das Problem zu klären. Die baten Herrn M. erst mal freundlich, mitzukommen und dann wurden sie etwas energischer, als Herr M. nicht verstand, was die von ihm wollten. Da sie eine Uniform trugen, hoffte er dann doch auf Hilfe und war sehr erstaunt, dass die ihn am Ausgang vorbei, in einen kleinen Raum brachten, in dem ein Tisch und einige Stühle standen.

Dann baten sie ihn, seine Taschen zu leeren und wollten ihm dabei behilflich sein, das ging zu weit, Herr M. rief laut um Hilfe. Die Männer ließen erschrocken von ihm ab, sodass er sich auf einen Stuhl setzen konnte.

Eine bekannte Angst aus vergangenen Tagen fuhr ihm durch die Glieder. Wie früher, dachte er, als er 1945 fast von einer russischen Patrouille erwischt wurde, bevor er schwimmend durch die Oder in den Westen flüchten konnte.

Der eine Wachmann telefonierte, und wenige Minuten später war die Polizei zur Stelle, da sie sowieso gerade im Haus zu tun hatte. Eine junge Polizistin nahm sich seiner an und sah sich einem kreidebleichen kleinen alten Männlein gegenüber, dem die Angst ins Gesicht geschrieben stand. Sie konnte sich nicht vorstellen, dass er etwas gestohlen hatte, und versuchte erst mal die ganze Situation zu beruhigen. Sie nahm sich Zeit, Herrn M. zuzuhören. Obwohl sie ihn wegen seiner Gebiss bedingten „Klitscher-Geräusche" auch schlecht verstand, fand sie dann irgendwann heraus, dass ein großes Missverständnis vorlag. Da er keine Papiere bei sich hatte, erklärte die Polizistin, sie müssten ihn nach Hause bringen und seine Angaben überprüfen. Das verstand Herr M., obwohl ihm das Ganze sehr peinlich war.

Zu Hause angekommen, klärte sich dann alles auf, und als die Polizisten seine ordentliche Wohnung sahen, waren sie sehr beruhigt, da sie schon dachten, es mit einem verwirrten und eventuell desorientierten Menschen zu tun zu haben.

Ein wenig durch Neugier getrieben kam eine Nachbarin von nebenan und konnte weiter zur Klärung des Sachverhaltes beitragen und versprach den Polizisten, sich zu kümmern. Nachdem die Polizisten weg waren, kochte sie erst mal einen Kaffee und nahm sich noch etwas Zeit, Herrn M. zuzuhören. Da sie sich schon lange kannten, war sie dann auch beruhigt, dass alles ein Missverständnis war, weil zwei verschiedene Welten auf einander geprallt waren, die nur mit Ruhe und Geduld wieder entflochten werden konnten. Sie bot ihm an, ihren Sohn zu bitten, mit ihm gemeinsam zu einem kleinen Fernsehhändler zu fahren. Ihr Sohn würde sich bei ihm morgen melden.

Nach dem aufregenden Tag störte Herrn M. sein kaputter Fernseher nicht mehr und er ging früh zu Bett, um am nächsten Tag nicht zu verschlafen, wenn er angerufen würde.

Am nächsten Morgen wurde er früh wach und sortierte erst mal seine Gedanken und bei der Gelegenheit fand er auch seinen Einkaufszettel in seinem Portemonnaie, auf den er gleich noch ein paar andere Dinge schrieb, die ihm fehlten. Er würde den Sohn der Nachbarin bitten mit ihm auch kurz zum „Edeka" um die Ecke zu fahren, das würde der bestimmt machen.

Das war auch so. Der Sohn, der auch schon fast 50 Jahre alt war, verstand die Sorgen und Bedürfnisse von Herrn M., da er selbst einen Vater im vergleichbaren Alter hatte. So kam Herr M. zu seiner Haftcreme, die das Risiko von verbalen Missverständnissen für einige Wochen reduzierte und auch zu den anderen Sachen, die er benötigte. Einen neuen Fernseher bekam er natürlich auch und der Sohn der Nachbarin stellte ihm auch alle Sender passend ein, die 1 für das Erste, die 2 für das ZDF usw., so wie er es gewohnt war.

Die neue Fernbedienung brachte ihn aber manchmal zur Weißglut. Die machte was sie wollte und er fragte sich, warum gibt es heute nicht mehr direkt am Fernseher die Tasten von 1 bis 12, wo man wie früher problemlos „die 2 bis 4 Programme, die man braucht", ganz einfach durch Tastendruck einstellen konnte. Die sind doch heute alle nur zu bequem aufzustehen, genau wie sie alle mit dem Auto noch ins Geschäft reinfahren wollen, weil sie zu faul zum Laufen sind, dachte Herr M.

Ebenso ging es ihm mit dem neuen Telefon ohne Schnur, mit den viel zu kleinen Tasten. Das musste er oft suchen, weil „irgendeiner" das immer woanders hinzulegen schien, obwohl er alleine in der Wohnung lebte. Wenn er angerufen wurde, was selten vorkam, klingelte es wenigstens irgendwo, sodass er dem Ton nachgehen konnte, um es zu finden. Aber wenn er den Hausarzt mal anrufen wollte und es irgendwo mit leerem Akku lag, half ihm auch nicht die „Suchen/Finden" Taste an der Basis-Station, da es nicht klingeln konnte.

Und dann die Geschichte mit dem Bankautomaten… Immer wenn er zum Bankschalter ging und seine Auszüge abholen wollte, gingen sie mit ihm zu so einem Automaten, in den er seine Karte stecken musste, nur so bekam er seine Auszüge. Der ältere Kassierer hinter der Trennscheibe zahlte ihm zwar auch Geld aus, wenn er den Auszahlungsschein unterschrieb, aber wenn ein anderer von den jungen Leuten da war, gingen die immer mit ihm zu dem Geldautomaten und da sollte er seine PIN-Nummer eingeben.

„So ein Blödsinn. Was ist eine PIN-Nummer, was soll ich damit, und woher soll ich die wissen?" – „Die hat man Ihnen doch zugeschickt…", wurde ihm gesagt, und wenn er die nicht mehr habe, müsse er eine neue Karte beantragen, dann bekäme er auch eine neue PIN, das koste allerdings noch mal Gebühren.

Er verstand die Welt nicht mehr. Ich will keine neue Karte, dachte er. Ich will auch keinen neuen PIN. „Seitdem meine Frau so schwer krank war und nun tot ist, brauche ich meinen PIN sowieso nicht mehr", wollte er erst sagen, um die peinliche Situation mit einem witzigen Spruch etwas aufzulockern. Aber als ihn dieses junge Ding mit hochgezogen Augenbrauen anschaute, war ihm klar, dass er ihr unheimlich auf die Nerven ging. Und jetzt noch einen flachen Spruch von mir und die zeigt mich gleich wegen Beleidigung an, ne, das geht ja gar nicht, die jungen Dinger heute fühlen sich immer so schnell angefasst, auch wenn man sie nicht mal berührt hat.

Das ist doch alles verrückt, „die" haben alles verrückt, aber ich soll es sein und muss zum Psychiater, die haben doch nicht mehr alle stramm.

„Und dann bin ich mal ganz ungewollt „Schwarzgefahren". Der Schalter im Bahnhof war geschlossen und der Automat wusste nicht, was ich von ihm wollte und ich wusste nicht, was der Automat von mir wollte", erzählte er mir. Deshalb bin ich in den Zug gestiegen und habe gedacht, ich könnte einfach wie früher bei dem Schaffner bezahlen. Der hörte mir aber gar nicht zu und ich hatte die Wahl 40 € wegen Schwarzfahren zu zahlen oder eine Anzeige zu riskieren. Vor lauter Wut bin ich gleich am nächsten Bahnhof ausgestiegen und mit dem Taxi nach Hause gefahren. Da war ich insgesamt 93 € los, ohne meine Kinder tatsächlich besucht und gesehen zu haben, eine verrückte Welt, sag ich doch!"

Rückblickend kann man sagen, dass das Unglück von Herrn M. schon in seiner Kindheit begann, mit den unglücklichen Umständen des Krieges, einem jahrelang fehlenden Vater, der verstört und traumatisiert aus der Gefangenschaft zurückkam und sein Glück nur im Garten fand. Mit den Eltern, die versuchten, ihn mit allen ihnen zur Verfügung stehenden Mitteln auf einen guten Weg zu bringen, ihm aber nicht genügend Liebe, Nähe, Geborgenheit und Wärme vermitteln konnten, weil sie selbst solches nie in der notwendigen Art und Weise haben erleben dürfen.

Ich kann aus eigener Erfahrung sagen, man kann an die eigenen Kinder nur das an Liebe und Geborgenheit weitergeben, was man selbst auch vermittelt bekam. Das verhält sich ähnlich wie mit Tradition und Brauchtum. Aber manch einem von uns sind nur Strenge und Zielstrebigkeit vermittelt worden, damit es uns mal „besser geht".

Obwohl selbst schon alt geworden, erzählte Herrn M. immer wieder davon, dass man vor 20 Jahren seine Eltern wieder vertreiben und seinem Vater damit sein „ein und alles" nehmen wollte, seinen Garten. ‚So haben sie meinen Eltern im wahrsten Sinne des Wortes ihr Leben genommen', hat er nach ihrem gemeinsamen Suizid viele Jahre gedacht, weil er über das Unglück bis heute, Jahrzehnte später, nicht hinweggekommen ist.

Sein eigenes Leben war durch den Hausbau auch nicht leicht, man musste auf Vieles verzichten, am Schluss sogar auf die, die man liebte, die einem wichtig waren: die Frau, die Kinder, die Enkelkinder. Das alles ging Herrn M. durch den traurigen und inzwischen immer häufiger irgendwie verwirrten Kopf.

Nun kam noch dazu, dass sich andere ihren Kopf über ihn zerbrachen. Wie es weitergeht? Ob er weiter alleine leben könne? Ob eine amtliche Betreuung eingerichtet werden oder ob er in ein Heim muss…?

Herr M. wurde im Lauf der Zeit durch eine vorsichtige Kontaktaufnahme regelmäßig von einem auch psychiatrisch geschulten Pflegedienst besucht, der ihn motivieren konnte, sich einige Wochen in einer gerontopsychiatrischen Tagesklinik behandeln zu lassen. Dort frischte er wieder einige seiner reduzierten Alltagsfähigkeiten auf, zu denen er sich alleine nicht mehr aufrappeln konnte. Zeitweilig merkte er aber selbst, dass ihm schon viele Gedanken, Worte und Begriffe fehlten, die ihm durch seinen gesellschaftlichen Rückzug verloren gegangen waren.

Als ihm klar wurde, dass er an einer beginnenden Demenz leidet, hatte er das Gefühl, auf der Lebensleiter ganz unten angekommen zu sein. Er ließ sich das Krankheitsbild kommentarlos von den Mitarbeitern erklären und verglich das mit dem, wie er sich selbst noch wahrnahm. In mehreren Gesprächen mit den Mitarbeitern der Tagesklinik kam man überein, dass er zu Hause weiterleben könne, wenn er sich täglich von einem Pflegedienst begleiten und jeden Morgen in eine Altentagesstätte bringen lassen würde. Dort könne er mit anderen einen schönen Tag verbringen, das sei so ähnlich wie in der Tagesklinik, in die er ja ganz gerne ginge. Herr M. ließ sich darauf ein und fand sich damit ab, immer mehr hilfsbedürftig zu sein.

Als aber nach dem ersten Monat eine Rechnung von über tausend Euro im Briefkasten lag, verstand er die Welt nicht mehr. Über die auf ihn zukommenden Kosten hatten sie mit ihm nicht geredet. Das sei wie in der Tagesklinik, habe man ihm gesagt, und dort da habe er doch auch nichts zahlen müssen, war seine logische Schlussfolgerung.

Als der Pflegedienst am nächsten Morgen kam, lag Herr M. noch im Bett und wollte nicht aufstehen. Er war auch nicht zu motivieren, in die Tagespflege zu fahren.

Der Pflegedienst beantragte nach einiger Zeit eine amtliche Betreuung, damit sich jemand um die Finanzen kümmern konnte. Denn es war absehbar, dass weitere Kosten durch den Pflegedienst auf Herrn M. zukommen würden. Da es noch keine Pflegeeinstufung für ihn gab, war allen klar, dass er sich bei jedem Cent weiter auf die Hinterbeine stellen würde.

Die Kinder kamen als Betreuer nicht in Frage, die wohnten zu weit weg und konnten nicht wegen jeder Unterschrift und jedem Formular anreisen, außerdem waren sie froh, damit nichts zu tun zu haben.

Da Herr M. trotz seiner leichten Demenz im damaligen Sinne der Pflegekasse nicht pflegebedürftig war, vieles noch selbst konnte und nur bei wenigen Verrichtungen etwas Anleitung brauchte, bekam er keine Pflegeeinstufung, so wie es tausenden alten Menschen in unserem System so geht. Da müssen erst die eigenen Ressourcen aufgebraucht werden, einerseits verständlich, aber Menschen ohne Rücklagen werden in unserem Sozialsystem ebenso gut versorgt. Irgendwie war das aus seiner Sicht nicht gerecht, auch wenn es aus gesellschaftlicher und aus ökonomischer Sicht Sinn macht.

Da kommen wir an die Grenzen dessen, was ein Mensch mit so einer Lebensgeschichte aushalten kann, ganz unabhängig von seinen zeitweilig sehr schweren Depressionen und in diesem Fall der von seiner Tagesform abhängigen dementiellen Entwicklung.

Herr M. war meistens ganz gut orientiert, wusste wo er stand und was mit ihm passierte, oder er mit sich passieren lassen musste. Das war für ihn sehr beschämend, zumal ihm klar war, dass, wenn er die Pflege, die Betreuung und alles, was eigentlich gut für ihn war, ablehnte, ihn die Mühlen der Behörden in ein Heim bugsieren würden, ob er wollte oder nicht. Selbst mit Pflegestufe I würde sein Geld bald aufgebraucht sein, und dann käme sein Haus unter den Hammer, für das er sein Leben lang auf Vieles verzichtet hatte. Auch wenn sich seine Kinder von ihm losgesagt hatten, wollte er ihnen noch etwas hinterlassen, wenigstens das Haus. Auch wenn sie es verkaufen würden, dann sei sein Geld wenigstens da, wo es hingehöre, bei den Kindern.

So blieb ihm keine andere Wahl, als sich den Tod zu nehmen. In einem der ganz klaren Momente erhängte er sich auf dem Dachboden seines Hauses, bevor die amtliche Betreuung in Kraft trat. –

Nun haben die Kinder nicht nur sein Haus geerbt, sondern mit Sicherheit auch einen Teil der Verhaltensweise ihrer Eltern. Damit meine ich das „zu wenig gelernte miteinander Reden", das Verdrängen und Bagatellisieren von Problemen usw...

Anstatt Unangenehmes zuzulassen, darüber zu sprechen und eine Lösung des Problems zu finden, wird dieses Unangenehme durch Verharmlosung kleingeredet und ganz schnell als *unwichtig* im Rucksack der Lebensgeschichte abgelegt. Da kann man nur hoffen, dass ihnen irgendwann klar wird, dass sie das, was sich in ihrem Rucksack an eigener Lebensgeschichte durch ungelöste und verdrängte Probleme abgelagert hat, im Laufe der Jahre durch neu hinzukommendes Verdrängen immer schwerer wird. Denn nur dann kommen sie auf die Idee, mal nachzuschauen, was ihr Leben so schwermacht und haben die Chance, sich anders zu verhalten als die Generation ihrer Eltern, die weder die „Mülltrennung" kannten, weil sie es nicht gelernt haben, noch das Reden über Probleme und deshalb nie nachgeschaut haben, was sie wirklich bedrückt.

Es mag sein, dass mein Vergleich, Mülltrennung und über Probleme nachdenken und reden, etwas hinkt. Ich bin aber der Meinung, dass das tägliche miteinander Reden die Chance ist, durch das Abwägen von wichtigen und unwichtigen Dingen im Leben eine Art Recycling sein könnte, wobei weniger Restmüll, in Sinne von Problemen anfällt. So kann man aussortieren und recyceln und aufarbeiten, um ein Verdichten durch Verdrängung und Einlagerung weiterer schwerwiegender Probleme bis zur Unsichtbarkeit zu verhindern oder zumindest das Ganze zu reduzieren.

Wenn wir so tun, als ob ein bestimmtes Problem nicht da ist, weil wir es verdrängen, werden wir es nie los. Wenn wir uns den Problemen und der

Realität jedoch stellen, durch miteinander Reden einen Teil der Probleme lösen können, fühlen wir uns viel freier beim Genießen der schönen Dinge des Lebens.

In so einer Situation kann man nur alle Menschen ermutigen, das zu tun, wozu sie im Augenblick Lust haben, was sie ablenkt und ihnen Freude bereitet. Nur so bleibt genügend Kraft und Schwung übrig, sich den unangenehmen Dingen des Lebens zu stellen, sie zu benennen und zu bearbeiten, bis sie so klein sind, dass sie uns nicht mehr bedrücken. Wenn wir das in jungen Jahren nicht gelernt haben, bekommen wir das im Alter wahrscheinlich auch nicht mehr hin, denn *„Was Hänschen nicht lernt, lernt Hans nimmer mehr"*, sagte man (nicht nur) früher. Das galt und gilt nicht nur für die Erziehung, Schule und Beruf, sondern auch für die heutige Möglichkeit, sich in der Freizeit mit Dingen zu beschäftigen, die einem guttun.

Da-Sein und Zuhören sind das A und O für alle Betroffenen, damit wir gemeinsam die Möglichkeit nutzen können, über unsere Erlebnisse frei zu reden. Alle Fragen sollten offen, ehrlich und aufrichtig beantwortet werden, und das Geschehene darf nicht heruntergespielt werden.

Für das weitere Leben hilft Hinterbliebenen ein zuverlässig organisierter und regelmäßiger Tagesablauf, da Alltagsroutine Sicherheit und Berechenbarkeit vermittelt. Ebenso wichtig sind Kontakte mit Freunden und Bekannten.

Vielleicht haben die Kinder von Herrn M. ja mehr Freunde zum Reden als ihr Vater, und da kann ich ihnen nur viel Glück und viel Kraft wünschen.

So wie das Werkzeug im Haus manchmal den Handwerker ersetzt, kann das füreinander „Da-Sein und Zuhören" und das miteinander Reden ganz oft den irgendwann mal notwendigen Therapeuten ersetzen.

Frühere Generationen wurden nach dem Motto erzogen:

„Reden ist Silber – Schweigen ist Gold".

Ich sehe das inzwischen anders:

Was nützt mir das viele Gold,
wenn es mich jahrelang verblendet und jegliches Gefühl für mich
und andere Menschen durch sein Gewicht erdrückt?

Die Lästigkeit des Seins

Es hört nicht auf,
der gefühllose Schleier der Depression nimmt mir mein Leben.
Es ist weg, seitdem es nicht mehr lohnt zu sein.
Wenn die Gefühllosigkeit ein Teil des Lebens ist,
dann lebt es noch sehr intensiv in mir.
Wenn die Gefühllosigkeit ein Teil des Todes ist,
dann ist es so, wie es sich anfühlt, Gefühlstod.
Über der Erde vom Leben erdrückt und
begraben.

Die Sonne scheint, es ist egal,
es soll dann so sein.
Es regnet, schneit und stürmt, es ist egal,
es soll dann so sein.
Es lieben sich Menschen, es ist egal,
es soll dann so sein.
Es trennen sich Menschen, es ist egal,
es soll dann so sein.
Es ist Krieg, es ist egal,
es soll dann so sein.
Das Leben kann sterben, es ist egal,
es soll dann so sein.

Das Leben sorgt für die Einsamkeit,
die tut gut, aber auch weh.
Das Leben sorgt für die Gefühllosigkeit,
die tut gut und weh.
Das Leben sorgt für mein Weh,
aber auch für das, der anderen.

Das Leben sorgt für die gefühllose Einsamkeit,
es nimmt allen alles:

den Lebenden das Leben,
den Liebenden die Liebe,
Freunden die Freundschaft,
Eltern die Kinder,
Kindern die Eltern.

Die gefühllose Einsamkeit ist alles,
was das Leben dann noch braucht,
um leblos leben zu können.

Das Leben ist das einzige, was sich dann lohnt,
oder auch nicht.
Das Leben hält alles fern,
auch das Leben und den Tod
Das Leben ist oft nichts Halbes
und nichts Ganzes.

Mein Leben kann leben,
dann soll es auch leben.

Es ist nicht egal, es soll dann so sein,
das Sein.

Eckhard Pawlowski © November 2005

*

Depressive Episoden und
dementielle Prozesse
lassen sich nicht mit Liebe aufhalten.

Durch sie lässt sich nur vieles besser aushalten,
bis die Quelle der Liebe ganz leise versiegt,
da wir auf Dauer
nicht mehr geben können als in uns ist.

Umgang mit einem, in eine demenzielle Lebenswelt „verrückten" Menschen

Das Thema „Umgang mit einem, in eine dementielle Lebenswelt verrückten Menschen" war schon vor vielen Jahren der Inhalt meiner Vorträge bei verschieden Veranstaltungen und ist erstaunlicherweise heute noch genauso aktuell wie damals.

In den Köpfen von Pflegenden, ihren Ausbildern und Lehrern hat in den letzten 20 Jahren ein Wandel stattgefunden, der eigentlich mehr Freiräume für Intuition, Empathie und Eingehen auf die individuellen Bedürfnisse von Pflegebedürftigen ermöglichen könnte. Durch die Zertifizierungen und Fallpauschalen in den Kliniken und teilweise menschenunwürdigen Zeitvorgaben für Pflegende in Heimen und ambulanten Pflegediensten wird das relativ neue Denken schon ausgebremst, bevor es in die Tat umgesetzt werden kann.

Bei meinem Arbeitsauftrag in einer gerontopsychiatrischen Ambulanz ging es weniger um die eigentliche Pflege des erkrankten Menschen, sondern mehr um einen begleitenden, man könnte auch sagen, einen pflegenden Umgang mit allen Betroffenen. Außerdem sollte man nicht zwischen einem ambulanten und stationären Patienten unterscheiden, denn der zu behandelnde Mensch bleibt der gleiche, nur die Räumlichkeiten und der Umgang mit ihm und seinen Gefühlen ändert sich und somit die Voraussetzungen für seine Erkrankung oder Veränderung.

Sie werden sich sicher fragen, was das heißt: „Umgang mit einem in eine dementielle Lebenswelt *verrückten Menschen*". Hiermit meine ich das ausschließlich zu diesem Zeitpunkt lebensweltlich orientierte Verstehen von Menschen, die auf ihre augenblicklichen eigenen Wahrnehmungen und Empfindungen häufig ganz normal reagieren. Wir sind aber der Meinung, ihre Reaktionen sind nicht normal bzw. entsprechen nicht unseren Erwartungen, weil unsere Ansicht darüber, wie alles zu sein hat, irgendwie unverrückbar ist. Wir wissen aber nicht, welche Wahrnehmung die Menschen zu der, für uns manchmal unverständlichen und eventuell auch unangenehmen Reaktion oder Situation, geführt hat.

Eigentlich ist der Begriff Umgang auch nicht passend, denn unsere Eltern wollten immer, dass wir keinen schlechten Umgang hatten, was das auch immer bedeuten mochte. Wir wussten aber, was gemeint war und haben versucht, diesen zu umgehen und zu vermeiden, meistens jedenfalls. ‚Umgang' steht im Duden im Zusammenhang mit umgehen, umschreiben, wie drum herumreden, sinngemäß wie, nicht zum Punkt kommen und so tun als ob, (etwas Unangenehmes) vermeiden. Vom Adjektiv aus gesehen kann man mit etwas oder mit jemandem sparsam, verantwortungsvoll, richtig, respektvoll, spielerisch, leichtfertig, täglich, sorglos umgehen. Wir können aus Sicht der Verben den Umgang auch lernen, üben, zeigen, pflegen, erleichtern und dafür plädieren.

Das möchte ich hiermit tun, dafür plädieren, dass wir den Umgang mit umgangssprachlich „verrückten Menschen" lernen, üben, pflegen, anderen zeigen, wie es geht und damit allen Betroffenen erleichtern, aus dem erlernten Umgang endlich einen Zugang zu der gedanklich verrückten Menschenwürde zu finden.

Wenn wir vor einem Problem stehen, können wir es nur lösen, wenn wir uns mit den Inhalten beschäftigen. Um zu den Inhalten zu kommen, brauchen wir einen Zugang zu dem Problem. Diesen finden wir am besten, wenn wir uns mit dem Problem beschäftigen. Wie mit einer Burg, da finden wir den Zugang auch nur, wenn wir uns die Burg von allen Seiten anschauen und sie erst einmal ganz umgehen. Und wenn wir den richtigen „Umgang" gefunden haben, finden wir garantiert auch einen Zugang zur Burg. Damit meine ich sinnbildlich zu dem Menschen, der für uns ein Problem darstellt, weil er gedanklich verrückt ist, in einer Art Burg, deren Zugang wir nicht finden konnten, weil wir den Umgang damit scheuen.

Im Umkehrschluss heißt das, da ist ein Mensch, mit dem können wir nicht umgehen, weil wir mit ihm keinen Umgang wollen. Ohne Umgang mit ihm und um ihn (herum) werden wir keinen Zugang finden, weil wir das Mitfühlen und Mit-Verrücken in solchen Situationen nicht gelernt haben und es deshalb ablehnen. Also werden wir den (gedanklich) von uns Verrückten weiter umgehen, ohne ihn zu verstehen, anstatt uns richtig mit ihm zu befassen, um ihn endlich zu begreifen.

Mir geht es jedenfalls so. Wenn ich mich mit einer Sache befasse, verstehe ich sie am besten, wenn ich auch die Chance habe, sie mit den Händen zu begreifen. Einen anderen Menschen zu begreifen, bedeutet nicht nur, ihn zu verstehen und ihn da abzuholen, wo er steht, sondern ihn durch Berührung z. B. das Reichen unserer Hand, tatsächlich zu begreifen. Wenn wir uns tatsächlich mit ihm befassen, ihn berühren, werden wir mit Sicherheit einen Zugang zu ihm und in seine, für uns trutzig wirkende Burg, finden.

Wenn wir in eine andere Stadt fahren und uns auf deren Umgehungsstraße befinden, ist es oft schwer, die richtige Ausfahrt zu finden, die uns die richtige Einfahrt und den Zugang zu unserem Ziel ermöglicht, es sei denn, wir fragen jemanden, der sich mit der Stadt gut auskennt. So geht es uns im Umgang mit einem dementiell veränderten Menschen auch oft. Wir können den Zugang zu dem durch seine Lebensumstände isolierten alten Menschen nur finden, wenn wir die Angehörigen, die Nachbarn, ehemalige Arbeitskollegen usw. nach der Lebensgeschichte und der ehemaligen Lebenswelt des Betroffenen befragen.

Basisgefühle wie Angst, Lust, Sehnsucht und Wut haben viele Angehörige und Freunde des in eine andere Welt verrückten Menschen mit ihm schon erlebt. Dieses erlebte und gelebte Mit- oder Gegeneinander ist ein Fundus von Formeln und Sichtweisen, den durch seine Gedanken „von uns Verrückten" besser zu verstehen. Da die Vergangenheit immer das Fundament der Gegenwart ist, finden wir in der vergangenen Lebensgeschichte sehr häufig den Schlüssel zum Eingang in die zeitlich verrückte Lebenswelt der alten Menschen.

Unseren Wissensdrang und die sich für uns daraus resultierenden Erkenntnisse und Erklärungen müssen wir den befragten Menschen aus dem Umfeld des Pflegebedürftigen erklären. So haben auch sie eine kleine Chance, den von ihnen verrückten Menschen etwas mehr zu verstehen.

Bei Arztbesuchen und Krankenhausaufenthalten bleiben die nicht mehr alltagstauglichen Anteile des Patienten meistens im Umfeld zu Hause verborgen und sind nur durch häusliche Besuche, in Form von behutsamen Kontakten, zu erleben. Das gilt für stationäre und ambulante Patienten sowie auch für Altenheimbewohner.

Besonders alte Menschen hängen an allem, was sie an ihre bisherige Lebenswelt erinnert. Nicht nur positive, sondern auch die negativen Erfahrungen, die ihr Leben beeinflusst haben, sind im Alter oft die Grundlage und der Ursprung für paranoide Gedanken oder eine depressive Grundstimmung, die sie erst im Alter einholt. Gerade diese Stimmung, ausgelöst durch das im Augenblick Gefühlte, die eigenen vier Wände, ihre Ausstattung, ihr Zustand usw. sehen und erleben wir nur, wenn wir die Menschen dort erleben, wo sie leben.

Hierzu ein Fallbeispiel, das sich vor vielen Jahren ereignete: „Missverständnisse können einen Menschen verrückt werden lassen, indem sie ihn tatsächlich woanders hinverrücken."

Nennen wir ihn einfach mal Herrn K., ein 78 Jahre alter, alleinlebender Mann, der bis vor seinem Aufenthalt in der gerontopsychiatrischen Klinik mit etwas Nachbarschaftshilfe gut klarkam. Eines nachts wurde er von der Polizei als hilflose Person in das Krankenhaus gebracht, nachdem er total desorientiert und verängstigt in der Stadt aufgefunden wurde.

In der Klinik gab er am nächsten Tag an, er habe das Gefühl, in seine Wohnung kämen dauernd andere Leute, die wollten ihm sein Haus wegnehmen. Er bekomme diesbezüglich fast täglich Anrufe, deshalb habe er Angst und brauche Hilfe.

Da er an manchen Tagen leicht örtlich und zeitlich desorientiert war, sowie durch seine Schwerhörigkeit immer wieder in Schwierigkeiten kam, die sich meistens als kommunikatives Missverständnis durch unsere ungeduldige Zeit herausstellten, wurde eine amtliche Betreuung eingerichtet. Er verstand zwar die Zusammenhänge und den Grund der Betreuung nicht richtig, empfand es aber als Hilfe und war froh, dass sich einer um ihn kümmerte.

Als kurze Anmerkung möchte ich bei diesem Thema darauf aufmerksam machen, dass das allgemeine Verständnis von Betreuer und betreut werden sehr weit auseinandergehen und schon oft zu einem bösen Erwachen bei dem Betroffenen und seinen Angehörigen geführt hat. Viele Menschen denken bei dem Begriff Betreuung daran, wie das Wort klingt, da kommt jemand und kümmert sich, so wie ein Pflegedienst. Es ist aber anders. „Wenn wir das vorher gewusst hätten, dass das wie eine Vormundschaft ist, hätten wir das gar nicht erst für Mutter in die Wege geleitet", habe ich nach so einem, durch zu wenig Aufklärung entstandenen Missverständnis, von den Angehörigen oft gehört.

Wenn die Bürokratie erst mal in Gang ist, wie ein großer Tanker, kann man sie nicht mehr ohne Weiteres stoppen oder spontan den Kurs wechseln, nur weil das für den Betreuten in der augenblicklichen Situation gerade Sinn machen würde. Wenn ein Betreuer jedoch den Mut hat, seinen ganzen Ermessensspielraum mit einzubringen, kann eine Betreuung trotz gesetzlicher Richtlinien für alle Beteiligten in Ausnahmesituationen eine große Hilfe sein.

Nun wieder zurück zu unserem Fallbeispiel von Herrn K.: Obwohl der Betreuer keine Hauskäufer oder Spekulanten ausfindig machen konnte, ging das Theater, wie es die Nachbarn nannten, schon kurz nach der Entlassung aus der Klinik zu Hause wieder los: mit Unruhe, den Schlafstörungen und Angstzuständen. Die Mitarbeiter eines ambulanten psychiatrischen Pflegedienstes waren ratlos, da auch die in der Klinik begonnene medikamentöse

Behandlung logischerweise nicht die Ursachen der Symptome mitbehandeln kann.

Als ich Herrn K. eines Morgens besuchte, klingelte sein Telefon. Er hob den Hörer ab und das Verständnis, was er sowieso für alltägliche Dinge vermisst, nahm nun als verbales Missverständnis seinen Lauf.

Ich hörte nur: „Wer ist da? Was für ein Amt? Wie? Wer will was vermessen? Nein, hier nicht, das ist mein Haus, hier bleibt alles wie es ist...", und dann wollte er verstört und wütend auflegen.

Ich bot Herrn K. meine Hilfe an und nahm den Hörer. Der Gesprächsteilnehmer am anderen Ende der Leitung wollte einen Termin wegen irgendeiner Hausbegutachtung und Grundstücksvermessung mit einem Sachbearbeiter des Kreisamtes abstimmen. Und da fiel mir ein, dass es seit Monaten immer noch Probleme mit der Telefonanlage des neuen Kreishauses gab. Die Rufnummer von Herrn K. war bis auf eine Zahl mit der alten Rufnummer unter einer anderen Vorwahl identisch. Die Anrufer mussten sich nur einmal mit einer Null vertippen und schon hatten sie Herrn K. am Telefon.

Das ging wohl über Monate so. Wie der stete Tropfen den Stein höhlt, so wirkte es – möcht ich mal salopp sagen – auf das Hirn des armen Herrn K.

Obwohl Herr K. dann endlich eine neue Rufnummer erhielt und der ursprüngliche und hauptsächliche Auslöser für den Beginn seiner Verwirrung und Angst abgestellt war, kam diese Korrektur zu spät. Herr K. wurde nun wirklich „verrückt", im räumlichen Sinn gesehen, in ein Heim eingewiesen. Er lebt nun, verwirrter und desorientierter als je zuvor, in einem Altenheim, da die ambulanten Möglichkeiten nicht mehr ausreichen, ihn in seinem Zuhause zu versorgen. So gesehen hatte er doch Recht, dass er aus seinem Haus herausmusste.

Missverständnisse können alte Menschen ganz schön mitnehmen und regelrecht verrücken, manchmal sogar bis ins Altenheim.

Die Schwelle, zu einem Arzt zu gehen, den man nicht kennt, wird im Alter immer höher, besonders wenn besorgte Angehörige einen dazu drängen. Auch wenn der Hausarzt das Ganze begleitet und befürwortet, da er mit seinen Möglichkeiten am Ende ist, kann man als Betroffener, egal wie alt man ist, das alles nicht verstehen und fühlt sich wirklich bevormundet, obwohl es alle nur gut meinen. Wenn dann diese Praxis noch nahe an einer psychiatrischen Klinik liegt oder einem erst beim Betreten des Gebäudes klar wird, dass man zum Psychiater bugsiert wird, nur, weil die Kinder meinen, man sei durcheinander, dann nehmen meistens noch mehr Probleme ihren Lauf.

Auch wenn man selbst zeitweilig merkt, dass irgendwas mit einem nicht stimmt, kann man das nicht zugeben, weil das so beschämend ist und einem unheimlich Angst macht. Dann wird die Schwelle irgendwie unüberwindbar, man stellt sich wie ein störrischer Esel auf die Hinterbeine, weil man Angst hat, die halten mich für verrückt und stecken mich zu den „Bekloppten".

Und dann gibt es noch einen anderen Aspekt, der gegen einen Besuch beim Arzt spricht und das wusste schon Johann Wolfgang von Goethe: *„Wir lernen die Menschen nicht kennen, wenn sie zu uns kommen. Wir müssen zu ihnen gehen, um zu erfahren, wie es mit ihnen steht."* Das sollte die Zauberformel auch für jeden „Hausarzt" sein, um bessere Diagnosen zu stellen, das wird jeder Landarzt bestätigen, der seine Patienten noch sehr persönlich kennt. Denn die Lebensumstände, die bei jeder psychischen Veränderung eine große Rolle spielen, kann der Arzt in seiner Praxis oder im Krankenhaus nicht sehen, die bleiben unbehandelt zu Hause.

Die interessantesten Erinnerungen und Hinweise an und auf die Lebenswelt eines alten Menschen bekommen wir tatsächlich nur über einen Hausbesuch. Deshalb sollte auch eine gerontopsychiatrische oder geriatrische Ambulanz unbedingt aufsuchenden Charakter haben. Nur so werden Ärzte im eigentlichen Sinn zum „richtigen" Hausarzt.

Nun möchte ich Sie, liebe Leser, mal gedanklich mitnehmen, in die Landschaft einer verrückten Lebenswelt, die wir alle irgendwie aus unserem Umfeld kennen, der wir aber gerne aus dem Wege gehen, weil es uns alle irgendwann selbst betreffen wird, wie intensiv und in welcher Form auch immer. Denn wir haben alle Mutter und Vater, Onkel, Tanten, sonstige Verwandte, die alle alt werden, wie wir selbst auch!

Eine gute Wahrnehmung auch für Alltägliches, Intuition und Empathie sind das wichtigste Handwerkzeug bei Hausbesuchen und schon beim Notieren der Adresse beginnen die ersten Eindrücke. Sie vervielfältigen sich bei der Anfahrt zur und durch die Wohngegend, beim Aussteigen und Begehen des Grundstücks in Richtung des Hauses. Die Wohnform, ob Mietwohnung in einem Hochhaus oder in einer Ein-Zweifamilienhaussiedlung mit eigenem Garten, sagt sehr viel über die Voraussetzungen von Toleranz und gesellschaftlichen Zwängen aus. Der wie mit einer Nagelschere geschnittene Rasen und der mit Millimeterpapier geplante und gestaltete Garten erzählen uns schon von weitem, dass hier alles seine Ordnung hat.

Da kommt bei mir sofort die Frage auf, wessen Ordnung ist das? Die mit einem Kratzer vom Moos und Unkraut befreiten Fugen der Gartenplatten, die schneeweißen ordentlichen, mit Stecknadeln disziplinierten Gardinen, die aussehen, als wenn sie vor einem Vorgesetzten Haltung angenommen hätten, sprechen Bände. Ebenso der um die Fußmatte geschlagene immer leicht feuchte Aufnehmer vor der Haustür.

Hier haben Inkontinenz, störendes Rufen und Weglauftendenz einer dementen Lebenswelt schlechte Karten, da beides ohne Änderung der Voraussetzungen nicht, wie es so schön Neudeutsch heißt, „kompatibel" ist. Sich leicht bewegende und aus ihrer strammen Haltung gedrängte Gardinen in den Fenstern der Nachbarschaft und neugierige Fragen im Treppenhaus: „Wollen Sie zu den Müllers, na das wird ja mal Zeit, dass da was passiert", zeugen von den gesellschaftlichen Zwängen unserer deutschen Mentalität.

Die eigene Toleranz von pflegenden Familienangehörigen und professionellen Pflegediensten wird durch das Umfeld so unvorstellbar unter Druck gesetzt und ist im wahrsten Sinn des Wortes für alle sehr „kränkend".

Es gibt Häuser, 40-60 Jahre alt, sehr renovierungsbedürftig oder immer noch irgendwie unfertig in der Bauphase stehengeblieben, sie ähneln irgendwie den Bewohnern, aus welchen Gründen auch immer. Diese Beschreibung klingt fast ein bisschen unverschämt, aber das Schmunzeln meiner ärztlichen Kollegen hat meine Sicht der Welt häufig bestätigt und manchmal kam auch nach dem Verlassen der Wohnung ein zustimmendes „irgendwie hattest du Recht", begleitet von einem nachdenklichen, doch zufriedenen Gesichtsausdruck.

Ohne dass wir mit irgendjemand konkret gesprochen haben, und ohne dass uns geöffnet wurde, haben wir mit der biografischen Bildgestaltung der Betroffenen und des Umfeldes begonnen.

Sogar die Art und Weise wie uns geöffnet wird, ist sehr verschieden. Öffnet der Ehepartner uns die Tür, begegnet uns oft ein Spiegelbild der augenblicklichen Lebenssituation, Verzweiflung, Angst und Resignation oder der Versuch, das Thema zu überspielen und durch eine repräsentative persönliche Fassade die Betroffenheit von sich fernzuhalten.

Da Mitarbeiter einer helfenden Institution häufig erst gerufen werden, wenn die Familie an ihre Grenzen gekommen ist, kann ihnen dies die Tochter/Schwiegertochter, der Sohn oder Schwiegersohn nicht vorenthalten. Sie wirken beim Öffnen der Tür entweder total genervt und peinlich berührt, dass ein Psychiater kommen muss, oder sind traurig betroffen und beschämt über das, was aus Mutter oder Vater geworden ist.

Wenn Kinder und Eltern in einem Haus wohnen, ist es komischerweise oft so, dass die gebrechlich und immobil werdenden Eltern oben wohnen und die viel mobileren Kinder und Enkelkinder unten.

In der Wohnung der Kinder findet dann häufig eine Vorinformation, ohne den in eine andere Gedankenwelt verrückten Menschen statt. Gemeinsam mit dem Ehepartner, wenn möglich mit dem eigentlichen Hausarzt und allen von der Situation betroffenen Menschen, auch den Mitarbeitern von Sozialstationen, falls sie schon involviert sind. Helfende Nachbarn zählen auch dazu, wenn alle damit einverstanden sind.

Unabhängig von den noch kommenden Informationen, erzählen uns die Ausstattung und der Wohnstil der Kinder, sowie ihr eigenes Outfit eine ganze Menge über Voraussetzungen für psychische Veränderungen und Konfliktpotenzial zwischen Jung und Alt. Besonders durch die unterschiedlichen Einschätzungen zum Thema Lebensqualität und Lebensinhalt, stoßen hier die verschiedenen Welten von zwei oder mehr Generationen aufeinander.

Nach kurzem Informationsaustausch mit allen Beteiligten suchen wir die Wohnung des „erkrankten" oder zumindest veränderten Menschen auf.

Die spartanische Gestaltung der Wohnung im Nachkriegsstil der 50/60er Jahre, der eigenen Blütezeit mit schönen Erinnerungen an den Neuanfang, nach Krieg und Gefangenschaft. Geprägt durch Bescheidenheit und Sparsamkeit sowie den Stolz, etwas geschafft und trotzdem noch was gespart zu haben, damit man was hat, wenn es noch mal so schlimm kommt, wie man es schon erlebt hat. Die alten abgewetzten Möbel, Polster, die verschlissenen Teppiche und nicht mehr so exakten Gardinen, weil die tun es ja noch, alles picobello sauber. Und da es Freitagnachmittag ist, liegt ein leichter Duft von Bohnerwachs, frischem Kaffee und Rührkuchen mit Rum-Aroma in der Luft, wie früher vor Jahrzehnten.

Die gleichen Dinge erleben wir in den überladenen Wohnungen, strotzend vor materiellem Reichtum, die aber durch seelische Armut und Gefühllosigkeit kalt und leer wirken. Da kam mir immer das Sprichwort „Reden ist Silber, Schweigen ist Gold" in den Sinn, denn hier wurde nicht viel geredet. Sonst wäre man ja auch erschreckenderweise auf Themen gekommen, die unangenehm sind und nicht zu den akkurat gesteckten Gardinen passen, geschweige denn zu den mit Brokat verzierten Deckchen und Vorhängen wie im Theater.

Diese tausend kleinen Wahrnehmungen verraten ein Stück von der Lebenswelt, der Geschichte und dem Theater, dass etwas verrückt ist, verrückt durch verrückte Gedanken, die tatsächlich (im Wortsinne) verrückt sind, in längst vergangene Zeiten. Sie erklären so viel zu parallel, wie auch paranoid ablaufenden Gedankengängen und das nicht mehr zurechtkommen mit den Kindern und der jetzigen Welt, dass man alles nur noch als bedrohlich empfindet.

Sogar die Ehefrau ist in das verrückte Gedankensystem mit eingesponnen, da sie durch ihre Vermittlungsversuche den Familienfrieden wahren zu wollen, zeitweilig auch aufseiten der Kinder ist und somit zu den Gegnern gehört. Alle reden nur von umbauen, anders gestalten, abreißen, eine Missachtung dessen, wofür man sich die ganzen Jahre krumm gemacht und Tag und Nacht gearbeitet hat.

Die wollen hier eine behindertengerechte Dusche einbauen…, ich will nicht, dass hier ein Behinderter einzieht!? Und meine Frau hat sich genauso abgeschuftet und fällt mir jetzt in den Rücken…! Das kann doch nicht meine Frau sein… nein, das hätte die nie gemacht…! Wo ist meine Frau, und was will diese Fremde hier und überhaupt, was wollt ihr alle, macht, dass ihr wegkommt! … Alle reden nur vom Neukaufen, wollen mir eine Freude machen, damit ich mich wohlfühle. Ich habe mich bisher immer wohlgefühlt, bis die angefangen haben, alles zu ändern, was bisher gut war. … Die Wasserhähne muss man nicht mehr drehen, sondern kippen, warm und kalt kommt aus einem Hahn, da ist doch was faul. … Ich soll mich auf die Toilette setzten, obwohl ich nur pinkeln muss, ich lass doch aus mir keinen Hampelmann machen!

Wenn ich den neuen Fernseher anstellen will und an ihm den Einschaltknopf suche, bekommt jedes Familienmitglied Panik, drückt mir so ein schwarzes Kästchen mit bunten Knöpfen in die Hand und will mir Dinge erklären, die ich nicht kenne und nicht will. … Irgendwas stimmt hier sowieso nicht, die Kinder fahren trotz ihrer Schulden angeblich nur einmal im Jahr in Urlaub, sind aber das ganze Jahr über so braun gebrannt, als kämen sie gerade aus Afrika. … Das Auto der Kinder sieht jedes Jahr anders aus und wenn ich danach frage, erzählen die was von Jahreswagen, das wäre wie tauschen oder so – die meinen wohl, die können mich verarschen, bezahlen müssen sie den Wagen wie jeder andere auch! … Aber *ich* sei verwirrt, und wenn ich mich dann aufrege, wird ein Arzt geholt, weil ich angeblich immer so schnell aggressiv bin. Dabei regen die sich noch mehr auf als ich, aber zu denen kommt dann kein Arzt. … –

Da muss ein Mensch doch, geprägt durch eine andere Zeit, Angst bekommen, traurig sein und wie man heute zu sagen pflegt, depressiv werden. Die wahnsinnige Angst, arm zu werden, nichts mehr zu verstehen, kann einen doch wahnsinnig werden lassen, oder nicht?

Habe ich denn eigentlich alles verkehrt gemacht, bin ich am Leben vorbeigegangen, zählt das alles nicht, was ich geleistet habe? Da muss man doch Grübelzwänge bekommen und das Gefühl haben, es hat alles keinen Zweck mehr.

Die realen Angstauslöser im Alter sind ganz häufig:

- falls noch vorhanden, der schemenhaft wahrgenommene eigene Gesichtsverlust

- das unverstandene Fernsehen – Nachrichten von Kriegsschauplätzen und Unglücken mit Toten und Bilder von Verletzten, Flüchtlingen, sowie mit ängstlichen und verunsicherten, weinenden Kindern.

- Veränderungen im familiären Umfeld durch Umbau- und Renovierungsarbeiten

- Aus – oder Umzug von Familienangehörigen, Tod – oder Scheidungen von Kindern, Enkeln und vertrauten Nachbarn.

Die durch den nicht mehr verstandenen Alltag in Gang gesetzte Angst hat viele Gesichter und betrifft nicht nur demente Menschen.

- Sie zeigt sich durch Unruhe und Schlafstörungen.

- Bisweilen durch Angst und Verunsicherung, gereiztes und gewalttätiges Verhalten.

- Begleitet von Rückzug, Verstummen und Resignieren.

Aber ich glaube, das wissen alle, die sich mit diesen Themen beschäftigen, deshalb muss ich hier nicht weiter ins Detail gehen. Ich wollte Ihnen mit diesen Worten nur einmal kurz beschreiben, was die Wohnungen und die in ihnen lebenden Menschen uns nur durch ihren Anblick erzählen können. Wenn man dann noch den Mut hat, sich durch das Gesehene mitverrücken zu lassen, bekommt man den Hauch einer Vorstellung, wie schlimm das für die Betroffenen und ihre Angehörigen sein muss.

Sie kennen das sicher alle, hoffe ich jedenfalls, Sie gehen in den Keller und wissen nicht mehr, was Sie da wollten. Aber wir sind ja pfiffig, gehen wieder zurück in die Küche und dann... Ping! Ist der Grund in den Keller zu gehen wieder parat... ach ja, ich wollte eine Dose Pilze aus dem Keller holen!

Aber stellen Sie sich vor, Sie wissen nicht mehr wo die Küche ist, Sie finden den Weg dorthin zufällig und wissen dann auch nicht mehr, warum Sie diesen Raum betreten haben. Der kommt Ihnen sogar fremd vor, da Sie ihn heute und jetzt in diesem Augenblick nicht mehr als Ihre Küche wahrnehmen.

Oder Sie werden in Ihrer Wohnung von Menschen begrüßt, die Sie in diesem Augenblick nicht kennen und die Ihnen dann unter Umständen auch noch im wahrsten Sinne des Wortes an die Wäsche gehen wollen, weil Sie angeblich ganz nass seien.

Ja, sagen Sie mal, das macht doch Angst und wütend und ist doch zum Verrücktwerden, oder?

Da wir psychiatrisch geschulten Mitarbeiter gelernt haben, verrückte Dinge zu verstehen und einigermaßen auszuhalten, ist es unsere Aufgabe, dem alten Menschen in seiner entrückten und verrückten Welt Partner und Anwalt zu sein. Wir können ihm durch unsere Beachtung und Begleitung ein Stück seiner Selbstachtung und Selbstsicherheit zurückgeben, damit er/sie nicht das Gefühl hat, unwichtig und nichts mehr wert zu sein.

Wenn der alte Mensch nicht mehr selbst von seinem Leben erzählen kann, sollten wir ihm von seinem Leben erzählen, was er gemacht und geschafft hat. Das weckt in ihm schöne Erinnerungen, gibt ein wenig das Gefühl verstanden zu werden und Zuhause zu sein. Gespräche über das, was man mal geschafft und erreicht hat, beruflich wie auch privat, bremsen das Bedürfnis wegzulaufen bzw. weggehen zu wollen, oder zu müssen, weil man es hier nicht mehr aushält.

Diese eben von mir zugegebenermaßen langatmige Beschreibung von vielen Dingen, die für die Betroffenen und ihre Betroffenheit wichtig oder unwichtig sind, gibt uns ein umfassendes Bild und schafft genügend Gesprächsthemen zum Beziehungsaufbau. Selbstverständlich gibt es noch tausend andere Eindrücke von Haustieren, Hobbys und Lebensgewohnheiten, welche ebenfalls die Lebenswelt des Erkrankten beschreiben, aber ich wollte nur von ein paar Eindrücken berichten, die wir bei stationärer Aufnahme viel zu wenig mitbekommen. Denn wie eben schon beschrieben, in die Arztpraxis und in das Krankenhaus kommt nur der Patient mit seiner Erkrankung oder seinem veränderten Verhalten. Die kränkenden Voraussetzungen für diese bleiben oft unbehandelt zu Hause in seinem Umfeld.

Die aufsuchende Arbeitsweise einer gerontopsychiatrischen oder auch geriatrischen Ambulanz ermöglicht es, wie eben schon erwähnt, die Menschen dort zu erreichen, wo sie und ihre Probleme leben. Im Idealfall scheint es nicht sinnvoll, die Behandlungsbedürftigen dort herauszunehmen und die Voraussetzungen für die Erkrankung unbehandelt zu lassen.

Das „Mitbehandeln" des Umfeldes ist im ganzheitlichen Sinn eigentlich nur ambulant realisierbar, stationäre Behandlung wirkt dagegen oft nur „halbheitlich", weil die Alltagsaktivitäten, die im Krankenhaus wieder funktionieren, zu Hause durch andere Voraussetzungen, andere Reizauslöser und Signale noch lange nicht funktionieren müssen.

Darüber reden und das Ganze weiter zu Hause auszuhalten, bis sich die Situation durch ambulante Hilfe und Begleitung beruhigt, ist für die Angehörigen und das Umfeld oft eine Zumutung, da sie sich meistens erst Hilfe holen, wenn ihr Akku leer ist und zu Hause nichts mehr geht. Eigentlich sind dann schon die letzten Ressourcen ihrer Toleranz aufgebraucht und wenn sie sich dann trotzdem noch einmal darauf einlassen, dann kann man natürlich nur sagen, alle Achtung.

Jeder, der noch nie in so einer Grenzsituation war, seit Monaten oder sogar Jahren seine eigenen Lebensinhalte einer Pflegesituation unterzuordnen, keinen geregelten Schlaf mehr bekommt, den eigenen Alltag und sich selbst total vernachlässigen muss und bei jedem Gedanken an versäumte eigene Lebensqualität vom schlechten Gewissen erdrückt wird, weiß nicht, wovon ich hier rede.

Selbstverständlich ist eine vollstationäre Behandlung nicht immer zu vermeiden, aber häufig reicht eine teilstationäre Behandlung in einer Tagesklinik für alte Menschen aus, wenn sie durch eine ambulante Begleitung unterstützt wird. In gemeinsamen Gesprächen (wenn möglich) mit dem Erkrankten, den Angehörigen, den Nachbarn, dem Hausarzt, den Mitarbeitern vom Pflegedienst, eben allen Betroffenen, gilt es die gewonnenen ersten Eindrücke darzustellen und nach gemeinsamen Lösungsmöglichkeiten zu suchen.

Falls die Gesprächsinhalte den Erkrankten eventuell noch mehr verunsichern, macht es Sinn, dass das die Lebensumstände und Probleme beschreibende Gespräch nach den ersten Eindrücken durch die Kontaktaufnahme in einer separaten Wohnung oder ganz wo anders geführt wird. Damit der oder die Betroffene nicht das Gefühl hat, da wird hinter meinem Rücken geredet und die haben da irgendwas mit mir vor. So lässt sich die Wahrscheinlichkeit einer für alle Seiten unangenehmen Eskalation vermeiden.

Wie viel und welche Form von Pflege und Begleitung ist nötig, und wer kann was leisten? Was bedeutet „pflegender" Umgang mit dementiell Erkrankten und ihren Angehörigen aus ambulanter Sicht? Was ist überhaupt wem zumutbar, und wer kann was aushalten? Das sind die wichtigsten Fragen, die es zu beantworten gilt. Denn gesellschaftliche und moralische Verpflichtungen sowie Sozialhysterie sind ganz schlechte und nur kurzfristige Energielieferanten für pflegende Angehörige, weil das mit dem „Piep, piep, piep", wir haben uns alle lieb" nur selten klappt.

Wer was leisten und aushalten kann, diese Fragen beantworten sich in der Regel nach ein paar Tagen durch gemeinsames „Erleben" der Situation aller Beteiligten, nach dem Motto meines ehemaligen ärztlichen Kollegen Dr. Nübel:

- *„Mit den Angehörigen geht viel.*
- *Ohne die Angehörigen geht wenig.*
- *Gegen die Angehörigen geht gar nichts."*

Das Gleiche gilt natürlich auch für die Nachbarn und das gesamte Umfeld. „Pfleglicher Umgang" bedeutet so viel wie: vorsichtig, behutsam, einfühlsam, mitfühlend, rücksichtsvoll, erhaltend, fördernd, vorsorgend, fürsorgend usw. Eigentlich alles Begriffe, die im Umgang mit Menschen selbstverständlich sein sollten und deshalb im Zusammenhang mit Pflege überhaupt nicht erwähnt werden müssten, *wenn* alles normal verläuft.

Aber was ist im Umgang mit dementiell Erkrankten und ihren Angehörigen schon normal? Ist nicht alles irgendwie verrückt?

Die ganze Situation der Familie ist durch den erkrankten Menschen ebenfalls von einer „normalen" Position in eine andere verrückt worden. Probieren Sie mal aus, wie flexibel und tolerant Ihre Eltern sind, Ihr Umfeld zu Hause oder die Kollegen an Ihrem Arbeitsplatz.

- Verändern Sie mal in Gegenwart der Gastgeber den Standpunkt Ihrer Möbel, verschieben bzw. verrücken Sofas, Schreibtische oder Dekorationsgegenstände, wie Blumenvasen usw. so ganz nebenbei und beiläufig nur um ein paar Zentimeter, als wenn Sie während des Gesprächs total in Gedanken sind.

Beobachten Sie dabei ganz unauffällig die aufkommende Unruhe und erstaunten Blicke der Wohnungsinhaber.

- Hängen Sie auf dem Weg zur Toilette unbemerkt ein Bild an der Wand etwas schief, stellen Sie die Toilettenbürste woanders hin, oder verschieben Sie einen Läufer ein wenig, wenn Sie alleine in einem Raum sind und achten Sie darauf, was passiert, wenn der Platzhalter des Zimmers zurückkommt.

- Legen Sie mal bei Bekannten vor dem Schellen die Fußmatte längs vor die Haustür, oder „vertüddeln" den um die Fußmatte geschlagenen Aufnehmer der Nachbarin.

Sie werden sich wundern, was da abgeht, wie zwanghaft und hektisch sogar ganz problemorientierte Menschen reagieren, die sonst stundenlang über die Intoleranz unserer spießigen Gesellschaft diskutieren.

Das betrifft mich mit Sicherheit auch bei vielen Dingen, aber ich weiß es und muss dann meistens über mich und meine Zwanghaftigkeit innerlich schmunzeln. Das lässt mich dann manchmal etwas lockerer mit Veränderungen umgehen, aber ich bin nicht jeden Tag gleich gut drauf, was die Toleranz angeht.

Wer im Glashaus sitzt, sollte nicht nur nicht mit Steinen werfen, sondern auch daran denken, dass er von allen gesehen wird. Denn das Problem von uns vortragenden und schreibenden neunmalklugen Weltverbesserern ist ja, dass wir auch nur mit Wasser kochen und oft selbst nicht mal einen Bruchteil dessen aushalten können, was wir den Angehörigen rund um die Uhr zumuten.

Dieses eben von mir geschilderte Beispiel vom verrückten Sofa ist vergleichbar mit dem „verrückten" Opa. Alle wollen ihn wieder so, wie er mal war und wo er mal war, nämlich hier bei uns, in der gleichen Zeit am gleichen Ort, mit dem gleichen Stand und Verstand wie wir. Opa ist aber „nicht mehr auf der Höhe" wie der Volksmund zu sagen „pflegt". Das heißt aber eigentlich nur, dass Opa sich in einer anderen Ebene befindet. In einer Zeit und Umgebung, die ihm wahrscheinlich vertraut ist und nicht so „verrückt", wie die Zeit, die er nicht mehr verstehen kann.

Um seinen augenblicklichen Standpunkt zu erkennen und zu verstehen, benötige ich alle biografischen Kenntnisse, die ich bekommen kann. Zum Teil von ihm selbst, aber hauptsächlich von den Angehörigen. Selbstverständlich muss ich ihnen meinen Wissensdrang erklären, damit sie verstehen, dass viele, für sie unerklärliche, Verhaltensweisen des Erkrankten und psychisch veränderten Menschen ihren Ursprung in seiner Lebensgeschichte haben können, wie z. B.:

- Das Urinieren und Spucken in alle Ecken

Vater war sein Leben lang in der Landwirtschaft tätig, und auf dem Hof störte das keinen, weil alle Männer sich so verhalten haben. Wer mal „musste", machte dorthin, wo er sich gerade befand. An die Hauswand, an den Baum, in die Ecke, sogar große Geschäfte wurden hinter dem Strauch oder im Stall verrichtet. Toilettenpapier und Hände waschen war nicht immer selbstverständlich, geschweige denn das tägliche Waschen und Duschen des ganzen Körpers.

- Er belästigt alles, was lange Haare hat, mit einem Klaps auf den Po, selbst die BFD-Mitarbeiter mussten schon daran glauben.

Vater hat sich immer schon so verhalten, nur nicht in Gegenwart der Familie. Das war von ehemaligen Kollegen von ihm zu erfahren, die das nicht schlimm finden, denn früher hat man sich „wegen sowas" nicht so angestellt! Und außerdem gäbe es Mitarbeiterinnen auf den Stationen oder im ambulanten Bereich, die kommen zum Dienst, wie andere abends ausgehen, total herausgeputzt und aufgedonnert, mit roten Fingernägeln und Lippenstift, so wie Karl Heinz es nur kannte, wenn er mit seinen Skatbrüdern ohne Familie unterwegs war. – Käthe (seine Frau) und die Nachbarinnen sind nie so herumgelaufen! – Und die Frauen, die damals aus seiner Wahrnehmung so „aufgebrezelt" aussahen, wie die, die ihm heute mehrmals täglich an die Hose gehen, kannte er nur aus Lebenssituationen, wo man mal anders sein konnte als zu Hause. Da nannte man das „an die Hose gehen" aber nicht Blasentraining, oder „ich muss mal ihre Vorlage wechseln".

So gibt es viele Beispiele von oft nicht änderbarem Verhalten, dass wir viel besser ertragen können, wenn wir eine Erklärung dafür haben. Dadurch steigt unsere Toleranzgrenze, Wut, Ekel und Enttäuschung wird um ein paar Prozentpunkte reduziert. Nur wer sich auch im räumlichen Sinne nah ist, kann sich durch eine vorsichtig berührende Hand gegenseitig besser begreifen und findet dadurch eher zu einander.

Die Biografie eines Menschen ist wie eine Landkarte seiner Lebenslandschaft und eine Art Gebrauchsanleitung zum Beziehungsaufbau. Zur Biografie Arbeit kommen wir im übernächsten Kapitel noch ausführlicher.

So lange wie wir mit den gedanklich verrückten alten Menschen noch verbal kommunizieren können, brauchen wir nur seinen Beschreibungen zu folgen, um zu erleben, wo er ist. Wenn wir es schaffen, seine Ebene durch unser Wissen von ihm zu erreichen, haben wir die Chance, den alten Menschen in seiner dementiellen Lebenswelt minuten- bis stundenweise zu begleiten und zu begreifen. Auch wenn wir es oft nicht fassen, festhalten und verstehen können, was er uns bietet oder anbietet.

- Wenn er klagt, klage ich mit, wenn er mich jetzt nicht will, gehe ich für ein paar Minuten weg, denn ich bin ja Gast in seiner Wohnung, in seinem Zimmer, auch im Heim ist es sein Heim.

- Ich komme gleich wieder, wenn er eventuell vergessen hat, dass er mich nicht wollte, oder schicke eine Kollegin, die, aus welchen Gründen auch immer, jetzt in diesem Augenblick einen besseren oder auch nur anderen Zugang zu ihm finden kann.

Menschen, die sich einigermaßen verstanden fühlen, lassen mehr Nähe und menschlichere Versorgung zu. Ich lasse an dieser Stelle bewusst den Begriff Pflege weg, weil der oft was mit „fertiggemacht werden" zu tun hat, das habe ich am Ende des Kapitels „Die kleinen Dinge bewegen die Welt" schon thematisiert.

Manchmal ist es auch möglich, den dementen Menschen nicht nur in seine augenblickliche Lebenswelt zu begleiten, sondern ihm eine Brücke in eine andere Landschaft seines Lebens zu bauen und ihm dorthin zu folgen oder ihn sogar mitzunehmen, in unsere Welt der Gegenwart. Sobald er sich dann aber zu sehr „mitgenommen" fühlt und die Themenverknüpfung nicht mehr nachvollziehen kann, ist es oft möglich, ihn durch eine geschickte Gesprächsüberleitung in seine vertraute Lebenswelt zurückzubringen und ihn wieder aus seinem Leben erzählen zu lassen. Wir können das Ganze durch Fragen in Gang setzen. Je nachdem, was für ein Thema gerade Sinn macht und ihn nicht überfordert. Sobald wir aber merken, dass die für ihn gestern noch verständliche Gedankenebene eine Sackgasse ist, kann jedes Drängen: „Weißt du das nicht mehr, wir haben doch gestern noch darüber gesprochen", usw. schon zu sehr beschämen und in durch Angst geprägte Aggression umschlagen, weil der Gesichtsverlust durch den unerfüllbaren Leistungsdruck zu hoch ist.

So befinden sich die Pflegenden wie auch die Pflegebedürftigen auf einer Art gemeinsamen Gratwanderungen von verschiedenen Lebenswelten.

Die professionelle Pflege ist täglich auf eine bestimmte Zahl von Stunden begrenzt, während die durch Angehörige geleistete Pflege häufig ohne zeitliche Begrenzung rund um die Uhr geleistet wird. Das Problem ist hier die emotionale Einbindung, die Verpflichtung, die jahrelange gemeinsame Geschichte, das immer wiederkehrende Aufreißen alter Wunden und Narben. Schlecht vernäht durch finanzielle und gesellschaftliche Verflechtungen und Verpflichtungen sowie das unbewusste Abrechnen von noch offenen Rechnungen, die man jahrelang vergessen, verdrängt oder „weggepilchert" hat.

Diese, durch die Lebensgeschichte oft verwobenen und verstrickten Beziehungen zwischen Angehörigen und den Erkrankten, macht es sogar der professionellen Pflege häufig sehr schwer, ein für alle Betroffenen „gesundes" Maß an Pflege zu finden.

Die Profis kommen meistens erst zum Einsatz, wenn das gut gemeinte familiäre Pflegesystem kurz vor dem Kollabieren ist, oder sich die Überlastung durch eine Auszeit, in Form eines Krankenhausaufenthaltes gezeigt hat. Der Hausarzt hat den Angehörigen schon oft genug gesagt:

- „Seien Sie gelassener, es muss nicht alles perfekt sauber sein, lassen Sie öfter mal alle „Fünfe" gerade sein.
- „Vater muss doch nicht jeden Tag baden oder duschen, das hat er doch früher auch nicht getan, weder als Ehemann noch als er alleine gelebt hat" usw.

Die Angehörigen denken dann natürlich: „Der hat gut reden. Bei dem sieht es nicht so aus und riecht es nicht so, wie bei uns. Wenn wir mit Vater alles laufen lassen, was denken denn die Nachbarn und Verwandten von uns, es sieht dann so aus, als wenn wir uns nicht kümmern, das geht doch nicht!"

Da muss das Tal des Leidens erneut noch etwas tiefer durchschritten werden, bevor man fremde Hilfe zulässt, wie so oft im Leben. Dann beginnt die Einstiegsphase der professionellen Pflege, die Angehörigen haben das Gefühl und irgendwo auch die Erwartung, da kommt jetzt Schwester Constructa, die krempelt die Ärmel auf und dann geht es rund.

Es ist für viele Angehörige am Anfang schwer zu verstehen, dass zur Pflege erst eine Beziehungsaufnahme gehört, die Tage und manchmal sogar Wochen dauern kann und warum es mit einem bestimmten Pfleger besser klappt, als mit der weiblichen Pflegekraft, oder umgekehrt. Da hilft uns auch das professionelle Wissen nicht von jetzt auf gleich, nur die Erfahrung, die

Situation, wenn sie nicht in irgendeiner Form bedrohlich ist, für ein paar Minuten, Stunden und manchmal auch für Tage so zu lassen, wie sie ist.

Da zu einem vielleicht späteren Zeitpunkt alles vergessen, alles anders ist und notwendige Verrichtungen und Hilfestellung jetzt gerade kein Problem mehr darstellen. Körperpflege, Wäsche wechseln, mal eine Mahlzeit verschieben oder ausfallen zu lassen ist manchmal einfacher und sinnvoller als sie gegen den Willen des Betroffenen auszuführen. Trotz Demenz prägen sich „gewaltige", mit Druck ausgeführte Begegnungen beim Pflegebedürftigen sehr ein und können die zwischenmenschliche Beziehung für immer stören.

So kann es sein, dass Vater, der sich immer nur mit Gewaltakten waschen und anziehen ließ, sich nach ein paar Tagen regelrecht freut, wenn er die Pflegeperson ruhig und freundlich in sein Zimmer kommen sieht. Weil die sich seine alten Geschichten anhört und ihm das Gefühl vermittelt, dass sie ihn ernst nimmt, mit all seinen Nöten.

Professionelle Pflegekräfte haben durch „das Glück, gleich wieder gehen zu können", oft mehr Toleranz, da sie nicht das Konfliktpotenzial der über Jahrzehnte gelebten Familiengeschichte des Pflegebedürftigen mit sich herumschleppen müssen. Das möchte ich hier als Grund und Erklärung für die manchmal größere Toleranz und Gelassenheit von professionellen Pflegekräften gleich hinten dranhängen, damit ich den sich abplagenden Angehörigen überhaupt nur im Ansatz gerecht werden kann.

Das Verständnis und die Geduld der pflegenden Angehörigen reduziert sich mit zunehmender Überlastung immer mehr, doch meistens haben sie nicht den Mut mit sich ehrlich zu sein, weil die moralische Verpflichtung einen enormen Druck auf sie ausübt.

Oft fällt erst durch eine Pflegesituation auf, dass die Beziehung zu Vater oder Mutter eventuell immer schon irgendwie, durch irgendwas gestört, oder zumindest nicht so harmonisch war, wie wir uns das alle wünschen und wie wir das aus Pilcher-Romanen kennen. Da gibt es zwar auch das Hauen und Stechen um die ersehnte Liebe und das romantische Glück, aber in den Romanen und Filmen ruft nicht Tag und Nacht ein dementer Mensch „Hallo" oder „Hilfe". Und sollte in der heilen Welt des Films mal eine familiäre Pflegeszene vorkommen, riecht es dort nicht bis zum Treppenhaus nach Attends, die im „normalen" Leben oft viel zu selten gewechselt werden, weil sie so teuer sind.

Von außen hinzukommende Pflegepersonen sind nicht durch die Familiengeschichte und die manchmal dazugehörenden Intrigen vorbelastet und gehen viel unbefangener mit der ganzen Situation um. Sie sagen deshalb auch nicht dauernd:

- Ach Vater, das hast du doch schon tausendmal erzählt...
- Warum kannst du das nicht, das ging doch gestern noch...
- Stell dich nicht so an, das machst du nur, um uns zu ärgern...
- Was willst du denn schon wieder, ich war doch eben erst bei dir... ich habe auch noch was anderes zu tun...

Die Angehörigen merken nach einiger Zeit, dass Vater nach den „Besuchen" der netten Frau oder dem netten jungen Mann ruhiger, zufriedener und umgänglicher geworden ist. Sie lernen nun langsam, dass Vater sich in dem schmuddeligen Hemd wohlfühlt und man es ihm nicht vom Leib ziehen muss, nur, weil wir meinen, es muss gewechselt werden. Vielleicht geht es später oder heute Abend problemloser, zur Not kann er in dem „schmutzigen" Hemd auch mal eine Nacht schlafen – und die Angehörigen auch endlich mal, weil es keinen Streit gab.

Es vergehen oft Wochen, bis Angehörige einsehen, dass Pflege in erster Linie was mit Zufriedenheit, Ruhe, Zeit und Menschenwürde zu tun hat, für alle, die von der gesamten Situation betroffen sind und erst in zweiter Linie was mit Sauberkeit, Sattheit und Trockenheit.

Wenn die Angehörigen mithilfe der Pflegedienste lernen, eigene Ressourcen und die der Erkrankten besser zu nutzen und sich weniger mit den Dingen beschäftigen, die schwierig sind oder gar nicht mehr funktionieren, sondern mehr mit denen, die noch Freude bereiten, ist es möglich, trotz einer noch so belastenden Situation, etwas mehr Lebensqualität für alle Beteiligten zu erreichen. So lassen sich nicht änderbare Situationen besser aushalten.

Aber ich muss Ihnen ganz ehrlich sagen, da machen wir Beratenden es uns manchmal ganz schön leicht, mit unserer Klugscheißerei. Das gilt ebenso für mich, denn über eine unerträgliche Lebenssituation zu reden und sie persönlich auszuhalten, sind nicht nur zwei verschiedene Paar Schuhe, wie man so lapidar sagt, sondern dazwischen liegen Welten. Da ich mit vielen pflegenden Angehörigen nicht tauschen möchte, kann ich nur jedem von Ihnen meinen Respekt aussprechen, der sich irgendwann zu sagen traut: Ich kann nicht mehr und vor allem, ich *will* es nicht mehr.

Das meinte ich in dem Kapitel „Die kleinen Dinge...", die ich hier noch mal wiederholen möchte, weil sie vielleicht am besten erklären, warum man nicht nur mit dem Pflegebedürftigen fair umgehen muss, sondern genauso mit sich selbst, denn, Pflege hat für die Pflegenden zwei Seiten:

- Die eine Seite ist hell, macht Freude und zufrieden, wenn man sich selbst nicht vergisst, für alle transparent arbeitet, seine eigenen Grenzen und die des zu Pflegenden sieht und sie einhält.
- Die andere Seite ist dunkel, wie ein schwarzes Loch, das einen anzieht, wie eine dunkle Macht. Es ist eine Art Monopoly, gehen sie über „Verpflichtung, Anstand, Liebe und Moral" zu ihrem Erb- oder sonstigen Vorteil.

Kurzfristig können Verpflichtung, Anstand, Liebe und Moral der Treibstoff für die Motivation zur Versorgung und Pflege eines Bedürftigen sein. Auf Dauer sind und bleiben sie, meiner Erfahrung nach, wirklich die schlechtesten Energielieferanten für Pflegende, wenn sie keine Hilfe zulassen können und wollen.

Deshalb sollten Sie alle Möglichkeiten der Entlastungen nutzen, die Ihnen angeboten werden, wie z. B. die Teilnahme an Angehörigengruppen und die Akzeptanz von tagesstrukturierenden Maßnahmen in Form von Tagesstätten für den Pflegebedürftigen usw. Das heißt dann aber, dass die vorhandenen oder noch beantragenden finanziellen Mittel aus der Pflegekasse auch adäquat zur Entlastung der Angehörigen eingesetzt werden und nicht „Wiedergutmachung" für das sind, was sie mit der Pflege auf sich genommen haben.

Eine Entlastung kann nur dann eintreten, wenn die Angehörigen die Zeit auch für sich nutzen und nicht meinen, immer dabei sein zu müssen, wenn die Pflegekraft im Einsatz ist. Auch wenn es oft nur kleine Zeitfenster des „Nicht da sein Müssen" sind, sie entlasten auf Dauer ungemein und gehören zu den kleinen Dingen, die die Welt bewegen.

Wir müssen aber auch vermeiden, dass aus den bisher pflegebedürftigen Menschen durch Nichteinstufung bei der Pflegekasse nicht plötzlich „ungepflegte" Menschen werden, denn die Bedürftigkeit ändert sich nicht durch eine andere Beurteilung der Voraussetzungen. Eine ungepflegte und zu wenig gepflegte Seele, falls es so was gibt, wird traurig, durch Enttäuschung der Gefühle aggressiv und will mit Sicherheit eher und häufiger weglaufen oder weggehen als eine gepflegte Seele, oder was meinen Sie?

Die ungepflegten, damit meine ich natürlich die zu wenig versorgten alten Menschen, fallen auf, weil sie manchmal auch ein „ungepflegtes" Benehmen haben, nach dem Motto von Wilhelm Busch: *„Ist der Ruf erst ruiniert, lebt es sich völlig ungeniert!"* Meistens fehlt ihnen aber auch dafür die notwendige Eigenwahrnehmung. Durch Vereinsamung und verbale Isolation verlieren nicht nur alte Menschen sich in Unzufriedenheit und werden überempfindlich. Sie begegnen uns oft distanz- und taktlos, weil das Leben ihnen aus ihrer Sicht auch nicht mehr mit Anstand zur Seite steht. Die eigene Achtung ist häufig in dem Gefühlschaos von Hilflosigkeit und Scham untergegangen oder total überzogen, nach dem Motto „Angriff ist die beste Verteidigung".

Während einer Weiterbildung habe ich mal ganz frei nach Dr. Jan Wojnar, Neurologe und Psychiater, einem ehemaligen Leiter der ärztlichen Betreuung Demenzkranker in Hamburg, aus seinen verschiedenen Vorträgen zitiert und mit eigenen Erfahrungen inhaltlich ergänzt:

„Die Betreuung und Begleitung alter und dementer Menschen ist eine der schwierigsten und psychisch sehr stark belastenden Aufgaben. Es überfluten einen jeden Tag neue Überraschungen, teils schwer auszuhaltende, aber auch heitere Begebenheiten, die bei allen Beteiligten erstaunliche Reaktionen in die verschiedensten Richtungen hervorrufen können. Angefangen von Angst, Peinlichkeit, Scham bis hin zu der Tatsache, dass man nicht weiß, ob man lachen soll oder darf. Man weiß nie, ob die eigene Reaktion der Situation angemessen ist, der Würde des Betroffenen gerecht wird, oder ob sie eventuell sogar förderlich sein kann. Die Pflegenden und alle Beteiligten erleben von Tag zu Tag, manchmal sogar von Stunde zu Stunde Störungen und Veränderungen (nicht nur bei den dementen Menschen) und sind ständig gezwungen, ihre Behandlungs- und Versorgungsmethoden sowie Ansichten, der jeweiligen Situation anzupassen und zu korrigieren.

Jeder Mensch ist anders, jeder Demente ist in seinem Erleben faszinierend, für unser Fachwissen manchmal erschütternd, meistens aber auch irgendwie bereichernd."

Nicht alle Störungen lassen sich behandeln, und da muss die Frage erlaubt sein:

- Was ist eine Störung überhaupt?
- Wen stört sie eigentlich?
- Wen stört der „Störende"?
- Warum „stört" der „Störende"?
- Stören wir und unser Verhalten den vermeintlichen „Störer", oder reagiert er nur auf das, was ihn stört?

Oder spiegelt der oder die „Störende" bewusst oder unbewusst nur unsere eigene Unsicherheit und Hilflosigkeit wider, um uns zu zeigen, dass er noch da ist und einfach nur unzufrieden mit dem, was er im Augenblick empfindet?

Nicht alle Verhaltensweisen und „Störungen" lassen sich dauerhaft von den gleichen Betreuern aushalten und finden wahrscheinlich ihre Ursache in unserer Unfähigkeit, das Erleben der Betroffenen und daraus resultierende Verhalten zu verstehen. In Begegnungen mit anderen Menschen überschreiten sie dann alle, für sie nicht mehr beherrschbaren Grenzen und bringen ihr Umfeld ebenfalls in die Situation, unbeherrscht zu reagieren.

Die Angriffe können sich verbal in einem zusammenhanglosen Klamauk äußern, mit körperlicher Gewalt, oder durch Ausscheidungen. Indem sie uns im wahrsten Sinne des Wortes „anscheißen" und uns damit zeigen, in was für einer hilflosen und wirklich beschissenen Situation sie sich befinden.

Reagieren wir nicht, stört der Pflegebedürftige noch mehr, durch Rufen, Schmieren mit Exkrementen oder Weglaufen. Reagieren wir mit Wut und Ärger, verstärken wir die Wertigkeit seines Signals und auch unseren Ärger. Durch die falsche Reaktion der Umgebung im Sinne einer positiven Verstärkung des uns störenden Verhaltens, kommt es zur Verfestigung und „Verselbstständigung" eines solchen Verhaltens.

In den meisten Fällen ist es zunächst eine Reaktion auf innere oder äußere Reize, die nicht adäquat verarbeitet werden kann. Wegen der intellektuellen oder funktionellen Einschränkungen durch einen demientiellen Entwicklungsprozess ist eine differenzierte Ausdrucksform oft nicht mehr möglich. Den Betroffenen stehen meistens nur noch primitive Verhaltensformen zur Verfügung.

Viele von Ihnen in der Pflege Tätigen kennen doch die „Schmierer", wie sie leider oft genannt werden. Die sich wie ein kleines Kind in der analen

Phase mit ihren Ausscheidungen im wahrsten Sinne des Wortes befassen und diese überall verteilen.

Es gibt aber auch Augenblicke im Leben von uns vermeintlich „normalen" Erwachsenen, die im Nachhinein sehr peinlich sein können, auch wenn man noch nicht dement ist.

Stellen Sie sich das mal vor: Sie werden nach einer Operation wach und meinen, man hat Sie schon von der Intensivstation auf die Station verschoben, in der Sie Ihre Sachen und Ihr Bett hatten. Da die Nachwirkung der Narkose Sie in einen weiteren Tiefschlaf versetzt hat, haben Sie nicht mitbekommen, dass Sie aus organisatorischen Gründen in ein anderes Zimmer verlegt wurden. Sie sind noch wie benommen, obwohl Sie auf der Intensivstation vermeintlich richtig wach waren. Das müde Gefühl lässt Ihre Augen immer wieder zufallen, und Ihre Außenwahrnehmung ist auch noch sehr reduziert. Es ist schon dunkel, die leichte Nachtbeleuchtung erhellt den Fußboden etwas. Sie wissen nicht genau, wo Sie sind und haben da so ein „komisches Gefühl am Hintern".

Ganz verstohlen fassen Sie dort mit fahrigen unsicheren Bewegungsabläufen hin und meinen, irgendetwas an der Hand zu haben, jedenfalls etwas Feuchtes. Ganz natürlich ist dann der Versuch, an der Hand zu riechen und irgendwie herauszufinden, was das ist. Bis die Hand an der Nase ist, ist eventuell das Bett samt Bettzeug und die Wand schon beschmiert und, wenn durch Verunsicherung und Angst die feinen motorischen Bewegungsabläufe nach der Narkose auch noch nicht so ganz funktionieren, Ihr Gesicht ebenso. Die eigene Wahrnehmung ist noch sehr wechselhaft und Sie denken, was habe ich da gemacht, das ist ja ekelhaft! Wenn das einer sieht oder irgendwie mitbekommt, wie stehe ich dann da?

(Bei einem schwer dementen Menschen kann das Berühren des eigenen Mundes sogar einen Essreflex auslösen.)

Da Sie ja nicht dement sind, aber durch die Nachwirkungen der Narkose beduselt und verwirrt, realisieren Sie, dass da irgendwie „etwas" schiefgegangen ist. Das Ganze ist Ihnen peinlich, und Sie denken gar nicht daran, zu schellen. Stattdessen versuchen Sie in ihrer Not, aufzustehen und haben nur den einen Gedanken: Ich muss irgendwie ins Bad und alles wieder saubermachen. Dann ist der Weg dahin und alles, woran Sie sich im Dunkeln versucht haben festzuhalten, verschmutzt. Die vermeintlichen Lichtschalter, die Wände und auch das Bad, denn zum Korrigieren des Missgeschicks reichen die Alltagsfähigkeiten nach einer Operation oft noch nicht aus.

So etwas kann jedem von uns passieren, ganz unabhängig vom Alter, und hat mit Demenz nicht zu tun... – das wird Ihnen jede Krankenschwester bestätigen. Trotzdem drängt sich erst mal das Bild von einer Situation auf, die was mit Altenpflege zu tun hat. Ist aber weit gefehlt.

Ich glaube, ich brauche das nicht weiter auszumalen, wie sich ein Mensch fühlt, dem das Missgeschick passiert oder im Falle einer Verwirrtheit ausgelöst wird, geschweige denn, wie sich die anderen Menschen fühlen, die das sehen und wieder in Ordnung bringen müssen.

Schaffen wir es im Team, in der Familie, durch Fallgespräche jene Menschen herauszufinden, die weniger Probleme mit dem dementiell veränderten Menschen haben und was sie anders machen, damit es besser klappt, sind wir ein Stück weiter.

Bezogen auf verwirrte pflegebedürftige Menschen kann man sagen, der zu wenig versorgte Mensch hat es durch seine Signale geschafft, dass wir erst über ihn reden, dann sicher häufiger *mit* ihm und er kann dann die für uns unangenehmen Signale reduzieren, durch uns. Wenn wir öfter kurz bei ihm sind, ohne den Grund ihn „fertigmachen" zu müssen, bemerken wir eher seine Bedürfnisse. Er braucht nicht mehr so oft rufen, weil wir öfter kurz für ihn da sind, er muss uns nicht erst durch seine trotzig wirkenden Ausscheidungen klarmachen, dass sein Leben eigentlich nur noch für den Arsch ist.

Entschuldigung, wenn ich das mal wieder so klar sage, aber das war die Aussage eines nicht dementen Heimbewohners, der zu mir sagte: „Die kümmern sich erst um mich, wenn sie durch meinen Gestank bis auf den Flur merken, dass mein Leben hier nur noch für 'n Arsch ist!"

Klar, denken Sie als Pflegende, wenn ich mehr Zeit hätte, würde ich so etwas auch eher bemerken und entsprechend anders arbeiten und handeln.

Aber für kurze Begegnungen ist oft mehr Zeit vorhanden, als wir alle vordergründig meinen. Im Vorbeigehen eine kleine Berührung, ein nettes Wort. Einmal kurz ins Zimmer schauen, ob die Sonne blendet und die Gardinen vorziehen. Ein Fenster auf oder zu machen, nur um das Gefühl zu vermitteln, dass Sie da sind. Das dauert nur wenige Sekunden und verströmt ein Gefühl von Nähe, Geborgenheit und Sicherheit auf der ganzen Station, wenn Sie das auf alle Pflegebedürftigen gleichmäßig verteilen. Das macht zwar ein wenig Mühe, spart aber auf einen Arbeitstag gesehen viel Lauferei und Unruhe, die Ihrerseits ständig eine stressige Aura verbreitet, da Sie keine Zeit haben und selbst ganz fertig sind, weil Sie andere „fertig machen müssen".

Das ist aber vielen Pflegenden, die eigentlich schon ausgebrannt sind, schwer zu vermitteln.

Erstaunlicherweise nehmen sich viele von Ihnen, die eigentlich immer darüber klagen, zu wenig Zeit für die Pflegebedürftigen zu haben, trotzdem noch die Zeit, um mal eben „eine rauchen zu gehen". Bei nur 5-6 Zigaretten während der Arbeitszeit mit der Strecke des Weges nach draußen, kommen schnell 30 Minuten zusätzliche Pause zusammen. Das ist den nichtrauchenden Kollegen gegenüber nicht fair – und auch den Pflegebedürftigen nicht. Denn wenn diese die gleiche Zeit zum „frische Luft schnappen" beanspruchen würden, ginge noch mehr Zeit für das notwendige „Da-Sein und Zuhören" den Pflegebedürftigen gegenüber verloren; auch wenn das Arbeitsinhalte handelt, die von den Kostenträgern ohnehin nicht bezahlt werden.

Dieses Thema bringt richtig Stimmung in jedes Pflegeteam, egal ob im Seniorenheim, im ambulanten Bereich oder im Krankenhaus.

Offene Zimmertüren vermitteln ebenfalls ein Dazugehören, weil man eher gehört wird und nicht erst durch stundenlanges Schellen oder Herumschreien zu einem aggressiven Menschen wird. Das mit den offenen Türen muss natürlich von allen Beteiligten gebilligt werden, aber dafür hat ja jeder einen Mund zum Reden und Ohren zum Zuhören. Das funktioniert bei der häuslichen Pflege genauso, denn eine offene Tür erschließt dem Pflegebedürftigen die Welt und reduziert seinen Drang, dauernd zu rufen.

Eine Idee wäre z. B. ein Pflegebett im Wohnzimmer. „Wie sieht das denn aus…, was denken da Freunde und Bekannte?", wird man schnell denken. Aber da kann ich nur sagen, es mag ungewohnt aussehen, aber wenn es zu mehr Zufriedenheit aller Beteiligten führt, lohnt sich ein Versuch auf alle Fälle. Die Menschen und Nachbarn, die dabei entsetzt die Augenbrauen hochziehen und hinter vorgehaltener Hand tuscheln, helfen Ihnen sowieso nicht und solche „Freunde" muss man nicht zufrieden stellen, deren „Freundschaft" können sie eigentlich vergessen.

Diesbezüglich habe ich im Kapitel „Art und Weise von Beziehungen" geschrieben: *„Denken Sie mal darüber nach, wie viele Freunde Sie wirklich haben. Damit meine ich nicht den Arbeitskollegen, die Nachbarn, die Freunde vom Sportverein oder sonstige freundschaftliche Beziehungen, die ganz real betrachtet, oft nur einen sachlichen Grund oder Zweck haben.*

Ich meine, richtige Freunde, mit denen man über alles reden kann und die alles für sich behalten. Bei denen man sich mal ganz offen ausweinen kann und die wissen, dass sie das Gleiche umgekehrt genauso machen können. Bei denen man während des Gesprächs eine Gänsehaut oder feuchte Augen bekommt, weil man mitfühlt, was der andere meint und empfindet. Das meine ich mit Freundschaft.

Na, wie viele Freunde haben Sie... oder habe ich Sie mit meiner Frage erschreckt?"

Wenn wir durch kleine Veränderungen und Aufmerksamkeiten jeden Tag die Wahrscheinlichkeit von ein paar problematischen Zwischenfällen reduzieren, gewinnen wir viel Zeit, den pflegebedürftigen Menschen mit mehr Gelassenheit und eigener Zufriedenheit zu begegnen. Das ist dann eine regelrechte Win-Win-Situation, weil alle davon profitieren. Der Pflegende vermeidet durch ein wenig präventives Denken viel Stress, und der Pflegebedürftige fühlt sich verstanden und ist zufriedener.

In einer für alle Betroffenen einigermaßen zufriedenstellenden und gepflegten Atmosphäre, wird nicht nur die Weglauftendenz der alten Menschen, sondern aller Beteiligten reduziert, die sonst viel lieber gegangen als gekommen sind. Pflege wird es selten schaffen Menschen glücklich zu machen, aber zufriedener machen kann es sie schon, die Pflegenden, die von ihnen Gepflegten und alle irgendwie Beteiligten.

Ob ich nun dement bin oder nicht, ich möchte jedenfalls nie *fertiggemacht* werden, weder von meiner Frau noch von einem Vorgesetzten, geschweige denn von einer halbheitlichen Pflegekraft.

Zum Thema „fertigmachen" und „verrücktwerden" in Verbindung mit Sensibilität, Wahrnehmung und Gefühltem, fällt mir noch ein schönes Fallbeispiel ein. Es handelt von einer älteren Dame, die durch Missverständnisse und durch äußere Umstände gedanklich verrückt wurde, wie ein Möbelstück, das auch nicht selbst sehen kann, wo es sich gerade befindet, aber lesen Sie selbst:

Frau B., 79 Jahre alt, lebte seit Jahrzehnten in einer sehr ländlichen abseits gelegenen kleinen Wohnsiedlung mit nur 3-4 Häusern. Sie war wegen einem zu spät behandelten Augenleiden schon seit 30 Jahren blind und kam mit diesem Handicap erstaunlich gut klar. Sie war weder dement noch desorientiert, geschweige denn „verrückt".

Ihre Tochter kümmerte sich seit Jahren um sie, so gut wie sie es konnte und so viel, wie ihre Mutter es zuließ. Frau B. war eine sehr resolute, immer noch selbstständige Hausfrau, die, obwohl sie nichts sehen konnte, ihren Haushalt größtenteils alleine bewältigte, mit allem was dazugehört. Sie kochte für sich alleine, kümmerte sich um ihre Wäsche inklusive waschen, aufhängen, bügeln und zusammenlegen.

Eines Tages stolperte sie, als sie die Wäsche zum Aufhängen in den Garten tragen wollte und wurde mit einem Oberschenkelhalsbruch ins Krankenhaus eingeliefert. Da sie nach der Narkose ein leichtes Durchgangssyndrom hatte (Delir), war sie einige Tage etwas verwirrt. Die Schwestern im Krankenhaus konnten sich überhaupt nicht vorstellen, dass sie zu Hause trotz ihrer Sehbehinderung alleine zurechtkommen konnte. Sie kam für einige Wochen in eine Kurzzeitpflege, bis sie zumindest wieder mit Gehstützen einigermaßen laufen konnte. Als sie damit ganz gut zurechtkam, wurde sie in Absprache mit einem Pflegedienst nach Hause entlassen.

Da das Schlafzimmer von Frau B. in der oberen Etage lag, musste sie immer eine Treppe benutzen, um unten in ihr Bad zu gelangen. Deshalb hatte ihr die Mitarbeiterin vom Pflegedienst vor ihrer Entlassung in Absprache mit der Tochter schon einen Toilettenstuhl und gleichzeitig ein richtiges Pflegebett organisiert. Der Pflegedienst sollte dreimal täglich kommen, und die Tochter wollte sich nun einige Wochen um den Haushalt kümmern.

Nach ihrer ersten Nacht zu Hause rief ihr Hausarzt in der gerontopsychiatrischen Ambulanz an und gab an, Frau B. sei sehr desorientiert und verwirrt. Der Pflegedienst habe ihn gerufen, und er sei vor Ort gewesen. Er habe das Gefühl, das ginge so überhaupt nicht, wir sollten uns mal selbst ein Bild machen, er hätte ein besseres Gefühl dabei, wenn Frau B. in ein Heim käme, aber er würde unserer Entscheidung nicht vorgreifen wollen.

Mit den eben beschriebenen Informationen machten wir uns auf den Weg, der dann wirklich sehr ländlich wurde. Die vier Häuser der „Siedlung" lagen viele 100 Meter auseinander. Sie wurden durch Wiesen und Äcker getrennt und waren nur durch einen schmalen asphaltierten Weg miteinander verbunden. Hier sagten sich wirklich Igel und Hase gute Nacht.

Die Tochter erwartete uns schon und begleitete uns zu ihrer Mutter in deren Schlafzimmer in der ersten Etage. Wir begrüßten Frau B., die in ihrem Bett lag, und erklärten ihr, wer wir sind und warum wir gekommen waren. Wir unterhielten uns mit ihr und der Tochter eine ganze Weile und hatten dann den Eindruck, dass Frau B. nicht unbedingt verwirrt und desorientiert war, sondern dass das eine oder andere Missverständnis durch die Sehbehinderung und die nicht synchron laufende Kommunikation, der Grund für die allgemeine Verwirrung war. So ging es Frau B. insgesamt erst mal ganz gut und wir hatten das Gefühl, dass sie zu Hause gut versorgt war.

Da mein ärztlicher Kollege auch der Meinung war, dass verbale Missverständnisse und zu wenig Kommunikation mit Frau B. das ganze Durcheinander in Gang gesetzt hatten, erklärten wir dies der Tochter in Gegenwart der Mutter. Sie war natürlich sehr verunsichert, ihre Mutter weiterhin stundenweise alleine lassen zu müssen, verstand das aber mit den kommunikativen Missverständnissen und meinte, da könnten wir wohl Recht haben. Sie und ihre Mutter hätten nie viel miteinander geredet. Irgendwie habe seit ihrer Kindheit immer alles ohne viele Worte so funktioniert, dass beide zufrieden waren.

Ich versprach, am nächsten Tag noch einmal wiederzukommen, um mich mal in aller Ruhe mit Frau B. alleine zu unterhalten, und dann könne sie mir erzählen, wie und was alles passiert war. Frau B. nickte mit einem freundlichen Gesicht und drückte bei der Verabschiedung meine Hand ganz fest, als wenn ich ihre letzte Hoffnung sei. Da wir uns gerade erst vor einer halben Stunde kennen gelernt hatten, ließ mich das nicht ganz unberührt.

Am nächsten Morgen besuchte ich Frau B. wie abgesprochen. Da gerade die Mitarbeiterin des ambulanten Pflegedienstes das Haus verlassen wollte, musste ich nicht auf die Tochter warten, die mir die Haustür öffnen wollte. Ich unterhielt mich noch einige Minuten mit der Kollegin und sie berichtete mir, dass sie nun auch der Meinung sei, dass Frau B. „besser drauf sei" als gestern Morgen. Wenn das so bleibe, sei die Chance ganz groß, dass sie noch weiter in ihrem Haus leben kann.

Ich rief die Tochter an, dass sie nicht extra zum Türöffnen kommen müsse, und ich würde mich bei ihr melden, bevor ich fahre.

Als ich das Haus betrat, rief ich Frau B. nach oben zu, dass ich da sei und sofort hochkäme. Mit einem schnellen Blick in die Runde registrierte ich, dass die untere Etage aus einer großen Wohnküche, einem Abstellraum, einem Badezimmer und dem Flur im Treppenhaus bestand.

Ich ging nach oben und sah Frau B. gemütlich in ihrem großen Ohrensessel im Wohnzimmer sitzen. Sie freute sich, dass ich da war und begann sofort zu erzählen, was sie in den letzten Wochen erlebt hatte. Sie sprach davon, dass sie im Krankenhaus durcheinander gewesen sei, und dass sich das erst in der Kurzzeitpflege gebessert habe. „Als ich vorgestern wieder nach Hause kam", erzählte sie, „war ich erst mal sehr froh, habe mich dann aber auch erschrocken, dass mein altes Ehebett weggeschafft worden war, ohne dass mit mir einer darüber geredet hat." Sie sehe jetzt zwar ein, dass es für die Ambulanzschwester und ihre Tochter ein Problem sei, sich bei der Pflege in dem niedrigen Bett soweit herunter bücken zu müssen. Aber: „Warum haben die mit mir nicht vorher darüber gesprochen?", war ihre berechtigte Frage. „Wenn die mir das vorher so erklärt hätten, dann wäre mein Schreck nicht so groß gewesen. Stellen Sie sich mal vor, sie können nichts sehen und kommen nach langer Zeit endlich nach Hause. Sie werden von der Tochter und der Pflegerin ins Schlafzimmer begleitet. Sie wollen sich gerade von den beiden Helfern gestützt mit einem wohligen Gefühl auf ihr eigenes Bett herunterlassen und stoßen noch im Stehen mit dem Popo an eine Bettkante, wie im Krankenhaus. Da habe ich mich erst einmal fürchterlich erschrocken und geschimpft, wo denn mein Bett sei. Dann haben die beiden mir das erklärt und das habe ich dann auch verstanden. Aber trotzdem war ich sauer und traurig, und mich beschlich ein ganz komisches Gefühl, was sie wohl noch alles geändert haben, ohne mich zu fragen und mich darauf vorzubereiten.

Ich lebe nun seit über 30 Jahren mit meiner Blindheit in diesem Haus, was mein Mann und ich vor über 50 Jahren mit eigenen Händen aufgebaut haben. Ich kenne jeden Stein, und seitdem ich blind bin jede Rille und jeden Kratzer im Geländer, in und an den Möbeln, ich kann beim Berühren der Raufasertapete fühlen, in welchem Zimmer ich bin, denn für mich ist es ja immer dunkel. Und dann bin ich vorletzte Nacht wach geworden, weil ich Wasserlassen musste. Da ich nicht sehe, wo ich bin, muss ich mich auf mein Gefühl verlassen, was ich habe. Und das Bett fühlte sich an wie in der Kurzzeitpflege oder im Krankenhaus. Da ich beim Aufrichten im Bett oben an den Haltegriff zum Hochziehen kam, war so im Halbschlaf das Krankenhausgefühl perfekt. Nun suchte ich an dem Haltegriff die Klingel, um die Nachtschwester zu rufen. Ich fand weder die Klingel noch eine andere Hilfe, obwohl ich lange und laut ‚Krankenschwester' gerufen habe.

Während ich versuchte, ob die Klingel vielleicht am Nachtschrank festgemacht ist, merkte ich, dass da gar keiner stand. Ich fühlte einen Griff und dann noch einen zweiten und letztendlich weichen Kunststoff, wie der einer Rückenlehne bei einem Toilettenstuhl. Da war mir klar, dass ich keine Schwester rufen konnte und niemand kommt, um mir beim Toilettengang zu helfen. Es blieb mir nur die Möglichkeit, irgendwie auf den Toilettenstuhl zu kommen, und das wollte ich nicht. Da ich dieses Krankenhausgefühl hatte, gehörte ja auch die Gewissheit dazu, dass noch ein oder zwei andere Menschen mit mir zusammen in diesem Raum sind.

Obwohl ich immer in Dunkelheit lebe, weiß ich zu Hause durch meinen Tagesrhythmus, ob es Tag oder Nacht ist. Dieses Gefühl für Tag und Nacht ist bei mir in den letzten Wochen sehr durcheinandergeraten, und ich weiß nicht ob die anderen mich jetzt sehen können, wenn ich mich auf den Toilettenstuhl setze. Da es sehr still war, wurde mir klar, dass die anderen im Zimmer mein „Pullern" hören können, und wenn dann noch ein Pups abgeht, oh nein, ich hätte mich so geschämt. Und trotzdem war alles irgendwie komisch, das Gefühl im Krankenhaus zu sein hatte ich nur durch das Bett und die andere Bettwäsche. So von einem anderen Gefühl und vom Geruch her meinte ich, zu Hause zu sein. Als ich dann noch von draußen auf der Weide die Kühe rufen hörte, wie zu Hause, war ich ganz durcheinander.

Ich hatte richtig Angst, nicht mehr alle meine Sinne beieinander zu haben und wusste nicht, was ich machen sollte. Ich hätte ja meine Tochter anrufen können. Auf der einen Seite wollte ich sie nicht wieder stören, da ich sie schon genug beanspruche und auf der anderen Seite überwog das Gefühl, im Krankenhaus zu sein und ich wusste, dass ich mit dem Krankenhaustelefon nicht zurechtkam. In dieser Not und Angst ist in mir wohl alles durcheinandergekommen. Ich musste Wasserlassen und konnte es nicht mehr halten und gleichzeitig bekam ich Durchfall, wahrscheinlich durch die Aufregung. Ich muss dann irgendwann in meinem eigenen Dreck eingeschlafen sein und wurde am Morgen von meiner entsetzten Tochter geweckt.

Sie hat mich dann gemeinsam mit der Pflegerin saubergemacht, und da ich immer noch verstört und sehr durcheinander war, haben die beiden den Hausarzt angerufen. Weil alle so aufgeregt waren und mir nicht richtig zuhörten, konnte ich ihnen nicht erklären, wie das alles gekommen ist." –

So als Außenstehender, wenn man von der ganzen Situation nicht persönlich betroffen ist, nichts hat saubermachen müssen und dann einfach wieder weggehen kann, hat man immer gut reden und muss aufpassen, dass man die Situation nicht zu sehr beschwichtigt. Erst als ich versuchte, mich mit geschlossenen Augen in die Situation von Frau B. hineinzuversetzen, bekam ich den Hauch einer Ahnung von der Not, die Frau B. erlebt haben muss.

Frau B. war sich nun ganz sicher, auch mit ihrem Gefühl zu Hause angekommen zu sein, obwohl in ihrem Schlafzimmer ein Krankenhausbett und ein Toilettenstuhl standen.

Die inzwischen hinzugekommene Tochter hatte sich das Gespräch ganz still mitangehört und war den Tränen nahe. Sie setzte sich auf die Armlehne des großen Sessels, nahm ihre Mutter ganz still in den Arm und hielt sie ganz innig fest. Mit Tränen in den Augen lächelte sie mich an und meinte, jetzt könne sie verstehen, was ich damit gemeint hätte, als ich ihr gestern sagte, sie solle nicht immer meinen, ihre Mutter „fertigmachen zu müssen".

Ich empfahl ihr, wenn sie bei ihrer Mutter sei, ein wenig mehr in sich selbst reinzuhören, was das „einfach nur Da-Sein und Zuhören" mit ihr und ihrer Mutter mache, und vielleicht sei das viel angenehmer, als immer irgendwas machen zu müssen.

Sie bedankte sich bei mir und wollte sich mit dem Pflegedienst in Verbindung setzen, um sich zu erkundigen, was es für Notrufsysteme gibt, oder ob eine Gegensprechanlage reicht, da sie ja nur 100 m entfernt wohnt.

Ich habe Frau B. und ihre Tochter noch zweimal in den nächsten Wochen besucht und hatte das Gefühl, dass sich beide durch die verwirrenden Ereignisse so nahegekommen sind, wie es zuvor noch nie der Fall war.

Nach diesem, auch für mich schönem Gefühlserlebnis im Rahmen meiner Pflegeberatung und -begleitung, hat sich mein Denken noch mehr verfestigt, dass Pflege vordergründig vielmehr mit Beziehungspflege zu tun hat, als mit der eigentlichen Körperpflege. Dem Körper tut es nicht weh, wenn die Körperpflege ab und zu mal etwas spärlicher ausfällt, damit die Seele durch Da-Sein und Zuhören mal etwas mehr Balsam bekommt als sonst.

Aber wer von den professionell Pflegenden traut sich, das dann auch so zu dokumentieren? Da muss wieder gelogen werden, dass sich die Balken biegen, um den menschlichen Faktor mit den abrechenbaren Zeitfenstern in die Pflegemodule mit „einzupflegen", damit sie synchron abrechenbar sind. Und dass meine ich damit, wenn ich sage, dass Pflege viel zu viel mit „fertigmachen" zu tun hat.

Frei nach dem Motto von Erwin Böhm *„Helfen mit der Hand im Sack"*... und das viel öfter als man denkt, sollte eine Hand bei der Versorgung zögerlich in der Hosentasche bleiben, um so zu verhindern, dass beide Hände gemeinsam zu viel tun. Nur so kann man „jemanden fertigmachen müssen" mit einigen Minuten nur „Da-Sein und zuhören" ersetzen.

Viele Pflegebedürftige können sich oft noch viel mehr selbst helfen, als wir alle glauben. Uns Pflegenden fehlt meistens nicht nur die Zeit, sondern auch der Mut und die Geduld, zu warten und es selbst auszuhalten, weniger tun zu müssen oder es zuzulassen, dass weniger manchmal mehr sein kann. Vielleicht haben wir auch nur Angst davor, dass das, was wir tun und nicht tun infrage zu stellen, weil wir uns damit selbst infrage stellen?

Genau wie Eltern dazu neigen, ihren Kindern morgens noch sehr lange beim Anziehen zu helfen, obwohl sie es schon alleine können. Pflegebedürftige werden auch viel zu oft von anderen Menschen einfach „fertiggemacht", weil die Geduld und die Zeit fehlen, die Ressourcen ihrer noch vorhandenen Selbstständigkeit in den Pflegeprozess mit einzubeziehen. Nur Da-Sein, etwas Anleitung und das minutenlange „Nichts-Tun", ist für Pflegende in unserer heute so ungeduldigen Zeit sehr schwer auszuhalten und kostet Zeit, die wir meinen nicht mehr zu haben, weil sie uns dann bei Dingen fehlt, die uns vermeintlich wichtiger erscheinen.

Das Bedürfnis nach Gewinnoptimierung scheint sich auch auf unsere privaten Zeitressourcen auszuwirken und betrifft nicht nur die professionelle Pflege. Denn die hat eh kaum eine Chance, in der Beziehung menschenwürdig zu arbeiten. Hunderttausende von Pflegemitarbeitern werden gezwungen, die ihrer Pflege anvertrauten zu versorgen, wie sie es selbst nie erleben möchten, das ist irgendwie ein krankes System.

Wie in der Einleitung schon geschrieben: *„Und wenn dann noch die Vergütung von Pflegekräften der Maßstab für die Würdigung ihrer schweren Arbeit ist, müssen wir uns alle bezüglich unserer Gesetzgebung und deren Vertreter, die wir gewählt haben, in Grund und Boden schämen."*

Es heißt zwar im Grundgesetz:

„Die Würde des Menschen ist unantastbar"
Das scheint aber nicht für Pflegende und Pflegebedürftige zu gelten.

Ob es nun ein gesellschaftlicher Gewinn ist, den Herstellern von Inkontinenzprodukten zu helfen, ihre Gewinnoptimierung zu steigern, weil ihre Attends heute so lange dicht sind, bis man die enorme Saugfähigkeit schon bis in der Eingangshalle vieler Altenheime riechen kann, wage ich zu bezweifeln. Andererseits erfreut das gleichzeitig die Chemieindustrie, die durch die zwangsläufige Umsatzsteigerung von Airfresh-Produkten für ein besseres (Duft-)Klima in den Seniorenresidenzen und ihrer sonst uringeschwängerten Luft sorgt und aufgrund unserer Bequemlichkeit ebenfalls mit einer Gewinnoptimierung belohnt wird. Demente Menschen, die täglich mit einem manchmal 1-2 Kilo schweren „Windelpaket" stundenlang herumliegen oder -laufen, müssen doch unruhig werden, wenn sie da zwischen den Beinen etwas stört, was nass ist, aber sich trotzdem trocken anfühlt.

Das begeistert dann wiederum die Pharmaindustrie, die dafür sorgt, dass die getriebenen Seelen zumindest nach außen hin ruhig wirken Dank entsprechender Medikation.

Was aber in den von einer chemischen Zwangsjacke eingeengten Menschen vorgeht, die diese Welt sowieso nicht mehr verstehen, möchte ich nicht wissen, geschweige denn, dass ich diese implodierenden Gefühle irgendwann selbst erleben möchte. – Ich merke gerade, dass beim Schreiben über dieses Thema so viel Wut und Ärger in mir hochkommt, weil auch ich jahrelang hierzu den Mund gehalten habe. Genauso wie ich es im Kapitel „Halt den Mund" bezüglich anderer Lebensumstände beschrieben habe.

Die meisten Menschen, die in ihrem Umfeld nicht in irgendeiner Weise von „Pflege" betroffen sind, können sicher nicht verstehen, warum ich das alles so beschämend und anklagend darstelle. Im Kapitel „Die kleinen Dinge bewegen die Welt" habe ich geschrieben: *„Das durch Personalreduzierung eingesparte Geld wird in vielen Kliniken und klinikähnlich organisierten Heimen öffentlichkeitswirksam eingesetzt für neue Farb-, Raum und Sinnesgartengestaltung sowie für Hochglanzprospekte, die zum Geldanlegen in Form von Fondsanteilen oder Senioren-Immobilien locken.*

Seit einigen Jahren „lösen"[4] sich vermehrt Heime von ihren alten Strukturen und vermarkten ihre Einzelzimmer als Appartements mit eingebauter Pantryküche ... Die Pflege und Medikamentengabe übernimmt oft ein im Haus integrierter ambulanter Pflegedienst, der gesondert über die Pflegekassen und die Krankenkassen abrechnen kann. Die Mahlzeiten verteilt ein Hol- und Bring Dienst auf 450 € Basis und so lassen sich alle Kosten der Heimträger reduzieren und die Gewinne über neue Geldquellen steigern. Es gibt Investorengruppen, die versprechen Renditen, von denen man vor Jahren noch geträumt hat. Das lässt sich mit einer guten PR-Arbeit medienwirksam vermarkten.

So weckt man Interesse für neue Investoren, neue Objekte und neue „Kunden". Wer investiert und sein Geld anlegt, will eine hohe Rendite, und die kann nur aus dem eingesparten Geld an menschlicher Zuwendung entstehen, denn an den Fixkosten, neben den Pflegekosten, kann häufig nicht mehr gespart werden. Und so verdienen sich einige eine goldene Nase, weil sie den richtigen Riecher hatten, durch Auspressen der Arbeitsleistung von Pflegenden und

---

[4] mit der Auflösung der Heime hat Prof. Dr. Dr. Klaus Dörner vor vielen Jahren was anderes gemeint!

durch Einschränkung der Lebensqualität von Pflegebedürftigen, richtig abzukassieren. – Es kann und darf doch nicht sein, dass Investoren auf Kosten der Lebensqualität von pflegebedürftigen Menschen Gewinne erzielen!"

Die meisten Pflegedienste und Heimbetreiber sind sehr bemüht, ihren menschlichen und humanen Ansatz in die Tat umzusetzen, werden aber oft aus betriebswirtschaftlichen Gründen daran gehindert, entsprechend zu handeln. Es *muss* doch einen Mittelweg geben, zwischen der Wirklichkeit und den nur fröhlichen und gut gelaunten Senioren der Musikantenstadl-Welt, die uns aus den Werbeinhalten der Apothekenzeitung mit perfekt korrigierten weißen Zähnen „auslachen", weil wir alle so naiv sind und die Realität „wegkuscheln" wollen.

Es gibt doch das kosten- und konfessionslose Produkt

„Menschlichkeit",

das viele Tausend Jahre funktioniert hat und allen ohne Mehrwertsteuer trotzdem einen Mehrwert an Lebensqualität bescheren kann. Durch mehr Menschlichkeit ist unser Leben mehr wert, ohne dass es unbedingt Geld kostet. Es hilft den Hilfebedürftigen und Schwächeren unserer Gesellschaft, aber auch den Helfenden, da sie von den zufriedeneren Bedürftigen etwas zurückbekommen.

Ein mehr an Zufriedenheit auf beiden Seiten sorgt für weniger Klagen auf der einen Seite und reduzierte Schuldgefühle auf der anderen. Das ist eine Gewinnoptimierung und Win-Win-Situation für alle und kostet außer Zeit und etwas Überwindung <u>kein</u> Geld.

Ein paar Minuten „Da-Sein und Zuhören" kann die Zauberformel für weniger Probleme und Klagen sowie geringere Kosten sein. „Da-Sein und Zuhören" und offene Zimmertüren reduzieren das Rufen, sorgen dafür, dass Attends öfter gewechselt werden, weil die damit verbundene Unruhe früher bemerkt wird. Das wiederum reduziert die Notwendigkeit von beruhigenden Medikamenten und deren Nebenwirkungen, die wiederum nicht mehr mit anderen Medikamenten behandelt werden müssen.

Das „Da-Sein und Zuhören" gehört auch zu den kleinen Dingen, die die Welt bewegen und zu den kleinen Rädchen, die Großes in Gang setzen, aber auch stoppen können.

Wir ändern uns auch im Alter nicht – Sexualität im Alter

„Wenn die Lust zur Last wird" war der eigentliche Titel meines Referats beim Gütersloher gerontopsychiatrischen Symposium 1999, das mit dem Thema „Geschlechtslos im Alter" die Gütersloher Stadthalle fast komplett füllte.

Ich habe versucht, einige Passagen meines damaligen Vortrags für dieses Kapitel etwas aufzufrischen. Aber ich stelle fest, dass das Thema „Sexualität im Alter" immer noch genauso aktuell zu sein scheint, wie die Sexualität selbst seit Menschengedenken. Die „Lästigkeit des Seins", wäre sicher auch ein passender Titel gewesen, denn bei der Frage nach ihrer Sexualität und der dazugehörigen Lust im Alter ist es für viele jüngere Menschen selbst bei aller Offenheit heutzutage unvorstellbar und anscheinend peinlich, darüber zu reden. Aufklärung hin oder her. „Sexualität im Alter? Das betrifft auch meine Eltern? Kann ich mir überhaupt nicht vorstellen. Und überhaupt: Wenn die das tun, was ich tue... oh nee, da will ich nicht mal dran denken...in *dem* Alter, das ist ja peinlich...", denken viele junge Leute. Aber da Klapperstörche keine Babyboten sind, es uns aber trotzdem gibt, kann das nur daran liegen, dass unsere Eltern auch Sex hatten.

Sexualität liegt in der Natur jedes Lebewesens, also ist sie auch dem Menschen zu Eigen. Das beginnt spätestens mit dem Eintritt in die Pubertät und endet – niemals.

Mädchen beginnen, „sich zu putzen", und das nicht mehr nur, weil sie Vaters Zierde und der Mutter eine Freude sein wollen, sondern auch um dem einen Jungen aus der Parallelklasse, den sie total nett finden, zu gefallen. Auch die Jungs lassen es eines Tages nicht mehr an einer Aufwertung ihres Äußeren fehlen. Während man früher noch recht schüchtern und vor allem niemals öffentlich aufeinander zuging, zeigen sich Jungen und Mädchen, Männer und Frauen spätestens seit Ende der 60er Jahre deutlicher in ihrem Werbungsverhalten. Frauen sind offensiver geworden und müssen nicht mehr befürchten, von der Gesellschaft geächtet zu werden, und auch die Männer stehen dem Ganzen in nichts nach.

Unterstützt wird das alles auch durch Offenheit in den Medien und in der Werbung. „Sex sells" ist ein Spruch, der durchaus seine Berechtigung hat, auch wenn die beworbenen Produkte oft nicht im Entferntesten mit dem eigentlich gemeinten Produkt zu tun haben.

Die Werbewirtschaft spart mit nichts, was Männer und Frauen das Gefühl geben soll, größer, schöner und begehrenswerter zu sein – dass an nackter Haut dabei nicht gespart wird, ist heute so selbstverständlich wie das täglich Zähneputzen. Viele Damen und Herren laufen stets sonnengebräunt (dank Sonnenbank), gut geschminkt, wohlduftend und topaktuell gekleidet sowie strahlend in bester Laune durch die Gegend und versuchen, dem jeweils anderen Geschlecht zu gefallen.

Ich sagte, das endet niemals. Sie glauben das nicht?

Ich denke, wenn Sie es nicht schon erlebt haben, werden Sie es noch erleben, denn es ist ganz gleich, ob es sich um ein Mädchen von 10 oder 12 Jahren handelt oder eine ältere Frau von über 80 Jahren. Gleiches gilt für die Herren der Schöpfung. Die Sexualität verändert sich, aber aufhören wird sie nicht, zumindest, wenn der Mensch weitgehend gesund bleibt. Sexualität ist ja auch ein Ausdruck unserer Vitalität, fördert und erhält diese, solange wir leben.

Ebenso verhält es sich mit dem „Balzverhalten". Wir praktizieren die Sache mit der stolz geschwellten Brust, den auf Hochglanz getrimmten Pfauenfedern und dem wiegenden Hüftschwung alle Zeit, solange wir es können. Unsere trieb- und lustbetonte Suche nach Gelegenheiten unterscheidet sich in keiner Weise von der anderer Lebewesen, das ist der ewige Rhythmus zur Erhaltung unserer Art. – Vollkommen natürlich und (eigentlich) selbstverständlich.

Und Sie meinen immer noch, das hört ab einem „gewissen" Alter auf?

<u>Ich will Ihnen auch zu diesem Thema ein Beispiel liefern</u>: Eine ältere Dame in einem Seniorenheim wirkte auf mich sehr bedrückt und lustlos, obwohl im Haus am Abend ein Tanz in den Mai geplant war. Als ehemalige Schlachters Frau war sie einige Male in ihrem Heimatort Schützenkönigin geworden und ich dachte, sie würde sich auf die Abwechslung freuen, doch dem war nicht so.

Während eines längeren Gesprächs erzählte sie mir ganz leise, grundsätzlich tanze sie gerne und auch die körperliche Nähe eines Partners würde ihr fehlen, ebenso das dazu gehörende Kuscheln, „... aber die hier im Heim suchen doch nur eine, bei der sie nochmal einen „wegstecken" können. Mir muss keiner mehr was erzählen, ich kenne die Männer ... die meinen immer nur kämpfen zu müssen, um zu beweisen, wer der stärkere ist, und wenn dann mal Gefühle aufkommen, die nichts mit Sex zu tun haben, nutzen sie die restliche Kraft noch dazu, diese zu verdrängen. Am nächsten Tag geht es wieder von vorne los, zu Hause wie auch im Berufsleben, die sind doch alle bekloppt!"

Mir blieb erstmal die Sprache weg, und da sie mein innerliches Grinsen wohl irgendwie bemerkte, schmunzelte sie und meinte nur: „Mit Ihnen kann ich doch so reden, oder?" Das bejahte ich, da mir wieder einmal eine lebenserfahrene und taffe Frau sagte, wo es langgeht und worum es im Leben zu gehen scheint.

Es ist eine Tatsache, die wir täglich beobachten können: Viele vermeintlich gutaussehende Menschen, egal, ob Mann oder Frau, neigen etwas mehr dazu, ihr Erscheinen bei allen Gelegenheiten wie einen Auftritt auf der Bühne des Lebens zu zelebrieren. Nachdem sie schon morgens im Bad viel Zeit mit hochgesteckter Sonnenbrille vor dem Spiegel verbracht haben, obwohl ein bedeckter Regentag angesagt ist, wird im Rückspiegel des Autos auf dem Weg zur Arbeit noch einmal kontrolliert, ob die Haare gut liegen und das Make-up noch passt. Da kann es schon mal passieren, dass die Ampel längst auf Grün umgeschaltet hat und die anderen Autofahrer genervt hupen, weil es nicht vorangeht. Da fragt man sich manchmal, was haben die Spiegelgucker vor? Wollen sie zur Arbeit oder haben sie ein Date?

Dieses Verhalten ist nichts anderes, als „Balzverhalten", wie wir es seit Tausenden von Jahren und innerhalb jeder Gattung betreiben. Freilich sind die Methoden, derer wir Menschen uns bedienen, weit entfernt von der einstigen Primitivität. Der Zweck ist aber derselbe geblieben. Mit einem deutlichen Unterschied allerdings: **Wir wissen, was wir tun, und was das für Folgen hat oder haben kann.** Unser, die Realität verdrängende, Verstand gaukelt uns jedoch eifrig vor, nicht mehr auf dem primitiv wirkenden Begattungspfad zu sein.

Da von dem romantisch verklärten „Nicht doch" meistens das „Nicht" ungehört im Feuer der Lust schmilzt, ist das die von der Werbeindustrie und den Konsumenten von Soap-Operas gewollte und gepushte Realität, die tagtäglich zu den Konflikten in Beziehungen führen kann. Solange die Medien mit den Rollenklischees von Mann und Frau Milliarden scheffeln, werden sich die „balzenden Pfauen", trotz Frauenquote, weder beruflich noch in ihrem Privatleben ändern. Und die „Mädels" wären entsetzt, wenn ihnen keiner nachschaut, obwohl sie heute kein Taschentuch mehr fallen lassen, wie in früheren Zeiten.

Dass viele Männer sich unabhängig von ihrem Bildungsgrad und gesellschaftlichen Stand heute noch zeitweilig so benehmen, wie unsere Vorfahren vor Tausenden von Jahren, wird sich erst ändern, wenn diese tollen Gockel von den Mädels nicht mehr zu ihrem manchmal lächerlich wirkenden Gehabe animiert werden. Solange aber das Tarzan-Jane Prinzip in der „Pilcher-Traumwelt" funktioniert, werden auch verheiratete und in Beziehungen lebende Frauen immer noch gerne mit romantisch verklärten Augen Hochzeitsmessen besuchen, vor Schaufenstern mit Brautkleidern stehenbleiben und ebenfalls heimlich schmachtend dem einen oder anderen Traumtänzer nachschauen.

Warum lesen wir in den Tageszeitungen darüber hinweg, dass inzwischen schon jede 2. Ehe geschieden wird? Vielleicht hoffen viele, dass ihre heimlichen Affären und kleinen Abenteuer unentdeckt bleiben, da sie ihren sicheren Ankerplatz im Hafen der Ehe nicht wirklich ganz verlassen wollen. Wenn der Partner insgeheim genauso denkt und handelt, wäre man natürlich entrüstet und könnte gar nicht verstehen, wie es soweit kommen konnte. Man fiele dann von der schön gedachten Wolke, die inzwischen nicht mehr so rosig aussieht wie noch vor vielen Jahren, als man gemeinsam von der nie enden wollenden Liebe mit traumhaften Sonnenuntergängen geträumt hat.

Zweigleisig fahren, einen Partner fürs Kröpfchen, einen fürs Töpfchen, ohne dass der eine etwas vom anderen weiß und trotzdem die heimliche Not, dass der oder die andere auch so denkt und handelt... – das soll mit dem Eintritt ins Rentenalter vorbei sein?

Eine ältere Dame, die noch begeistert an allen Tanz- und sonstigen Veranstaltungen im Seniorenheim teilnahm, sagte mir mal ganz leise: „Oh ja, an meine Hochzeit erinnere ich mich noch in allen Einzelheiten, das war der schönste Tag in meiner ganzen Ehe. Liebe macht leider blind, aber *nachdem* man geheiratet hat, kann man wieder klarsehen. Wäre die Hochzeit morgen, würde ich heute noch weglaufen. Aber erzählen Sie das nicht meinen Kindern, sonst denken die, ich hätte sie nicht lieb."

Wie war das noch mit der Wahrheit? – Richtig, man soll sich nicht erschrecken, wenn man sie findet, obwohl man das Gefühl hat, das trifft immer nur andere.

Nun werden sicher viele Leser entrüstet sein und denken, dass ich hier sehr pauschalisiere und man das nicht verallgemeinern darf. Das mit dem sich schick und begehrenswert Machen kann man doch nicht auf so ein billiges Niveau herunterbrechen... Darum geht es mir ja auch nicht, und ich maße mir überhaupt nicht an, den moralischen Zeigefinger zu heben. Aber ich will uns allen einen Spiegel vorhalten, zumindest so lange, wie wir uns mit diesem Buch beschäftigen – für mich während des Schreibens und für Sie beim Lesen.

Sicher ist es peinlich, wenn man sich durch meinen Klartext persönlich betroffen und vielleicht sogar ertappt fühlt, weil man diese Gedanken kennt, aber nie mit jemanden darüber reden möchte. Vielleicht hoffen Sie dann, dass Ihr Partner das hier nicht liest, denn die Angelegenheit kann einen schon ziemlich nachdenklich machen. Das soll es auch… denn das sind die Gründe, warum das mit Friede, Freude, Eierkuchen bei plötzlich aufkommender „Intimität" und „Zwangsnähe" durch eine Pflegesituation nicht klappt oder mit einem Mal so steif und schwierig ist…, obwohl man sich noch gerne mag.

Wenn Sie dieses Buch heimlich lesen, merkt das außer Ihnen ja keiner und da ich nicht weiß, wer Sie sind, bleibt das persönliche Betroffen-Sein sozusagen unter uns. Das ist das Schöne an Büchern.

Ich habe in vielen sehr persönlichen Gesprächen in Abwesenheit der Angehörigen von den alten Menschen viel darüber erfahren, wie sie ihre Sexualität erlebt haben, dass mir klar wurde, ein „das gibt's nicht" **gibt es nicht**. Ich war sehr erstaunt, dass ich oft schon nach zwei bis drei Gesprächskontakten bei einigen Menschen auf derart große Offenheit stieß. Vielleicht lag es an meiner Schweigepflicht, dass sie mir vertrauten. Wenn die anfängliche Hürde der Peinlichkeit über „sowas" zu reden, überwunden war, überkam viele ein unbeschreiblicher Drang davon zu erzählen.

Männern fiel es oft leichter, von ihren „Heldentaten" zu erzählen, manchmal schien aber auch viel Prahlerei dabei zu sein. Bei den Frauen hingegen gab es viele Verbitterte und vom Leben Enttäuschte, bei denen ich das Thema Sexualität nie von mir aus angesprochen hätte. Sie kamen von sich aus auf das Thema, wenn sie davon erzählten, wie oft sie enttäuscht und betrogen wurden. Dazu gehörten auch Missbrauch und Vergewaltigungen, die anscheinend in den Jahren um den 2. Weltkrieg herum, bei vielen Männern zur Bewältigung von Wut und Angst der eigenen grausamen Erlebnisse des Krieges genutzt wurde. Viele der Frauen hatten auch deshalb Tränen in den Augen, weil es oft aus einem Missverständnis heraus geschah.

<u>Hierzu ein Fallbeispiel</u>: Eine alte Dame erklärte mir, worüber sie mit ihrem Mann auch später nie hat reden können, was wahrscheinlich Tausende andere Frauen ebenso erlebt haben.

„Jedes Mal, wenn er vom Fronturlaub für ein paar Tage nach Hause kam, fiel er wortlos über mich her, wie ein Tier. Das war so schrecklich. Da kam mein Liebster nach vielen Monaten Trennung für kurze Zeit nach Hause und ich hatte Angst davor, anstatt mich zu freuen. Ich habe das über mich ergehen lassen, weil er mir leidtat, weil ich seine Frau war und ich wie gelähmt war, vor Angst, Wut und unendlicher Traurigkeit. Wenn er doch bloß mit mir geredet hätte Er hätte mir doch alles erzählen können und dann hätte ich uns beide trösten können, ohne Gewalt und Angst!

Als er aus der Kriegsgefangenschaft wiederkam, hat er überhaupt nicht mehr geredet. Er hat gut für uns gesorgt und mir alles zukommen lassen, was die Männer meinen, was für Frauen wichtig ist. Nur Nähe und Wärme habe ich nie von ihm bekommen. Er ist vor 15 Jahren nach einem Herzinfarkt gestorben.

Da muss man doch irgendwann mit seinen Träumen irgendwo hin. Ich habe nach meiner Krebserkrankung vor 10 Jahren eine Kur gemacht und in dieser Zeit einen ganz tollen Mann kennen gelernt, der auch verheiratet war. Der hat mich überhaupt nicht bedrängt, hat gewartet, bis ich es nicht mehr aushalten konnte und ihn verführte. Das war so schön, obwohl er einen Tag später abreisen musste. Wir haben uns nie wiedergesehen, und ich habe das keinem erzählt, Sie sind der Erste, mit dem ich darüber reden kann."

Während sie mir das erzählte, hielt sie meine Hand ganz fest und schluchzte hin und wieder bitterlich. Das war sehr überwältigend, und auch ich konnte mir meine Tränen kaum verkneifen.

Als dann ihre Tochter plötzlich hereinkam und laut und distanzlos fragte: „Och, ist Mutti wieder traurig?" hätte ich die Tochter am liebsten geohrfeigt, wenn ich nach meinem Gefühl in dieser Situation gehandelt hätte. Das Verhalten der Tochter war so typisch für Familien, in denen nicht über Gefühle geredet wird, so wie in den meisten Familien; wobei ich gerade merke, dass ich mir schon wieder an die eigene Nase fassen muss. Wir kochen halt alle nur mit Wasser. – Wie war das noch mit *dem ersten Stein werfen*?

Was hat all das, was ich Ihnen hier erzähle, mit Sexualität zu tun? Und was mit Alter und Pflege?

Es hat zwar mit Sexualität zu tun, aber mehr mit dem „Wir ändern uns im Alter nicht" und mit unserer Sichtweise auf die Welt, wie wir sie erlebt haben und was sie aus und mit uns gemacht hat.

Es geht beim Thema Pflege auch um die Beziehungspflege. Egal, ob es nun private oder berufliche Beziehungen sind, wenn sie uns etwas bedeuten, sollten wir sie immer pflegen. Die Art der Beziehung ist dabei nicht von Belang. Es betrifft Paarbeziehungen ebenso wie Freunde und Bekannte; sie alle sind ein wichtiger Bestandteil und Katalysator unserer eigenen Seelenhygiene.

Wenn es darum geht, gemocht zu werden, verhalten sich die meisten Menschen sehr angepasst; manche bewusst, andere unbewusst. Ganz unabhängig davon, ob man persönlich mit seinen Beziehungen und Kontakten zufrieden ist, scheint unser bisheriges Leben im Hintergrund zu verblassen, wenn nur ein Quäntchen Hoffnung besteht, doch noch einmal das große Los zu ziehen, von einem noch attraktiveren Partner als unwiderstehlich und begehrenswert angehimmelt zu werden.

Das hört auch nach der ersten Rentenzahlung nicht auf, ebenso wenig wie die auf uns wirkenden Signale unserer Bedürfnisse und Gefühle, die auch nur auf das reagieren, was wir an Signalen von anderen empfangen. Es sind die alten einfachen und genialen Überlebensstrategien jeder Spezies, die eigene Art zu erhalten und ihre Gene möglichst breit zu streuen. Die wissenschaftlich belegte Erkenntnis, dass attraktives Aussehen und mächtiges Imponiergehabe die Wahrscheinlichkeit der Vermehrung der „Schwächeren" reduziert, wirkt sich auch auf unser menschliches Sozialverhalten aus. Das ist natürlich aus ethischer Sicht wieder ein zu diskutierendes Thema, aber auf unsere Gefühle und Empfindungen nimmt die Natur keine Rücksicht, sonst wäre unsere Spezies schon längst ausgestorben, bevor wir überhaupt gemerkt hätten, dass man eine eigene Meinung haben und über Ethik diskutieren kann.

Die optisch nicht so attraktiven Exemplare unserer Gattung leiden ebenfalls seit Urzeiten unter dieser Auswahlstrategie der Fortpflanzung. Viele männliche Vertreter unserer Gattung versuchen das Ganze dann nicht selten mit Gewalt für sich zu entscheiden. Es ist schon peinlich, was für dumme und laute Hirsche nach ein paar Bieren auf dem einen oder anderen Volksfest aufeinander losgehen, nur, weil sie meinen, der Größte zu sein. Und das dazugehörende sich „Aufbrezeln" beider Gattungen entfacht die Glut der Begierde immer wieder aufs Neue. Da die meisten von uns das nicht wahrhaben wollen, reden sie sich gerne ein und damit heraus, dass sie nicht auf der Suche wären, sondern dieses Aufhübschen lediglich fürs eigene Wohlbefinden tun.

Die Evolution hat uns seit der Entstehung des Lebens auf der Erde mit dem Trieb ausgestattet, damit sich jede Generation mit den optimalen Voraussetzungen wieder vermehren kann. Laut der freien Enzyklopädie Wikipedia lassen Erkenntnisse der Humangenetik und Vererbungslehre darauf schließen, dass die Inzucht beim Menschen das Auftreten von Erbkrankheiten, verbunden mit anfälliger Gesundheit, erheblich erhöht.

Vereinfacht kann man sagen, dass außereheliche Beziehungen und ein lustbedingtes Ausbrechen aus der „Sippe" seit Jahrtausenden auf der ganzen Welt dafür gesorgt haben, dass die Gefahr von Inzucht und die daraus folgende genetische Verarmung gemindert wurden. Diese natürliche und notwendige „Blut-Auffrischung" von teilweise sehr homogenen Sippen in kleinen isolierten Siedlungen führte nicht nur zu Konflikten in bestehenden Paarbeziehungen und deren Familiengruppen, sondern auch zu Auseinandersetzungen ganzer Volksgruppen.

Vielleicht kann man, wenn man persönlich betroffen ist, die durch unseren Trieb verursachte Untreue als Fluch bezeichnen und auf der anderen Seite als Segen für die ganze Menschheit sehen. Als Fluch deshalb, weil Untreue für jede Paarbeziehung wie ein Weg durch die Hölle sein kann und trotzdem als Segen für die gesamte Menschheit, weil sich nur so das ursprüngliche Prinzip der Natur aufrechterhalten lässt, dass sich jede Spezies mit den besten und gesunden Genen durchsetzen kann.

Vor Jahrmillionen haben sich auf unserem Planeten Lebewesen entwickelt, aus denen die Tiere und irgendwann auch die Menschen entstanden sind. Das geschah alles nach den Regeln der Natur, auf die wir Menschen bis zu dem Zeitpunkt der Entwicklung von Gentechnik relativ wenig Einfluss hatten. Durch unsere Fähigkeit des Denkens meinen wir, unsere millimetergroße Wichtigkeit auf dem kilometerlangen Maßband der Erdgeschichte, unser Dasein, größer darstellen zu können, als es uns zusteht. – Alles nur Imponiergehabe! Selbst mit einer Lupe sind wir auf der erdgeschichtlichen Entwicklungsskala kaum zu sehen, und trotz der Weiterentwicklung unseres Verstandes haben wir unsere Zukunftschancen für unsere kleine Weltrauminsel im Weltall nicht unbedingt besser werden lassen. Jeder Naturwissenschaftler und Soziologe in ferner Zukunft wird mit Sicherheit nur ein trauriges Kopfschütteln dafür übrighaben, was unsere letzten Generationen mit unserem Planeten gemacht haben.

Ob wir in den letzten 100 Jahren klimarelevante Störungen und Veränderungen ausgelöst haben, wofür die Natur von sich aus Tausende von Jahren gebraucht hätte oder Millionen von Menschen sich durch Untreue unendlich wehtun, das ist der Entwicklungsgeschichte unserer Erde vollkommen egal. Und den meisten von uns auch, denn der Trieb, die Gier nach mehr und unser eigennütziges Denken, jeden anderen zu übertrumpfen, um die eigene Attraktivität zu erhöhen, zieht sich wie ein roter Faden durch alle bisherigen Generationen.

Wie ich am Anfang dieses Kapitels schon geschrieben habe, hat unser Balzverhalten heute genau die gleiche Aufgabe, wie das Imponiergehabe zu Balz und Brunft in der Tierwelt. Nur mit dem Unterschied, dass bei uns Menschen die Brunft- und Balzzeit nicht nur auf bestimmte Wochen im Jahr beschränkt ist, dass es nicht nur um die Erhaltung der Art geht, sondern um den Spaß und die Lust, Sexualität zu erleben. Der Drang und der Antrieb, alles übertrumpfen zu wollen, größer, schneller und besser zu sein, als die anderen, sehen wir in allen Lebensbereichen. Die längste und höchste Brücke, das höchste Haus der Welt zu bauen und in ihm zu wohnen oder zu arbeiten ist eine Auszeichnung und bringt Anerkennung, genau wie die besten Umsatzzahlen im Business und die höchsten Einschaltquoten bei den Fernsehsendern.

Deshalb sind wir mit den Ressourcen unserer Welt nicht gerade zukunftsorientiert umgegangen und beginnen ganz allmählich unser Denken zumindest mit Blick auf unsere Umwelt zu ändern. Denken und ein dementsprechendes Handeln auch in die Tat umzusetzen, fällt uns jedoch nach wie vor schwer, weil Verhaltensänderungen im Allgemeinen stören, auch wenn sie vernünftig erscheinen.

Was die Sexualität angeht, sieht es nicht viel anders aus, wenn man an die positiven und negativen Erfahrungen denkt, die wir alle gemacht haben. Schon seit Menschengedenken ist die Lebensfreude, die damit verbundene Lust und gelegentliche Untreue beider Geschlechter gleichermaßen eine unerschöpfliche Quelle für Philosophen, Dichter, Liedermacher und Scheidungsanwälte. Weder durch religiös bedingte Scheinheiligkeit der verschiedenen Glaubensrichtungen auf der Welt, noch durch die Verlogenheit aller Regierungsformen und ihrer Vertreter, lassen wir uns davon abhalten, uns genüsslich an dem nie enden wollenden Sprudeln von Beziehungsgeschichten zu erquicken.

Die Lust als Auslöser für unsere Sexualität zu akzeptieren, fällt den meisten von uns leicht, da der Begriff Lust für viele schöne Dinge steht, die unser Leben noch lebenswerter erscheinen lassen. Es gibt allerdings gewisse Einschränkungen durch eine Art Glaubenswächter in allen Religionen, die alles Lustauslösende verteufeln, damit die Menschen besser kontrolliert werden können, was jenen Wächtern aber nicht unbedingt immer so gelingt, wie sie es gerne hätten.

Denken Sie mal darüber nach, was in Ihrem Leben alles mit dem Begriff „Lust" verbunden ist. Lust steht für Lebensfreude, glücklich Sein und dem Genuss der schönen Dinge im Leben. Lust wird begleitet vom menschlichen Trieb, der unter anderem auch für unsere Selbsterhaltung und die Fortpflanzung sorgt. Da er hauptsächlich mit wenig reflektierter Kontrolle von unserem „Instinkt" gesteuert wird, reduziert er unser Verhalten auf die Befriedigung starker, oft lebensnotwendiger und arterhaltender Bedürfnisse.

Dieser Trieb kann in uns sehr ursprüngliche und primitiv wirkende Verhaltensweisen wecken, die wiederum auf dem einen oder anderen Volksfest zur Belustigung der Massen beitragen. Deshalb wird über den menschlichen Trieb und den Instinkt, der ja eigentlich nur den Tieren zugeordnet wird, kontrovers diskutiert.

Wir Menschen neigen dazu, unsere Lust auf Sex damit zu verharmlosen, dass wir sie erst mal in das Kleid der großen Liebe und Kuschelbeziehungen hüllen. Aber trotz aller romantischen Verklärungen ist der Grund für unsere Lust auf Sex weitaus primitiver, als wir es wahrhaben wollen. Auch wenn wir das Bedürfnis haben, uns das Ganze mit romantisch verklärten Augen romanhaft schönzureden, die Lust ist nach wie vor nur der Auslöser und die „Triebfeder" zur Erhaltung der Art.

Ob unsere Vernunft, unser Verstand oder religiös bedingte Gängelei den Durchhaltewillen zur Treue und zu mehr Ehrlichkeit in Paarbeziehungen, das Ausbrechen des einen oder anderen Partners reduzieren würde, bleibt dahingestellt. Wie schon mehrfach erwähnt, sorgt der Reiz der Abwechslung und des Neuen seit Menschengedenken dafür, dass wir uns untereinander gut mischen.

Der optische Reiz ist sicher nur einer der Auslöser dafür, dass sich die Blutversorgung im Hirn auf die Region reduziert, die für die Fortpflanzung zuständig ist und sie gleichzeitig im Genitalbereich erhöht. Dieses Schema scheint schon seit Urzeiten zu funktionieren und wurde erst durch weltfremde Glaubenswächter und Moralapostel gestört. Die versuchen unter dem Heiligenschein der Verlogenheit sich für uns unübersehbar ins rechte Licht zu setzen, damit wir durch ihre Erleuchtung und die von ihnen verbreitete Angst vor der Hölle auf dem von ihnen vorgeschriebenen, vermeintlich richtigen Weg bleiben. Auf diese Art und Weise wird uns erzählt, dass ein etwaiges, durch Lust ausgelöstes, Fehlverhalten Sünde sei, obwohl viele von denen, die uns das predigen, selbst nicht mehr in den Spiegel schauen, geschweige denn, sich im Gotteshaus niederknien sollten, um rituelle Glaubensbekundungen von sich zu geben.

Wir Menschen meinen und hoffen, dass unser Leben durch unseren Verstand in irgendeiner Art und Weise steuerbar ist. In Wirklichkeit scheint unser Verstand zeitweilig durch zwei Faktoren auf Standby zu schalten:

- Durch unseren Trieb, der uns über den Weg der Lust zu nicht wieder gut zu machenden Verhaltensweisen manipulieren kann,
- und die daraus resultierende Angst, dabei erwischt zu werden.

Diese Angst vor den Konsequenzen unseres Fehlverhaltens können einen weiteren, noch gewaltigeren Sturm auslösen, der sogar Menschenleben auslöschen kann. Damit meine ich unter anderem die unendliche körperliche und seelische Gewalt, die denen angetan wird, die unter dem Trieb derer leiden, deren Verstand auf Standby steht. Dazu gehört auch die millionenfache Unterdrückung von abhängig gemachten Gläubigen, die durch das Fernhalten von Bildung und über den Weg von Angst und Schrecken vor der Hölle seit Menschengedenken in allen Kulturen bis in die heutige Zeit drangsaliert werden. Das zeigt auf, dass die von vielen als Unglück erlebte Realität eine andere ist, als die gepredigte Scheinheiligkeit der Großkopferten. Ebenso die Häufigkeit des sexuellen Missbrauchs in allen Bevölkerungsschichten und Altersgruppen, ganz unabhängig von Bildung und gesellschaftlichem Stand.

Egal welcher Konfession wir angehören, der Glaube an sich ist ein wichtiger Bestandteil für viele Menschen. Aber das, was die vermeintlichen Vertreter Gottes in vielen Religionen der Welt daraus machen und sich von je her über den Weg des schlechten Gewissens der Untertanen bereichern, kann nicht im eigentlichen Sinne irgendeiner Glaubensrichtung sein.

Was hat das mit Pflege und Sexualität im Alter zu tun? Die Antwort ist ganz einfach: **Wir ändern uns auch im Alter nicht!**

Die Sexualität verändert sich, denn die Häufigkeit und die Intensität unseres Triebs reduzieren sich automatisch durch den sinkenden Hormonspiegel im Alter. Aber wenn er sich meldet, ist die Lust genauso präsent wie eh und je. Das ist auch gut so, wird jeder alte Mensch jetzt sagen und sich über alles freuen, was sich diesbezüglich bei ihm noch regt.

Das eben Beschriebene sorgt nicht nur in Paarbeziehungen für Auseinandersetzungen, sondern kann auch ganze Volksgruppen gegeneinander aufbringen, hört nicht mit dem Tod eines geliebten Partners oder dem Tag der ersten Rentenzahlung auf. Damit meine ich tatsächlich alle Beziehungen und dazu gehören auch Pflegebeziehungen.

Es ist egal, was für die Wallung unserer Gefühle sorgt, ob es ein kurzfristiger Hormon Schub, die schöne Ausstrahlung einer Pflegekraft oder die durch einen dementiellen Prozess eingeschränkte Kontrolle des Verhaltens ist. Für die pflegebedürftigen Senioren ist das schöne Gefühl durch die Mehrdurchblutung im Genitalbereich genauso angenehm, wie vor dem Eintritt ins Rentenalter. Das ist natürlich für die „anständigen" Moralapostel unter uns genauso schwer auszuhalten, wie die Akzeptanz des intensiven Sexuallebens jüngerer Menschen mit allen Facetten der körperlichen Lust.

Trotz aller Toleranz gibt es auch in der Pflege Augenblicke, die genauso unangenehm sind, wie im normalen Leben, wenn man in eine Situation gedrängt wird, die man nur zulässt, weil man Ärger und Streit oder andere unangenehme Konsequenzen vermeiden will, obwohl man die Situation eigentlich nicht aushalten kann. Das gilt für den Pflegebedürftigen genauso wie für den Pflegenden.

Ganz unabhängig davon, ob jemand von einem professionellen Pflegedienst oder durch Familienmitglieder versorgt wird, ist es für die Pflegenden sehr unangenehm, wenn sich kurzfristig aufwallende Hormonausschüttungen beim Pflegebedürftigen nicht nur durch feuchte Augen und einen „lüsternen" Gesichtsausdruck ankündigen. Auch wenn sich das etwas niveaulos anhört, das ist die Ebene, auf der sich die Lust und die Sexualität in jeder Altersstufe bewegen, vom Säugling bis zum Greis. Es geht nur um rudimentäre Bedürfnisse und das Hier und Jetzt.

Auch wenn Millionen von Menschen die angenehmen Seiten der Sexualität tagtäglich erleben und genießen, fühlen sich andere in vergleichbaren Situationen missbraucht und hilflos ausgeliefert, das ist die Realität. Die werden wir nicht ändern, aber wir können sie manchmal etwas erträglicher machen, wenn wir mit anderen offen darüber reden können. Leider ist das Wollen in dieser Angelegenheit einfacher als das Können. Gleiches gilt für den einen oder anderen stattgefundenen Seitensprung im Leben; dass beides – Missbrauch und Seitensprünge – häufiger vorkommen wollen wir nicht so gerne wahrhaben.

Das Imponiergehabe der Menschen scheint immer noch die Triebfeder des Seins zu sein. Ich erinnere an die Sparkassen-Werbung aus den 90ern, in der ein unheimlich „toller Hecht" seine Brieftasche öffnete und großkotzig seinem ehemaligen Klassenkameraden Fotos auf den Tisch knallt, wobei er laut prahlt: *„Mein Haus, mein Auto, meine Jacht, meine Frau!"*

Es gibt Zeiten und Orte, Gelegenheiten wie zur Karnevalszeit oder am Ballermann auf Mallorca oder in Kurorten, und das an 365 Tagen im Jahr wo der Mensch sich mit unterschiedlicher Intensität in der Kunst der Balz zu profilieren sucht. Unbewusst oder bewusst, gesteuert durch das jeweilige Befinden. Bei vielen Männern erleben wir dann eine Art Traumtänzer-Effekt wie im Tanzfilm „Dirty Dancing", beim Schützenfest, auf dem Dorfplatz beim Volkstanz oder in den Discotheken oder Clubs.

Weitere Beispiele, die hörbar und zu beobachten sind: Die Hip-Hop-Band „Massive Töne" singt „Wir sind die Coolsten, wenn wir cruisen, wenn wir durch die City düsen, wir sind die Coolsten, wenn die süßen Ladies uns mit Küsschen grüßen." Wenn nämlich das Cabrio passend positioniert oder das coolste Longboard zum Posing vor den Eisdielen in den Einkaufspassagen genutzt wird, weil die ersten Sonnenstrahlen den Frühling mit den dazugehörigen Gefühlen in Gang gesetzt haben. Auch die Mädels, egal ob jung oder alt, sorgen ebenfalls durch ihr Äußeres, ihre Bewegungen und heimlichen, manchmal sogar eindeutig auffordernden Blicke dafür, dass sie nicht übersehen werden. Und sie wären enttäuscht, wenn sie merken, dass ihre Ausstrahlung nicht genügend oder gar keine Beachtung findet.

Warum sollten die schönen Augenblicke des Lebens ab einem gewissen Alter vorbei sein? Nur weil unsere Saubermann Gesellschaft Angst bekommt, in ähnlichen Situationen nicht widerstehen zu können, wenn sie selbst betroffen wären?

„Jungchen, kannste tanze?", fragte mich mein Großvater, der aus Ostpreußen kam und dort Pferdeknecht auf einem Trakehner Gestüt war.

„Wenn de tanze kannst, jehört dir die janze Welt, damit kriegste sie alle", sagte er mir. „Tanze ist wie das Einreiten bei de Pferdches, wenn de das kannst, werden se jefügig…, fressen dir aus de Hand und folgen dir, wohin de willst." Ich war damals 12 Jahre alt und wusste vor Peinlichkeit nicht, wo ich hingucken sollte. Jahre später, auf der ersten großen Betriebsfeier mit weit über tausend Mitarbeitern, war mir schnell klar, was mein Opa meinte.

Zum Thema Tanzen ist bei Wikipedia zu lesen: *„Nach dem Zweck unterscheidet man vor allem den Kunsttanz, eine Kunstform für sich, den Turniertanz, der dem sportlichen Wettkampf dient, den Showtanz, der reinen Unterhaltungscharakter hat und den Werbetanz, der als Partnerwerbung dient."*

„Wir haben uns beim Tanzen kennen gelernt", habe ich oft von meinen alten Patienten und ihren Angehörigen gehört, ebenso von Nachbarn und vielen Bekannten aus meinem bisherigen Leben. Das zeigt einmal mehr, dass das Tanzen von je her eine hervorragende Möglichkeit ist, einem begehrten Menschen in aller Öffentlichkeit so nahe zu kommen, wie es früher, als die Sitten und Gebräuche nach außen hin noch strenger waren, nur heimlich möglich war. Deshalb begeistern Kurorte, Volks- und Schützenfeste mit einem Tanzboden die Menschen und sorgen dafür, dass sich neue Beziehungen ergeben und alte Beziehungen wieder aufgefrischt werden können. Es ist für viele Menschen eine gute Gelegenheit, sich für kurze Zeit aus den durch finanzielle Abhängigkeiten und verlogenen Anstand zusammengehaltenen Beziehungen zu lösen, auch wenn es nur für ein paar Minuten oder Stunden ist, weil sie sich wie im siebten Himmel fühlen; von dem sie wünschen, dass er nie enden möge. Manchmal ergeben sich daraus neue Beziehungen, die eine ausgelaugte „bis, dass der Tod uns scheidet Beziehung" beenden oder sorgen durch die Besitzansprüche bisheriger Platzhirsche für die eine oder andere Rangelei auf den Schützenfesten.

Geprägt durch solche Ereignisse, die gestörten Beziehungen meiner Eltern und ihr unterschiedliches Sozialverhalten, habe ich leider eine sehr ambivalente Weltanschauung zum Tanzen entwickelt. Für meine Mutter war das Tanzen pure Lebensfreude und ein Ausdruck ihrer Neugier und ihrem Interesse an Neuem. Für mich war das als Kind nicht so angenehm, wenn sie mich manchmal zu Veranstaltungen mitnahm.

Einige Male hockte oder lag ich müde und nörgelnd bei Vereinsfeiern, bei Gartenfesten, beim Karneval und sonstigen Veranstaltungen bis in die frühen Morgenstunden in irgendwelchen Ecken von Vereinsheimen, Garderoben und unter Tischen und verstand das alles nicht, was die Erwachsenen beim Feiern und der sich häufig daraus ergebenden Zweisamkeit, nach einigem Bier und Wein, miteinander veranstalteten. Was Günter Grass in seinem Buch „Beim Häuten der Zwiebel" als Fingerfertigkeit seiner Cousine im Dunkeln des Kinos beschreibt, war vergleichbar mit dem, was ich als noch unbedarfter Junge unter den Tischen von Vereinslokalen und Bierzelten zu sehen bekam und erlebte. Vor lauter Müdigkeit leise in mich hineinjammernd, verweinte ich meine Wut über das hilflose Aushalten-müssen der damals für mich unverständlichen und blöden Erwachsenen. Ich krabbelte auf dem Boden von einer Ecke in die andere, in der Hoffnung, eine halbwegs bequeme Schlafposition zu finden. Vielleicht kommt daher der Begriff, dass man sich als lästiges Anhängsel regelrecht „mitgenommen" fühlt, so wie ich es als Kind, im wahrsten Sinne des Wortes, empfunden habe.

Als Alleinerziehende blieb meiner Mutter gar nichts anderes übrig, als mich das eine oder andere Mal mitzunehmen, da sie nach der Ehe mit so einem Mann, wie meinem Vater, mit Sicherheit einen großen Nachholbedarf an sozialen Kontakten hatte, was ich aus heutiger Sicht vollkommen verstehen kann. Die dadurch entstandene Abneigung meinerseits gegen Veranstaltungen jeglicher Art, die mit Tanzen und Ausgelassenheit zu tun haben, lassen mich bis heute wahrscheinlich an den schönen Augenblicken des Lebens vorbeigehen, bewahren mich andererseits vor der Wiederholung des Traumas, dass mir jemand, der mir wichtig ist, untreu wird oder auf der gefühlten Ebene verlorengeht, weil dessen Hormonhaushalt, unbewusst oder auch gewünscht, von der Kopfsteuerung auf die genitale Steuerung umstellt und somit für eine herbeigesehnte Abwechslung im Leben sorgt.

Die vorsichtig fummelnden Hände unter den Tischen, die knutschenden Pärchen in den dunklen Ecken der Gebäude oder Parkanlagen, das für mich damals unverständliche leise Stöhnen aus den Gartenlauben, aus denen manchmal Frauen oder Männer kamen, die schnell noch ihr Haar richteten, bevor sie zu jemand anderem sagten, „Ach Schatz, da bist du ja, ich habe dich schon gesucht".... haben in mir eine fast panische Abneigung gegen Veranstaltungen jeglicher Art ausgelöst.

Wir Erwachsenen meinen immer, die Kinder kriegen das alles nicht mit. Dem ist aber nicht so, Kinder kriegen *alles* mit, sie wissen oft nur nicht, warum wir Erwachsenen uns, aus ihrer kindlichen Sicht der Welt, so albern und widersprüchlich zu dem verhalten, wie wir sie erziehen und da bleiben einige Fragezeichen in den Kinderköpfen unbeantwortet. Zumindest bis sie selbst mit Eintritt in die Pubertät selbst spüren, dass da etwas in ihrem Körper geschieht, das etwas mit ihnen macht. Und so wusste ich als Kind nicht recht, was da passiert, vergaß diese Dinge im Laufe der Zeit. Doch später, als ich im Alter von 16 Jahren die ersten Betriebsfeste und Vereinsfeiern, an denen ich teilnahm, hinter mir hatte, fiel mir wieder alles ein.

Diesbezüglich habe ich wohl irgendwie einen bleibenden Schaden davongetragen und meide bis heute solche größeren Feiern und Veranstaltungen, wenn es irgendwie möglich ist. Denn dieses oft mit Liebe verwechselte kurzfristige Feuerwerk der Lust, brennt manchmal genauso schnell ab, wie eine Wunderkerze, die durch ihre so unendliche helle und knisternde Aura alles überstrahlt und uns die logischen Folgen und den nächsten Tag regelrecht ausblendet. Dadurch, dass ich als Kind mit dem Erlebten und Gesehenen total überfordert war, entstand bei mir eine zwanghafte, durch Verlustangst gestörte Weltanschauung, die meinen bisherigen Beziehungen und Partnerschaften wahrscheinlich mehr geschadet hat, als wenn ich mich genauso verhalten hätte, wie die meisten anderen.

Das anscheinend gesellschaftlich akzeptierte, heimliche Fremdgehen, die Doku-Soap-reifen Entschuldigungen mit nicht enden wollenden Treueversprechen nach kleinen oder größeren Affären gegenüber dem Partner und anschließendem Essen beim Italiener mit Kerzenschein – ich habe es nicht hingekriegt, genauso wenig, wie in jeder Beziehung glücklich zu sein. Irgendwie scheine ich am Leben vorbeigegangen zu sein oder das Leben an mir, aber ich kann nicht aus meiner Haut, wie man so sagt.

Ich bin nur sehr froh, dass meine Kinder sich diesbezüglich anders und irgendwie besser entwickelt haben, mein jüngster Sohn sogar ein begeisterter Turniertänzer geworden ist und nicht so ein Brett vor dem Kopf hat, wie ich.

Wir Auszubildenden wurden damals als „Stifte" bezeichnet, wahrscheinlich, weil wir vom Meister und dem Gesellen so oft „angespitzt" wurden. Wir jungen Burschen aus dem Handwerk schauten immer sehr sehnsüchtig zu den Mädels auf, die im kaufmännischen Bereich arbeiteten oder Betriebswirtschaft studierten. Sie schienen was Besseres zu sein und schauten uns in unseren grauen Kitteln immer etwas mitleidig und von oben herab an, zumal es in der Buchbinderei auch immer nach Leim, Öl und Waschbenzin roch.

Zur Betriebsfeier hatten sich alle Männer und Frauen so aufgebrezelt, als wenn es darum ging, einen Wettbewerb zu gewinnen. Verlegen und unsicher wusste ich nicht, was ich hier sollte und musste dann mit ansehen, wie die größten Dumpfbacken und Flachschüppen mit den schönsten Mädels abzogen, nur weil sie gut tanzen konnten. Das gab mir zu denken. Verdammt, hatte mein Opa doch Recht?

Eine Steigerung von „Wenn de tanze kannst, jehört dir die janze Welt, damit kriegste sie alle", erlebte ich nach meiner ersten Ausbildung. Ein damaliger Kollege, der nie ein großer Freund von Wasser und Körperpflege war, wurde deshalb von uns immer nur „der Braune" oder einfach nur „Stinker" genannt. Nach der Spätschicht, wenn die meisten Kollegen nach Hause fuhren, ging er noch auf die Rolle und graste die eine oder andere Disco ab. Er trug während der Arbeit fast immer denselben lila Dralon-Pullover, jeden Tag. In der Umkleidekabine zog er seinen Kittel aus, sprühte sich ungewaschen 8x4 unter die Achseln, zog sich ein verschwitztes Sakko über seinen vor lauter Schweiß hart gewordenen Dralon-Pulli und verließ grinsend den Betrieb. Die abgekauten Fingernägel, die verfilzten Haare und der gelbe Nikotin-Rand an seiner mit Bartflusen bedeckten Oberlippe schienen die Mädels nicht zu stören. Er hatte einen südländischen dunklen Teint, sah gut aus, so ein richtiger Latin-Lover eben. Er fuhr ein rotes Cabrio und konnte gut tanzen, das schien damals und scheint vielleicht auch heute noch das Wichtigste auf der Welt zu sein, zumindest für diesen Augenblick und diese eine Nacht.

Heute würde ich sagen, der Typ hatte einfach alle Lockstoffe in seiner Aura, die nötig sind, um seine Gene möglichst weit zu streuen.

Ich habe den, für manche Frauen unwiderstehlichen Typ vor einiger Zeit zum ersten Mal nach über 40 Jahren wiedergesehen. Irgendwie hatte er sich nicht verändert, weder vom Aussehen, seinen affigen Bewegungsabläufen, noch von seiner Art, die Welt zu sehen. Sein dämliches Grinsen, was Frauen angeht, hatte er immer noch drauf..., irgendwie beneidenswert... vielleicht bin ich auch, im Gegensatz zu ihm, in gewisser Weise tatsächlich am Leben vorbeigegangen.

Das ist das, was ich in der Überschrift zu diesem Thema Sexualität im Alter mit einbezogen habe: „Wir ändern uns auch im Alter nicht".

Wenn wir mit unserem Sexualleben viele Jahrzehnte mehr oder weniger zufrieden waren, versuchen wir, wenn es irgendwie möglich ist, unsere Vorlieben weiter zu leben. Unsere Befindlichkeiten werden durch die Werbung beeinflusst und wenn wir dann alles haben, was man meint haben zu müssen, sind wir dem Bacardi-Feeling schon sehr nahe und können selber mit der eigenen Werbung für uns anfangen. Indem wir vor dem Schrank stehend überlegen, was wir heute anziehen, welchen Duft wir heute nehmen, den grünen, blumig nach Sonnenaufgang und Frühling duftenden oder den, der nach Leder und Peitsche riecht... und das alles, damit Mann oder Frau uns mag.

Das alles hat mit Sexualität im Alter ganz viel zu tun, denn was Hänschen nicht lernt, lernt Hans nimmer mehr. Aber: Was dem Hänschen früher gefiel, macht ihm auch heute noch Spaß, sogar noch viel mehr.

Auch wenn die Sexualität in jungen Jahren bei den meisten Menschen eine so hohe Wertigkeit hat und Triebfeder für das Sein ist, hört das nicht ab einem gewissen Alter auf, nur, weil junge Leute meinen, das sei so. Das besagte „voll im Leben und im vollen Saft zu stehen" hat für viele Männer eine sehr einseitige Sichtweise. Es kommt nicht von ungefähr, dass viele Liebhaber von tiefergelegten Autos, Breitreifen und fetten Motorrädern anscheinend sehr angeregt auf die vollbusigen Mädels in den Katalogen der Autozubehör-Industrie reagieren. Das wirkt für den einen oder anderen immer ein bisschen billig und schmuddelig, muss aber wohl seit Jahrzehnten gut funktionieren, sonst würden die Verantwortlichen die Werbung ändern.

Da das Sein anscheinend bei vielen Männern von der Potenz abhängt, scheint es zum Nichtsein zu verkommen, wenn die Lust nicht mehr sein darf, denn nach weitverbreiteter Ansicht hört sie in einem *gewissen Alter* auf; wahrscheinlich beim Eintritt ins Rentenalter!? So gesehen hat dann die Verlängerung der Lebensarbeitszeit ja auch etwas Positives, denn Männer dürfen länger *ihren Mann stehen (lassen)*, wie es so schön heißt. So gesehen kann man sagen, in jungen Jahren „steht" das Sein beim Mann im wahrsten Sinne des Wortes im Vordergrund, wenn er die Hose auszieht.

Hängt das hierauf beschränkte Selbstbewusstsein des Mannes durch Stress und Leistungsdruck zu sehr, kann er mit Hilfe eines Psychotherapeuten versuchen, das „Ich" im Kopf und das „Es" in der Hose wieder zu stärken bzw. wiederaufzurichten. Wenn das Aufrichten der Psyche alleine nicht ausreicht, gibt es seit vielen Jahren die Möglichkeit mit Medikamenten nachzuhelfen, und da kann man sein „blaues Wunder" erleben. Einmal in Form eines sich nicht so schnell verabschiedenden Blutstaus im Genitalbereich und zweitens die blumige Variante, in der Art eines schlagartigen Veilchens durch eine Verkäuferin, nachdem man sie gefragt hat, ob sie dreibeinige Hosen im Angebot hat.

Das habe ich genauso in einem Jeansshop einer bekannten Ladenkette erlebt. Die Besucher im Shop haben applaudiert und der vermeintlich „coole" Typ hat vor Schreck fast auf allen vieren den Laden verlassen. Das Sein fühlt sich gestört, wenn die Lästigkeit der Sexualität gesellschaftlich ab einem gewissen Alter in der Öffentlichkeit nicht mehr gewünscht wird, aber doch da ist, unser Leben begleitet und es unbewusst oder bewusst auch bestimmt.

Es kommt auch in der Seniorenresidenz vor, dass sich alte Menschen noch mal richtig ineinander verlieben, mit allen dazugehörenden Schmetterlingen und Flugzeugen im Bauch. Und wenn sie dann Händchen haltend im doch eigentlich auch dafür angelegten Sinnesgarten auf der Parkbank sitzen, sich schöne Dinge sagen, ihr Alter, den Rollator und das, was andere denken, total vergessen, kann man ihnen nur wünschen, dass sie jeden Tag genießen. Wenn einer von beiden sich im Anfangsstadium einer leicht beginnenden Demenz befindet und nicht mehr daran denken kann oder will, dass es da noch einen Ehepartner außerhalb der Einrichtung gibt, haben die beiden eventuell ein Problem. Wenn dann noch hinzukommt, dass die Seniorenresidenz von einem kirchlichen Träger geführt wird, ist die Entrüstung im gesamten Umfeld garantiert.

Wenn die gleiche Episode 20-30 Jahre früher geschieht, mehr oder weniger heimlich, nach einer Betriebsfeier, während einer Kur/Reha oder sonstigen Gelegenheit, dann scheint das nicht so schlimm zu sein. Dann ist die Entrüstung in der Öffentlichkeit oder von denen, die hinter vorgehaltener Hand darüber tuscheln, gedämpfter, denn dann wird das Ganze als Ausrutscher oder kurze Affäre eingeordnet. Das tut man ja eigentlich nicht, aber uneigentlich kann das ja mal vorkommen und jedem passieren. Außerdem kann man, wenn man den dazu passenden Glauben hat, zur Beichte gehen, dann ist wieder alles gut.

In dieser Beziehung verhält sich unsere Gesellschaft sehr ambivalent und wie in vielen anderen Bereichen auch dementsprechend verlogen.

Bei den Menschen, die still über solche Verfehlungen nach außen hinwegsehen, hatte ich bisher das Gefühl, dass sie sich gedanklich selbst etwas verlegen an die eigene Nase fassen und deshalb nicht mal im Ansatz auf den Gedanken kommen, den ersten Stein zu werfen. Es sei denn, sie waren selbst gerade in einer Reha und würden dann von jemand gefragt: „Sag mal, du warst doch auch gerade 4 Wochen zur Kur, wie war das denn da mit den Kurschatten?" Dann ist eventuell bei dem einen oder anderen die Not groß, ob man vom Lügen nicht doch eine lange Nase bekommt, wie Pinocchio. „Frag nicht, sonst muss ich lügen", wäre dann die passende Antwort.

Die Verhältnismäßigkeit von dem, wie und wozu wir unsere Kinder diesbezüglich erziehen und dem, wie wir uns ihnen gegenüber verhalten, passt überhaupt nicht. Ich bin mir ganz sicher, dass die Verlogenheit der Erwachsenen der beste Energielieferant für jegliche Konflikte zwischen Alt und Jung ist.

Während der Pubertät entwickeln wir alle ein unbändiges Bedürfnis nach einem individuellen und selbstbestimmten Leben, um dann nach einigen Jahren festzustellen, dass es im Rahmen der allgemeinen Verlogenheit unserer

Gesellschaft sehr schwer ist, selbstbestimmt zu leben. Dann folgt eine mehr oder weniger intensive Phase der Anpassung, bis wir im Alter merken, dass die Selbstbestimmung des alten Menschen in unserer Gesellschaft genauso an ihre Grenzen kommt, wie die der jungen Menschen während der Pubertät. Das betrifft auch die Sexualität und das, was die Gesellschaft bereit ist, in der Öffentlichkeit zu tolerieren. Das gilt nicht nur für knutschende Jugendliche in der U-Bahn, sondern auch für sich küssende Senioren im Stadtpark.

Ein zweideutiger Witz kann im verkehrten Personenkreis oder zur verkehrten Zeit beim Sektempfang eine Verfehlung darstellen, was den gesellschaftlichen Status angeht. Bei derselben Veranstaltung, demselben Personenkreis, nach 23 Uhr und dem 10. Glas Sekt, kann der gleiche Witz völlig anders aufgenommen werden, kann ein Lacher und Kracher sein, denn dann sackt auch hier das Niveau bei dem einen oder der anderen trotz Abitur und Germanistikstudium unter die Gürtellinie... so ist das Leben.

Wer was auf sich hält, redet nicht so, beschäftigt sich mit dem „Thema Nr.1" nicht in der Öffentlichkeit und verbreitet in seinem Umfeld eine intellektuelle Aura von Geschlechtslosigkeit. Das ist so, wie mit dem „Goldenen Blatt". Angeblich kauft kein Mensch diese Zeitung, die liest Mann oder Frau nur beim Arzt und beim Friseur, weil die da so herumliegen und die anderen Zeitschriften gerade vergriffen sind. So viele Ärzte und Friseure kann es eigentlich gar nicht geben, denn diese Regenbogenblätter haben regelmäßig Millionenauflagen. Genauso ist das mit den Millionen-Einschaltquoten einschlägiger Talk-Shows zu den unmöglichsten Sendezeiten. Aber kaum einer gibt zu, sich für die Themen der Talkshows am Nachmittag zu interessieren, wie z. B.:

- „Was kann ich tun, wenn mein Partner keine Lust hat?"

- „Hilfe, ich glaube mein Mann hat ein Verhältnis mit meiner Mutter."

Klatsch und Tratsch, wer mit wem, wer wen und wann wo gesehen hat, wer wo wieder was gesagt hat und wenn es geht, auch noch ein bisschen schlüpfrig geschildert, das scheint wichtig zu sein und die Welt zu bewegen.

Da ich ja immer behaupte, die kleinen Dinge bewegen die Welt, scheinen diese Themen neben Fußball und Autos die tatsächlich großen Dinge zu sein. Sendungen wie „Lindenstraße", „Gute Zeiten, schlechte Zeiten", „Marienhof", „Verbotene Liebe" usw. sind und waren doch nur interessant, weil sie ein Spiegelbild unseres „normalen" Lebens sein sollen. In diesen Serien wird unser heimliches Bedürfnis, mal auszubrechen, stellvertretend von Schauspielern ausgelebt, mit allen zwischenmenschlichen Quälereien, die damit zusammenhängen, aber das gibt es ja nur im Film!

Alle Mistigkeiten, Intrigen, reale sowie unrealistische Träume und Fantasien dieser Welt, die man sich vorstellen kann, werden zu Drehbüchern verarbeitet und in einer romanhaften Filmwelt ausgelebt.

Falls Sie jetzt entrüstet sind und meinen, „das" hört im Alter auf, dann sollten Sie sich öfter mal ganz still in eine Sitzgruppe der Aufenthaltsbereiche oder in die Eingangshalle eines Seniorenheims setzen und alles, was Sie dort sehen und hören, längere Zeit auf sich wirken lassen. Wenn Sie dann das Gefühl haben, „Lindenstraße" und „Gute Zeiten-Schlechte Zeiten" pur und gleichzeitig zu erleben, sollten Sie nicht vergessen, Ihr eigenes Schmunzeln zu genießen und mal darüber nachdenken, warum das alles so ist, wie es ist.

„Thema Nr.1" nannte man das damals in den 60ern, worüber bei uns zu Hause in meiner Kinderzeit nie geredet wurde; bis auf ein paar Ausnahmen. Alle paar Monate gab es für die Erwachsenen einen Anlass zum Feiern, entweder waren es Geburtstage, Weinproben, Richtfeste oder Ähnliches. Wenn dann eine gewisse Bier-, Bowle-, oder Spätleselaune die Bandagen der Verlogenheit und Moral gelockert hatte und Onkel Werner einen billigen Witz nach dem anderen losließ, wurden alle etwas lebhafter.

Die aus Salzstangen mit Weintrauben und Gouda bestückten Häppchenigel weichten langsam durch und kippten schlapp zur Seite, die Stimmung stieg durch „Thema Nr.1" dafür umso mehr. Die noch etwas Nüchternen, meistens die Frauen, schauten verschämt auf die leicht angeheiterten oder auch schon betrunkenen Männer, die sich begeistert mit der Hand auf die Oberschenkel schlugen und Tränen lachten.

Wir Kinder horchten im Schlafanzug an der Tür und rasten schnell ins Bett, wenn sich ein Erwachsener näherte.

Frauen, die in diesen Runden genauso lachten wie die Männer, hatten in den nächsten Tagen bei den anderen Nachbarsfrauen mit einem gewissen Gesichtsverlust zu rechnen. Das abfällige Reden im kleinen Tratsch-Kreis am Eierwagen oder an der Käsetheke im Tante-Emma-Laden hörte schlagartig auf, wenn die „Geächtete" dazukam. Man grüßte freundlich, fing ein neues unverfängliches Gesprächsthema an oder strafte sie mit bösen Blicken, sodass sie schnell den Laden wieder verließ. Sobald sie weg war, wurde sofort wieder weitergetratscht und ihr noch weitere Schlechtigkeiten angehängt, wie, „die hat immer schon einen Hang zu Männern gehabt" ... „Und überhaupt, wie die sich immer zurechtmacht, damit ihr jeder Kerl hinterher guckt!" ... „Die umherziehenden Staubsaugervertreter kamen auch erst immer nach 1 Stunde bei ihr wieder aus der Wohnung!" war die Analyse der Sauberfrauen, die zu Hause sonst im Hauskittel mit Lockenwicklern und schlaffen, wie im Wasser hängenden Nylonstrümpfen, herumliefen. Ihre mit klarem Nagellack geflickten Laufmaschen an den Nahtnylons sahen einfach geil aus, würde man heute ironischerweise sagen.

Das Getuschel der Erwachsenen habe ich sogar schon als Kind irgendwie registriert, wusste das aber alles noch nicht einzuordnen. Als ich dann in der Pubertät war, hat es bei mir geklingelt, worum es geht, und ich erkannte, wie verlogen die Welt ist.

Während meiner ersten Ausbildung in einer großen Buchbinderei habe ich dann endgültig verstanden, worum es im Leben geht und „was für die Menschen wirklich wichtig zu sein scheint". Die Bildzeitung trug bei vielen Mitarbeitern als einzige Tageszeitung die unendliche Verantwortung, *Bildung* und das *Allgemeinwissen* zu vervollkommnen, und daran scheint sich bis heute nichts geändert zu haben, wenn die Auflagenhöhe der Maßstab für unseren gesellschaftlichen Bildungsstand ist. In den Pausengesprächen ging es nur um Fußball, Autos und Frauen. Und wenn mal einer eine andere Meinung und Zweifel hatte, wurde argumentiert: „Doch, das stimmt, das habe ich in der Bildzeitung gelesen"!

Von da an wusste ich, warum diese Zeitung so hohe Auflagen hat und dass sich nicht viel ändern wird, solange sie gedruckt wird.

Und dann gab es noch die St.-Pauli Nachrichten, die steckten immer etwas schmuddelig hinter dem Heizkörper der letzten Männertoilette. Wir „Stifte" besorgten uns natürlich das verbotene Blatt, verbargen es unter dem Kittel und machten uns einen Spaß daraus, gemeinsam in einer Ecke zu stehen und uns mit gierigen, dumm-geilen Blicken aus lauter Verlegenheit über den Inhalt lustig zu machen.

Plötzlich stand Hans Schmidt laut gestikulierend hinter uns. Der damals über 60 Jahre alte Kriegsversehrte schlug wutentbrannt mit seinem Gehstock auf uns ein. Der war sowieso nicht gut auf uns „Stifte" zu sprechen, da ihm vor ein paar Monaten irgendjemand in der Umkleide seine Beinprothese versteckt hatte, während er unter der Dusche stand. Für ihn war klar, das waren die „Rotzlöffel", wie er uns Lehrlinge immer nannte.

„Schämt ihr euch denn überhaupt nicht, ihr Rotzlöffel, so einen Schmutz überhaupt anzufassen! Wartet, euch werde ich helfen!", brüllte er. Er riss uns die St. Pauli Nachrichten aus der Hand und gab vor, er ginge jetzt damit zum Abteilungsleiter und zu unserem Meister. Uns fiel das Herz in die Hose, da wir damals noch viel „Schiss" hatten und nicht so cool waren, wie die Jugendlichen heute. Aber einer von uns war cool und folgte ihm heimlich.

Nach ein paar Minuten sahen wir den Kollegen grinsend und winkend in der Tür der Männertoilette stehen, wir sollten kommen. Wir folgten ihm und hörten dort den „Einbeinigen", wie wir ihn immer nannten, hinter der sechsten Toilettentür eindeutig hantieren und leise stöhnen.

Seit der Zeit habe ich jegliche Achtung vor den Menschen verloren, die die deutsche Saubermannmentalität wie ein deutsches Reinheitsgebot, in höchster Güte und Verlogenheit bis über die Peinlichkeitsgrenze hinaus, verbreiten und predigen.

Wenn man die verlogene Denkweise der Öffentlichkeit als Maßstab nimmt, weiß ich bis heute noch nicht, wie es manche Menschen nüchtern hingekriegt haben, meine Generation in die Welt zu setzen. Wenn ich so an die Generation meiner Eltern zurückdenke, dann gehen mir die Nackenhaare hoch, was das ritualisierte Familienleben angeht. Wie alles zu sein hat..., alles hatte *seine* Ordnung, und damit war meistens die *Ordnung* des Vaters gemeint.

Unsere Kinder werden ebenso über unsere Generation als Eltern denken, denn wir waren und sind in vielen Denk- und Verhaltensweisen genauso wie die Alten, obwohl wir alles anders machen wollten.

Zu Hause hatten eigentlich die Mütter das Sagen, da die Männer die meiste Zeit der Woche an ihren Arbeitsplätzen verbrachten und eine geregelte 40-Std.-Woche die Ausnahme war. Zumindest was die Geldangelegenheiten angeht, hatten die Männer (meistens) das letzte Wort, da sie das Geld nach Hause brachten. „Meistens" deshalb, weil die Ehefrauen ebenso ihre Arbeitsleistung in die Familie einbrachten, die damals aber viel zu wenig honoriert und geachtet wurde und deshalb ihr Mitspracherecht forderten. „Eigentlich hatten die Frauen ‚immer schon die Hosen an' und haben, ohne dass wir Männer es wahrhaben wollen, die Welt regiert, indem sie uns um den kleinen Finger wickeln oder uns durch schlechte Laune zeigen, ‚wo es langgeht!'", war die Aussage eines älteren Herrn, der seine demente Ehefrau regelmäßig im Heim besuchte.

Trotzdem hatten es die Ehefrauen in der „Männerwelt" nicht leicht und erkämpften sich oft ihren berechtigten Anteil an den „schönen Dingen des Lebens" über den Weg von Konsumgütern, die ihnen die Hausarbeit erleichterten und andere persönliche Annehmlichkeiten in Form von Einkaufsbummeln, alle paar Monate mal ins Kino oder auswärts zum Essen gehen.

Obwohl ich „damals" schreibe und die 50er/60er Jahre meine, habe ich manchmal das Gefühl, dass sich zwischenmenschlich, bis heute nicht viel geändert hat, oder?

Sonntagsausflüge hatten oft auch den Grund, nicht unbedingt jeden Sonntagnachmittag bei der Schwiegermutter mit „Apfelkuchen sehr fein" von Dr. Oetker zu verbringen. In der Woche schliefen viele Erwachsene abends gleich nach der Tagesschau ein, weil der Tag so anstrengend war, und der Samstag war auch nicht ohne. Morgens einkaufen und zum Markt, danach Gartenarbeit, Unkraut wie Löwenzahn und Gänseblümchen aus dem Rasen ausstechen, Rasenmähen, das Moos und Unkraut aus den Fugen der Einfahrt kratzen usw. Dann gab es Mittagessen, meistens Eintopf mit einem Würstchen und als Nachtisch den billigen 9-Pfennig-Joghurt, der immer so mehlig schmeckte, die Leckeren waren leider zu teuer; dann gingen die Männer wieder raus.

Nach dem Abwaschen und der Erledigung der üblichen Hausarbeit wurden von den Frauen die Küche und das Treppenhaus gewischt und die Eingangsstufen an der Haustür mit dem Schrubber unüberhörbar laut gescheuert, damit alle hörten, wie fleißig sie waren. Das Wischwasser wurde für die Nachbarn sichtbar in den Gully an der Straße geschüttet, damit alle sehen konnten, dass man die Sauberfrau-DIN-Norm des Samstags auch erreicht hat, obwohl der Gully eigentlich nur für Regenwasser bestimmt war, und das Wasser ungeklärt in Bäche geleitet wurde.

Der ausgewrungene Aufnehmer wurde anschließend um die Fußmatte geschlagen, damit nicht wieder der ganze Dreck „reingeschlürt" wurde, wie man in Ostwestfalen zu sagen pflegte. Das Bad wurde erst gegen Abend mit einem Teil des restlichen Badewassers saubergemacht, das von dem Einweichwasser für die Wäsche am Montag abgezweigt wurde.

In der Mittagszeit erledigten die Männer Arbeiten, die nicht so laut waren, wie Beete harken, die Einfahrt und den Keller fegen, damit sie pünktlich zum Bundesliga-Anpfiff ihre Autos waschen konnten. Kurz vor der Halbzeit zog dann eine Mischung von Kaffeeduft, frisch gebackenem Kuchen mit Rum-

Aroma und Bohnerwachs durch die gesamte Siedlung. Die noch immer um die Fußmatten geschlagenen Aufnehmer waren auch schon wieder trocken und hatten in den letzten zwei Stunden das Haus vor dem ganzen Schmutz der Welt bewahrt.

Innerhalb von fünf Minuten trank er fast im Stehen wortlos seinen Kaffee und stopfte sich, unsensibel krümelnd, schnell ein Stück Kuchen rein (obwohl sie gerade alles saubergemacht hatte), damit er noch pünktlich vor dem Anpfiff der zweiten Halbzeit mit dem Staubsaugen des Autos fertig wurde.

Sie fühlte sich mal wieder nicht genug gewürdigt, da er, genau wie schon heute Mittag, alles wieder so lieblos heruntergeschlang, obwohl sie sich so viel Mühe gegeben hat. Sogar den Hauskittel hatte sie extra ausgezogen und das verschwitzte Haar mit beiden Händen etwas gerichtet. Manchmal hatte sie den Eindruck, dass er mit seinem Auto liebevoller umging, als mit ihr und es nicht nur saubermachte, sondern von innen und außen regelrecht streichelte. Beim Tanken wurde auch der Reifendruck kontrolliert... seine „Inspektionsintervalle" bei ihr, inklusive Druck prüfen und Ölwechsel hatte er vor Jahren auch noch regelmäßiger und in kürzeren Abständen durchgeführt. Aber nach dem Ablauf der Garantiezeit lässt das mit der „Wartung" wohl nicht nur bei den Autos nach. Außerdem wurden aus den großen Inspektionen im Laufe der Jahre nur noch kleine – und manchmal ließ er die auch ganz weg (nicht nur am Auto). Und wenn überhaupt, machte er nur noch ganz kurze Ölwechsel im Vorbeigehen; nennt man das heute nicht Pit-Stop?

Erst beim „Besitzerwechsel" fällt einem auf, dass das mit dem seltenen Ölwechsel immer nur im Sekunden-Boxenstopp-Tempo „rein, rauf, runter, raus" nach Manier der damaligen Ford-Werbung in den 90ern und das seltene Aufpolieren im Laufe der Jahre nicht zum Werterhalt reicht. Durch den Alltagstrott geriet sehr schnell in Vergessenheit, was für ein Spitzenmodell man besaß. Aber von den vergessenen Schätzen später mehr.

Sie fragen nach dem Bezug zur „Sexualität im Alter"? Da kann ich nur sagen, es geht hier um die verhindernden Umstände, dem Ausweichen in Beziehungen oder der Sehnsucht nach dem, wie es früher mal war.

Das ist das einzige, was sich im Alter ändert: Die störenden, die Sexualität verhindernden Alltagssituationen verringern sich, man hat mehr Zeit zum Überlegen und Schauen, was noch geht.

Demente Menschen äußern oft, dass sie nach Hause wollen, obwohl sie zu Hause sind. Damit drücken sie eigentlich nur ihr Bedürfnis nach Nähe und

Geborgenheit aus. Es soll wieder alles so sein, wie zu der Zeit, als für sie noch alles gut und durch täglich wiederkehrende Rituale viel verständlicher war – außerdem: Da war doch noch was!?

Das wünscht man sich auch schon als jüngerer Mensch, wenn das Leben nach ein paar Ehejahren nicht mehr so ist, wie vor dem Hochzeitstag.

Zurück zu meiner Schilderung der Wochenenden und Rituale, die erfolgreich die Sexualität unserer Eltern in den 60er/70er Jahren zu verhindern vermochten, und dem, was im Alter zumindest gedanklich nicht aufhört.

Kurz nach dem Anpfiff zur zweiten Halbzeit und den neusten Fußballinformationen von „Manni" Breuckmann liefen überall in der Siedlung wieder die Autostaubsauger. Aber nur während der Musikpassagen, damit man die Kommentare von „Manni" nicht verpasste. Sie wurden begleitet von verschiedenen durch die Siedlung ziehenden Bratendüften aus den Küchen der Häuser, in denen schon der Sonntagsbraten vorbereitet wurde. Sie verrieten, wo es Kassler, dicke Rippe oder „falschen Hasen" gab, wo dieser zu scharf angebraten wurde und die Soße dieses Missgeschick, trotz Zugabe eines teuren Bechers Sahne, am Sonntag geschmacklich nicht verheimlichen konnte. Rotkohl oder Rosenkohl gaben noch ihren eigenen Duft hinzu, je nachdem, ob mit Speck, Schmalz oder Butter angeschmort wurde. Verschiedene Gewürze, Zwiebeln und ein Stück Cox-Orange-Apfel am Rotkohl aus dem eigenen Garten machten die besondere Note aus und durch eine kleine Prise Zucker alles noch etwas lieblicher.

Bevor es wieder anfing zu regnen, fuhr man zwischen Ende der Bundesliga-Übertragung im Radio und vor dem Beginn der Sportschau im Fernseher die Wagen lieber in die Garage, damit die Mühe des Polierens nicht umsonst war. Während dieser Zeit übernahm dann der Geruch von Fichtennadelbadewasser durch in Alupapier verpackte Brausetabletten oder einen Schuss „Badedas" die Regie in der Luft.

Erst badete der Vater, dann die Kinder. Heimlich nahmen wir noch eine Brausetablette unter den Popo – das Badesalz kribbelte so schön, tat aber etwas weh und piekte, wenn man nicht ruhig saß.

Nachdem die Kinder eingeweicht, sauber und abgetrocknet waren, ließ Mutter sich mit fast schlechtem Gewissen noch das restliche heiße Wasser aus dem mit Holz befeuerten Badeboiler hinzulaufen, da der Kernseifen-Schmand am Wannenrand trotz Fichtennadelzusatz schon unangenehm fest und dunkelgrau geworden war. Komplett neues Wasser oder in der Wanne mal so richtig langmachen und etwas lesen, davon träumte sie, aber man hatte ja gemeinsam gebaut und musste sparen. Da war weder frisches Badewasser drin noch ein Bastei-Liebesroman.

Und außerdem fehlte die Zeit zum Lesen und Träumen, die Haare mussten noch gewaschen und vor dem Aufdrehen mit Bier gespült werden. Haarfestiger war zu teuer. Das schlechte Gewissen war sowieso schon groß, denn das bisschen heiße Wasser, das sie hat zulaufen lassen, hätte sie vernünftigerweise zum Einweichen der Schlüpfer bis Montagmorgen nutzen können. Dann hätte sie die Wäsche am Waschtag nicht so lange im großen Kessel in der Waschküche kochen müssen und somit Holz gespart.

Als in den ländlichen Bereichen die Zinkbadewanne noch in der Waschküche stand, war es praktisch, da man dort gleich nach dem Baden das Badewasser samt Unterwäsche in den Waschbottich füllen und bis Montag einweichen konnte. Nun hatte man teilweise schon ein modernes Badezimmer mit Heißwasserboiler und musste das ganze Badewasser mit Eimern in die Waschküche schleppen. Das neue Bad war zwar schick, aber unpraktisch, meinten die alten Frauen damals.

Bevor Hans Joachim Kuhlenkampff, Peter Frankenfeld oder Rudi Carrell im Fernseher die Menschen von der Möglichkeit des Wochenendrituals der „Fortpflanzung" abhielten, gab es zum Abendbrot, wie fast jeden Samstag, Kartoffelsalat und Würstchen. Abends gab es die teuren Würstchen vom schlesischen Schlachter auf dem Markt; für den Eintopf mittags reichten die billigen aus der Dose. Ach ja und es gab roten Hagebuttentee, wie jeden Abend.

Die meisten Kinder durften samstags länger aufbleiben, bis die Unterhaltungssendung zu Ende war. Manchmal hatten sie auch Glück, dass die Eltern auf dem Sofa, so wie sonst in der Woche, eingeschlafen waren. So konnte man als Kind zumindest einen Teil des Spätkrimis sehen, hören war meist nicht möglich, da das abwechselnde Schnarchen der Eltern den Fernseher übertönte. Lauter stellen ging auch nicht, dann wurde einer von beiden wach und das Theater los: „Was machst du noch hier, du musst längst im Bett sein, gibt man dir mal den kleinen Finger, nimmst du die ganze Hand..." usw.

Das gleiche Theater ging aber auch los, wenn sie sich gegenseitig durch ihr lautes Schnarchen kurz vor Filmende aufweckten. Der erste Kommentar, nachdem beide sich orientiert hatten, wo sie waren: „So ein blödes Programm heute Abend, dabei muss man ja einschlafen...". Das war die Entschuldigung, weil man noch gar nicht richtig wach und vor dem Kind auch ein bisschen verlegen war. Dass sie schon eingeschlafen waren, bevor das Programm angefangen hatte, auf das sich beide gefreut hatten, war ihnen gar nicht klar. Sie waren oft verstört und verärgert, dass ihr Kind noch fernsah, und dann ging das mit den gegenseitigen Schuldzuweisungen los: „Du lässt bei dem Jungen sowieso zu viel durchgehen, aber ab heute weht hier ein anderer Wind…" usw.

Den folgenden Sonntag konnte man danach eigentlich vergessen. Es sei denn, nachdem alle im Bett waren, hörte der Streit – aus welchen Gründen auch immer – auf. Nach häufigem und leisem „Nicht doch"-Sagen ihrerseits, wurde es immer ruhiger und endete damit, dass beide nach kurzer Zeit guter Dinge waren und noch mal ins Bad gingen.

Warum die Eltern schon wieder aufs Klo mussten und Mutter sich noch mal wusch, obwohl sie heute gebadet hatte, weiß der Teufel, ich wusste es damals jedenfalls nicht. Das leise „Nicht doch", war allerdings nur alle paar Wochen mal aus dem Schlafzimmer zu hören, da die Tür immer einen Spalt offenstand. Meistens jedoch verliefen die Abende sehr wortkarg und ohne den von guter Laune begleiteten und kichernden Toilettengang der Eltern.

Wenn beide den Fernsehabend tatsächlich mal wach überstanden hatten, gab es für viele Männer ein Problem.

Für sie war es dann immer ärgerlich, wenn Kuhlenkampff auf dem ersten Programm überzog und das Aktuelle Sportstudio auf dem zweiten schon begonnen hatte. Viele Jahre später haben das „Überziehen" von Sendezeiten Thomas Gottschalk und die „Musikanten-Stadler" übernommen, das war dann aber genauso ärgerlich. „Ich geh dann schon mal, kommst du?", war dann damals die Frage, der mit Lockenwicklern und Nylonkopftuch verkleideten Ehefrau. „Gleich, ich schau mir nur eben noch das Interview zu Ende an", antwortete er. In der Zeit schlief sie ein, und er konnte in Ruhe auch noch den Spätkrimi sehen.

Am nächsten Morgen herrschte dann leicht gereizte Stimmung beim Frühstück, da sie sein Verhalten am Abend ein wenig mit ihren Lockenwicklern und ihrem schnellen Einschlafen entschuldigte, aber irgendwie war sie auch sauer, dass er immer erst so spät ins Bett kommt. Und gerade gestern nach dem Baden, das wäre ein Abend ohne „Nicht doch" gewesen, da waren bei ihr wieder so ein bisschen die Schmetterlinge im Bauch wie früher, aber die müssen gestern nur einen kurzen Zwischenstopp gemacht haben, denn heute waren sie verflogen.

„Schatz, sollen wir heute nicht irgendwo hinfahren, spazieren gehen und einen schönen Kaffee trinken, wie wir es früher gemacht haben?", versucht sie sehnsüchtig die Flatterlinge von gestern wieder mit einer erneuten Landeerlaubnis anzulocken. „Warm essen können wir doch auch heute Abend, mit den Kindern habe ich das schon besprochen"..., fragt sie hoffnungsvoll.

Hoffnungsvoll deshalb, weil er dann normalerweise auch die Ausflugskosten übernimmt, denn es ist schon der 25. des Monats und ihr Haushaltsgeld war schon ein wenig knapp.

„Ja gut"", antwortet er. („War wohl nichts heute mit dem gemeinsamen Mittagsschläfchen"... denkt er heimlich, „aber was soll es?")

Der Tag war dann doch noch ganz toll, am Abend der Bauch vom Essen ganz voll und alle von der vielen frischen Luft ganz müde.

Woche für Woche, Monat für Monat, so ist das Leben und wenn es dann mit der längst überfälligen, aber dringend notwendigen „Inspektion" doch mal klappt, ist das wie mit einem alten Wagen noch mal durch den TÜV kommen..., wie sechs Richtige, na ja, sagen wir mal wie drei Richtige, man hat zumindest den Einsatz wieder raus.

Da wir alle solche Glücksmomente zu schätzen wissen, neigen viele von uns dazu, mit viel Charme nicht nur beim Lotto den Einsatz zu erhöhen, um die Chance auf den Treffer des Lebens zu verbessern. Deshalb versuchen viele ihr Glück heimlich auch auf Feten, Betriebsfeiern, beim Karneval und während einer Kur.

Als man den Partner kennen lernte, war das wie sechs Richtige mit Zusatzzahl, aber nach einigen Jahren gewöhnt man sich an den Schatz, den man gewonnen hat und nur noch ab und zu durch den „TÜV" kommen, reicht dann nicht mehr. Der riskante hohe Einsatz auswärts schmälert das Guthaben des Schatzes zu Hause erheblich und dieser verliert, ohne es zu ahnen, an Wert, nach dem Motto, aus den Augen aus dem Sinn. Hat man einen neuen „Schatz" gefunden, der zumindest die Aura von „vier Richtigen" hat, fängt man an zu überlegen, ob heute vier Richtige mehr wert sind, als noch vor vielen Jahren „sechs Richtige", die etwas an Wert verblasst, zu Hause warten.

Selbst der Wert von nur „drei Richtigen" wird kurzfristig durch die Wiederauferstehung des „Seins" und die starke Durchblutung im Genitalbereich bei vielen Männern wie früher als „sechs Richtige" empfunden. Der Schatz zu Hause, der schöne Garten und die Kinder haben dann mit einem Mal die Wertigkeit vom „Nicht-Sein".

Es scheint eine Art Herzinfarkt oder Kammerflimmern im Gehirn zu sein, wenn die Pumpe die übermäßige Durchblutung im Genitalbereich nicht mehr beseitigen kann. Manchmal hilft es, wenn man als Mann von einem guten Freund mal richtig die Meinung gegeigt bekommt, mal richtig geschüttelt und gerüttelt wird durch das, was er sagt, auch wenn der eigentlich wegen seiner „Affären" ganz still sein müsste. So eine verbale „Gehirnwäsche" sorgt manchmal für eine bessere Durchblutung auch im Kopf, manchmal aber auch für eine Art Katerstimmung, wenn man nach dem Spielrausch der Hormone mitbekommt, dass der Einsatz zu hoch war und man den richtigen Schatz, zu Hause fast verspielt hat.

Im Rahmen meiner ambulanten Hausbesuche hat mir manch eine der älteren Dame auch von ihren Begegnungen mit dem einen oder anderen Herrn erzählt, die scheinbar in ihren Köpfen etwas intensiver abgelaufen sind als in der Realität. Sie schienen in der Umsetzung ihrer Träumereien und Phantasien etwas zurückhaltender zu sein als viele Männer, da sie in den meisten Fällen durch die finanzielle Abhängigkeit von ihren Ehemännern mehr ausgebremst wurden, als von dem 6. Gebot. Wenn sie dann doch mal „fremde" Schmetterling in ihrem Bauch spürten, gaben sie ihnen schweren Herzens oft keine Landeerlaubnis, auch wenn das romantische und blumige Gefühl sehr verlockend war, die Etikette verbot es und „es gehörte sich nicht".

Andererseits sei es ja trotzdem immer wieder vorgekommen, dass die eine oder andere „Prinzessin" mit dem Kopf durch die Wand wollte und meinte mit einem Kerl durchbrennen zu müssen, der ihr durch Schmeicheleien, scheinbar die ganze Welt zu Füßen legte, „nur um mal einen wegstecken zu können", erzählte mir eine alte Dame ganz verschmitzt hinter vorgehaltener Hand, als ihre Schwiegertochter nicht dabei war. Irgendwie hatte ich das Gefühl, dass sie von sich selbst sprach und diesbezüglich ein gebranntes Kind war, das heute trotzdem noch mal probieren möchte, ob man sich an der Flamme des Verliebt-Seins wirklich verbrennen kann, wenn man noch mal die Gelegenheit dazu hat. Da sie nicht dement war und als ehemalige Studienrätin eigentlich vor ihrer Familie einen anderen Sprachgebrauch pflegte, konnte ich mir das Schmunzeln nicht verkneifen, als das Unbändige ihrer Jugendzeit in ihren Augen und Worten aufblitzte. Da sie mir das auch noch mit unverschämt leuchtenden Augen erzählte, schienen die Erinnerungen für sie auch heute noch etwas Prickelndes zu haben.

Dass die Auswirkungen der Lust zur Last werden können, das erleben wir nicht erst im Alter, sondern schon in der Blütezeit unseres Lebens, wenn die Triebe noch frisch sind und der Anstand uns beschneiden will. In der Natur ist das ähnlich, junge Bäume haben mehr Triebe und Blüten als alte Bäume. Wenn sie keine Triebe mehr bekommen, meinen wir, sie sind tot, und trotzdem schlagen sie im nächsten Frühjahr wieder aus.

Es gibt aber immer noch viele Menschen, die meinen, ab einem gewissen Alter *muss* das mit den Trieben auch bei uns Menschen vorbei sein und erschrecken sich dann, wenn die Triebe der „Alten" doch wieder ausschlagen – und das nicht nur im Frühling. Wer sich nach dem gesellschaftlichen Zeigefinger im Alter richtet, für den hat doch alles keinen Sinn mehr und Rückzug ist die Folge.

Wofür noch zum Friseur gehen, sich waschen und hübsch anziehen, wenn man als Mann gleich als geiler Bock bezeichnet wird, nur, weil man im Alter genauso auf die Signale reagiert, wie man es ein Leben lang getan hat? Wenn man als ältere Frau gleich als Flittchen gilt oder durch blöde Sprüche „die hatte immer schon so einen Hang zu Männern" verachtet wird, nur, weil sie ebenfalls Lust hat, selbst noch Signale zu versenden und sie genauso gerne zu empfangen.

In vielen Seniorenheimen ist manche Pflegekraft in gewisser Weise der Ersatz für den fehlenden Schatz, den man durch Krieg oder Krankheit vor vielen Jahren verloren hat, mit all den dazugehörenden Komplikationen von Nähe und Distanz. Wir Mitarbeiter aus der Pflege möchten ja auch nur, dass man uns mag und hüllen uns nicht in Sackleinen oder gestalten uns abstoßend. Deshalb ist es für Pflegende oft wie eine Gratwanderung zwischen zwei Welten. Zwischen der heutigen Welt, mit all ihren durch Kosmetik und Mode ausgelösten Mechanismen und der vergangenen Zeit der alten Menschen, die aus ihrer Vergangenheit noch die gleichen Signale kennen und im Grunde genommen genauso reagieren, wie wir jüngeren Menschen.

Auf der einen Seite möchten wir Pflegenden uns auch während der Arbeit wohlfühlen, gut aussehen und attraktiv sein. Auf der anderen Seite lösen wir dadurch ggf. Gefühle und Empfindungen aus, die sich nicht nur auf unsere Kolleginnen und Kollegen auswirken, sondern auch auf die Menschen, die wir versorgen, pflegen und in ihrem Alltag begleiten.

Unser anerzogenes Verhalten, gut und ordentlich aussehen zu wollen oder zu müssen, hört auch im hohen Alter nicht auf.

Als ich ohne Voranmeldung eine meiner Patientinnen, eine noch recht rüstige 93-jährige Dame besuchte, reagierte sie etwas verstört. Sie nestelte unsicher an ihrer Frisur herum und sagte etwas verlegen: „Wenn ich gewusst hätte, dass Sie kommen, wäre ich vorher noch zum Friseur gegangen." Im gleichen Augenblick war ihr aber nicht bewusst, dass sie noch den angetrockneten Frühlingsquark vom Frühstück in beiden Mundwinkeln sitzen hatte. Wenn sie sich selbst so gesehen hätte, wäre sie wahrscheinlich vor Scham im Boden versunken.

Als ich ihr sagte, dass die Heimmitarbeiter schon seit gestern wussten, zu wem ich kommen würde, war sie sehr entrüstet und hat sich später bei der Heimleitung beschwert, dass sie nicht vorher informiert worden sei. Es kann aber genauso gut sein, dass es ihr gesagt wurde und sie es einfach nur vergessen hatte.

Die gleiche Dame hatte mir vor Wochen nach einer Visite, als der Arzt und die Pflegerin das Zimmer verlassen hatten, ganz fest die Hand gedrückt und leise zu mir gesagt: „Schade, dass ich nicht jünger bin, Sie könnten mir gefallen!"

Da ich immer froh bin, wenn ältere Damen den Mut haben, das zu sagen, was sie empfinden und sich nicht mehr durch anerzogene Anstandsregeln einschränken lassen, antwortete ich nur schmunzelnd „dito" und verabschiedete mich. Auch wenn meine kurze Antwort nur als Schmeichelei gemeint war und ihr für ein paar Minuten oder Stunden ein schönes Gefühl vermittelte, war das auch für mich angenehmer, als über ihre Empfindungen hinweg zu gehen.

Genauso reagierte mancher ältere Herr, indem er ganz schnell einen Kamm aus der Hosentasche oder aus dem Nachtschrank zog und sich stakkatoartig nach Elvis-Manier die Haare mit der rechten Hand nach hinten kämmte, während er mit der linken Hand nachfassend kontrollierte, ob die Frisur richtig saß. Manchmal war es auch trotz versuchter Korrektur der Frisur ein sehr beschämender und entwürdigender Anblick, wenn ihnen, wie eben schon erwähnt, noch die Essensreste vom Spinat oder Quark in den Mundwinkeln saßen oder der durch Medikamente ausgelöste Speichelfluss von ihnen nicht bemerkt wurde.

Daher sollte es selbstverständlich sein, dass ein angekündigter Besuch, ob im Seniorenzentrum oder zu Hause, den Betroffenen mitgeteilt wird, damit sie die Chance bekommen, sich ihren Bedürfnissen entsprechend darauf vorzubereiten. Wenn ihre Eigenwahrnehmung diesbezüglich schon etwas gestört ist, wirkt ein taktvoll gereichter Spiegel oft Wunder.

Wenn sie den angekündigten Besuch vergessen, muss man es immer wieder ansprechen, denn das plötzliche Erscheinen eines Besuchers und die daraus folgende Peinlichkeit, es vergessen zu haben, sind für Menschen, denen ihr Leben lang die Formwahrung und Etikette wichtig waren, ganz besonders beschämend.

Die durch unsere Erziehung geprägten Verhaltens- und Denkweisen, wie man in der Öffentlichkeit auszusehen hat, scheinen im Kopf wie eingebrannt zu sein:

- Der erste Eindruck ist immer der Richtige!

- Wie siehst du denn wieder aus?

- Wie läufst du denn wieder rum?

- Kleider machen Leute!

- Sachen, die man nur für „gut" trägt...

Selbst bei Menschen mit einer dementiellen Entwicklung scheinen diese Mechanismen noch sehr lange reflexartig zu funktionieren, wenn sie wahrnehmen, dass sie von jemandem angeschaut oder angesprochen werden, vor dem es wichtig scheint, gut dazustehen. Das wird manchmal zum Problem, wenn durch eine tolle Fassade und sich gut anhörende Redewendungen und Floskeln die notwendige Pflegeeinstufung erschwert wird, obwohl bis auf den Gutachter allen Beteiligten klar ist, dass eher Stufe II als I notwendig wäre.

Pflegebedürftige Männer reagieren im Heim, im Krankenhaus oder zu Hause genauso wie in ihrem bisherigen Leben:

- Die Saubermänner haben die Lust auch nicht ausgeschwitzt, im Gegenteil, die haben sie immer so lange verdrängt, bis der Trieb ihren Verstand ausschaltete und das Tier bei ihnen durchkam oder der Alkohol es aus ihnen machte.

- Das macht natürlich Angst, und zwar denen, die darunter zu leiden haben, und das waren ja meistens die Frauen, und auch den Saubermännern selbst, wenn sie vom Lust- oder Alkoholrausch wieder nüchtern waren und peinlich berührt feststellen mussten, dass sie ihrer eigenen Moralnorm nicht gerecht werden können.

Und dann gibt es unter den vielen verschiedenen Typen noch die Kavaliere, die mit dem feinen Charmeurbärtchen und dem Halstuch. Die greifen sich nie so plump das, was sie wollen. Sie begegnen den Frauen mit einer gewissen Achtung auf die romantische Art und Weise, mit Kerzenlicht beim Essen und anschließendem Tanz. Die zu ihren Verführungstricks gehörenden Schmeicheleien vermitteln den Frauen einfach das, was sie in ihrem bisherigen, normalen Leben nur in den ersten Monaten einer Liebesbeziehung erlebt haben. Obwohl das jetzt auch (wahrscheinlich) nur eine Illusion ist und sie aufgrund ihres Alters und ihrer Erfahrung genau wissen, worum es den Männern geht, lassen sie sich manchmal ganz gerne darauf ein, weil die damit verbundenen Gefühle einfach nur schön sind und sie diese jahrelang vermisst haben. So kommen die Charmeure ganz elegant zu den Dingen, die sie wollen; und die Mädels ebenfalls, mit einem noch zusätzlich märchenhaften Gefühl. Egal, ob sie 48 oder 84 Jahre alt sind.

Die Damenwelt mag sie. Heimlich natürlich, wie das „Goldene Blatt". Diese Männer haben was von dem Prinzen oder Schauspieler, von dem man schon als Mädchen geträumt hat und überhaupt, die haben eben einfach Stil, mit ihrem romantischen Ambiente, ohne Sportschau, Bierfahne und Bildzeitungsgeschwafel. Und manchmal erfüllt sich auch der Traum von einem neuen Partner, der die bisher gelebten und erlebten Beziehungen für einige Zeit in den Schatten stellt.

Leider kann dieser gelebte Traum nach einiger Zeit auch wieder verblassen, wenn der Schatten des Alltags zu übermächtig wird und die Männer nach und nach die gemeinsame rosarote Wolke aus den Augen verlieren, auf der sie auch während der Zeit des Werbens eine glückliche Phase verbracht haben.

„Gerade diese Charmeurtypen, die hast du als Frau doch nicht für dich alleine", sagte mir eine ältere Dame im Seniorenheim. „Die versprechen dir den Himmel auf Erden und wenn du nicht aufpasst, baggern die alles an, was ihnen schöne Augen macht. Einen Kerl, auf den ich aufpassen muss…, das muss ich in meinem Alter nicht mehr haben."

Während sie mir das mit ihren 79 Jahren erzählte, konnte sie ebenfalls die Augen nicht von mir lassen, was mich ganz schön verunsicherte und mir ein verlegenes Schmunzeln abverlangte. Ob ich auch noch rot geworden bin, weiß ich nicht.

Diese beiden Männertypen, die Saubermänner und die Charmeure, sind mir im Rahmen meiner Pflegeberatung neben den vielen anderen am meisten aufgefallen. Die Erstgenannten, vordergründig geradlinig und freundlich-korrekt, aber doch irgendwie gehemmt-aggressiv, wenn nicht alles so lief, wie sie es wollten. Die ewig belächelten Charmeure und Frauentypen habe ich meistens ehrlicher erlebt. Sie machten den Damen gegenüber gar keinen Hehl daraus, was sie wollten. Sie verpackten es nur geschickt und präsentierten sich selber als Geschenk des Himmels.

Bei den Frauen sind mir ebenfalls zwei Typen besonders aufgefallen: Die, die ewig im Hauskittel dem Mann gedient und das „Goldene Blatt" wirklich nur beim Arzt gelesen haben, weil das Haushaltsgeld zu knapp war und sie zu Hause vor lauter Arbeit sowieso nicht dazu kamen überhaupt an Zeitschriften zu denken, geschweige denn, sie zu lesen. Viele von ihnen haben ab dem 40. Lebensjahr nicht nur wegen ihrer Migräne und ihren sonstigen Beschwerden im ganzen Körper viel Zeit beim Hausarzt verbracht. Sondern weil er der einzige Mensch oder Mann war, der sich die Zeit nahm und sich anhörte, was sie auf der Seele hatten und sie beim Abhören ganz zwangsläufig berührte. Das war immer ein bisschen wie im Roman. Diese kleinen Zeitfenster des Zuhörens konnten die Hausärzte früher ihren Patienten manchmal ermöglichen, heute ist das abrechnungstechnisch kaum noch möglich.

Und dann gab es da noch die nach außen hin „feinen" Damen. Ein älterer Herr in einem Seniorenheim nannte diesen Frauentyp immer „Madame Feinfick". Er meinte immer etwas abfällig: „Die leben doch in einer Märchenwelt. Wenn ich schon sehe, wie die sofort ihr Haar richten, wenn hier ein „Neuer" einzieht. Genau wie früher, bevor sie freitags dem Klingelton des Eierwagens folgten" meinte er. „Dann wurde auch erst in den Spiegel geschaut, der Lippenstift nachgezogen und der Hauskittel ausgezogen, in der Hoffnung, dass der Eiermann doch ein „verwunschener Prinz" ist, den man nur küssen muss. Auch im Alter sieht man „diesen" Frauen noch an, dass sie sich etwas mehr um ihr Aussehen gekümmert haben, als einige der anderen Nachbarinnen."

Sie gingen auch öfter zum Friseur, fuhren mit ihrem Mann sowohl in den Sommer- wie auch in den Winterurlaub und hatten eine entsprechende Ganzjahresbräune zu einer Zeit, als es noch keine Solarien gab. Der goldgelackte Regenmantel mit dem Leopardenmuster gab diesem Typ Frau noch eine gewisse Note. Die immer gepflegten Hände mit nicht abgebrochenen, dafür aber rot lackierten Fingernägeln, kannten die immer mit Hauskittel bekleideten Nachbarinnen nur aus dem „Goldenen Blatt". Die männlichen Nachbarn wurden schon ein wenig unruhig, wenn sie die auf diese Art und Weise „gehübschten" Damen von nebenan sahen. Aber mit „so einer" verheiratet sein – „... nee, die kosteten viel zu viel Geld und auf die musste man immer aufpassen", erzählte mir ein 83jähriger Herr ganz leise hinter vorgehaltener Hand, damit es seine Frau nicht hörte.

Das mit dem „Aufpassen" der Männchen auf ihre Weibchen wird von uns belächelt, wenn wir das in Tierfilmen sehen. Sind wir Männer in unserer Entwicklung wirklich schon viel weiter als die Tiere?

Diesbezüglich kamen mir besonders in Kurorten große Zweifel, wenn die Ehefrauen oder die Ehemänner zu Besuch kamen. Dann verhielten sich die meisten Kurgäste ganz anders, als wie man sie bisher kannte. Man hörte von ihnen oft ein kuscheliges, aufgesetzt klingendes „Schatzi hier, und Mäuschen da" und die meisten waren viel unruhiger und unsicherer als sonst und hatten nicht so eine große Klappe wie an Tagen, an denen kein Besuch da war.

Wenn die Partner dann wieder weg waren, wirkten jene Kurgäste irgendwie erleichtert, dass sich trotz Sonnenschein ihr „Schatten" nicht hat sehen lassen und waren sich ganz sicher, dass der Ehepartner nichts gemerkt hat. Da konnte man als stiller Beobachter manchmal jedoch anderer Meinung sein. Und obwohl die meisten über einen kleinen Flirt nicht hinausgingen, erweckten andere schon den Eindruck, dass Gelegenheit nicht nur Diebe macht, sondern auch Liebe.

Die meisten Dinge, die ich so überzogen und pauschal beschrieben habe, dienen lediglich der Anschaulichmachung und können auf keinen Fall verallgemeinert werden. Das eine oder andere wird Ihnen aber sicher bekannt vorgekommen sein.

Ich beschreibe meine erlebten Wahrnehmungen sehr oft in der Vergangenheitsform, ich bin mir aber sehr sicher, dass sich bis heute nicht viel geändert hat, was die Rollenklischees angeht. Obwohl wir heute die Möglichkeit haben, viel mehr, ganz anders und vor allen Dingen ganz offen über alles zu sprechen, nutzen wir Nachkriegsgenerationen diese Chance viel zu wenig. Oder anders gesagt, die Verhältnismäßigkeit von dem, was wir in den letzten Jahrzehnten hätten ändern können, scheinen wir nicht richtig nutzen zu können oder zu wollen.

Für viele Männer ist es nach wie vor bequemer, wenn alles so bleibt wie es ist, oder sie schalten einfach auf stur. Das liegt auch daran, dass viele Frauen der zweiten und dritten Nachkriegsgeneration aufgrund der immer noch vorhandenen Ungerechtigkeiten zwischen Mann und Frau ihr Selbstbestimmungsrecht manchmal so überziehen, dass genau das Gegenteil dabei herauskommt. Sie verhalten sich dann häufig genauso oder noch rücksichtsloser als die egoistischen Machos, gegen die sich ihr durchaus verständliche Zorn eigentlich richtet. Dadurch erreichen sie eher eine Pattsituation, sie drehen am Rad, während die Männer auf stur schalten und alles ausbremsen. Nichts bewegt sich mehr, außer den unzufriedenen Gedanken auf beiden Seiten in ihren Köpfen.

Es fällt mir sehr schwer, alles zu sortieren und zu trennen, was zum Thema „Wir ändern uns auch im Alter nicht – Sexualität im Alter" gehört, um eine gewisse Ordnung herzustellen und einzuhalten. Es scheint sich aber auch nicht so einfach sortieren zu lassen, weil das bisher gelebte Leben mit so unendlich vielen Gefühlen zu tun hat, die sich nicht einschränken und beherrschen lassen, und das ist auch gut so.

Je mehr Druck wir ausüben, um Gefühle zu verdrängen, umso mehr Druck baut sich auf, um irgendwann als unkontrollierte Lust oder Wut zu entweichen. Aber vielleicht ist das ja genau der Punkt, der uns allen, oder vorsichtiger ausgedrückt, vielen von uns, so schwerfällt. Es ist schwer, sich zwischen den erlernten Verhaltensmustern zu entscheiden, wie alles im Leben zu sein hat und dem eigenen Erleben, dass vieles davon aufgezwungener Humbug ist. Zumal wir unsere Eltern immer wieder dabei ertappt haben, wie sie heimlich gegen die von ihnen „gepredigten" Regeln verstoßen haben.

Wir stehen irgendwo bei Bielefeld in der Morgendämmerung an einer Straßenkreuzung und ein Stoppschild oder eine rote Ampel veranlasst uns zum Stehenbleiben. Auch wenn wir es nicht eilig haben, kein Flugzeug und keine Fähre warten, regt sich was in uns. Aber was ist es? Ist es das Kind, das tief in uns verborgen immer noch da ist, uns immer wieder in Versuchung führt, alles was verboten oder nicht gut für uns ist, zu probieren?

- „Fahr doch, du Blödkopp, es ist doch alles frei", drängelt da irgendwas in uns.

- „Oh, halt mal an, da ist eine Eisdiele, pfeif auf die Kalorien", geht uns durch den Kopf.

- Parken verboten – „Na und, dann muss ich nicht soweit laufen, geht doch!"

Die meisten von uns kennen diese kleinen Versuchungen des Lebens. Auf der einen Seite erwarten wir Sicherheit, geordnete Verhältnisse und dass alles geregelt ist, damit wir heute schon wissen, was morgen auf uns zukommt. Und auf der anderen Seite haben wir das Bedürfnis, ab und zu mal aus den engen Strukturen unserer gesellschaftlichen Konventionen auszubrechen. Auch das ändert sich im Alter nicht.

Professionell Pflegende wissen, wie unterschiedlich die Pflegebedürftigen sein können, und damit meine ich nicht nur die alten Menschen. Ob im Krankenhaus, Seniorenheim oder im häuslichen Umfeld, der Begegnung von Gegensätzen sind keine Grenzen gesetzt. Wir alle spielen in unserem Leben irgendeine Rolle, die wir durch Prägung und Erziehung in-und auswendig gelernt haben.

Es ist für Pflegende nicht einfach, sich auf die unterschiedlichen Menschen mit sehr unterschiedlichen Charakteren einzustellen. Ärzte, Lehrer, freischaffender Künstler und Pfarrer haben meistens eine andere Weltanschauung als Polizisten, Finanzbeamte und Ingenieure, ebenso Arbeiter und Angestellte. Trotz der unterschiedlichen Sichtweisen dessen, was unser Leben beinhaltet, warum und wodurch wir so geworden sind, wie wir sind, gibt es immer wieder Parallelen, wenn wir von Gefühlen betroffen sind. Freude, Lust, Ärger und Wut werden durch die dementsprechenden Gefühle ausgedrückt und bestimmen unser ganzes Leben, ob es uns gefällt oder nicht.

Wir können zwar versuchen unsere Gefühle zu unterdrücken, aber wie lange? Haben Sie mal versucht, einen großen Ball unter Wasser zu drücken? Das ist sehr anstrengend und kostet viel Kraft, mit Sicherheit geht Ihnen eher die Luft aus, als dem Ball oder Ihren Gefühlen, wenn Sie sie weiter (r)unterdrücken wollen. Freude, Lust, Ärger und Wut lassen sich auf Dauer genauso wenig (r)unterdrücken, wie ein Ball unter Wasser. Dann ist es ganz egal, ob der Ball nun sinngemäß für Freude steht, der Ihnen immer wieder unter Wasser entweicht oder wie aus reiner Lebensfreude nach oben aus dem Wasser springt und damit Ihre Freude steigert. Oder ob er ein Symbol Ihrer Wut ist, die Sie versuchen, unter der Oberfläche zu halten, damit sie keiner sieht.

Der jahrzehntelange Umgang, im Sinne von umgehen und verdrängen von Gefühlen in allen Lebenslagen, kostet uns unendlich viel Kraft und manchmal sogar das Leben. Das meine ich mit: „Wir ändern uns im Alter nicht". Auch was die Lust angeht, über das Kopf-Kino erinnern wir uns gerne, wenn die Erinnerung angenehm ist. Wenn unser Leben diesbezüglich nicht so prickelnd war, reduziert sich auch die Lust durch die Alltagsprobleme, wie in jungen Jahren. Menschen, die es in ihrem ganzen Leben nicht leicht hatten, werden mit großer Wahrscheinlichkeit ihr anstrengendes, manchmal sogar verbittertes Leben weiterführen, weil sie es nicht anders gelernt haben und mit Leichtigkeit nicht umgehen können. Da sie sich mit ihr nie befasst haben, gar nicht wissen, wie sie sich anfühlt und sie deshalb ihr ganzes Leben lang umgangen haben. Sie hatten in den seltensten Fällen die Chance etwas zu ändern, weil sie, wie die meisten Menschen auch, das nicht gelernt haben, dafür eine Wahrnehmung zu entwickeln. Wenn man ihnen helfen will, lehnen sie freundlich ab: „Ach lass mal, es geht schon!"

Dann gibt es noch die, die es auch nicht leicht hatten, aber immer irgendwie das Beste daraus gemacht haben. Sie hatten immer Freunde, Kontakte zu anderen Menschen, denen sie gutgetan haben und von denen sie das Gleiche zurückbekamen. Sie haben sich auch alles vom Munde absparen müssen, wie man früher sagte, sind aber trotzdem ab und zu mal ein paar Tage in Urlaub gefahren, und wenn es auch nur eine 4-tägige Busreise war. Sie haben im Rahmen ihrer Möglichkeiten ihr Leben auch genossen, und das strahlen sie im Alter durch ihre bescheidene und zufriedene Art und Weise aus.

Die immer gut Gelaunten dürfen wir nicht vergessen, die immer gut für sich gesorgt haben, entweder aus besseren Verhältnissen kamen oder es aus eigenem Antrieb schafften, dass es ihnen finanziell gutging und deshalb ein relativ sorgenfreies Leben führen konnten, mit allen schönen Dingen, die man sich vorstellen kann. Mit einem sorgenfreien Leben meine ich die finanziellen Voraussetzungen, und für die waren bis vor ein paar Jahrzehnten fast ausschließlich die Männer zuständig, zumal sie bis 1976 ihrer Ehefrau verbieten konnten, erwerbstätig zu sein. Ich kann mich noch erinnern, dass es in einigen Familien deswegen viel Streit gab, da viele Männer ihren Stolz hatten. „...meine Frau braucht nicht zu arbeiten!" Sie verstanden gar nicht, dass es um was anderes ging und geht, nämlich um Achtung und Wertschätzung.

Dann fehlen nur noch die männlichen Frohnaturen, die morgens schon um 6 Uhr laut singend unter der Dusche stehen und überall, wo sie hinkamen, ihren eigenen Auftritt hatten: „Hoppla, jetzt komme ich!" Die hatten auch keine Mühe schnell Kontakte zu schließen und oft „mehrere Eisen im Feuer", wie sie ihre Vorgehensweise gegenüber dem „schwachen Geschlecht" damals nannten. Sie machen oft bis ins hohe Alter noch gerne den Eintänzer bei Seniorenveranstaltungen und den Po-Kneifer bei Schwestern, Altenpflegerinnen und Schwiegertöchtern, wenn sie mal bettlägerig werden.

„Wir ändern uns im Alter nicht" und so kommen wir über den Eintänzer und Po-Kneifer zur **Sexualität im Alter**.

Das in diesem Buch Beschriebene, ist natürlich meine ganz persönliche Sichtweise, die hauptsächlich durch meine beruflichen Begegnungen mit vielen Menschen und ihren unterschiedlichen Lebensgeschichten entstanden und beeinflusst worden ist. Deshalb möchte ich nichts verallgemeinern, hoffe aber trotzdem, dass Sie durch Ihre eigene Lebenserfahrung verstehen, was ich meine und worum es mir geht.

Wir alle leben in einem Land und sprechen bis auf die Dialekte eine gemeinsame, für alle verständliche Sprache. Trotzdem gibt es Unterschiede, da wir alle durch unterschiedliche biografische Lebensgemeinschaften und Lebenslandschaften geprägt wurden. Die Biografie von alten Menschen verbirgt sehr viel Sexualität zwischen den Zeilen und erklärt ebenso viel von den Menschen, womit sie selber und auch die Pflegenden Probleme haben.

Pflege ohne Berührung wird es nicht geben, denn sie gibt uns die Möglichkeit, Menschen im wörtlichen Sinne zu be**greifen**. Ebenso wenig gibt es keine Berührung eines anderen Menschen ohne Empfindungen, solange der keine nervlich bedingten Störungen hat. Was auf der einen Seite angenehm ist und sogar Lust in Gang setzt, kann auf der Gegenseite Ekel und Abneigung produzieren, wie im normalen Leben. Aber was ist schon normal?

Da liegt ein pflege- und hilfebedürftiger alter Mann unglücklicherweise seit Stunden von den Schulterblättern bis zu den Kniekehlen in seinen eigenen Ausscheidungen, weil er nicht in der Lage war, sich zu melden. Ein beschämendes und unangenehmes Gefühl für den darin Liegenden, ebenso für den, der den Menschen und das Bett wieder saubermachen muss. Es kann aber gut sein, dass der gleiche Mann Stunden später mit seinem erigierten Glied auf dem Flur eines Seniorenheimes mehr Entrüstung und Ekelgefühl bei den Bewohnern und Mitarbeitern auslöst, als vorher im eigenen Kot liegend. Diese Verärgerung und Entrüstung liegt an unserer Erziehung und dem erlernten Umgang mit dem, „was man tut und nicht tut."

Diesbezüglich haben sich die meisten Frauen endlich emanzipiert und lassen sich verständlicherweise von diesen, heute in Richtung Triebtäter eingeordneten Männern, nichts mehr bieten. Und da beginnt das tatsächliche Problem, in unserer jungen und so aufgeklärten Gesellschaft.

Ich habe während meiner Ausbildung vor über 40 Jahren ältere Schwestern erlebt, die damit weniger Schwierigkeiten hatten, als viele Frauen der heutigen Generationen. Obwohl es für sie damals genauso unangenehm war, begrapscht und blöd angequatscht zu werden, mussten sie genau wie heute, den alten Männern manchmal das Ejakulat aus dem Schamhaar waschen, aber sie ließen weder den blöden Kerl, noch den Ärger an sich ran. Da gab es auch schon mal eine spontane Backpfeife, für die sie sich nicht bei der Oberin rechtfertigen mussten, denn die kannte das Problem und seine Lösung aus eigener Erfahrung. Da war zwar auch die eine oder andere dabei, die lieber kaltes Wasser und eine harte Wurzelbürste genommen hätte, aber die meisten gingen damit „total cool" um, wie man heute sagen würde, und nahmen die Sache überhaupt nicht persönlich. Deshalb fühlten sie sich auch nicht *angemacht*.

Ich fand, einige der Schwestern hatten damals die liebevolle, gütige Art eines Drachens, wenn er gut gelaunt ist, man musste aber immer auf der Hut sein, sie nicht zu reizen... in welcher Beziehung auch immer. ☺

Andere wiederum machten ihre Arbeit mit großer Zufriedenheit und wenn die Männlichkeit beim Waschen oder Baden zu sehr entgegenkommend war, kam schon mal ein Spruch wie: „Herr Müller, Sie sind ein altes Ferkel!" Herr Müller grinste zufrieden, und dann war das Problem schon erledigt.

Wenn man als junges Mädchen oder Frau schon mal gegen seinen Willen von einem Mann bedrängt worden ist, dann sind der Hass, die Wut und die Angst vor solchen Augenblick verständlich und sehr prägend. Dann sollten sie unbedingt mit irgendjemand darüber reden oder sich sogar professionelle Hilfe suchen, denn mit diesem Thema werden weibliche Pflegekräfte immer zu tun haben.

Wenn ich als männliche Pflegekraft früher mit den Worten angesprochen wurde: „Sie sind aber ein netter junger Mann, Sie könnten mir gefallen", fand ich das auch nicht prickelnd. Andererseits, wie in diesem Kapitel schon mal erwähnt, bewundere ich heute noch den Mut, wenn die zum Selbstbetrug und zur moralischen Verlogenheit erzogenen Frauen im Alter endlich das sagen, was sie denken. Trotzdem kann man das nicht vergleichen und ich denke, da haben wir männlichen Pflegekräfte es etwas einfacher, da wir viel seltener und nicht auf so abstoßende Art und Weise *angemacht* werden.

Ich habe mich bisher jedenfalls nicht belästigt oder missbraucht gefühlt, wenn eine alte Dame in mir den Frosch sah, den sie zum Prinzen küssen wollte.

Viele ältere Männer sind leider so wie sie sind und haben, geprägt durch aus heutiger Sicht peinliche Vorbilder, immer schon nach Frauen gegrapscht, einfach an den Busen gepackt, auf den Hintern gehauen und sich ihr vermeintliches Recht als Mann genommen. Wenn junge Männer so sind, macht mich das wütend und dann schäme ich mich, ein Mann zu sein. Wenn alte Männer so sind, tun sie mir eigentlich nur leid, da wir die Zeit, in der sie so gemacht worden sind, nicht mehr zurückdrehen können und sie somit keine Chance haben, sich anders zu verhalten, denn das scheint nicht mehr in ihren engstirnigen Kopf zu passen.

Genauso tun mir die Kolleginnen leid, die sich in dem gewaltfördernden Konflikt befinden, das Erlebte zu sehr persönlich zu nehmen und ihre Wut dann an allen Männern auslassen.

Die sich Gott sei Dank langsam ändernde Weltanschauung von Richtern zum Thema Sexualität sollte sich endlich auch in Pflegebeziehungen bemerkbar machen. Denn wenn die Übergriffigkeit von Männern unerträglich wird, sollte auch der Pflegende nicht davor zurückschrecken, dass Verhalten des „Klienten" öffentlich zu machen und dementsprechend zu dokumentieren. Sicher kann man dann wieder diskutieren, was das Verhalten des Pflegebedürftigen ausgelöst hat. Ob <u>kein</u> roter Nagellack oder Lippenstift am Arbeitsplatz manchmal sinnvoller wäre, als sich über die Reaktion eines alten Mannes aufzuregen, der ganz normal auf Signale reagiert, die bei Douglas genau für diesen Zweck verkauft werden. Das gilt auch für die Ehefrau, Nachbarin, Tochter oder Schwiegertochter. Sie müssen ihre Probleme mit dem Pflegebedürftigen öffentlich machen, um dem irgendwann aufkommenden „schlechten Gerede" den Wind aus den Segeln zu nehmen. Sonst stehen sie auch schlecht da, und es gibt Gerede wie „...na ja, so wie die sich immer aufdonnert, da braucht sie sich nicht zu wundern...".

Durch ein frühzeitiges Thematisieren denkt man auch schon mal eher darüber nach, was man selbst damit zu tun hat. Wo Nötigung anfängt und in Missbrauch übergeht, da muss man genau hinsehen, besonders wer und warum jeder Betroffene die Situation gerade so sieht und dementsprechend reagiert. Persönliche Bedürfnisse und Abneigungen für oder gegen die Lust und Sex fördernden Praktiken anderer Menschen, müssen ganz hintenangestellt werden, denn unseren persönlichen Maßstäben werden die Menschen, die wir versorgen, sowieso nicht gerecht. Somit haben sie auch keine Chance, von uns fair behandelt zu werden.

Außerdem sind die heute über 70-jährigen Männer durch ein ganz anderes Männer-Bild geprägt worden, wie ein Mann zu sein hat. Was ein Mann darf oder wie er sein muss, um in der damals von Männern dominierten Welt zu bestehen. Ich will damit keine distanzlosen Übergriffigkeiten von alten Männern entschuldigen, aber man muss ihnen einfach zugutehalten, dass ihr Frauenbild ein anderes ist und ihr durch massive Prägung ausgelöstes Verhalten nicht mehr in die heutige Zeit passt bzw. auch jetzt nicht mehr angepasst werden kann. Da können wir nur ganz zuversichtlich in die Zukunft schauen, unsere Kinder und Enkelkinder anders erziehen und uns damit trösten, dass solchermaßen geprägte Generationen der Männer ebenso ausstirbt, wie die Dinosaurier ausgestorben sind, nur schneller.

Entschuldigen Sie meine flapsige Art, aber es gibt nicht änderbare Menschen, denen muss man klarmachen, dass es so nicht geht. Und wenn das nicht fruchtet, muss man sie anzeigen, auch wenn sie schon alt sind und in einem Altenheim leben oder zu Hause gepflegt werden. Wer wegguckt, darf sich nicht beklagen, und wenn diese unangenehmen Gesellen dement sind, müssen wir auch offen und transparent mit allen von den Auswirkungen Betroffenen darüber reden und das Ganze dokumentieren. Damit alle den gleichen Wissensstand haben, wie man ihnen am besten begegnet, wie man sich schützen und mit wem man entlastende Gespräche führen kann. Das sollte für professionell Pflegende selbstverständlich sein und auch Familienangehörigen angeboten werden. Damit meine ich der ganzen Familie, auch denen, die nicht direkt an der Pflege beteiligt sind. Dann gibt es nämlich auch keine „Heimlichtuerei" und niemand muss sich zu schämen. Aber alle müssen miteinander reden, und das ist meistens das Hauptproblem, das schwerer zu lösen ist, als Grapscher auszuhalten.

Ein wenig abhängig vom Bildungsgrad und der Promille im Blut gibt es da auch jene Männer, die die heutige Welt etwas differenzierter sehen und etwas besser mit Distanz und Nähe in den verschiedensten Lebenssituationen umgehen können. Trotzdem sind auch sie nicht davor gefeit, durch zu viel Alkohol oder einen bisher ganz langsam beginnenden, noch nicht diagnostizierten dementiellen Prozess, sich auf ein übergriffiges Niveau zu begeben, sodass das ganze Umfeld entsetzt ist. Andererseits bleiben viele Männer so, wie sie immer waren, wenn sie keiner sozialen Kontrolle durch die Familie oder dem Umfeld ausgesetzt sind.

Hier ein interessantes Fallbeispiel:

Herr L. war fast 90 Jahre alt und man sah, dass er mal ein attraktiver und gutaussehender Mann war. Er lebte seit Jahrzehnten schon als Witwer alleine zu Hause und wurde von einem Pflegedienst an der langen Leine betreut, da er eigentlich noch nicht pflegebedürftig war. Trotzdem war er zeitweilig etwas hilfebedürftig, was einige seiner Alltagsaktivitäten betraf.

Er wurde viele Jahre von einer ehemaligen Gemeindeschwester, wie man sie früher auf dem Land nannte, versorgt und begleitet. Sie gehörte zur Generation der liebevollen Dragoner, wie ich die alten Schwestern oft genannt und erlebt habe: herzensgut, aber nur bis zu einem gewissen Punkt. Da konnte auch schon mal kaltes Wasser zum Einsatz kommen, wenn die Herren über die Stränge schlugen.

Als Schwester Frieda in Pension ging, gab es ein Problem. Die anderen Mitarbeiterinnen des Pflegedienstes kannten Herrn L. schon von ihren Urlaubsvertretungen und weigerten sich, ihn auf Dauer zu versorgen. Keine der Kolleginnen gab konkrete Gründe an und sie maulten nur herum: den würden sie kennen ... da würden sie nicht mal zu zweit hingehen...

Da Herr L. männliche Pflegemitarbeiter und auch Zivis, (heute BFD's) ablehnte, schien er im Laufe der Zeit aus der Sicht von einigen Nachbarn langsam zu verwahrlosen und magerte total ab. Weil es keine greifbaren Angehörigen mehr gab – eine Tochter lebte in Schleswig-Holstein und wollte mit ihm nichts zu tun haben – wurde eine amtliche Betreuung eingerichtet und Herr L. in einem Pflegeheim „untergebracht", wie man so unschön sagt.

Dort fühlte er sich ganz wohl und kam auch mit dem Pflegepersonal ganz gut klar und sie mit ihm auch. Er war am Anfang wie umgewandelt. Er begann, sich schick zu machen und pflückte beim Spaziergang im Garten manchmal eine Blume ab, um die eine oder andere Heimbewohnerin damit zu beglücken.

Nach einigen Monaten bemerkte man, dass er nachts manchmal in anderen Zimmern vorgefunden wurde, wenn der Nachtdienst ihn suchte. Er lag einfach bei irgendeiner Dame im Bett, die sich, aus welchen Gründen auch immer, nicht wehrte und nicht um Hilfe rief. Die hauptsächlich weiblichen Mitarbeiterinnen waren entsetzt, nur ein paar ältere Pflegerinnen versuchten immer wieder die Wogen zu glätten, ihm auf die eine oder andere Art ins Gewissen zu reden, was auch eine lange Zeit gut funktionierte.

Irgendwann machte er sich auch tagsüber an den Damen im Tagesraum zu schaffen. Er kuschelte mit ihnen bei jeder Gelegenheit, versuchte sie zu küssen, nestelte an ihnen herum und begann sogar in ihrer Gegenwart zu onanieren. Einige der teilweise sehr dementen Damen wehrten sich auch weiterhin nicht, die anderen verließen vor Scham und Angst manchmal laut schreiend den Raum.

Weil auch Angehörige anderer Bewohnern das mitbekamen, war das Problem nun im wahrsten Sinne des Wortes öffentlich. Herr L. wurde zur „Behandlung" in eine psychiatrische Klinik eingewiesen, aber da gab es nichts zu behandeln, denn Herr L. war weder verwirrt, noch dement im eigentlichen Sinne und er wusste, was er tat. Und weil das Heim seit Monaten sein Zuhause war, wurde er trotz Protest vieler Heimmitarbeiter wieder dorthin entlassen.

Im Rahmen meiner ambulanten Arbeit versuchte ich mit den Mitarbeitern Strategien zu entwickeln, um das Problem seiner Übergriffigkeit und den Missbrauch zu stoppen oder auf ein erträgliches Maß zu reduzieren, was auch immer das sein mag. Ich besuchte Herrn L. in seinem Zimmer, und er kannte mich noch von vorigen Kontakten, bei denen ich auch, wie alle anderen, irgendwie um den heißen Brei herumgeredet hatte.

Er erzählte mir Geschichten aus seinem Leben und war richtig glücklich, dass sich mal jemand mit ihm befasste und ihm in Ruhe zuhörte. Doch da meine Zeitfenster begrenzt waren, musste ich mich von ihm erst mal verabschieden, bevor er mir so viel von seinem Leben erzählen konnte, wie er gerne wollte. Das machte ihn etwas traurig und er fragte, ob ich wiederkäme. Da bot ich ihm einen Handel an. Wenn er es schaffen würde, eine Woche lang keine Frauen zu belästigen, dann käme ich nächste Woche wieder und brächte 1 Stunde Zeit mit. Darauf gab er mir die Hand.

Als von den Heimmitarbeiterinnen eine Woche lang kein Alarm kam, fuhr ich wie versprochen ungläubig hin und erfuhr, dass er mit ihnen über unseren Vertrag gesprochen und sich darangehalten hatte. Da zu dem Zeitpunkt nicht klar war, wie es mit ihm weitergeht, ob sein Verhalten irgendwie strafrechtliche Konsequenzen hat, war die Gelegenheit günstig, mit ihm offen und ehrlich Klartext zu reden.

Er erzählte mir weiter aus seinem Leben, dass er mal Werkzeugmacher gelernt und sich zum Ingenieur weitergebildet hatte. Durch den Krieg hatte er seine ganzen Papiere verloren und um die Familie über Wasser zu halten, hatte er eine Stelle als Vertreter für Melkmaschinen angenommen. Das habe ihm gut gefallen. Er habe seine Freiheit gehabt, gut verdient und war nur am Wochenende zu Hause.

Auf meine Frage „so unter Männern" wie das denn so mit der Lust war, wenn er die ganze Woche unterwegs war, grinste er und meinte, das war kein Problem. In der Landwirtschaft sei man da nicht so zimperlich gewesen. Viele Höfe hatten noch eine Magd oder eine, die nicht richtig im Kopf war, da sei immer was gegangen. Ich war total perplex, lies ihn aber weiterreden.

Nach einem Geschäftsabschluss wurde immer viel getrunken, erzählte er, und er habe dann meistens bei den Bauern übernachtet. Dort ergab sich schon mal die eine oder andere Gelegenheit, auch bei der Bäuerin, wenn der Bauer zu betrunken war und schon schlief. Er habe immer seinen Spaß gehabt und sein Leben genossen, weil er schnell zur Sache gekommen sei. Von 10 Versuchen hätte es 2- bis 3-mal geklappt. Da blieb mir erst mal die Sprache weg.

Nach einiger Zeit fragte ich ihn, ob er denn mal darüber nachgedacht habe, dass sein Denken und Verhalten von damals nicht mehr in die heutige Zeit passen würde? Ich erklärte ihm, dass ich viele Männer seiner Generation kennen würde, die genauso denken wie er und sich die Mädels genommen haben, wie sie kamen, wenn sie es zuließen oder sogar gegen ihren Willen. Ich versuchte, ihm klar zu machen, dass sein Verhalten heute strafbar sei und er mit rechtlichen Konsequenzen rechnen muss, wenn er sich weiter so verhalte.

Er fragte mich ganz bedröppelt, wie man in Ostwestfalen so sagt, ob er nun ins Gefängnis müsse? Ins Gefängnis wahrscheinlich nicht, aber es gäbe geschlossene Einrichtungen, die seien so ähnlich, antwortete ich ihm. Weiter sagte ich ihm, dass er auch Medikamente bekommen könnte, die seinen Trieb etwas eindämmen. Das ginge aber nicht gegen seinen Willen, das müsse er schon wollen. Er habe die freie Wahl, so weiter zu machen oder sein Verhalten zu ändern. Er müsse aber damit rechnen, dass er sicher von irgendjemand angezeigt würde, und dann nähme die geschlossene Unterbringung ihren Lauf.

„Und wenn ich es nicht lassen kann?", fragte er.

Dann werde wahrscheinlich ein Gutachten gemacht, das Auskunft darüber gibt, ob er geschlossen irgendwo untergebracht werden muss, damit er von seinen Handlungen abgehalten würde, gab ich ihm zu verstehen. Da fing er an zu weinen und sagte, dass ihm das alles gar nicht klar gewesen sei und es ihm leidtue. Es sei richtig, dass er sich in der Beziehung sicher oft auch danebenbenommen habe, aber er habe deshalb nie Probleme bekommen. So ohne „Spaß" lohne sich das Leben für ihn nicht mehr länger. Ins Gefängnis wolle er nicht, Tabletten brauche er auch nicht, er lasse jetzt alle in Ruhe, „das verspreche ich", sagte er zu mir.

Mir standen fast die Tränen in den Augen, von einem als Monster und Vergewaltiger angesehenen alten Mann so etwas zu hören und aus meiner beruflichen Erfahrung heraus, vermeintlich zu wissen, dass das sowieso nichts wird und ihn trotzdem verstehen zu wollen. Das war richtig hart.

Noch schwerer war es, den Heimmitarbeitern und vor allen Dingen dem Heimleiter zu verkaufen, dass sie sich darauf einlassen sollen. Mein Argument war, dass er sich ja schon eine Woche lang an sein Versprechen gehalten hatte. Die älteren Pflegerinnen gaben wieder, wenn auch schweren Herzens, den Ausschlag und nickten zustimmend, denn die unglaubliche Geschichte hatte schon in der ganzen Gemeinde die Runde gemacht. Jeder der sie weitertrug, gab noch seine eigene Interpretation dazu, und so wurde der Druck auf das Heim immer größer und der gute Ruf war durch fehlende Konsequenzen in Gefahr.

Ich habe Herrn L. noch drei Mal besucht. Er war zu allen nett, freundlich und zurückhaltend, baute aber körperlich immer mehr ab und sackte regelrecht in sich zusammen. Er wollte nicht mehr aufstehen, hatte keinen Appetit mehr und ist dann nach sechs Wochen ganz unspektakulär verstorben. So ohne „Spaß", lohne sich das Leben für ihn nicht mehr länger, hatte er mir gesagt und damit auch diese Aussage wie ein Versprechen gehalten.

Diese Geschichte hat mich sehr mitgenommen und berührt, da ich ihm durch bisherige negative berufliche Erfahrungen gedanklich Unrecht getan und eigentlich an ihm gezweifelt hatte.

Es sind nicht nur die Männer, die durch ihre Verhaltensweisen Angehörige und pflegerische Mitarbeiter an die Grenzen ihrer Toleranz treiben.

Hierzu noch ein anderes Fallbeispiel:

Eine ältere Dame, wir nennen sie mal Frau O., so um die 80 Jahre alt, war auch schon seit längerer Zeit in der Pflegeeinrichtung eines ehemaligen Klosters und wurde nach und nach immer mehr bettlägerig. Die Schwestern und Altenpflegerinnen hatten nach einiger Zeit das Gefühl, dass die Unselbstständigkeit der oft sehr herummäkelnden Dame irgendwie gespielt war. Ihr schien es zu gefallen, so umsorgt zu werden und sie wurde ganz schön ruppig, wenn es nicht nach ihrer Nase ging. Irgendwann wusch sie sich gar nicht mehr selber und wollte gewaschen werden.

Die älteren, erfahrenen Schwestern gingen nicht darauf ein, um ihre gespielte Unselbstständigkeit nicht noch zu unterstützen. Sie wurden vonseiten der Frau O. auf sehr beleidigende und distanzlose Art und Weise beschimpft, und irgendwann ließ sie kaum noch jemanden an sich heran. Um sich vor der inzwischen auch manchmal um sich schlagenden Dame zu schützen, gingen einige Schwestern nur zu zweit in ihr Zimmer.

Der vom Hausarzt hinzugezogene gerontopsychiatrische Arzt war der gleichen Meinung wie ich, das sei ein Pflege- und Beziehungsproblem. Ich vereinbarte mit den Pflegekräften einen Gesprächstermin, um mit ihnen gemeinsam nach einer Lösung zu suchen. Es ist oft sehr schwer, das Ganze ohne Schuldgefühle der betroffenen Mitarbeiter zu besprechen. Erst wenn ihnen klar ist, dass niemand ihre fachliche Kompetenz infrage stellt und eventuell die Lebensgeschichte und eine gestörte Beziehungsfähigkeit der Pflegebedürftigen zu diesen Konflikten führt, kann man mit den Mitarbeitern ganz wertfrei über alle Möglichkeiten von Problemlösungen diskutieren. Nur so kann man mit Pflegenden auch über ganz intime Dinge reden, die in der Pflege oft verdrängt werden.

Dabei stellte sich heraus, dass eine junge Altenpflegerin mit Frau O. überhaupt keine Probleme hatte, eine zweite traute sich dann ebenfalls, das zuzugeben.

Nun gab es zwei Parteien. Eine, die sich durch die Beziehungsprobleme schuldig und inkompetent fühlten, die andere Partei der „unschuldigen" Kolleginnen, die sich schlecht fühlten, als wenn sie ihre Kolleginnen in die Pfanne gehauen hätten.

Durch die begrenzten Zeitfenster für solche Gespräche nach der Dienstübergabe, wurde ein weiterer Termin zur Problemlösung vereinbart. Vorher bekamen die Kolleginnen noch eine „Hausaufgabe" von mir bis zur nächsten Woche mit auf den Weg. Jeder sollte sich Gedanken machen, nach welchen Handlungen in der Pflege die Probleme beginnen und das, wenn möglich, inoffiziell auf einem persönlichen Blatt dokumentieren. Weiter sollten sie gemeinsam versuchen, mehr über die Lebensgeschichte von Frau O. zusammen zu tragen, auch mit allem Klatsch und Tratsch, den es in so einem kleinen Ort gibt. Das lockerte die Runde wieder etwas auf und sie gingen etwas gelöster auseinander.

Nach einer Woche trafen wir uns wieder und die Kolleginnen hatten tatsächlich etwas mehr an biografischen Erkenntnissen zusammentragen können.

Frau O. lebte von Kindheit an mit ihrem Bruder auf einem kleinen Kotten abseits vom Ort. Sie pflegten gemeinsam ihre Eltern, die nacheinander früh starben. Irgendwann lernte ihr Bruder seine jetzige Frau auf einem Schützenfest kennen und heiratete sie ein Jahr später. Sie bekamen bald zwei Kinder, und das normale Familienleben nahm seinen Lauf, mit allen Höhen und Tiefen, die dazu gehören.

„Und wie lebte Frau O. auf dem Hof?", fragte ich die Kollegen.

„Die hatte weiter ihr Zimmer neben den Räumlichkeiten der Familie ihres Bruders und ging der täglichen Arbeit nach, die auf so einem kleinen Anwesen zu verrichten ist", war die Antwort. Sie nahmen gemeinsam die Mahlzeiten ein, aber sonst sei Frau O. für sich gewesen. Sie habe auch keine sozialen Kontakte im Dorf gehabt und sei nur regelmäßig mit dem Rad zur Klosterkirche zum Beten gefahren. Auch nach den Gottesdiensten sei sie den Menschen aus dem Weg gegangen. Viel mehr wussten sie nicht zu berichten. Aber das war ja schon aufschlussreich, was das Thema „Beziehungen" angeht.

Als wir auf die Pflege und Versorgung von Frau O. zu sprechen kamen, wurde es interessant. Die beiden älteren Schwestern, eine von ihnen noch in Tracht gekleidet, gingen immer zu zweit zu Frau O. und gaben an, dass sie schon zu schreien beginne, wenn sie das Zimmer betreten. Sie würden Frau O. in ihrer störrischen Art stützend ins Bad begleiten und nur bei den nötigsten Pflegehandlungen helfend eingreifen, um ihre Selbstständigkeit zu erhalten. Dann gehe sie wieder bis zum Frühstück ins Bett, um sich danach in aller Ruhe halbwegs ankleiden zu lassen.

Die beiden jüngeren Altenpflegerinnen gingen immer jeweils alleine zu Frau O. und gaben an, immer freundlich und fast liebevoll begrüßt zu werden. Da der Weg ins Bad für Frau O. immer so beschwerlich sei, würden sie sie immer im Bett waschen, da sie ja sowieso bis zum Frühstück im Bett bleibe. Gesicht, Hals und Oberkörper wasche Frau O. sich im Bett sitzend selber, ihren Rücken wasche dann die Pflegerin, bevor Frau O. sich dann wieder hinlegt. Den Unterleib und die Beine lasse sie sich immer waschen, da sie da nicht mehr so gut hinkomme, erklärten die Kolleginnen.

Da die Zeit schon wieder knapp wurde, bat ich alle Kolleginnen, Frau O. in den nächsten Tagen mal beim Waschen genau zu beobachten, wie sie reagiert, was Mimik und körperliche Reaktionen angeht.

Die älteren Schwestern geben zu bedenken, dass die jüngeren Kolleginnen sich nicht so ausnutzen lassen sollten, wollen aber alles erst mal so weitermachen.

Beim dritten und letzten Gespräch kamen wir endlich zum Punkt, um den es ging. Die beiden älteren Kolleginnen haben während ihrer Versorgung von Frau O. nichts Auffälliges bemerkt. Die jüngeren geben beide an, sie hätten das Gefühl, Frau O. genieße die Intimwäsche regelrecht. Sie schließe dabei die Augen und habe einen regelrecht glücklichen Gesichtsausdruck, das sei ihnen jedes Mal etwas peinlich, aber sie könnten es ja nicht ändern.

Eine der beiden Kolleginnen wurde ganz rot und berichtete ganz verlegen noch mehr. Sie sei einmal ganz leise wieder in das Zimmer gegangen, um die vergessenen Handtücher zu holen. Sonst habe sie immer gedacht, Frau O. sei wieder eingeschlafen, doch diesmal habe sie eindeutige Bewegungen gemacht und dabei gestöhnt. Da waren alle etwas verlegen, und wir versuchten gemeinsam, mal darüber nachzudenken, wie Frau O. ihre Sexualität gelebt haben könnte, da sie, so viel man weiß, nie mit einem Mann zusammen war und auch sonst keine Kontakte zu anderen Menschen hatte.

Nicht nur Musik ist mit Geräusch verbunden, wie schon bei Wilhelm Busch erwähnt, sondern Sexualität meistens auch.

Frau O. hat mit ihrem Bruder und ihrer Schwägerin Wand an Wand gelebt und geschlafen. „Könnte es sein, dass sie vielleicht doch mal was gehört hat, was sie erregt hat? Denn ohne Trieb und Lust kommt kein Mensch auf die Welt, oder?", fragte ich die Kolleginnen.

Sie saßen alle mit hochroten Gesichtern da und kriegten im wahrsten Sinne des Wortes durch so viel Offenheit anscheinend den Mund nicht zu, und einige von ihnen hielten ihn deshalb vor Schreck mit einer Hand zu.

Da die meisten von uns Vorlieben und Rituale im Rahmen der Sexualität haben, schien die Intimwäsche für Frau O. eine Art Vorspiel zu sein, was sie dann, wenn sie alleine war, genüsslich zu Ende brachte.

Nun war die Bombe geplatzt. Frau O. benutzte die jüngeren Kolleginnen für ihre Sexualität?

In einem diesmal länger dauernden Gespräch wurden wir uns einig, dass Sexualität nicht mit 60 Jahren schlagartig aufhört und jeder Mensch ein Recht darauf hat, solange er das nicht auf Kosten anderer auslebt. Die beiden jungen Kolleginnen meinten, sich rechtfertigen zu müssen und gaben an, Frau O.

genauso zu waschen, wie sie es gelernt haben und wie sie andere Menschen auch versorgten. Gemeinsam kamen wir zu der Erkenntnis, dass das so in Ordnung ist, solange Frau O. ihre eigentliche Sexualität heimlich auslebt, wenn keiner in ihrem Zimmer ist und das sei ihr zu gönnen. Und das habe auch gar nichts mit den Pflegerinnen und ihrem Handwerk der Pflege zu tun. Wir einigten uns weiterhin darauf, dass, wenn es der Dienstplan zulässt, immer die Kolleginnen zu Frau O. gehen, die mit ihr gut zurechtkommen und sich von ihr nicht benutzt oder ausgenutzt fühlten.

Nach dem Gespräch bedankte ich mich auf dem Flur besonders bei der Schwester mit der Tracht, da sie bis zum Schluss, wenn auch mehr oder weniger schweigend, dabei war und das Ergebnis des Gesprächs voll und ganz mittragen konnte. Sie lächelte mich an und meinte, das sei schon in Ordnung. Immer wenn sie mich in den nächsten Monaten irgendwo im Haus sah, grüßte sie mich still nickend und schmunzelte. Ein besseres Lob konnte ich nicht bekommen und dann noch von einer durch ihren Glauben geprägten Nonne, das tat gut.

So viel ist klar, das Thema Sexualität wird in vielen Pflegeeinrichtungen der heimliche Motor für Beziehungsprobleme sein, die durch ein unterschwelliges Gefühl „sich zu mögen oder sich nicht leiden zu können" noch verstärkt wird. Darüber redet man aber nicht, weil es sich nicht gehört. Das Recht auf die eigene Sexualität sollte doch jeder Mensch selbst bestimmen können, solange er nicht andere damit einbezieht, die das nicht wollen.

Dieses Thema wird in allen Pflegeeinrichtungen gemieden, egal ob es sich um Krankenhäuser, Reha-Einrichtungen oder sonstige Pflegeeinrichtungen handelt. Überall werden Menschen nach teilweise schweren Unfällen und den dazugehörenden Operationen wochen- und monatelang versorgt und irgendwann melden sich die Hormone mit ihren Funktionen zurück und dann…?

Ich merke gerade, das ist noch mal ein Thema für sich, über das es sich lohnt, nochmal intensiv nachzudenken.

Zu unserem Handwerkszeug in der Pflege gehören die Wahrnehmung und die Flexibilität, sich täglich auf neue Situationen einstellen zu können. Und das ist die einzige Chance, den starren und durch Jahrzehnte geprägten Verhaltensmustern zu begegnen und sie auszuhalten.

Die Sexualität im Alter lässt sich genauso wenig ändern wie das Altern selbst, das Einzige was wir ändern können, ist unsere Einstellung dazu. Durch transparentes Arbeiten, klares Benennen der eigenen Probleme bei Dienstübergaben und Beschreibung der Probleme in Pflegeberichten haben wir die Chance, der „unheimlichen Begegnung mit der alten Art" das Geheimnisvolle und das von dem einen oder anderen als unangenehm und abstoßend Empfundene, zu nehmen.

Reden Sie im Team oder in der Familie offen darüber und Sie werden sehen, dass Sie mit Ihren Problemen nicht alleine sind und sogar noch anderen Kollegen und Familienmitgliedern Mut machen, über Dinge zu reden, unter denen sie ebenfalls leiden. Da es für den Umgang mit der Sexualität im Alter und den unangenehmen „Übergriffigkeiten" besonders der männlichen Gattung keine pauschalen Lösungen gibt, bleibt uns nichts anderes übrig, als unser eigenes Bedürfnis, auch im Dienst auffallend gut aussehen zu wollen, auf ein Minimum zu reduzieren. Der knackige Po des Pflegers sollte genauso wenig durch enge Bekleidung betont werden, wie die reizvolle Figur der weiblichen Kollegin oder Schwiegertochter.

Langes, offen getragenes Haar brachte auch den einen oder anderen Zivi und BFD Mitarbeiter schon mal in Schwierigkeiten. Da Rot ja die Farbe der Liebe sein soll, sollten wir diese Signalwirkung im Dienst lieber meiden und sie nur im privaten Umfeld nutzen. Sonst geht es uns wie dem Zauberlehrling: Der wurde die Geister auch nicht mehr los, die er rief.

Fazit:

- Das Alter schützt uns nicht vor Lust und auch nicht vor der Verlogenheit, dass es Lust im Alter nicht mehr gibt und geben darf.
- Genauso wenig wie uns die Lust und Verlogenheit vor dem Altern schützt.

Die Reizreduzierung im Umfeld der Pflege kann nur eine von vielen Lösungen sein, die die Last mit der Lust auf ein normales Maß reduzieren kann. Aber das bringen Sie mal erst Ihren Kollegen, Kolleginnen oder den Schwiegertöchtern bei.

Und was ein normales Maß an Lust ist, das kann ich Ihnen auch nicht sagen.

Unsere Biografie ist eine Art Gebrauchsanleitung für Beziehungen

Nur wer sich an sein eigenes Leben erinnern kann, weiß, wer er ist, wer er einmal war und wo er herkommt.

Das hört sich sehr aufgesetzt an und scheint nicht mehr in die heutige Schnelllebigkeit zu passen. Es sind nicht nur die alten Menschen, die von früher erzählen. Wenn Sie mal genau darauf achten, werden Sie feststellen, dass viele von uns schon vor dem 30. Lebensjahr von „früher" sprechen, wenn sie mit Gleichaltrigen zusammenkommen oder den jüngeren etwas erklären, was diese anscheinend schon nicht mehr verstehen können oder wollen.

Wenn wir uns mit der Biografie eines Menschen beschäftigen, merken wir ganz schnell, dass die Lebensgeschichte jedes einzelnen von einem Netzwerk der Emotionen durchzogen ist. Von klein an werden wir dazu angehalten uns „zusammenzureißen", im Sinne von möglichst alle Emotionen bei uns zu behalten und wenig von uns preiszugeben. Es scheint schon seit Menschengedenken so zu sein, dass, wer Gefühle zeigt, sich auch mit seinen Schwachstellen öffnet und damit schneller angreifbar macht.

In der Schule haben wir gelernt, dass „Geschichte", die kulturellen, politischen und gesellschaftlichen Entwicklungsprozesse von bestimmten geografischen, kulturellen Bereichen in Zahlen, Daten und Fakten zusammenfasst. Wer, wann und wo jemand geboren und gestorben ist. Wer, wann und wo jemand was geleistet hat, warum an ihn erinnert wird und was wir ihm oder ihr zu verdanken haben.

Bei der Biografie und Biografie-Arbeit geht es um die einzelne und persönliche Beschreibung der Lebensgeschichte eines Menschen. Dabei handelt es sich um eine einzigartige Geschichte, obwohl sie wahrscheinlich mit tausenden von anderen Menschen vergleichbar ist, die in der gleichen Region und im gleichen Jahr geboren sind und unter den gleichen äußeren Lebensumständen gelebt haben. Trotzdem hat jeder einzelne auch seine eigene Geschichte. Es handelt sich deshalb um eine individuelle Geschichte, weil jeder

Mensch in vergleichbaren Situationen etwas anderes fühlen und wahrnehmen kann.

Wie ich schon im Kapitel „Von der Depression ganz leise zur Demenz" geschrieben habe: *„Das Ausschlaggebende von seelischen Belastungen ist ihr in dem Augenblick gefühltes Gewicht und nicht die Größe des Ereignisses, das sie ausgelöst hat".*

Das gilt nicht nur für die als negativ empfundenen Augenblicke, sondern auch für die schönen und angenehmen Erlebnisse, die uns gedanklich oft bis zum Lebensende begleiten und beeinflussen. Dazu gehören auch die Tugenden des positiven und optimistischen Denkens, die Toleranz und Nächstenliebe, die immer wieder durch negative Erfahrungen auf die Probe gestellt werden. Sie können nur bestehen, wenn die Entwicklung eines Menschen durch sein Umfeld und eine dementsprechende Bildung gestaltet und durch positive Erfahrungen unverrückbar gefestigt wird.

Aus eigener Erfahrung kann ich nur sagen, dass mich meine ersten 18 Lebensjahre, durch mein emotional gestörtes und zerrüttetes Elternhaus und die daraus entstandenen Lebensumstände, regelrecht behindert haben, die eben beschriebenen Tugenden durch positive Erfahrungen und eigenes Erleben zu erlernen.

Das soziale Umfeld in dem wir auf die Welt kommen und aufwachsen, ist ausschlaggebend und prägend für unser ganzes Leben. Auch wenn sich nach einigen Jahren unser soziales Umfeld ändert und wir uns unter ganz anderen Umständen entwickeln und leben, bleibt die ursprüngliche Prägung in uns erhalten, obwohl uns selbst das nicht bewusst ist.

Ich möchte einfach mal die Hypothese aufstellen, dass es sich so ähnlich wie bei den Münzen verhält. Wenn wir einer Münze in einer dafür vorgesehenen Maschine mit viel Druck eine neue Prägung geben, so sehen wir vordergründig ausschließlich das neue Bild. Trotz der oberflächlich veränderten Strukturen kann man durch Ultraschall und andere Untersuchungen die ursprüngliche Prägung jedoch wieder sichtbar machen, die so im normalen Alltag vordergründig nicht mehr zu erkennen ist. Mir ist dieses hypothetische Beispiel vor vielen Jahren eingefallen, als ich mich immer wieder wunderte, wie viele alte Menschen irgendwann Verhaltens- und Sichtweisen an den Tag legten, die sie laut ihren Angehörigen in den letzten 30-40 Jahren bei ihnen nie erlebt haben.

Also muss es doch ganz tief in uns ursprüngliche Strukturen geben, die durch unseren Alltag über Jahrzehnte überdeckt sind oder einfach nur anders aussehen, da sie durch Erziehung und gesellschaftliche Anstandsregeln verdrängt wurden. Sie schlummern aber immer noch ganz ursprünglich in uns. Wie ein „Schläfer", der durch einen posthypnotischen Auftrag auf den entsprechenden Auslöser wartet, um wieder aktiv zu werden.

Vielleicht ist die neue Oberflächenprägung auch einfach nur bedingt durch unsere Anpassung an ein anderes, neues soziales Umfeld und deshalb nicht so tiefgreifend in ihrer Wirkung auf uns. Wie bei einem Menschen, der den Aufstieg vom „Tellerwäscher zum Millionär" geschafft hat und seine Herkunft meistens verbirgt. Aber in bestimmten Augenblicken, die von starken ursprünglichen Gefühlen durchflutet werden, seine Herkunft doch nicht leugnen kann. Die, wie durch einen Transponder auslösten Signale, können Gerüche sein, die ihn an seine Kindheit und die damit zusammenhängenden Lebensumstände erinnern, ebenso wie Musik und aus der Zeit vergleichbare Geräusche.

In dieses oberflächlich veränderte Menschenbild passen auch die scheinbar aus jedem Rahmen fallenden Aktivitäten eines Seniors, der plötzlich durch intensive sportliche Betätigung und die dazugehörigen Utensilien von den meisten seiner Altersgenossen mitleidig belächelt oder für verrückt erklärt wird. Und es ist ihnen peinlich, wenn er sie beim wöchentlichen Treffen des Seniorenbeirats lauthals und überschwänglich begrüßt, um ganz nebenbei zu erwähnen, dass er sich im Internet einer Alpinen-Seniorencommunity angeschlossen hat. Und wenn er dann noch damit prahlt, dass er mit einigen Mitgliedern der Interessengruppe im nächsten Jahr einen Achttausender im Himalaja Gebirge besteigen will, bringt er die meisten von uns dazu, im Alter doch noch mal an unserer Toleranzgrenze zu zweifeln oder ihm einfach nur einen Vogel zu zeigen.

Auf der anderen Seite habe ich erlebt, dass die Anzahl dieser hyperaktiven Frohnaturen nur eine kleine Minderheit ist, die sich ganz extrem von denen unterscheiden, die im Alter nur durch etwas mehr Aktivität als die früheren Generationen, den Herbst des Lebens genießen wollen. Deren Ziel es einfach nur ist, solange es geht, noch mit dem Rad zu fahren, zu wandern und den durch Rheuma ausgebremsten Bewegungsapparat in der kalten Jahreszeit 4-6 Wochen auf den Kanaren zu überwintern und die Sonne mit den dazugehörenden Annehmlichkeiten zu genießen.

Dann gibt es noch die Menschen, die schon vor dem Eintritt ins Rentenalter irgendwie leer und müde sind. Die über 40 Jahre beruflich stark engagiert waren, die Männer meistens an ihrem Arbeitsplatz und die Frauen zu Hause. Jeder von beiden hat auf seine Art und Weise dafür gesorgt, dass ihr „Projekt Familie" so gut wie möglich irgendwie funktionierte. Viele von ihnen sind in der Nachkriegszeit groß geworden oder haben selbst noch den 2. Weltkrieg erlebt.

Im Kapitel „Umgang mit einem in eine dementielle Lebenswelt „verrückten" Menschen" (s. Seite 210-211) habe ich versucht, die sich ähnelnden Lebenswelten der ersten Nachkriegsgeneration bildlich zu beschreiben.

Dabei fiel mir auf, dass diese Beschreibung tatsächlich auch eine Art Gebrauchsanleitung sein kann. Vielleicht ist es sogar die einzige Möglichkeit, um die Biografie der Menschen besser zu verstehen, die in irgendeiner Weise durch den Krieg und seine Folgen geprägt wurden, schon lange bevor sie überhaupt durch eine dementielle Veränderung ihrem Umfeld auffallen.

Hier kurz wiedergegeben: „Ihre Wohnform, ob Mietwohnung in einem Hochhaus oder in einer Ein- oder Zweifamilienhaussiedlung mit eigenem Garten, sagt sehr viel über die Voraussetzungen von Toleranz und gesellschaftlichen Zwängen aus. Der wie mit einer Nagelschere geschnittene Rasen, der wie mit Millimeterpapier geplante und gestaltete Garten. Die mit einem Kratzer vom Moos und Unkraut befreiten Fugen der Gartenplatten. Die schneeweißen ordentlichen, mit Stecknadeln disziplinierten Gardinen, die aussehen, als wenn sie vor einem Vorgesetzten Haltung angenommen hätten, sprechen Bände."

Die spartanische Gestaltung der Wohnung im Nachkriegsstil der 50/60er Jahre, der eigenen Blütezeit mit schönen Erinnerungen an den Neuanfang nach Krieg und Gefangenschaft, geprägt durch Bescheidenheit und Sparsamkeit, sowie den Stolz, etwas geschafft und trotzdem noch was gespart zu haben, damit man was hat, wenn es noch mal so schlimm kommt, wie man es schon erlebt hat. Die alten abgewetzten Möbel, Polster, die verschlissenen Teppiche und nicht mehr so exakten Gardinen, weil die tun es ja noch, alles picobello sauber. Und da es Freitagnachmittag ist, liegt ein leichter Duft von Bohnerwachs, frischem Kaffee und Rührkuchen mit Rum Aroma in der Luft, wie früher vor Jahrzehnten. Die gleichen Dinge erleben wir in den überladenen Wohnungen, strotzend vor materiellem Reichtum, die aber durch seelische Armut und Gefühllosigkeit kalt und leer wirken.

Da kam mir immer das Sprichwort „Reden ist Silber, Schweigen ist Gold..." in den Sinn, denn hier wurde nicht viel geredet.

Durch das Schweigen wurden unangenehme Themen gemieden, wie Beziehungsprobleme innerhalb der Familie und Verwandtschaft, da sie nicht zu den mit Brokat verzierten Deckchen und Vorhängen passen, geschweige denn zu der gesamten Wohnungsausstattung wie in einer zünftigen Volksmusiksendung. Diese tausend kleinen Wahrnehmungen erzählen von einer Lebenswelt und Geschichte, die verrückt ist, verrückt in längst vergangene Zeiten. Sie erklären so viel über parallel, wie auch paranoid ablaufenden Gedankengängen und das nicht mehr Zurechtkommen mit den Kindern und der jetzigen Welt, die man nur noch als bedrohlich empfindet.

Wie im Kapitel „Nähe und Distanz – das Problem in jeder Beziehung" beschrieben, habe ich in meinem Arbeitsalltag immer wieder erlebt, dass ältere Menschen, die in den eben beschriebenen Verhältnissen leben, häufig den Wunsch haben, sich im Alter von gesellschaftlichen Rollenverpflichtungen und Aufgaben zurückziehen zu können. Weg vom „du musst" zu einem „du kannst" schafft ein ganz neues Gefühl, durch Inaktivität und Ruhe endlich mit der Lebenszufriedenheit belohnt zu werden, die man sich immer gewünscht hat oder es tun sich dadurch plötzlich Freiräume für Aktivitäten auf, von denen man früher nicht mal geträumt hat. Und man muss gar nicht erst alt werden, um zu verstehen, wie Erlebtes, Gefühltes, Geliebtes und Gehasstes aus der Vergangenheit gezielt oder unwillkürlich plötzlich gedanklich vor uns auftauchen und Reaktionen in alle Gefühlsrichtungen auslösen kann.

Als junger Mensch haben wir oft andere Interessen im Kopf, als uns mit unserer Biografie oder der unserer Eltern zu beschäftigen. Viel zu selten haben wir weder die Lust, noch die Stimmung und die Zeit uns immer wieder die alten Geschichten von den Eltern anzuhören, die wir schon tausendmal gehört haben. Auf der anderen Seite macht es keinen Sinn, den Eltern zuliebe ihre Geschichten anzuhören, wenn man nicht *wirklich zuhört*, denn das merken sie und fördert nicht unbedingt die meistens sowieso schon angespannten Beziehungen.

Es geht auch nicht nur um das Erzählte und die Worte, die man hört, sondern um vielmehr. Es ist ganz gleich, um welches Thema es sich handelt, es geht eigentlich nur darum, dass jemand da ist und wirklich *zuhört, weil er das will*. Da gibt es so viel Unausgesprochenes zwischen den Worten, was einem im Laufe des Lebens alles so oft gefehlt hat und man sich in jüngeren Jahren nie traute auszusprechen, weil man es nicht gelernt hat.

Als ich noch ein kleiner Junge war, saß mein Großvater sehr oft draußen im Garten auf einem Stuhl, mit der Lehne nach vorne, auf die er beide Arme stützte. Dort saß er sogar, wenn es regnete, mit einem alten Ulster über den Schultern. Ich habe damals lange überlegt, ob es nicht langweilig ist, immer nur draußen zu sitzen und in die Gegend zu gucken. Und da ich wenig von ihm wusste, ihn und seine ruhige, friedliche und fast liebevolle Art mir gegenüber sehr mochte, fragte ich ihn, ob das dauernde Sitzen im Garten ihn nicht langweile.

„Ach Jungchen, ich habe da so ein Schatzkästchen im Kopf. Gott sei Dank habe ich außer den beiden Scheiß-Weltkriegen auch noch schöne Dinge erlebt. Und wenn ich dann hier so sitze, geht das Schatzkästchen ab und zu mal auf, und ich habe schöne Erinnerungen im Kopf."

Da ich als Kind nicht richtig verstand, was er meinte, fragte ich ihn mit einer typischen Kinderfrage, ob das so ähnlich ist, als wenn man nachts träumt, nur, dass man dabei wach ist. Da lachte er und meinte schmunzelnd, das könne man so sagen.

Wenn man sich aus den Augen verloren hat oder die Eltern verstorben sind, kann die biografische Erinnerung an sie manchmal recht eigenartig sein, im Gegensatz zu den Menschen, die ihr Leben lang einen engen Kontakt und guten Zugang zu ihren Eltern hatten.

Meine Eltern hatten sich scheiden lassen, und ich lebte vom 8. bis zum 11. Lebensjahr bei meiner Mutter, an die ich mich kaum noch erinnern kann. Es ist leider nur noch so ein Gefühl übriggeblieben, dass ich ihr manchmal irgendwie lästig war und sie mich nicht mehr wollte, als ich 11 Jahre alt war, und ich zu meinem Vater musste, damit sie frei sein konnte – für was und wen auch immer. Aufgrund der gestörten Beziehungen in meinem „Elternhaus" kann ich mich ebenso wenig an meine ersten 8 Lebensjahre erinnern. Ich kann mich nur noch an die nicht enden wollende Angst vor dem dauernden Streit meiner Eltern erinnern und wie das ist, zwischen allen Stühlen der Gefühle eingeklemmt zu sein, ohne irgendetwas ändern zu können und die Folgen aushalten zu müssen, für die ich nichts konnte.

Eine Sache tat besonders weh: Als ich mich im Unterricht in einer neuen Schule zu einem bestimmten Thema meldete, kam von der Lehrerin meistens eine wegwerfende Handbewegung mit dem Kommentar: „Du von den Geschiedenen bist erst mal ruhig!" So wird man im wahrsten Sinne mit Worten „gestillt", die man sein Leben lang nicht vergisst, besonders, wenn das

Gesagte auf dem Schulhof und auf dem Nachhauseweg noch durch Hänseleien verstärkt wird. Von da an war ich immer nur: „Der, von den Geschiedenen".

Mit meinem Vater konnte ich ebenfalls nie richtig reden, weil er in gewisser Weise nie mit sich reden ließ. Das war komischerweise erst in den letzten Monaten vor seinem, von ihm schon lange geplanten Suizid, etwas mehr möglich. Vielleicht haben die Suizidgedanken und das dazugehörende Grübeln ihn etwas geläutert und gesprächiger gemacht.

Ganz ehrlich muss ich zugeben, dass mich das Zuhören unheimlich genervt hat. Wenn er überhaupt mal irgendetwas von früher erzählt hat, dann war es immer die gleiche Geschichte. Sie handelte davon, dass er mit sechs Jahren in Ostpreußen einen Pflug mit vier Pferden führen musste und sein Vater (mein Opa, der immer im Garten saß) sei mit der Peitsche hinterhergegangen. Die Peitsche bekamen aber nicht die Pferde zu spüren, sondern mein Vater, wenn die Furche nicht gerade war. Von diesen und ähnlichen Erziehungsmaßnahmen haben mir viele meiner alten Patienten ebenfalls berichtet.

Im Grunde wollte mir mein Vater damit nur sagen, dass ich gar nicht wüsste, wie gut es mir heute geht und wie verärgert er darüber sei, wenn die jungen Leute mal ihr Leid beklagen.

Mich hat schon als Kind wirklich interessiert, wie die Menschen in Ostpreußen gelebt haben, wie es dort aussah und gerochen hat, wie sich alles anfühlte. Davon hat er aber nie erzählt, und so was durfte ich ihn auch nicht fragen. Und wenn ich mich dann doch mal traute, ihn zu fragen, weil ich das Gefühl hatte, er habe gute Laune, hat er mich nur angebrüllt und gefragt ob ich ihn ausfragen wolle. Dann war ich natürlich still, bevor er wieder brüllte: „Halt den Mund!"

Da schienen bei ihm ganze Aktenschränke voll verborgener, offener Rechnungen zu lauern, die mit seinem Vater und seiner Kindheit zu tun hatten. Die hätte ich mit meinem heutigen Denken und Wissen gerne mit ihm, so gut es geht, durchgearbeitet, weil ich das heute alles viel besser verstehen kann, warum das „Nichtänderbare" so war. Selbst als ich erwachsen war, hat er mir, wenn ich was von früher wissen wollte, den Mund verboten und den habe ich diesbezüglich dann auch gehalten, bis zu seinem Tod.

Während meiner Zeit in der gerontopsychiatrischen Ambulanz war ich sehr oft erstaunt, von den inzwischen erwachsenen Kindern Ähnliches zu hören, was die Vergangenheit ihrer Eltern angeht. Auf der einen Seite verlangten sie, dass ihre Kinder mehr mitfühlen und verstehen, was sie während des Krieges in den Bombennächten, auf der Flucht und in der Zeit nach dem Krieg erlebt haben. Auf der anderen Seite konnten und wollten sie aus verständlichen Gründen nicht darüber reden, weil das Reden wie ein Aufreißen von schlecht verheilten und nur dünn vernarbten Wunden ist, das unendlich weh tut.

Eine ältere Dame sagte mir mal, sie hätte ihren Kindern gerne von ihrer Heimat und ihrer eigenen Kindheit erzählt, aber das könne sie irgendwie nicht, denn das sei auch mit so vielen schrecklichen Erlebnissen verbunden – und darüber redet man nicht. Es sei schon schlimm genug, dass ihr das seit Jahren nachts auf die Bettdecke komme.

Da in der heutigen Zeit Eltern und ihre erwachsenen Kinder nur noch selten zusammen in einem Haus leben, haben sich in gewisser Weise auch die Kontakte und Beziehungen zwischen Alt und Jung, im Gegensatz zu dem, wie es früher mal war, irgendwie verändert.

Besonders in ländlichen Bereichen hatten die konfessionellen Rahmenbedingungen in den letzten Jahrhunderten einen großen Einfluss auf das Zusammenleben von Alt und Jung. Oft lebten mehrere Generationen unter einem Dach und es wurde gemeinsam gearbeitet, gegessen, geschlafen und gebetet. Die räumliche Enge und die sich daraus ergebende soziale Kontrolle jedes Einzelnen waren sicher nicht immer leicht auszuhalten. Besonders die Tugenden wie Anstand und Moral, sowie der Umgang mit Liebe, Wärme und Nähe, waren in der Öffentlichkeit sehr reglementiert. Auf der anderen Seite bekam das, was die Alten sagten, mehr Beachtung und Bedeutung, da man von ihnen häufig auf eine ganz andere Art und Weise abhängig war, als wir uns das heute vorstellen können.

Sicher hat es auch früher schon dagegen rebellierende junge Menschen gegeben, die versucht haben, auf irgendeine Art und Weise ihr eigenes Ding zu machen. Sie mussten aber damit rechnen, vom Familienverband verstoßen zu werden und mittellos, ohne Dach über dem Kopf, im Leben zu stehen.

Ob es uns nun heute auf der Beziehungsebene wirklich bessergeht als früheren Generationen bleibt dahingestellt, uns geht es auf alle Fälle in vielen Bereichen unseres Lebens ganz anders. Durch die Lockerung unserer Abhängigkeiten von der Familie haben sich unsere Beziehungen verändert. Wenn wir es wollen, könnten wir viel offener miteinander reden als die Generationen vor uns, aber nutzen wir diese Möglichkeit tatsächlich genügend?

Die Chance, offener und ehrlicher miteinander zu reden, ist heute vordergründig eher gegeben als früher, aber im Alltag nicht immer ganz leicht in die Tat umzusetzen, da nicht alle so denken und mit der Wahrheit umgehen können, weil viele von uns hauptsächlich gelernt haben, sie zu umgehen. Die meisten von uns haben es nicht gelernt, wirklich offen und ehrlich miteinander zu reden, weil uns im Kleinkindalter der unbedachte, von Ehrlichkeit beseelte Kindermund viel zu oft verboten wurde. Das war schrecklich, wenn man etwas erzählen wollte, was man fühlte oder erlebt hatte und dann der Satz kam: „Das sagt man nicht!" oder „Das gehört sich nicht". Man durfte nicht mal fragen, warum man „das" nicht sagen darf.

Es ist meistens vordergründig einfacher, sein Leben mit den erlernten Verhaltensmustern auszuhalten, zu schweigen und sich seinen Teil zu denken, als das zu sagen, was man denkt und zu ändern, was einen ärgert. Das wundert nicht, weil wir es nicht gelernt haben.

Viele unserer „Erzieher" und Lehrer sind eben doch eher Bewahrer dessen, was aus ihrer Sicht unter Kontrolle bleiben sollte, damit alles so bleibt wie es ist, anstatt als behutsame Entwicklungshelfer dafür zu sorgen, dass etwas Anderes und Neues eine Chance bekommt, wie schon im Kapitel „Halt den Mund" erwähnt.

Wie ich schon in den Kapiteln „Die kleinen Dinge bewegen die Welt" und „Unter jedem Dach wohnt ein Ach" geschrieben habe, haben wir alle gelernt, dass wir nicht lügen sollen. „Aber gerade das lernt man als Kind durch das verlogene Verhalten von uns Erwachsenen ganz schnell. Andere und sich selbst zu belügen, um irgendwie in der verlogenen Welt zu bestehen." Das Lügen aus Höflichkeit haben wir alle, oder sicher die meisten von uns als gesellschaftliche Umgangsform gelernt, um die Wahrheit zu umgehen, eine Umgehungsform im eigentlichen Sinn und im wahrsten Sinne des Wortes.

- Wenn wir jemandem „einen guten Tag" wünschen, bedeutet das nicht automatisch, dass wir ihm *tatsächlich* einen guten Tag wünschen.

- Wenn wir jemandem vorgestellt werden, sagen wir oft aus Höflichkeit: „Sehr erfreut", auch wenn uns fast übel wird, ausgerechnet diese Bekanntschaft gemacht zu haben.

- Selbst das freundliche Nachfragen „Wie geht es Ihnen?" ist selten so ehrlich gemeint, wie es sich anhört.

Immanuel Kant hat die Höflichkeit als Scheidemünze bezeichnet, *„als unverzichtbare menschliche Währung, die äußerlich heller erscheint, als es ihr innerer Wert zulässt."*

Mögen Sie Familientreffen?

Ja, werden Sie irgendwie denken, aber trotzdem ist ein gewisses Zögern da, weil Familientreffen wie ein bunter Blumenstrauß im Sommer sein können, der frisch gepflückt, gut duftend in einer schönen Vase mit frischem Wasser schön anzusehen ist. Einige Blüten können aber ganz schön unangenehm riechen, vielleicht sogar dem einen oder anderen ganz schön stinken.

Dazu fällt mir gerade mal wieder etwas ein, was ich als Kind nicht verstehen konnte: Wenn ein Erwachsener über irgendetwas sagte: „Das stinkt aber ganz schön!" – ich überlasse mal ihrer Fantasie, warum und wieso etwas *schön* stinken kann. Ich hoffe die meisten von Ihnen können auch über so kleine Dinge schmunzeln, die einerseits die ganze Welt mit ihren Gerüchen abstoßen, aber auch bezaubern können.

Für manches Familienmitglied kann das Familientreffen schon nach einigen Minuten wie abgestandenes Blumenwasser stinken, wie die Vergangenheit, die den Strauß verwelken lässt, weil die Voraussetzungen doch nicht so blumig sind, wie sie nach außen scheinen. Normalerweise bleiben Blumen in der Vase länger frisch und schön anzusehen, wenn man das Wasser mehrmals wechselt. Dann kann das schöne Aussehen ein paar Tage anhalten. Eine, dem einen oder anderen, stinkende Familiengeschichte kann man aber auch nicht auswechseln wie Blumenwasser, oder ungeschehen machen. Das Familientreffen, ob im Sommer im Garten oder zu Weihnachten im Haus, ist auch immer ein Zusammentreffen verschiedenster Emotionen.

Allmählich treffen alle Beteiligten ein und finden irgendwo ihren Platz, im Vordergrund, im Hintergrund und mancher bewegt sich mehr oder weniger zielgerichtet nach draußen auf die Terrasse, um vordergründig den schönen Garten zu bewundern. Aber in Wirklichkeit will er oder sie einfach nur raus aus der Enge und weg von den Lobpreisungen der Höflichkeit.

Aber..., selbst hier draußen trifft man auf die Vergangenheit. Der perfekt geschnittene Rasen, dessen exakt abgestochene Kanten wie ein perfekt ausrasierter Nacken wirken. Hier haben weder Gänseblümchen noch Löwenzahn eine Chance, das Licht der Welt zu erblicken. Die mit Draht in eine bestimmte Richtung gezwungenen Spalierobstbäume, die jede Woche mit einem Kratzer vom Moos befreiten Fugen und die mit Ziegelsteinen gepflasterten Gartenwege... – all das erinnert an die Zeit der Kindheit, in der die natürliche Fröhlichkeit und Unbedachtheit in geordnete Bahnen gelenkt und manchmal auch, wie das Spalierobst, in die vorgesehene Richtung *gezwungen* wurde, damit alles so ist, wie es zu sein hat. Da durften nicht mal Hüpfkästchen mit Kreide auf die Ziegelsteine der Gartenwege gemalt werden. „Wie sieht das denn aus, und was sollen die Nachbarn denken!"

Damit das Bedürfnis, wegen der verlogenen Enge mal kurz an die frische Luft zu müssen, nicht so schnell auffällt, kehren wir wieder in die Wohnung zu den anderen Familienmitgliedern zurück. Trotz der nicht immer schönen Erinnerungen an die Kindheit, ist das Zurückkehren in den Kreis der Familie phasenweise recht schön. Dann verblasst das Gefühl, sich wie eine schnell welkende Blume im alten Wasser zu fühlen, das draußen eben kurz aufkam, da man sich in dem bunten Strauß der Gemeinsamkeit der anderen kurzfristig wieder etwas frischer fühlt. Wer eine gute Wahrnehmung hat, bemerkt allerdings, dass einige Familienmitglieder auch schon „etwas die Köpfe hängen lassen." Wie in dem besagten Blumenstrauß, in dem von oben gesehen einzelne Blumen durch den schön aussehenden Zusammenhalt aller Blüten das inzwischen immer weniger werdende frische Wasser unten in der Vase nicht mehr erreichen können und deshalb frühzeitig genauso welk aussehen, wie die notwendige Ehrlichkeit in Beziehungen. Irgendeiner kommt immer zu kurz, wie im „normalen" Leben.

Durch das zeitweilige schemenhaft vertraute Gefühl von Geborgenheit, lässt sich das Bild vom röhrenden Hirsch an der Wand und den sich leicht am Rand hochdrehenden Häkeldeckchen auf der Kommode für einige Stunden einigermaßen aushalten. Irgendwie hat man sich doch ein wenig darauf gefreut, die Eltern, die Geschwister, sowie die Nichten und Neffen wiederzusehen. Die Eltern haben sich ebenso darauf gefreut, man merkt allerdings, dass ihnen nicht mehr alles so leicht von der Hand geht wie früher. Wenn sie ganz ehrlich wären, müssten sie zugeben, dass ihnen das Gesamtpaket Familientreffen mit all seinen Vorbereitungen eigentlich schon seit Jahren etwas zu viel geworden ist. Aber das sagt man ja nicht, wie so vieles im Leben, was einem irgendwann zu viel geworden und immer noch ist.

Trotzdem versuchen wir uns zusammenzureißen, obwohl, wie schon so oft in diesem Buch erwähnt, jeder weiß, dass man etwas auseinanderreißen oder zusammenlegen kann, aber *zusammen**reißen*** geht nicht im eigentlichen Sinn des Wortes.

Nach dem gemeinsamen Kaffeetrinken lockert sich die Runde etwas auf, die Geschwister fragen einander, wie es geht und erinnern sich durch das Ambiente in der Wohnung an ihre Kinderzeit. Irgendwie ist alles so weit weg und trotzdem vertraut, selbst die unterschiedlichen Gerüche der einzelnen Räume – als wäre die Zeit stehengeblieben. In den Fenstern der weniger geheizten Zimmer stehen immer noch die Alpenveilchen und im Wohnzimmer die alten, bis zur Decke reichenden Gummibäume und die Birkenfeigen „Ficus Benjamini". Alles etwas verstaubt, weil Mama nicht mehr so gut sieht und eine Putzfrau..., dann müsste sie sich ja eingestehen, dass sie Hilfe braucht, und was würden dann die Nachbarn denken?

Im Gäste-WC sitzt immer noch die gehäkelte Klo Puppe auf der Fensterbank, ebenfalls etwas verstaubt und vom verwohnten Toilettenaroma, inklusiv Vaters Nikotin von Jahrzehnten etwas verklebt und vergammelt wirkend. Sie lässt den Klopapiervorrat auf der Fensterbank nicht unbedingt prickelnder aussehen.

Beim Getränkeholen aus dem Keller überkommen uns genau die gleichen Gefühle wie in der Kindheit. Nur sind sie heute nicht mehr so mit Angst besetzt, wie damals, als die Kellertür durch einen Windzug zuschlug und für uns Kinder von innen nicht mehr zu öffnen war. Sie ließ sich immer schon schwer öffnen. Besonders wenn man als Kind auf der obersten Stufe stand, reichte die Kraft nicht aus, von unten kommend, die Türklinke herunter zu drücken und gleichzeitig die Tür leicht anzuheben. Bis zum 6. Lebensjahr kamen wir auch nicht an den Lichtschalter der Kellertreppe, wenn wir auf der obersten Stufe standen und die Tür zugefallen war. Da wir Kinder es immer eilig hatten und durch die geöffnete Kellertür genügend Licht auf die Treppe fiel, machten wir selten das Licht an. Im Keller selbst war ja immer noch genügend Licht, um das zu finden, was wir hochholen sollten oder wollten. Trotzdem war es in der dunklen Jahreszeit manchmal richtig unheimlich, wenn an windigen Tagen der Durchzug die Kellertür gerade dann zuschlug, wenn wir beide Hände vollhatten und die Kellertreppe wieder hochliefen. Dann war es schlagartig dunkel und wir wussten nicht, wie wir an den Lichtschalter kommen, geschweige denn, die Tür öffnen sollten. Wenn wir dann noch unerlaubterweise am Abend vorher einen Hitchcock-Film gesehen hatten, da die Eltern wieder mal eingeschlafen waren und wir uns diese Gelegenheit nicht entgehen ließen, zahlten wir im dunklen Keller nun den Preis.

Dann dieser Geruch, der durch die Zugluft aus dem Keller kommt. Es ist noch der gleiche wie vor Jahrzehnten. Eine Mischung aus Kartoffelkeller, Ölheizung und dem immer leicht muffigen, stockigen Geruch der Waschküche.

Auch im Treppenhaus riecht es noch wie früher. Ein bisschen nach Bohnerwachs und dem immer irgendwie staubig wirkenden Treppenläufer, der durch seine locker sitzenden Stangen nie richtig festlag und deshalb immer an ihnen rüttelte, wenn man die Treppe benutzte.

Es sind unter anderem auch diese ganz banalen Ereignisse, die sich durch ganz kurze, aber intensive Angstmomente der Kindheit in unser Gedächtnis eingebrannt haben. Wenn man dann unter den Geschwistern die gelegentlich angespannte Atmosphäre des Familientreffens mit einem „Weißt du noch?" etwas auflockern kann, ist erst mal wieder das Eis der Sprachlosigkeit durch ein zwischenmenschliches Schmunzeln gebrochen.

Ebenso geht ein Grinsen durch ihre Gesichter, wenn sie daran denken, wie schwer es war, wenn man als Jugendlicher von den ersten Feten kommend, leise nach oben schleichen wollte. Da man ja erst um 23:30 Uhr zurückkam und nicht um 22 Uhr, wie man es den Eltern versprechen musste, damit man überhaupt wegdurfte, war das heimliche Hochschleichen durch die locker sitzenden Stangen des Treppenläufers und die knarrenden Dielen gar nicht so einfach. Es gab aber bestimmte Stellen, an denen die Trittflächen uns durch ihr Schweigen oder manchmal nur leises Ächzen halfen und uns nicht verrieten. Das war wie ein Schleichweg durch ein Minenfeld.

In den Kinderzimmern stehen heute immer noch die alten Möbel, an deren Kanten das fehlende Plastikfurnier die Spanplatten der ersten Ikea-Generation an den Pranger stellt. Auf den Betten sitzen und liegen noch die Kuscheltiere, heute etwas zerzaust und verklebt wirkend, obwohl sie, wie das ganze Zimmer, jede Woche entstaubt und saubergemacht werden.

So erinnern wir uns mit schmunzelnden und auch etwas wehmütigen Gesichtern an vergangene Zeiten, ausgelöst durch Gefühle, von Gerüchen, Redewendungen der Eltern und überhaupt durch alles, was uns in den Kopf kommt. Das neugierige Lauern oben im Treppenhaus, wenn wir eigentlich schon im Bett sein sollten, aber doch hören wollten, worüber sich die Erwachsenen unterhalten und amüsieren, wenn mal Besuch da war. Die besagten lockeren Stangen des Treppenläufers sorgten aber dafür, dass wir den Erwachsenen nicht zu nahekamen. Eigentlich war das, was sie erzählten, gar nicht so interessant. Es ging immer nur darum, wer wann und wo was gesagt hat. Wer wann und wo was gemacht hat, warum irgendwas wichtig ist, was immer schon wichtig war und dass sie dies oder jenes immer schon gewusst haben, dass es so kommen wird. Manchmal wurde auch über den einen oder anderen Witz gelacht und wir waren erstaunt, wie locker und fröhlich Erwachsene sein konnten, wenn keine Kinder dabei waren.

Ich habe jetzt bei dem Thema Biografie so weit ausgeholt, weil auch in der eigenen Lebensgeschichte die kleinen Dinge die Welt bewegen. Gesehenes, Erlebtes und Gefühltes prägen sich im Gedächtnis häufig mehr ein, als Lebensinhalte, die etwas mit Zahlen, Fakten und Daten zu tun haben. Unsere eigene gefühlte Geschichte haben wir größtenteils im Kopf und da bleibt sie wie eingebrannt erhalten.

Da sich die meisten von uns im letzten Lebensabschnitt nicht mehr so intensiv mit neuen Dingen beschäftigen, durchfluten uns gerade in zunehmenden Alter diese erlebten und gefühlten Anteile unserer eigenen Geschichte, wenn wir in unserem normalen Alltag durch Gerüche, Geräusche und Gesehenes daran erinnert werden. Erinnerungen, die sich auf schöne Augenblicke unseres Lebens beziehen oder auch nur auf das normale Alltagsgeschehen der letzten Jahrzehnte, sind meistens noch ganz angenehm. Solange uns nicht ein beginnender dementieller Prozess in die Quere kommt und unsere eigene Beurteilungsfähigkeit in der Form irritiert, dass wir Erinnerungen und die Vergangenheit als augenblickliche Realität präsentiert bekommen.

Leider gibt es auch die unangenehmen und manchmal ganz grausamen, Jahrzehnte zurückliegenden Erinnerungen, die heute oft als traumatische Belastungsstörung bezeichnet werden. Sie können sich ebenfalls durch heute wahrgenommene Gerüche, Geräusche und Gesehenes mit den aus der Vergangenheit vergleichbaren Erinnerungen so in den Vordergrund drängen, dass wir sie im Hier und Jetzt ganz real erleben, als wenn die Zeit stehengeblieben wäre. So kann jeder von uns von der Vergangenheit eingeholt werden, wenn man irgendwann in seinem Leben, als Kind, Jugendlicher oder als Erwachsener, eine Situation erlebte oder hat aushalten müssen, die man eigentlich nicht aushalten kann.

Wenn man nie eine Chance oder Gelegenheit hatte, mit anderen Menschen darüber reden zu können oder selbst nie das Bedürfnis, weil einem gar nicht klar war und ist, was man für eine Zeitbombe im Gedächtnis mit sich herumträgt, dann kann dieses Trauma durch ein ähnliches oder anderes gravierendes Ereignis plötzlich wie ein Sprengstoffanschlag in unserem Leben wirken. Wenn dann irgendwann die Kinder erwachsen sind und ihre eigenen Wege gehen, sich der Tagesablauf und der Alltag total ändern, weil wir im Ruhestand sind und die Rentenversicherungs- oder die Pensionskasse für unseren Lebensunterhalt sorgt, hat man endlich die Zeit, von der man früher viel zu wenig hatte. Auch unser Kopf bekommt dann etwas mehr Ruhe, da er jetzt jeden Tag 8-12 Stunden mehr Zeit hat, die bisher durch das Arbeitsleben blockiert war.

Die bisher durch den Alltagsstress unseres Arbeitslebens blockierten Gedankengänge kommen in Bewegung und damit ins Rutschen, da sie nicht mehr durch vermeintlich Wichtigeres und Neues zurückgehalten und aufgeschoben werden. Die freiwerdenden Räume, die bisher mit den neuen und unaufschiebbaren wichtigen Dingen belegt waren, werden nach und nach durch die verdrängten, aufgestauten und verdichteten Gedanken der Vergangenheit gefüllt, wie nachrutschendes Geröll, das sich seinen Weg aus der bisherigen Enge bahnt. Das schafft manchmal bisher ungeahnte Freiräume, die es uns erst jetzt ermöglichen, an die nach hinten gerückten Gedanken unseres bisherigen Lebens heranzukommen. Wie in einem Kellerregal, in dem immer das frisch Eingelagerte vorne stand und häufiger genutzt wurde, weil es einfach besser schmeckte, als die hinteren alten Sachen, die auch durch ihr Aussehen selbst dafür sorgten, gedanklich verdrängt zu werden.

Die im Hintergrund lagernden Konserven werden deshalb zwangsläufig irgendwann schlecht und *gehen* nach ein paar Jahrzehnten *hoch*, indem sie ihre Behältnisse sprengen. Wie im normalen Leben, wenn man die Vergangenheit verdrängen und vergessen will, weil das altes Zeug ist. Selbst wenn man sich noch rechtzeitig mit ihnen befasst, bevor sie von alleine *hochgehen*, kann ihr Inhalt so viel Druck aufgebaut haben, das einem beim Öffnen alles um die Ohren fliegt. Das kann uns auch genauso mit unseren, aus der Vergangenheit stammenden Erlebnissen passieren, wenn diese damals schon in uns durch Angst und hilflose Wut genügend Druck erzeugt haben, den wir durch Verdrängen mehr oder weniger unbewusst noch mehr komprimiert und deshalb vordergründig nicht mehr wahrgenommen haben. Das haben alte Konserven und verdrängte angstbesetzte Lebensgeschichten gemeinsam. Deshalb geht eine gute Psychotherapie immer irgendwie ans „Eingemachte" der Vergangenheit, weil hier das Vakuum entstand, das die Sprachlosigkeit über bestimmte Ereignisse bis heute gut unter Verschluss hielt.

Je mehr wir im normalen Leben schon bei der kleinsten Aufregung am liebsten aus der Haut fahren würden, zeigt uns auf, dass unsere Belastungsanzeige auf Rot steht, der Speicher für Seelenmüll voll ist und eigentlich nichts mehr reingeht. Dann haben wir drei Möglichkeiten:

- Wir nehmen uns eine „Auszeit", indem wir uns einen Urlaub gönnen, versuchen, mit einem guten Freund zu reden oder wir lassen den Arzt entscheiden, ob er wir medizinische Hilfe in Form von entlastenden Gesprächen brauchen.
- Wir lassen alles so wie es ist, denn ein bisschen Verdrängen geht vielleicht noch. Vordergründig entlasten wir uns über „nur Party machen und lassen bei jeder Gelegenheit die Kuh fliegen", was aber durch ein zu aufregendes Leben wieder neuen und anderen Druck aufbaut, der genial ist, sich einen Herzinfarkt oder einen Schlaganfall einzuhandeln oder, dass die Familie durch zu viele Störungen auseinanderfliegt.
- Wir halten das alles aus, leben aneinander vorbei, jeder für sich, man geht jedem Beziehungsstress aus dem Wege, indem man einfach nicht mehr miteinander redet, obwohl man zusammenwohnt. Die Kinder sind aus dem Haus, und sie melden sich nur noch zum Geburtstag und zu Weihnachten..., und dann kommen die ersten Gedanken: Warum ist das so?

Eine frühzeitige Verrentung oder Pension ist heute wirklich nur noch möglich, wenn massive gesundheitliche Einschränkungen dazu führen und wer es bis zur Altersrente schafft, ist tatsächlich oft so geschafft, dass er froh ist, endlich für sich und die Familie Zeit zu haben. Aber dann taucht bei einigen Menschen ein neues Problem auf.

Da wir unseren „biologischen Auftrag" der Natur durch Erhaltung der Art erfüllt haben, die Kinder erwachsen sind und uns nur noch selten in Anspruch nehmen, ist es gar nicht so einfach die viele Freizeit so zu nutzen, dass sie uns guttut. Dann macht es Sinn, in unserer eigenen Biografie mal nachzuschauen, wofür wir früher zu wenig Zeit hatten, was uns gefehlt hat und was wir gerne gemacht hätten. Viele von uns haben dann ein großes Problem damit, dass sie die wenige Freizeit in ihrem Leben, nicht mit einem schönen Hobby ausgefüllt haben. Wie ich schon an anderer Stelle geschrieben habe: „Was Hänschen nicht lernt, lernt Hans nimmermehr!"

Viele Menschen freuen sich auf den Ruhestand, weil sie meinen, dann endlich durch die neuen Freiräume mit ihrem, nun endlich selbstbestimmten Leben beginnen zu können. Doch die wenigsten von ihnen schaffen es, sich im Alter noch neue Interessen anzueignen, um einen zufriedenstellenden Tagesrhythmus zu haben. Deshalb sollten wir, wenn es irgendwie möglich ist, schon in jungen Jahren über unsere eigene Biografie nachdenken und versuchen, den weiteren Verlauf in eine positive und zufriedenstellende Richtung zu lenken.

Sicher haben wir auf viele Dinge keinen oder zu wenig Einfluss, aber den meisten von uns geht es heute relativ gut. Im Verhältnis zur Biografie unserer Eltern leben die meisten von uns heute wie im Paradies, und das sollten wir uns vor Augen halten und versuchen, auf einen ebenso angenehmen Lebensabend hinzuarbeiten.

Biografie ist Emotionsarbeit, da es nicht nur um Zahlen, Daten und Fakten geht, sondern um Erlebtes, Gefühltes, Geliebtes und Gehasstes aus der Vergangenheit, gezielt oder unwillkürlich ausgelöst durch heutige Alltagsreize. Ein guter Weg, unsere Eltern und ihre Generation zu verstehen, ist, wirklich bei sich selbst anzufangen. Einmal alles aufzuschreiben, wie unsere Kindheit war mit allen Facetten, die dazugehören. Wir haben alle schöne Augenblicke erlebt, mit all ihren Gerüchen, Farben, Stimmungen und Gefühlen. Genauso wie die unangenehmen Erinnerungen an Ungerechtigkeiten, Tadel und sonstige Situationen, die uns heute auch noch traurig stimmen können, wenn wir daran denken.

Der nächste Schritt könnte sein, dass wir mal versuchen, uns über die damaligen Lebensumstände und Voraussetzungen Gedanken zu machen. Dann kommen unsere Eltern ins Spiel, die den größten Anteil daran haben wie wir aufgewachsen sind und wie es uns heute geht. Von da an kann es schwierig werden, denn das meiste von unseren Eltern wissen wir nicht und dann müssen, oder anders ausgedrückt, haben wir einen Grund, mal wieder miteinander zu reden. Nur so bekommen wir die Chance ein bisschen mehr von dem zu verstehen, warum unsere Eltern so sind, wie wir sie kennen und warum sie so geworden sind. Wenn es um die schönen Augenblicke im Leben geht, dann ergeben sich Gespräche in vergleichbaren Situationen von ganz alleine. Wenn man ganz ungezwungen gemütlich beieinandersitzt und bei einem guten Essen und Trinken darüber reden kann, wie es früher bei manchen schönen Anlässen war und fragen kann: „Sagt mal, wie war das eigentlich damals bei euch?" Und trotzdem ist das schon wieder eine Gratwanderung zwischen guten Zeiten und schlechten Zeiten, weil unsere Eltern und die gleichaltrigen Verwandten durch unsere Fragen und die schönen Erinnerungen auch zwangsläufig zu den unangenehmen Erinnerungen *ihrer* Kindheit und Jugendzeit gelangen. Das ist dann ein Hin und Her zwischen den Gezeiten der Generationen mit all ihren Gefühlen, die sich genauso wenig verhindern lassen, wie die Gezeiten von Ebbe und Flut mit Windstille oder Sturm.

Dieser sich ewig wiederholende Gezeitenstrom der Gefühle überschwemmt uns mit Erlebtem, gibt uns Halt, da ja früher doch nicht alles schlecht war und reißt von einer Minute auf die andere, manchen Schutzwall gegen die unangenehmen Anteile der Vergangenheit wieder ein.

Viele Menschen, die vor 1960 geboren sind, kennen das innere Wechselspiel der Gedanken zwischen...

- roten Wangen und leuchtenden Augen, durch Lagerfeuerromantik mit Volksliedern und hungrigem Bauch, trotz Steckrübensuppe.

- dem Kartoffeln-Sammeln auf den abgeernteten Feldern und der heutigen Schwierigkeit, sich auf dem Markt entscheiden zu müssen zwischen mehlig und festkochenden Kartoffeln in vielen verschiedenen Sorten.

- dem Kohlensammeln am Bahndamm und den thermostattemperierten Wohnungen in der heutigen Zeit.

- dem Milchholen in der Milchkanne, die im Sommer auch schon mal sauer werden konnte, und der heutigen H-Milch, die monatelang haltbar ist.

- der Zinkwanne am Samstag in der Küche oder Waschküche, in die erst der Vater stieg, dann die Kinder, zum Schluss die Mutter in die übrig gebliebene Brühe, in der dann noch die Wäsche eingeweicht wurde, weil am Montag Waschtag war, und der heutigen Möglichkeit, dass alle mehrmals am Tag duschen können, wenn sie das wollen und Maschinen unsere Wäsche waschen und trocknen.

- früher und den Kindern der heutigen Generation. Auf der einen Seite ihnen das heutige gute und manchmal sehr üppige Leben zu gönnen und auf der anderen Seite, auf eine stille und leise Art und Weise etwas neidisch und traurig zugleich zu sein, weil der Überfluss der heutigen Zeit irgendwann seinen Tribut fordern wird.

Wenn Sie sich mal die Zeit nehmen und ähnliche Gesprächsthemen, die Sie sicher alle kennen, in Ihre Biografie mit einbeziehen, wird das Ganze selbsterklärend, warum man gewisse Themen mit den Eltern gerne umgeht oder nicht mal versucht, darüber zu reden.

Deshalb macht es Sinn, rechtzeitig vor dem „Alt-Sein" unsere Seele zu entlasten, bevor unsere Kinder „das von früher" nicht mehr hören können und am liebsten weghören, da es sich durch das lange Verbergen wie eine Vorhaltung oder Anklage anhört und ihnen ein schlechtes Gewissen macht, weil es ihnen heute vermeintlich bessergeht. Denn solange wir eine durch Alleinsein und Einsamkeit im Alter aufkommende Verbitterung vermeiden können, fällt es uns viel leichter, nicht nur über die positiven und schönen Momente unseres Lebens zu berichten, sondern auch über die bedrückenden und unangenehmen Augenblicke. Die lassen sich zu einem früheren Zeitpunkt verständlicher erklären und ausdrücken, bevor die gleichen Aussagen irgendwann mal zusammenhangslos im Chaos einer eventuell auftretenden Demenz zur weiteren Verwirrung und Verstörung aller Betroffenen führt.

Vielleicht kann man über den Weg von „Da-Sein und Zuhören" schon in jüngeren Jahren dafür sorgen, dass ein eventueller, nicht zu verhindernder dementieller Prozess möglichst wenig verdrängte Angst- und Wut-Munition zur Verfügung hat, um ein Aggressionen förderndes Gedankenchaos für alle Betroffenen auf ein Minimum zu reduzieren.

Dadurch, dass viele Eltern der Generation des „Mundhaltens" viel zu lange geschwiegen haben, kommt vieles erst sehr spät und dann irgendwie vorwurfsvoll aus ihnen heraus und besonders dann, wenn sie sich, aus welchen Gründen auch immer, über die Kinder geärgert haben. Das sorgt dafür, dass sich die gleichen Themen über Jahrzehnte wiederholen und die Jüngeren diese Leier deshalb nicht mehr hören wollen.

Das Sammeln von biografischen Fragmenten über unsere Eltern und Großeltern gerät phasenweise ins Stocken, da wir immer wieder an den gleichen Stellen im Fluss der Lebensgeschichte hängenbleiben, wie an einer Stromschnelle oder Klippe. Durch unsere eigenen noch hinzukommenden Alltagsprobleme, die wir schon seit Jahren kennen und die sich trotzdem nicht immer planbar entwickeln, wie Wetterkapriolen, die uns ganz unabhängig von der eigentlichen Jahreszeit einen dicken Strich durch unseren ersehnten Urlaub von den Sorgen machen können. Genauso wie sich durch plötzlich ändernde Wasserstände andere Strömungsgeschwindigkeiten ergeben können, ist unser Lebensweg mit Klippen und Stromschnellen vergleichbar, deren unbezwingbar erscheinender Zustand sich von Stunde zu Stunde ändern kann.

Ähnlich ging und geht es unseren Eltern, Großeltern, Verwandten und älteren Menschen in unserem Bekanntenkreis. Sie erzählen alle gerne von der guten alten Zeit, der besseren Kameradschaft, von dem besseren Zusammenhalt und dass alles nicht so anonym und eigennützig war wie heute. Vergessen haben sie diese Klippen und Stromschnellen nicht, die sie manchmal auch umfahren konnten, ohne zu kentern. Aber die immer noch in ihnen sitzende Angst, was hinter der nächsten Biegung kommt, hat sie still gemacht, damit das Unglück sie nicht hört und an ihnen vorbeizieht. Das Vergessen durch

Verdrängen ist in jungen Jahren besser auszuhalten als darüber zu reden, da die Erinnerungen so unendlich wehtun. Auch wenn sie nicht direkt und persönlich von traumatisierenden Ereignissen betroffen waren, haben sie genug gesehen und gehört, um heute noch wissentlich vieles zu verleugnen und wegzulassen, „weil es so etwas ja nicht gab!" Und trotzdem kann man das doch nicht vergessen:

- prügelnde Eltern
- Kasernenhofton in der Schule – Prügelstrafen inklusive
- „Stubenarrest"
- Reglementierung des Gesagten und extreme Strafen bei Nichtbeachtung
- das Weghören bei Missbrauch und Gewalt im Nachbarhaus...

Bei den Lobpreisungen auf die guten alten Zeiten fehlen uns Jüngeren oft die Lust und die Stimmung, uns das immer wieder anzuhören, erst recht wollen wir nicht darüber reden. Denn sobald wir Fragen haben, ob sie die Klippen nicht gesehen haben und nur Glück hatten, an ihnen vorbeizukommen, wird es schwierig. Schwierig mit der Geschichte, schwierig mit der Biografie und manchmal auch mit der Lust, daran weiter zu arbeiten, um zu verstehen, wie es war.

Wir haben heute genügend mit unseren eigenen Stromschnellen im Fluss des Lebens zu tun, die wir aber genauso wenig wahrhaben wollen, wie unsere Eltern die ihrigen. Auch wenn sich alles, oder zumindest vieles, wiederholt, von Generation zu Generation manchmal in etwas abgewandelter Form, zum Guten oder Schlechten hin, macht es trotzdem Sinn, sich mit dem **Thema Biografie** zu befassen. Denn es gibt Tage, an denen man erst mal bei sich selbst schauen sollte, wie weit die eigene Toleranz geht, wenn wir selbst von der gleichen Situation betroffen sind, in der wir sonst mehr Toleranz fordern. Wie viel Neues können wir zulassen und aushalten, und wann kommt der Punkt, dass wir uns wie die „drei Affen" verhalten, die nichts sehen, nichts hören und nichts sagen wollen.

Ich hatte während meiner Zeit in der Gerontopsychiatrischen Ambulanz die Gelegenheit, bei Fortbildungsveranstaltungen mit anderen Teilnehmern themenzentriert zu arbeiten und in Fort- und Weiterbildungsinstituten pflegerelevante Themen zu unterrichten. Da ich keine pädagogische Ausbildung habe und es mir sehr befremdlich war, jemanden zu unterrichten, habe ich das den Teilnehmern auch genauso gesagt.

Da die meisten Teilnehmer, im Gegensatz zu mir, noch selbst in der Pflege tätig waren, habe ich mit ihnen darüber gesprochen, dass ich mir ganz sicher sei, dass sie ihr Handwerk verstehen und ich, bedingt durch einen gewissen Abstand zur täglichen Pflege und meine heutigen Arbeitsinhalte, von ihnen sicher noch einiges lernen könne. So gesehen habe ich nicht unterrichtet, sondern ihnen aus meinem Arbeitsalltag heraus von den Konflikten berichtet, wie ich sie bei allen Menschen erlebt habe, die in irgendeiner Form von Pflege betroffen waren. Ebenso haben sie mir von ihrem Arbeitsalltag berichtet, wovon ich auch jetzt beim Schreiben profitiere.

Dabei geht es um die Pflegebedürftigen, die Pflegenden und das ganze Umfeld mit seinen zahllosen Beziehungsstörungen in den Familien, den Heimen und Krankenhäusern.

Das eigentliche Thema war Bezugspflege, das wir nach einer kurzen sachlichen Abklärung seiner Bedeutung verlassen haben, weil alle verstanden, dass es dabei um Beziehungspflege geht, mit allen dazugehörigen Gefühlen aller Betroffenen, die in irgendeiner Weise am Pflege- und Versorgungsprozess beteiligt sind. In kleinen Arbeitsgruppen hat sich dann bei allen herauskristallisiert, dass die Biografie-Arbeit ein unausweichlicher Weg ist, um überhaupt nur im Ansatz zu verstehen, dass Probleme in der Pflege meistens durch Beziehungsprobleme entstehen.

Die Art der Konflikte zwischen Eltern und Kindern ändern sich eigentlich nie, auch wenn die Kinder erwachsen sind. In der Pubertät fühlen sich die Kinder von den Eltern ebenso wenig verstanden, wie umgekehrt. Im Alter ist es dann eher so, dass die Kinder, die Eltern nicht mehr verstehen, weil die Kinder es mit ihnen doch nur gut meinen. Ab einem gewissen Alter werden die alten Menschen gelassener und *cooler*, wie die jungen Leute heute sagen, und auf der anderen Seite sturer und dickköpfiger, als sie es in ihrem bisherigen Leben je gewagt haben – fast pubertär.

In der Hoffnung, Sie durch meinen manchmal sehr an der Realität orientierten Klartext nicht zu sehr verärgert zu haben, möchte ich Ihnen etwas Versöhnliches anbieten und durch folgende Anregungen auf den nächsten Seiten dazu ermutigen, sich erst mal mit der eigenen Biografie zu beschäftigen. Hierfür habe ich aus den Arbeitsblättern der Fortbildungsteilnehmer ein paar Anregungen zur Biografie-Arbeit zusammengefasst. Wenn Sie möchten, nehmen Sie sich ein Blatt Papier und einen Stift und schreiben Sie jeweils zu den folgenden Punkten Dinge und Erlebtes aus Ihrem alltäglichen Leben auf.

Auf diesem Wege fällt Ihnen sicher auch ein, was Ihnen als Kind wichtig und unwichtig war und was heute noch davon Bestand hat.

Parallel dazu sollten Sie versuchen, sich in die Lage Ihrer Eltern zu versetzen, was diese früher zu den gleichen Themen gedacht haben und wie sie es heute sehen. Beschreiben Sie die Gefühle, Gerüche, Empfindungen, Stimmungen und Redensarten der Erwachsenen und Gleichaltrigen aus Ihrer Kindheit zu den entsprechenden Themen.

Zu der Biografie Ihre Eltern und was Sie diesbezüglich alles noch gar nicht wissen, kommen Sie währenddessen ganz automatisch.

Auch wenn es phasenweise sehr anstrengend ist und viele Punkte unsere Eltern mehr betreffen als Ihre Generation, werden Sie sicher oft schmunzeln und erstaunt sein, was Ihnen dazu einfällt. Viele Beschreibungen sind wahrscheinlich den Jahrgängen nach 1960 nicht mehr so bekannt. Aber Sie haben vielleicht schon mal davon gehört, oder kennen jemanden, der nur ein paar Jahre älter ist und davon zu erzählen weiß.

„Wie war das bei dir damals zu Hause?" ist ein interessanter Gesprächseinstieg bei Nachbarschaftstreffen und Straßenfesten. Da kommen alle Altersklassen und viele Kulturen zusammen, ein Fundus von Erklärungen, wie und warum alles so war, wie es so gekommen ist.

Das Nachfragen bei älteren Menschen ist ausdrücklich empfohlen und fördert die Kommunikation zwischen allen Generationen ganz ungemein.

Familienleben

Mein Zuhause (Grundriss zeichnen)

Welches Zuhause hatten Sie als Kind? (wer war wo zu finden?)

Welche Personen gehörten zur Familie?

Familienfotos

Erziehung in der Familie

Mein Stammbaum (bitte aufzeichnen)

Badetag

Welche Wochenendrituale gab es?

Wie roch mein Zuhause, die einzelnen Räume, die Schränke und der Dachboden und Keller?

Wie roch mein Versteck, wie sah es aus, wie fühlte es sich an, z. B. im Dunkeln?

Wie rochen meine Mutter, mein Vater, meine Großeltern, Geschwister?

Wie sind sie mit mir umgegangen?

Wie fühlte sich mein Zuhause an, im Dunkeln die Wände neben meinem Bett, das Treppengeländer, die Möbel, usw.?

Anstandsregeln

Am Familientisch, wer war zuständig für was?

Mahlzeiten – Namen der Speisen (fühlen, riechen, schmecken)

Kochen – Kochrezepte

Erzählungen über Ernährung in Notzeiten „Kohlrübenwinter"

Naschen – was war in den „Spitztüten" vom Tante-Emma-Laden?

Hausarbeit

Arbeitsteilung - wer war für was zuständig und verantwortlich?

Kinderarbeit (Teppich klopfen, Wasser holen, Holz u. Kohle holen, Briketts stapeln, Zeitungspapier als Toilettenpapier zuschneiden, usw.)

Montags war Waschtag

Haushaltsutensilien

Gerüche, die mit Hausarbeit zusammenhängen (Bohnerwachs, Schmierseife)

Handarbeiten (Nähen, Stopfen, Flicken, Häkeln, Sticken, usw.)

„Spare in der Zeit, dann hast du in der Not „(Seifenreste trocknen im Schrank)

Gartenarbeit – wer war für was zuständig?

Kinderzeit/-spiele

Spielsachen

Spiele (Beschreibung von Spielplätzen in Haus und Hof)

Spielregeln

Kinderreime („Teddybär, Teddybär..., 1, 2, 3, 4, Eckenstein")

Kinderspiele in Versen („Der Plumpsack geht um...")

Puppenstube, Kaufladen, Teddys

Selbstgemachtes Spielzeug (Drachen, Garnrollen, Kastanien, Streichhölzer)

Märchen, Kinderlieder

Schulzeit

Name und Ort der Schule, wie sah sie aus, wonach roch sie? (Klassenzimmer, Möbel)

Turnunterricht (Umkleiden, Turnmatten, Geräte)

Schulmilch oder -kakao, Pausenbrot, Schulspeisung

Lehrer/innen (lieb, streng, Rohrstock)

Schulsachen – Bekleidung – was war im Ranzen außer Büchern? (Poesiealbum, Sammelbilder usw.)

Schönschrift, Haltung einnehmen, Stillsitzen, Drill

„Kinderlandverschickung" (KLV)

Feiern und Festtage

Religiöse Feiertage (Weihnachten, Ostern, Pfingsten, usw.)

Silvester, Neujahr, Karneval, usw.

Familienfeiern (Geburtstag, Taufe, usw.)

Beerdigungen – Erst wurde geweint und dann gab es **einen**! (...sagte man in Westfalen zum anschließenden Umtrunk)

Regionale Feste (Schützen-, Dorf-, Garten-, Schulfeste, u. a.)

Mein Lieblingstag (Vorbereitungen, Putzen, Schmücken, typische Speisen, was passierte am frühen Morgen nach dem Aufwachen?

Kaffeeklatsch

Frauen- und Männerrollen

Die Nachbarschaft

Gute Nachbarn, „schlechte" Nachbarn

Unsere Straße, unser Viertel

Nachbarskinder

Typen und Charaktere von Kindern und Erwachsenen

Der „Tante Emma Laden"/Kaufmannsladen

Der Metzger, Bäcker, Milchmann

Notzeiten (Hamsterkäufe, Schwarzmarkt, Lebensmittelkarten, „Organisieren")

Nachbarschaftshilfe

Ausflüge

Ausflugsziele (der Wald, eine Burg, eine Stadt, an die See)

Ein schöner Ausflug

Eine Ausstellung

Hinaus ins Grüne

Geräusche und Gerüche unterwegs

Wir machen Rast

Ausflugsproviant

Fundstücke aus der Natur

Gräser und Blüten pressen

Meeresrauschen

Essen unter freiem Himmel

Mein Rucksack

Spiele im Freien

Drachen steigen lassen

Mit der Eisenbahn unterwegs

Ein voll besetzter Zug – Im historischen Zug

Fahrrad fahren

Eine Radwanderung

Ein Lied für den Heimweg

Mode

Die Handtasche

Wechselnde Moden

Die erste Erwachsenenkleidung

Mein schönstes Kleid

„Hast Du auch ein sauberes Taschentuch?"

Stoffe und Materialien

Markennamen

Die Lockenschere

Meine vielen Frisuren

Schminken

Rasieren

Hüte

Sich feinmachen

Modeterror oder: Wer schön sein will, muss „leiden"

Kleidung für besondere Anlässe

Der Stoff aus dem die Träume sind

Kaufen oder selber nähen?

Sich herausputzen

Die heutige Mode

Damals und heute

Ausgehen

Freizeitvergnügungen

Als Freizeit Mangelware war

Tanzen gehen – bis spätestens 22 Uhr bist du zu Hause!

„Ich hab getanzt heut' Nacht"...

Darf ich bitten? Ein Tänzchen wagen

Die Garderobe

Mein idealer Tanzpartner

Die Puppen tanzen lassen

Tanzmusik

Mein Lieblingsfilm

Beliebte Filmstars

Ins Kino gehen

Die Wochenschau

Verliebt, Verlobt, Verheiratet

Liebeslieder

Wie man sich kennen lernt

Wenn man sich nicht treffen darf

Die große Liebe

„Um 22 Uhr hast du zu Hause zu sein!"

Verliebt sein – einst und jetzt

Sparen für die Hochzeit

Aussteuer

Meine Wäschetruhe

Hochzeitsfotos

Die Hochzeiten, auf denen ich getanzt habe

Das Brautkleid

Hochzeitsstaat

Heiraten im Krieg

Mein Hochzeitstagebuch

Aufklärung – „uneheliches Kind"

Ein Hausstand wird gegründet

Meine erste Wohnung

Einrichtungsstile

Wohnungsvergleiche

Ratschläge an ein junges Paar

Das Arbeitsleben

Was ich alles gearbeitet habe

Berufe raten

Meine erste Stelle

Mein Handwerkszeug

Der Lehrling

Arbeit fern der Heimat

Frauenarbeit im Krieg

Ein neuer Arbeitsplatz

Arbeitskleidung

Unser Arbeitsleben

Ein typischer Arbeitstag

Stellenanzeigen

Berufe die es nicht mehr gibt

Ein Bewerbungsgespräch

Veränderungen am Arbeitsplatz

Beschäftigung und Arbeitslosigkeit

„Wo es mir am besten gefallen hat"

Wenn Sie dazu Lust haben, schreiben Sie alles auf, was Ihnen zu den Stichworten so in den Sinn kommt und Sie werden staunen, was Sie damit in Gang setzen.

Es kann sein, dass Ihnen wie bei einem aufgeschlitzten Sack Getreide die tausend kleinen Erinnerungen entgegenpurzeln wie die Weizenkörnchen, wahrscheinlich schneller, als Sie schreiben können.

Erinnerungen an die eigene Kindheit

Fragen an die Eltern, wie es bei Ihnen damals war,
regenerieren Vergessenes und Verdrängtes

Es kann eine Gratwanderung der Gefühle sein, aber lieber heute, als später, wenn die Erinnerungen im Alter von ganz alleine über uns kommen und wir die Zusammenhänge nicht mehr verstehen.

Ach ja, und noch was

Falls Sie als Angehöriger, Nachbar, Pflegedienstmitarbeiter oder einfach nur als Mitmensch in Ihrem Umfeld jemand kennen, betreuen und pflegen oder auch nur „an der langen Leine" begleiten, sind Sie auf dem richtigen Weg, einer armen Seele etwas Nähe zu geben. Auch wenn Sie ihn oder sie nur „vom Sehen" her kennen oder regelmäßig freundlich grüßen, weil sich sonst keiner traut, mal in die durch welche Lebensumstände auch immer, „verrückte" Lebensgeschichte und jetzige Lebenslandschaft desjenigen zu schauen, werden Sie ihm guttun.

Jemandem nur alleine freundlich und zugewandt zu begegnen ist schon eine ganze Menge von dem, was den meisten von uns durch unsere schnelllebige Gesellschaft und oberflächliche Art zu leben verlorengegangen ist.

Da sind wir wieder bei dem Thema „Nähe und Distanz" und den Schwierigkeiten, die richtige Dosierung zu finden.

Ich hoffe nur, dass ich Sie mit meinen Ausführungen und Beschreibungen von gedanklich veränderten Lebenswelten nicht zu sehr erschreckt habe. Und dass Sie weiterhin gut für sich selbst sorgen, damit Sie die Kraft und die Lust haben, diese aus unserer persönlichen Denkweise verrückten Menschen, weiter im Rahmen ihrer Möglichkeiten zu begleiten. Natürlich nur, wenn Sie das auch weiter von ganzem Herzen wollen. Gemäß dem alten Pfadfinder-Spruch „Jeden Tag eine gute Tat". Aber nicht aus Höflichkeit und Verpflichtung, denn Verpflichtungen werden irgendwann lästig und dann nur noch sachlich abgehandelt.

Es gibt viele Ehrenämter, die nur wegen der Ehrung in der Öffentlichkeit angenommen werden, und sobald das Blitzlichtgewitter der Presse verklungen ist, wird das Handeln schnell zur Routine, weil man sich ja jetzt verpflichtet hat. Ich habe schon einige Ehrenamtliche erlebt, die so fehl am Platz waren wie ein Zitronenfalter, der gar keine Zitronen falten kann. Manchmal neigen sie dazu, heikle, aber der Sache dienliche wichtige Entscheidungen zu blockieren und auszubremsen, da ihr Ansehen und ihr Stand in der Öffentlichkeit Schaden nehmen könnten.

„... Sie watschen die Ehrenamtlichen ab – da gebe ich Ihnen zum Teil Recht; aber heute gibt's eine neue „Nachbarschaftsbewegung" – das sind ganz an-

dere Leute, man muss sie nur ansprechen, was wir Profis auf Grund alter Vorurteile noch nicht können." ... schrieb mir Prof. Dr. Dr. Dörner, nachdem er die erste Rohfassung dieses Buches gelesen hatte. (siehe Kapitel Interessantes und Anmerkungen)

Gott, oder wem auch immer sei Dank, dass es auch die anderen gibt, denen es hauptsächlich um die Sache geht. Die machen dann den Politikern und anderen in der Öffentlichkeit hochgestellten Persönlichkeiten so viel Druck, dass sie handeln müssen. Leider bekommen dann die ursprünglichen „Ideengeber" weniger Applaus, als die, die sich gezwungenermaßen aus der Deckung getraut haben.

Ich habe die Erfahrung gemacht, dass es nicht so wichtig ist wie die Gesellschaft denkt, wie was zu sein hat, sondern dass das persönliche Bauchgefühl passen muss. Dann passt das gleiche Gefühl auch in den Kopf, obwohl es groß aber nicht artig ist; und das Gesamtgefühl kann dann richtig großartig sein – im Bauch und im Kopf. Denn wenn beide Gefühle nicht stimmig sind, wird es Zeit, etwas zu ändern, bevor wir wegen Kopf- und Bauchschmerzen zum Arzt gehen müssen. Der wird dann ebenfalls so ein Gefühl haben, dass uns irgendwas bedrückt.

Auf der anderen Seite darf nicht eine Art aufgesetzte Sozialhysterie das Leben von Grenzgängern bestimmen, wie sie oft aus psychiatrischer Sicht genannt werden, egal ob sie jung oder alt sind. Ihr Denken, Fühlen und Handeln können wir oft nicht verstehen, und es ist für uns vermeintlich „normal" denkende Menschen teilweise ganz schwer auszuhalten.

Das eigene Handeln und das gut gemeinte Eingreifen in die Lebensumstände hilfsbedürftiger Menschen ist ebenfalls ein Grenzgang. Nur sind in dem Fall wir die Grenzgänger, die von außen in die Lebenswelt anderer eindringen. Ihrer manchmal übersensiblen Wahrnehmung von Freund und Feind sollten wir mit Respekt und Achtung begegnen. Ihre Angst durch schlechte Erfahrungen vergrößert sich mit jedem taktlosen Vorstoß von uns „Helfern" und macht ihren Schutzwall um sie herum für uns noch unüberwindbarer. Ihre skeptischen Blicke und zeitweilig durch Angst und Unsicherheit aggressiv wirkende Ausstrahlung vermitteln ein verkehrtes Bild von der Not dieser Menschen und dem, was sie fühlen.

Die verbalen Fettnäpfchen, in die wir Helfenden immer wieder treten, sind wie vorgelagerte Tretminen in ihrem Schutzwall, deren Detonation sie selbst genauso erschreckt und verletzt wie uns.

„Begleiten, Da-Sein und Zuhören" ist oft wichtiger als eingreifendes Handeln. Frei nach dem Motto von Erwin Böhm „Helfen mit der Hand im Sack", dass sich wie ein roter Faden durch alle seine Bücher und Aufsätze zieht.

Ich hatte oft ein schlechtes Gewissen, wenn ich bei der psychiatrischen Pflege von Patienten und besonders bei der Begleitung von Angehörigen das Gefühl vermittelt habe, tatsächlich irgendwie mit einer Hand in der Hosentasche zu arbeiten.

„Nur so kann man auch mal was lassen,
was man immer meint, machen zu müssen."

Zum Geben braucht man nur eine Hand,
zum Verrücken zwei.

„Verrückt sind wir alle schon genug,
durch was wir uns auch immer haben verrücken lassen."

Mein Leben der anderen

Ich wollte immer der sein, der ich bin,
doch der durfte ich Jahrzehnte lang nicht sein.
Ich habe ein Leben gelebt,
das andere für mich so wollten.

Doch ich wollte mein Leben so leben,
wie ich nicht sein sollte.
Dann habe ich es mir einfach genommen,
mein Leben.

Mit dem Rest von dem,
was mir von mir noch blieb,
mit dem Rest von dem,
der so nicht sein sollte,
mit dem Rest von dem,
wie ich immer sein wollte.

Nun lebe ich mein Leben,
was ich, so wie es jetzt ist, auch nicht wollte.
Aber es ist jetzt viel besser als das,
was ich bisher sollte.

Eckhard Pawlowski ©2014

Ein Dankeschön als Nachtrag

In Anbetracht dessen, dass Sie mein Buch bis hierhin und somit fast bis zum Schluss gelesen haben, möchte ich mich bei Ihnen für Ihre Aufmerksamkeit und Geduld mit mir bedanken. Ebenso für Ihr eigenes in „sich hinein Hören", denn es war sicher nicht einfach, das Gelesene durch meine manchmal sehr ausführlichen Beschreibungen, eigensinnigen und selbstgefälligen Ansichten, inhaltlich so zu akzeptieren und dann trotzdem weiterzulesen.

Ich gehe davon aus, dass es Ihnen größtenteils gefallen hat, sonst hätten Sie nicht so lange durchgehalten. Trotzdem bin ich mir ganz sicher, dass ich Sie mehr als einmal verstört, vielleicht sogar mit dem einen oder anderen Satz verärgert habe. Diese Verstimmung sollten Sie nicht für sich behalten, die muss zurück zum Verursacher und damit zu mir, mit all Ihrem Ärger und den Irritationen, die ich möglicherweise bei Ihnen ausgelöst habe.

Deshalb möchte ich Sie daran erinnern, was ich im Kapitel „Von der Depression ganz leise…" über den kränkenden Unrat, Ärger und Seelenmüll geschrieben habe: *„Das Gleiche sollten wir mit unserem Seelenmüll machen. Nicht alles schlucken, von dem wir wissen, dass es uns nicht bekommt und wenn wir merken, dass uns schlecht wird, gleich raus damit, was wir zum Kotzen finden… dafür hat die Natur diesen natürlichen Reflex eingerichtet, wenn etwas bitter schmeckt.*

Andererseits macht es manchmal auch Sinn, nicht sofort den Menschen vollzukotzen, von dem das schlecht Verdauliche für unsere Seele kam, sondern erstmal darüber zu schlafen. Um dann zu überlegen, ob sich nicht doch was von dem unangenehmen Brocken, den man schlucken musste, wieder irgendwie verwerten lässt, indem man ihn dann als diplomatische Retourkutsche für den nächsten Vorwurf, oder als Botschaft nutzen kann, von der andere was lernen können, wenn sie es wollen."

Schreiben Sie mir, machen Sie Ihrem Ärger Luft und sorgen Sie dafür, dass er bei mir deponiert wird, denn ich bin der Verursacher und somit für Ihre Missstimmung bezüglich des Buchs verantwortlich.

Den Inhalt dieses Buches habe ich über viele Jahre hinweg aus vielen Texten und Gedankensammlungen zusammengetragen. Da ich nicht wusste was dabei herauskommt, habe ich recht unbedarft – wie ein Kind, das gerade mal schreiben kann – versucht, Erlebtes, meine gedanklichen Notizen und schon vorhandene Texte zusammenzubringen. Und so habe ich die grobe Fassung nach und nach über ein Schreibprogramm meinem Computer diktiert und eingegeben. Es kann Wiederholungen geben, die sowohl beabsichtigt als auch unbeabsichtigt in diesem Buch stecken. Dieses Konglomerat aus *„das Schreiben in dieser Form nicht gelernt zu haben"*, tausend unstrukturierten Gedanken, die alle wichtig scheinen, ohne dass sie selbst wussten, wo sie hingehören, war für mich zeitweilig schwer auszuhalten. Ich wusste genau, dass ich diesen oder jenen speziellen Gedanken schon mal *irgendwo* notiert hatte, aber wo?

Außerdem habe ich während des Diktierens gar nicht bemerkt, dass das Programm gleichlautende Worte und Begriffe, wie z. B. die, wie, nie usw. verkehrt „versteht" und auf diese Art und Weise manchen Satz total aus dem Zusammenhang riss. Da ich zu diesem Zeitpunkt ein älteres Open-Office-Programm benutzte, war mir überhaupt nicht klar, dass die Rechtschreib-Korrektur alter Free-Office-Programme heftige Lücken und Tücken haben können.

Geblendet durch ein zufriedenes und glückliches Gefühl, habe ich den Text nach vermeintlicher Fertigstellung nur grob oberflächlich überflogen und die Verantwortung der Rechtschreib-Korrektur anvertraut.

Deshalb gilt mein besonderer Dank:

Professor Dr. Dr. Klaus Dörner

Dipl. Psychologe Lutz Schwede

Gisela Hensiek

Dipl. Sozialarbeiter Herbert Hamers

Alfons Woltermann

Astrid Kuhl

Heidi Wille

Angelika Fleckenstein

Im Nachhinein gesehen haben diese Menschen, zu denen ich jeweils einen ganz anderen Bezug und somit eine sehr unterschiedliche Beziehung habe, mir zuliebe etwas ausgehalten, was ich eigentlich gar nicht wiedergutmachen kann.

Prof. Dr. Dr. Klaus Dörner reagierte auf die Rohfassung 2013 mit mehreren Kommentaren über den Weg seiner „legendären", mit der Schreibmaschine geschriebenen Postkarten, die ich in Kurzform mit seiner Erlaubnis zusammenfassend erwähnen darf:

„Das ist das erste Buch in ganz konkreter Pflegesprache..., mit wunderbar saftigen Sprachbildern und immer auf das Kernthema „Beziehungspflege" bezogen, was sonst meist vermieden wird.

Hätte es anfangs nicht gedacht..., ist aber ein ganz tolles Buch... wenn die Fehler raus sind, muss das unbedingt gedruckt werden!

Jedenfalls ein großer Wurf – gratuliere!

Ihr Klaus Dörner"

Lutz Dieter Schwede (Dipl.-Psychologe und ehemaliger Leiter der psychiatrischen Tagesklinik in Gütersloh) ist mein „Mutmacher" und die heimliche oder auch „un"heimlich treibende Kraft im Hintergrund dieses Buches, da er mich nie wirklich getrieben, sondern mit „Ecki, mach weiter..." immer wieder ermutigt hat, wenn ich einen „Hänger" hatte.

In unzähligen, schönen und tiefgründigen Gesprächen bei gutem Essen und Trinken in seiner „Unikaten"-Küche oder in seinem urwüchsigen Garten mit den vielen Palmen haben wir über unser beider Leben und unsere Geschichte mit den Beziehungen „philosophiert", gesponnen und einfach geredet, wie man es nur mit richtigen Freunden kann.

„Wie das Leben wirklich ist, haben wir alle nicht gelernt", waren oft unsere Schlussfolgerungen.

„Erfahrung ist das, was du bekommst, wenn du nicht bekommst, was du willst" schreibt Randy Pausch in seinem Buch „Die Lehren meines Lebens" (s. hierzu Interessantes und Anmerkungen) ...und das versteht man erst mit zunehmenden Alter, wenn man es doch gelernt hat, durch und mit den Erfahrungen anders und manchmal auch besser zu leben.

„Lutzek" ich danke dir, dass du in guten, wie auch in schlechten Zeiten ein guter Freund warst und bist.

Alfons Woltermann, ein ehemaliger Buchhändler, der mir in den letzten Jahren ein guter Freund geworden, aber inzwischen leider verstorben ist, meinte zu meinen Anfängen: *„Inhaltlich kenne ich mich damit nicht so gut aus, hört sich aber ganz gut an. Nur das mit der Grammatik kommt nicht so gut, Ecki!"*

Gisela Hensiek, eine pensionierte Pädagogin, war total entsetzt und verärgert, dass ich ihr so etwas zugemutet habe. Meine Grammatik, die verdrehten Satzstellungen und teilweise viel zu langen Sätze würden sehr schräg klingen und dem Inhalt nicht gerecht werden.

„Ecki, ich bin richtig sauer, dass du mir mit so einem Mist daherkommst, das hast du doch gar nicht nötig und ich auch nicht!", waren sinngemäß ihre Worte.

Das hat gesessen. Ihre Kritik und ihre Verärgerung hatten mich am meisten getroffen und mir im Nachhinein am besten geholfen, obwohl ich erst mal einige Wochen keinen Mut mehr hatte weiterzumachen. Da ich, wie gesagt, durch den naiven Stolz und ein zufriedenes, glückliches Gefühl, „ein Buch geschrieben zu haben" geblendet war, habe ich mich in Grund und Boden geschämt, die nicht genügend korrigierte Roh-Fassung überhaupt jemanden zugemutet zu haben.

Andererseits muss ich heute im Nachhinein etwas schmunzeln, dass Prof. Dörner trotzdem schrieb: *„...wenn die Fehler raus sind, muss das Buch unbedingt gedruckt werden"*...

Das hat mir unendlich geholfen, diese selbstfabrizierte Peinlichkeit nach einigen Wochen zu überwinden und den nicht enden wollenden Ermutigungen meines Freundes Lutz Schwede... „Ecki, mach weiter"... zu folgen.

Auch wenn mein Freund **Herbert Hamers**, mit dem ich über 20 Jahre zusammengearbeitet habe, nach dem Lesen der letzten Rohfassung sinngemäß meinte: *„Ecki, da hast du dir ja einiges von der Seele geschrieben, aber meinst du denn, das mit dem Nicht-Wahrhaben-Wollen und Verdrängen der Wahrheit will einer lesen?"* – im Grunde hat mein Freund Herbert es mit dem einen Satz auf den Punkt gebracht und meine vielleicht auch naive Hoffnung auf eine Veröffentlichung in Frage gestellt. Andererseits hat er durch seine, um mich besorgte Skepsis, meine Gründe verstärkt, warum ich dieses Buch geschrieben habe und gleichzeitig klar benannt, warum es unendlich schwer sein wird, „für so etwas" einen Verlag zu finden.

Das mit dem Verdrängen der Wahrheit und dem dadurch bedingten Selbstbetrug will keiner hören, da hat mein Freund Herbert absolut Recht, weil wir alle betroffen sind und uns wegen der vielen kleinen und großen Lügereien an die eigene Nase fassen müssen und für diese Klarheit kann ich mich bei ihm nur bedanken. Die kleinen, manchmal ganz niedlichen Notlügen können kurzfristig Probleme reduzieren und wenn wir sie dann noch mit Schmeicheleien garnieren, können wir sie als Diplomatie schönreden.

Trotzdem hoffe ich, mit meinen Zeilen viele Menschen zu erreichen, die nicht weiterwissen, weil sie sich Gott, der ganzen Welt oder wem auch immer verpflichtet fühlen und zu dem, was sie überlastet, nicht stopp oder nein sagen können.

„Die Angst vor der Wahrheit, kann viel schmerzhafter sein, als das Aufschieben eines längst notwendigen Zahnarzttermins, denn irgendwann tut das Aushalten mehr weh, als die Behandlung selbst", ging mir beim Schreiben oft durch den Kopf.

Bei meiner ehemaligen Schwägerin, **Astrid Kuhl**, möchte ich mich ebenfalls bedanken, da sie die erste vernünftige Fassung des Textes in Form gebracht und von Fehlern befreit hat, und gleichzeitig habe ich das unbändige Bedürfnis, mich bei ihr zu entschuldigen, da ich ihre Arbeit innerhalb weniger Wochen, durch eine komplette Überarbeitung, mit unzähligen Korrekturen und neue Formulierungen irgendwie zunichtegemacht habe. Deshalb habe ich nicht den Mut aufgebracht, ihr noch einmal mit über so viele Seiten geändertem Text zu kommen. Ich hoffe, sie nimmt das mit ihrer typischen Gelassenheit auf und kann darüber schmunzeln.

Heidi Wille, eine ehemalige Kollegin aus dem Sekretariat meines letzten Arbeitsplatzes bat ich um Hilfe, nachdem ich, nach der ersten Veröffentlichung dieses Buches als E-Book, mit Entsetzen feststellen musste, dass es immer noch viele Fehler enthielt. Da der Heidi meine manchmal abenteuerlichen Formulierungen, Wortspielereien und mein Problem mit den Kommas noch irgendwie geläufig waren, war mein Buch bei ihr in guten Händen. Sie hat noch unendlich viel korrigiert und ganze Absätze geschmeidiger formuliert, ohne meinen Stil zu ändern. Da kann ich nur sagen, tausend Dank für deine Geduld mit mir und meiner Art zu formulieren.

Meiner Lektorin und letzten Weggefährtin, vor der Veröffentlichung dieser Ausgabe meines Buchs, **Angelika Fleckenstein,** kann ich gar nicht genug danken. Sie hat es verstanden, meine sicher manchmal sehr gewöhnungsbedürftigen Formulierungen und nicht enden wollenden Schachtelsätze zu korrigieren, umzustricken und auch meine von Professor Klaus Dörner, als ‚farbige und saftige Sprache' bezeichnete Ausdrucksweise so zu zähmen, dass sich der Text viel runder und geschmeidiger lesen lässt, ohne das sich sein Inhalt verändert hat. Hinzu kommt, dass sie mit unendlicher Empathie, auf meine nachträglichen Textänderungen und Korrekturwünsche eingegangen ist und mir nie das Gefühl gab, dass ich ihr bestimmt das eine oder andere Mal auf die Nerven gegangen bin. Für diese Geduld mit mir und meinen Geschriebenen danke ich Dir, Angelika.

„Der jahrzehntelange Umgang, im Sinne von umgehen und verdrängen von Gefühlen in allen Lebenslagen, kostet uns unendlich viel Kraft und manchmal sogar unser Leben." Wenn ich das vorher gewusst hätte, was da alles auf mich zukommt und was dazugehört, ein Buch zu schreiben, hätte ich wahrscheinlich gar nicht erst damit angefangen.

Nun bin ich froh, es geschrieben zu haben, denn ich habe durch das Sammeln und Zusammentragen von dem, was andere Menschen und ich selbst erlebt haben, unendlich viel Wissen aufgefrischt und daraus neue Erkenntnisse gewonnen. Das ist so ähnlich, wie mit meiner Lebensgeschichte. Wenn ich das alles vorher gewusst hätte, was auf mich zukommt, hätte mein Leben eigentlich keinen Sinn gemacht.

Doch es hat so kommen müssen, es hatte alles seinen Sinn und alles braucht seine Zeit, um so zu sein, wie es ist. Auch wenn ich viele Augenblicke meines Lebens nicht noch mal erleben möchte, scheint alles irgendwie notwendig zu sein, um den Sinn des Lebens mit all seinen Facetten zu verstehen.

Hemingway soll an seinen Freund Fitzgerald geschrieben haben: *„Vergiss deine persönliche Tragödie. Wir sind alle von Anfang an verflucht, und besonders du musst erst furchtbar verletzt werden, bevor du ernsthaft schreiben kannst. Aber wenn du diesen verdammten Schmerz fühlst, nutz ihn, und betrüge nicht damit."* Aus dem Buch… „Wir sind verdammt lausige Akrobaten" (s. unter Interessantes und Anmerkungen im Anhang)

Zu unserem Leben gehören eben auch Fehler, die in unserer schnelllebigen Gesellschaft, deren Flüchtigkeit und Oberflächlichkeit in und von vielen Beziehungen nicht auffallen. Wenn sie jedoch durch Fairness und Ehrlichkeit geprägt sind, ist die Wahrscheinlichkeit sehr groß, dass sie auch unangenehmen Wahrheiten standhalten.

Die Wahrheit der Realität kann manchmal sehr unangenehm sein, aber es kann auch guttun, wenn man sich ihr stellt und ihr den angemessenen Raum gibt, den sie verdient.

Ich wünsche Ihnen, liebe Leser, alles Gute und viel Kraft, die Sie bestimmt für Ihr weiteres Leben gebrauchen können, in jeder Beziehung.

„Gute Beziehungen jeglicher Art benötigen viel Gutes,
umso zu bleiben, wie sie sind und manchmal unvorstellbar viel Kraft,
um sie so zu leben, wie sie sind, ohne sich selbst in ihnen zu verlieren."

Eckhard Pawlowski ©

Interessantes und Anmerkungen

„Pilcher'n", „Courths-Mahler'n"

Rosamunde Pilcher und Hedwig Courths-Mahler stehen für alles Schönreden und den Versuch, alles durch die Rosa(munde) Brille zu sehen, auch wenn die Realität eine andere ist.

„Nach außen hin, für die Nachbarn, die Verwandten usw. ist alles in Ordnung und es wird auch alles dafür getan, dass das Bild der „heiligen Familie" stimmt. „Aber Sie glauben gar nicht, wie oft ich meine Schwiegertochter heimlich in ihrer Küche weinen höre!", erzählte mir die alte Dame, von der ich auch die Begriffe „Pilcher'n", „Courths-Mahler'n" und „heile Musikantenstadl-Welt" übernommen habe, weil sie das so treffend beschrieben hatte.

„Kärcher'n": Sie kennen doch die gelben Hochdruckreiniger, die kommen zum Einsatz, wenn Pilcher'n (Schönreden) nicht mehr hilft und der Schmutz der Welt zu offensichtlich ist. Dann ist Kärcher'n im Sinne von Klartext angesagt.

Beim Häuten der Zwiebel
Günter Grass, Deutscher Taschenbuch Verlag GmbH & Co. KG, München 2008
Durch Günter Grass habe ich die damalige Art der „Pfadfinder-Begeisterung" des „Dritten Reichs" verstanden, von der sich mein Vater, wie die meisten Jungs, ebenfalls hat begeistern und anstecken lassen, um dann als „Pimpf" das Grauen des Krieges erleben zu müssen.
Auch wenn Günter Grass erst sehr spät den Mut gehabt hat zuzugeben, dass auch er damals mit Stolz die Runen der SS trug, schien er spätestens in den letzten Wochen des Krieges verstanden zu haben, worum es bei der Ehre ums Vaterland wirklich ging, wenn man wegen ihr und der dazugehörenden Verlogenheit in den Krieg zog.
Mein Vater hat es anscheinend sein Leben lang nicht verstanden und deshalb nichts daraus gelernt.

Irren ist menschlich
Lehrbuch der Psychiatrie/Psychotherapie von Klaus Dörner u. Ursula Plog; Psychiatrie Verlag Bonn 1978, neueste Auflage 2013 überarbeitet von Klaus Dörner, Ursula Plog, Christine Teller, Frank Wendt

Leben und sterben, wo ich hingehöre
Klaus Dörner, Paranus Verlag, Neumünster, 7. Auflage 2012

www.dag-shg.de/site/data/NEU/DAGSHG/JT10/DAGSHG_JT10_Doerner_Vortrag1.pdf
Bürgergesellschaft, Selbsthilfe und Sozialraumorientierung
Vortrag von Prof. Dr. Dr. Klaus Dörner, Sozialpsychiater, Hamburg

Verwirrt nicht die Verwirrten
Erwin Böhm, Psychiatrie Verlag, Köln, 15. Auflage 2012

Geschlechtslos im Alter?
Aspekte zur Alterssexualität, Karl-Hubert Remlein/Gerhard Nübel (Hg.)

Eckhard Pawlowski: **Wenn die Lust zur Last wird...**
Paranus Verlag/Jakob von Hoddis Verlag 1999

Die ungepflegten Alten Realitäten – Perspektiven – Visionen; Gerhard Nübel/Heinz-Peter Kuhlmann (Hg.)

Das Gerontopsychiatrische Zentrum
Eine Perspektive für Kooperation und Netzwerkarbeit der Zukunft;
Eckhard Pawlowski, Paranus Verlag/Jakob von Hoddis Verlag 1998

Dementielle Lebenswelten begleiten, behandeln, erforschen
Karl-Hubert Remlein/Gerhard Nübel (Hg.) Paranus Verlag/
Jakob von Hoddis Verlag 1997

Von der Siechenstation zum Gerontopsychiatrischen Zentrum
Bestandsaufnahme u. Perspektiven einer gemeindeorientierten Versorgung
Karl-Hubert Remlein, Peter Netz (Hg.); Paranus Verlag/Jakob von Hoddis
Verlag 1996

Praxis der psychischen Altenpflege
Erich Grond, 12. neu bearbeitete und ergänzte Auflage Reed Elsevier Fachverlag/Deutschland, München-Gräfelfing 2001

Stufen der Nähe
Tilmann Moser, Suhrkamp Verlag Frankfurt/Main 1984

Grundformen der Angst
Fritz Riemann, E. Reinhardt Verlag München 1987

Die Angst vor Nähe – Hilflose Helfer
Wolfgang Schmidbauer, Rowohlt Verlag Hamburg 1998

Psychiatrische Altenpflege – Ein praktisches Lehrbuch
Martin Trebert, Beltz Verlag Weinheim 1997

Großmutters Geschichten Heiteres und besinnliches aus dem Leben,
Christa Jäger Barbar Weinert; Verlag: Books on Demand GmbH (2001)

Biologie der Angst – Wie aus Stress Gefühle werden
Gerald Hüther, Vandenhoeck und Ruprecht, Göttingen 9. Auflage 2009

Was wir sind und was wir sein könnten –
Ein neurobiologischer Mutmacher
Gerald Hüther, S. Fischer Verlag GmbH;
Frankfurt a. M. 4.Auflage 2011

Die Macht der inneren Bilder
Wie Visionen das Gehirn, den Menschen und die Welt verändern
Gerald Hüther, Vandenhoeck & Ruprecht, Göttingen, 5. Auflage 2009

Die Lehren meines Lebens (Last Lecture)
Randy Pausch, Goldmann Verlag München, 1.Taschenbuchauflage 2010
Die Abschiedsvorlesung des unheilbar an Krebs erkrankten Informatik-Professor Randy Pausch gab den Anstoß, seine mit seiner Lebensgeschichte verwobenen Lebenseinsichten gemeinsam mit dem Journalisten Jeffrey Zaslow, aufzuschreiben. Es wurde ein Bestseller.

Die unwahrscheinliche Pilgerreise des Harold Fry
Rachel Joyce, S. Fischer Verlag GmbH/Frankfurt am Main 2013
Ein wunderschönes liebenswertes und lesenswertes Buch über das Leben mit all seinen Beziehungsproblemen bezüglich Ehe, Kinder, Arbeit und Nachbarn.

Katzenberge
Sabrina Janesch, Aufbau Verlag, Berlin 2012
„Diesem Buch sind viele Leser zu wünschen.", ...schrieb Günter Grass
Eine junge Frau macht eine Reise ins Gestern, in die im Nebel versunkene niederschlesische Heimat ihres geliebten Großvaters, um zu verstehen... dabei wird sie von einem schrecklichen Verdacht heimgesucht.

Treffen sich zwei Neurosen
Warum Männer und Frauen sich das Leben so schwermachen
Ein Buch über Beziehungen aus dem wahren Leben
Andrea Jolander, Heyne Verlag, München 2014

„Wir sind verdammt lausige Akrobaten"
Eine Freundschaft in Briefen
Hrsg. Benjamin Lebert, Hoffmann & Campe Verlag 2013
Hemingway soll an seinen Freund Fitzgerald geschrieben haben: *„Vergiss deine persönliche Tragödie. Wir sind alle von Anfang an verflucht, und besonders du musst erst fruchtbar verletzt werden, bevor du ernsthaft schreiben kannst. Aber wenn du diesen verdammten Schmerz fühlst, nutz ihn, und betrüge nicht damit."*

Abenteuerland (1995)
Gruppe **Pur**
„Leben" – dieser Titel berührt nach so vielen Jahren die gestörten Seelen aller erwachsenen Kinder, deren Väter irgendwie im 2. Weltkrieg „tätig" waren und über das, was sie gesehen und woran sie eventuell beteiligt waren, nicht reden konnten.

Der Film von **Monty Python „The Meaning of Life"**
(Der Sinn des Lebens) von 1983 behandelt viele Themen, die ich in diesem Buch aufgegriffen habe, ist aber sicher nicht jedermanns Sache, genau wie dieses Buch.

Die engl. Filmkomödie **„Ein Schotte macht noch keinen Sommer"**
Ein Filmvergnügen, das uns allen den Spiegel vorhält und vor allen Dingen mal wieder die verlogene Welt von uns Erwachsenen in Frage stellt. Der Film zeigt auf, was passiert, wenn Kinder das Gesagte von Erwachsenen ernst nehmen und was für ein makabrer Spaß sich daraus entwickeln kann. So einen Großvater wie in diesem Film, wünscht sich jedes Kind, auch wenn sein Tod ein bisschen was von Monty Python hat.

Unplugged (Doppelzimmer Edition) **Udo Lindenberg**
„Nimm dir das Leben, lass es nicht mehr los.
Alles was du hast, ist dieses eine bloß.
Nimm dir das Leben und gib es nie wieder her,
denn, wenn man es mal braucht, findet man es so schwer",
singt Udo Lindenberg 2012 in seinem Lied **„Das Leben"**.

Einfach nur zuhören, die Seele öffnen und wirken lassen, das Lied ist einfach nur schön…

In diesem Sinne…

Auch wenn das Leben endlich ist,
es lohnt unendlich,
es sich zu nehmen
und nicht mehr loszulassen.

Das Da-Sein und das Zuhören ebenso

Eckhard Pawlowski © 2016

www.ingramcontent.com/pod-product-compliance
Lightning Source LLC
Chambersburg PA
CBHW030008240426
43672CB00007B/876

9783740713683